# 파워풀한
# 실전 과학 토론

# 파워풀한 실전 과학 토론

39가지 논제로 '과학 토론, 수행 평가' 완전 정복!

남숙경·이승경 지음

특별한서재

## ▮차례▮

PART 02

## 최근 4년간 전국 학교별 기출 논제 살펴보기

### CHAPTER 01 _ 생명 공학

### CHAPTER 02 _ 인공 지능

### CHAPTER 03 _ 온난화 / 에너지

## CHAPTER 04 _ 생태 / 환경

## CHAPTER 05 _ 지구 과학 / 과학 기술

PART 03

# 과학 토론 대회 준비, 어떻게 해야 할까?

## 시작하며

"나는 생각한다. 고로 존재한다."

이 인용문은 근대 서양 철학의 아버지라고 불리는 데카르트의 사상을 요약한 말이다. 4차 산업 혁명의 본격화와 코로나19의 영향으로 가속화된 사회적 대변혁에 빠르게 적응하기 위해 생각하지 않으면 존재하기 힘든 시대가 되었으며, 생각하는 힘, 즉 사고력의 중요성이 점차 커지고 있다.

그렇다면 이 시대에 꼭 필요한 핵심 역량인 사고력을 어떻게 키울 수 있을까? 매년 4월이면 과학의 달 행사로 개최되는 '과학 토론 대회'에서 그 해답을 찾을 수 있다. 전국 초·중·고등학교와 시·도 교육청, 한국창의재단에서 주관하는 '과학 토론 대회'는 실생활에서 발생 가능한 문제 상황을 과학적으로 분석하고, 이를 해결할 다양한 방안에 대해 토론하며 문제 인식, 창의적 사고력 및 논리·비판적 사고력 등 종합적 사고력을 기르는 것을 목표로 하고 있다.

실제로 여러 해 동안 '과학 토론 대회'에 참가하는 학생들을 바로 옆에서 보면서 그 어떤 프로그램보다도 사고력 증진에 도움이 된다는 것을 느꼈다. 이 때문에 과학 토론이 '종합적 사고력을 기르는 것'을 목적으로 삼는다는 것에 깊이 공감한다. 하지만 안타깝게도 우리 주변에서 발생하는 문제 상황을 과학적으로 분석하고, 이를 해결할 다양한 방안을 제시하는 것은 너무나 어렵다. 이로 인해 과학 토론 대회에 참가하는 학생들은 무엇을 어떻게 준비해야 할지 몰라 힘들어하고 있다.

그래서 대회를 준비하는 학생들에게 실질적인 도움을 주고 싶다는 간절한 생각으로 최근 4개년(2017~2020년) 전국의 학교, 시·도 교육청, 한국과학창의재단에서 출제된 논제를 찾기 시작했고, 그 논제들을 분류해서 39개의 주제를 만들었다. 그중 지구 온난화, 쓰레기, 인공 지능, 미세 먼지, 물 부족, 바이러스, 6개 주제는 개념 설명과 토론 개요서를 모두 수록했다. 그 외 33개 주제는 토론 개요서를 작성하기 위한 개념 설명과 이를 토대로 해결 방안에 대한 아이디어를 정리하도록 '생각 적용하기' 워크지를 수록했다.

특히 '생각 적용하기' 워크지는 그동안 현장에서 학생들을 지도하면서 해결 방안을 찾기 힘들어하는 아이들을 위해 오랜 시간 고민한 끝에 만들어진 것이다. 이 워크지를 활용함으로써 광범위한 주제들에 대해 제시해야 할 해결 방안을 찾는 과정이 더 쉬워질 뿐만 아니라 논리적으로 접근할 수 있다.

이렇듯 책의 구성을 이해하고 순서대로 따라가다 보면 학생 스스로 대회를 준비할 수 있다. 이런 의미 있는 경험은 과학에 대한 자신감으로 이어지는 좋은 기회가 된다. 더 나아가 과학에 대한 탐구심은 물론 집념과 끈기를 동반한 과학적 사고의 토대를 형성할 수 있다. 그리고 학교에서의 수행 평가를 준비하는 데도 책의 내용을 응용한다면 큰 도움이 될 것이다. 이 책을 통해 학생들이 '생각의 근육'을 키워 종합적 사고력이 향상되기를 간절히 바란다.

마지막으로 출간을 위해 애써 주신 '특별한서재'와 많은 아이디어와 동기를 부여해 준 제자들과 학부모님들께 깊이 감사드린다.

2022년 봄

남숙경

지구 온난화 / 쓰레기 / 인공 지능 / 미세 먼지 / 물 부족 / 바이러스

# 논제 1
# 지구 온난화

## 지구 온난화로 인해 어떤 일이 생기고 있을까?

세계인들이 가장 심각한 환경 문제로 손꼽는 것은 지구 온난화로 인한 기후 변화다. 한반도는 100년 전과 비교하면 연평균 기온이 1.5도나 높아졌으며 이로 인해 여러 가지 문제가 나타나고 있다. 지구 온난화가 가져온 한반도의 변화를 알아보자.

강원도는 '겨울 축제'로 해마다 겨울이면 전국에서 몰려든 사람들로 붐빈다. 꽁꽁 얼어붙은 강에 구멍을 내고 얼음낚시를 하는 재미는 강원도 겨울 축제의 또 다른 즐거움이다. 겨울 눈과 시린 바람으로 계절이 빚어낸 아름다운 얼음 조각품들, 이 눈부신 설경은 강원도가 자랑하는 세계적인 관광 자원이다. 그런데 몇 년 전부터 강원도의 겨울이 달라지고 있다. 이상 고온으로 따뜻한 날씨가 점점 길어지면서 축제를 포기하는 사태가 속출하고 있다.

남쪽 지방의 상황은 어떨까? 바다의 수온 변화로 전라남도 별미인 꼬막 생산량이 급감하고 있다. 꼬막은 찬바람이 부는 11월부터 이듬해 4월에서 5월까지가 제철이다. 덕분에 수십 년간 남도 어민의 중요한 수입원이었다. 하지만 몇 년 전부터 폐사하는 꼬막이 늘고 있어 생산량이 급감하고 있다.

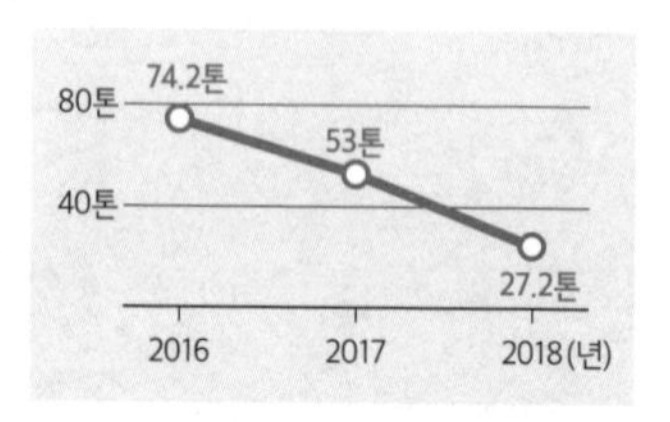

**전남 보성군 참꼬막 생산량 변화**
출처: 전라남도 보성군청

그렇다면 꼬막의 생산량이 급격히 줄어드는 이유는 무엇일까? 수년 전부터 전라남도 환경과 기후, 꼬막의 개체 수를 연구해 왔던 전라남도 해양수산과학원에서는 가장 큰 이유로 이상 기후를 꼽았다. 해양수산과학원은 최근 바다의 수온이 올라가면서 수온 변화에 취약한 수산물이 집단 폐사하는 것이라고 밝혔다.

이뿐만이 아니다. 지구 온난화가 이 땅에 몰고 온 변화는 생각보다 심각하다. 기후가 따뜻해지면서 최근 열대 아시아에 사는 '등검은말벌'이 유입되어 꿀벌을 죽이고 있다. 꿀벌의 위기는 곧 인간의 위기다. 전 세계 식량의 63%가 꿀벌의 수분 활동을 통해 열매를 맺는다. 이것은 꿀벌이 사라지면 식물들이 자연 교배로 번식할 수 없다는 것을 의미한다.

농업계 또한 지구 온난화로 인해 큰 변화가 일고 있는 분야다. 최근 우리나라 기후가 아열대성으로 바뀌면서 농작물의 생산지도 바뀌고 있다. 사과의 경우 1960년대까지 대구가 주산지였지만, 최근 생육 한계선이 빠르게 북쪽으로 옮겨가면서 재배 지역이 경북을 거쳐 강원도 철원과 양곡까지 북상했다. 주산지가 북상하고 있는 과일은 사과뿐만이 아니다. 제주에서만 생산되던 감귤은 전남 고흥과 경남 진주까지 올라왔으며, 단감은 경남 창원에서 경북 칠곡을 넘어 영덕까지, 복숭아는 경북 청도에서 강원 춘천까지 재배가 가능해졌다. 앞으로 생육 한계선이 어디까지 북상할지 알 수 없다. 이로 인해 머지않은 미래에 국민 대표 과일인 사과, 복숭아 등이 '수입산' 과일이 될 가능성이 크다.

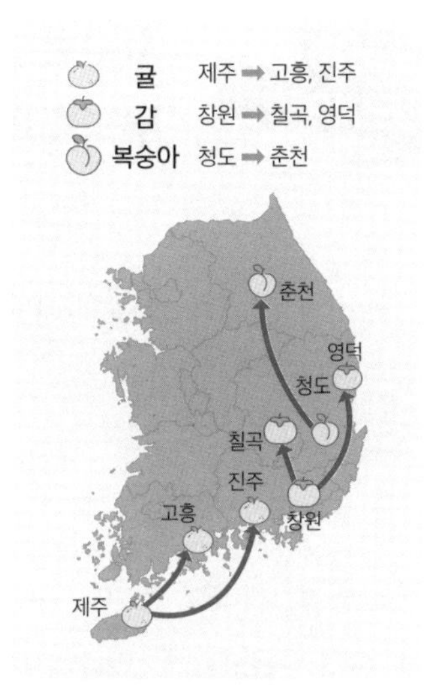


한반도 특산물의 변화 추이

출처: 통계청

그러나 무엇보다도 기후 변화로 인한 가장 큰 피해자는 인간이다. 2012년 우리나라에서 말라리아 환자가 500여 명이나 발생한 것은 결코 우연이 아니다. 모기나 곤충이 활동하는 기간이 늘어나서 뇌염, 황열, 뎅기열, 말라리아 같은 아열대성 질병과 식중독이 우리나라에서도 점차 늘고 있다. 이 모든 변화의 원인은 지구 온난화다. 지구의 온도를 낮추지 않는다면 2080년에는 평균 기온이 지금보다 5.2도 상승한다는 전망이 나오고 있다. 점점 가속화되는 기후 변화에 따른 구체적인 대안 마련과 적극적인 실천이 시급한 시점이다.

# 지구 온난화란 무엇일까?

대기는 태양과 지구 사이에 있어 태양으로부터 열에너지를 흡수하고 지표면의 열기를 우주로 방출한다. 태양에서 받는 열에너지는 가시광선(단파복사)으로 지구의 표면에 전달되고 지표면은 적외선(장파복사) 형태로 열을 우주로 방출하는데, 이러한 현상들이 균형을 이루었을 때 지구의 표면은 평균 온도 14~15도의 평형 상태를 유지하게 된다. 그러나 온실가스(이산화탄소, 메탄 등) 농도가 증가하면서 지구 복사 에너지가 차단되어 지구가 방출하는 열이 우주로 나가지 못하고 지표면을 데워 지구 표면의 온도를 상승시킨다. 이를 지구 온난화라고 한다.

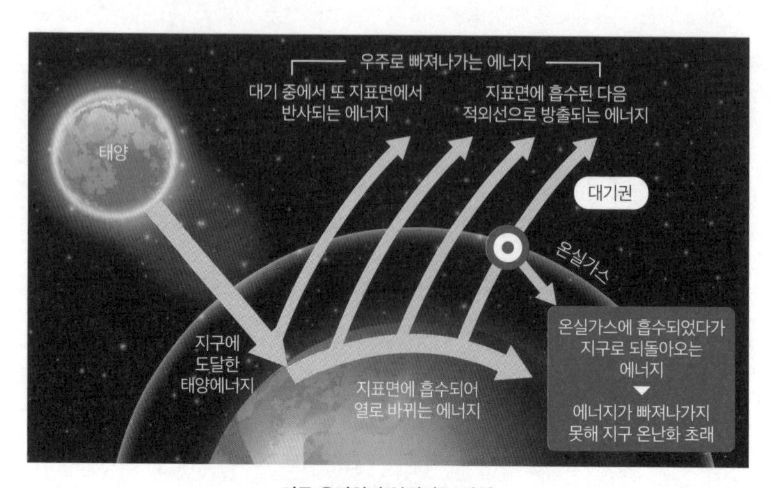


**지구 온난화가 일어나는 과정**

출처: 국제연합환경계획(UNEP)

## '지구 온난화' 하면 생각나는 단어는 무엇일까?

- **기후 변화:** 일반적인 기후 변화의 의미는 인간 활동에 의한 온실 효과와 같은 인위적인 요인과 화산 폭발과 같은 자연적인 요인에 의해 지구 평균 기후가 변하는 것을 의미한다.
- **신재생 에너지:** 현재까지 인류 문명을 뒷받침해 온 화석 연료를 대체할 수 있는 에너지를 의미한다. 신재생 에너지 개발 및 이용·보급 촉진법 제2조에 의하면 11개 분야로 정의된다.
  ① 신에너지: 연료 전지, 석탄 액화 가스, 수소 에너지(3개 분야)
  ② 재생 에너지: 태양열, 태양광 발전, 바이오매스, 풍력, 소수력, 지열, 해양 에너지, 폐기물 에너지(8개 분야)
- **온실가스:** 적외선 복사열을 흡수하거나 재방출해 온실 효과를 유발하는 대기 중의 가스 상태의 물질로 이산화탄소($CO_2$), 메탄($CH_4$), 아산화질소($N_2O$), 수소불화탄소(HFCs), 과불화탄소(PFCs), 육불화황($SF_6$) 등을 말한다.
- **온실 효과:** 태양이 열을 뿜어내는 것을 태양 복사라 하고 지구가 태양으로부터 받은 열을 다시 내놓는 것을 지구 복사라고 하는데 이 둘의 성질은 다르다. 태양 복사는 단파장으로 지구의 대기를 뚫고 지나가지만, 지구 복사는 장파장으로 수증기와 이산화탄소 등에 흡수된다. 따라서 지구 복사 때문에 방출되는 열의 일부는 대기 안에 갇히게 된다. 이는 마치 지구가 거대한 비닐하우스인 것

과 같다. 이를 온실 효과라고 하는데, 이러한 온실 효과가 없다면 지구의 평균 기온은 영하 18도까지 내려가 대부분 생명체가 살 수 없게 된다.

- **이산화탄소 농도:** 산업 혁명이 시작된 시기의 이산화탄소 농도는 0.03%였다. 21세기 현재 이산화탄소 농도는 0.04%를 넘었다. 현재의 추세대로라면 21세기가 끝나기 전에 0.06%를 돌파할 것으로 보인다. 이산화탄소는 아주 소량으로도 지구의 온도를 높이기 때문에 기후 변화에 막대한 영향을 초래할 수 있다.
- **지구 대기:** 질소(78%), 산소(21%), 아르곤(0.93%), 이산화탄소(0.03%), 기타(0.04%) 등으로 구성되어 있다. 이 가운데 질소, 산소, 아르곤은 지표에서 우주로 나가는 적외선 영역의 전자기파를 거의 흡수하지 못한다. 대기 중 0.03%에 불과한 이산화탄소가 적외선을 흡수해서 지구의 온도를 14~15도로 유지해 준다.
- **킬링 곡선:** 미국의 과학자 찰스 킬링이 1958년 하와이 마우나로아 화산 중턱 해발 3,400m 지점에 세워진 해양 관측소에서 수집한 공기를 분석해 측정한 이산화탄소 농도를 그래프화한 것이다. 처음 측정할 당시 이산화탄소 농도는 315ppm이었으나 1959년에 316ppm, 1960년에 317ppm으로 매년 1ppm 정도 증가했다. 최근에는 연간 2ppm 이상 늘어나고 있으며, 2018년 8월에는 이산화탄소 농도가 406.89ppm을 기록했다.

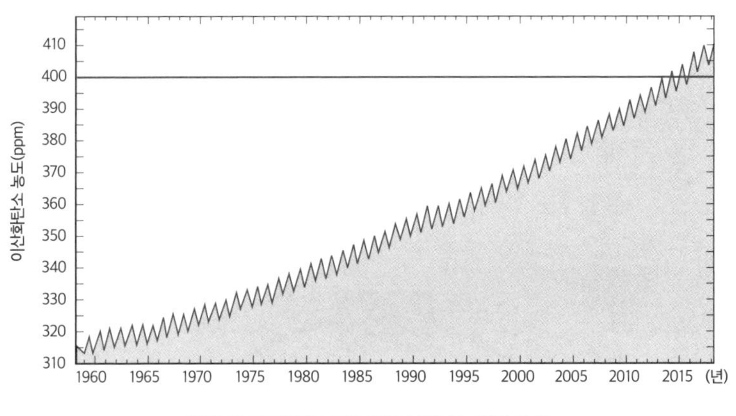


대기 중 이산화탄소의 농도를 나타내는 킬링 곡선

- **화석 연료:** 동물과 식물이 화석처럼 오랜 시간 동안 땅속에 묻혀 만들어진 연료다. 석탄, 석유, 천연가스 등이 여기에 속하며 태우면 열과 이산화탄소가 발생한다. 현재 전 세계적으로 총 에너지의 85% 정도가 화석 연료에 의존하고 있다.

**Q 화석 연료를 태우면 왜 이산화탄소가 발생할까?**

**A** 화석 연료란 동물과 식물이 화석처럼 오랜 시간 동안 땅속에 묻혀서 만들어진 것으로 석탄, 석유, 천연가스 등을 뜻한다. 그런데 왜 화석 연료를 태우면 이산화탄소가 발생하는 것일까? 이것은 탄소 순환과 관련이 있다. 탄소는 형태를 바꿔 가면서 기권(대기), 생물권, 수권(물), 지권(땅)에서 계속 순환한다. 탄소는 기권에서는 $CO_2$ 형태로 있다. 그러나 생물체로 들어갈 때는 광합성을 통해 유기물(포도당, 탄수화물, 녹말) 형태로 바뀐다. 먹이 사슬에 따라서 광합성을 통해 성장한 식물의 열매를 동물이 먹게 되는데, 이때는 유기물 형태로 $CO_2$가 전달된다. $CO_2$를 전달받은 생물체(식물, 동물)가 죽어 사체나 배

설물이 땅속에 쌓이면 화석 연료가 된다. 그리고 화석 연료를 채굴해 에너지로 사용할 때 연소 과정에서 생물체가 유기물로 붙잡아두었던 $CO_2$를 다시 대기로 배출한다.

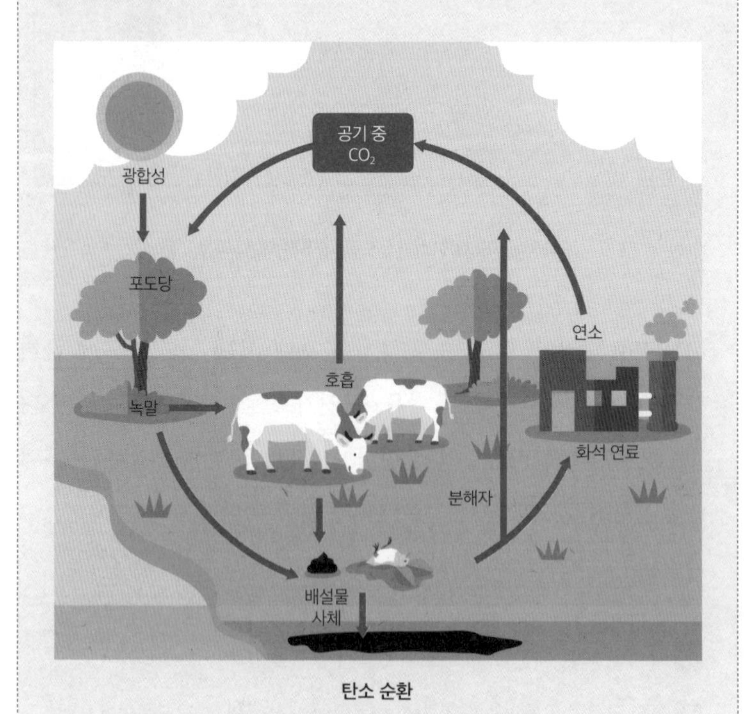


**탄소 순환**

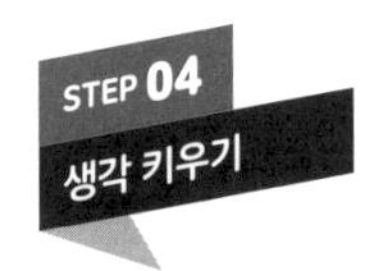


## 지구 온난화로 인해 어떤 피해가 발생하고 있을까?

### 빙하 감소와 해수면 상승

온난화로 인한 가장 큰 문제는 해수면이 상승하는 것이다. 2000년 7월 미국 항공우주국(NASA)은 지구 온난화 때문에 그린란드의 빙하가 녹아내려 지난 100년 동안 해수면이 약 23cm 상승했다고 발표했다. 그린란드의 빙하 두께는 매년 2m씩 얇아지고 있으며, 이 때문에 1년에 500억 톤 이상의 물이 바다로 흘러 해수면이 0.13㎜씩 상승하고 있다는 것이다. 이러한 해수면 상승은 섬이나 해안에 사는 사람들의 생활에 영향을 미칠 수 있다. 특히 해안에 가까운 도시는 물에 잠길 수 있는 큰 위험에 빠진다.

### 이상 기후 증가

여러 대륙에서 홍수, 폭우, 폭염, 태풍을 포함한 극한 현상이 나타나고 있다. 특히 열대와 아열대 지역의 피해는 더 심각하다. 해양 생태계 및 농업 생산 지역이 이동하며, 병충해가 늘어나는 등 자연 질서가 파괴된다. 기후 변화에 관한 정부 간 협의체(IPCC)에 따르면 아시아 지역은 20~30년 이내에 수자원 파괴 증가로 물 가용성에 부정적 영향이 발생할 수 있으며, 대부분 지역에서 태풍과 홍수의 증가로 여러 국가가 기아에 시달릴 것으로 예측했다.

### 생태계 위협

지난 133년간(1880~2012년) 지구의 평균 기온이 0.85도 상승했다. 지구의 온도가 1.5~2.5도 이상 상승한다면 전 세계 동식물의 20~30%가 멸종 위기에 처한다. 또한 생태계 구조와 기능, 종간 생태적 상호 관계, 서식지 변화로 생물 다양성을 크게 위협한다.

### 2018년 우리나라 폭염 피해

**① 인명 피해**(2011~2017년 평균 대비 4배 이상 증가)

| 구분 | 2011년 | 2012년 | 2013년 | 2014년 | 2015년 | 2016년 | 2017년 | 2018년 |
|---|---|---|---|---|---|---|---|---|
| 운영 기간 | 7월 1일 ~9월 3일 | 6월 1일 ~9월 6일 | 6월 1일 ~9월 7일 | 6월 1일 ~9월 6일 | 5월 24일 ~9월 6일 | 5월 23일 ~9월 21일 | 5월 29일 ~9월 8일 | 5월 20일 ~9월 10일 |
| 폭염 일수 | 7.5일 | 15일 | 18.5일 | 7.4일 | 10.1일 | 22.4일 | 14.4일 | 31.5일 |
| 온열 질환자 | 443명 | 984명 | 1,195명 | 561명 | 1,056명 | 2,215명 | 1,574명 | 4,526명 |
| 사망자 | 6명 | 15명 | 14명 | 1명 | 11명 | 17명 | 11명 | 48명 |

출처: 질병관리본부(2019년)

**② 산업 피해**

- 농업: 지속되는 고온으로 작물의 고사, 품질 저하와 함께 병충해 발생, 감수 분열 및 개화 수정 불량으로 이어져 농가 피해 유발
  –2018년 폭염으로 인해 농작물은 총 2만 2,509헥타르 피해 발생
- 축산업: 가축의 생리적 허용 온도 초과 시 번식률, 체중 증가량, 우유량 등 가축 생산성 저하로 이어지며, 가축 질병 증가로 폐사 초래

–2018년 폭염으로 가축 피해 907만 8,000여 마리(2017년 대비 25% 증가)

- 수산업: 2018년 고수온으로 인한 염분량 및 양식장 유해 생물 증가 등으로 양식장 어류 708만 9,000여 마리 폐사(2017년 대비 45.1% 증가) 및 어패류 피해 발생

### ③ 사회 기반 시설과 건물 피해

- 도로: 폭염으로 인한 도로 솟음 현상으로 차량 파손 및 교통 혼잡 발생
- 철도: 레일 변형으로 탈선 사고 발생 및 레일 온도 상승으로 운행 장애

–철도 서행 운행(2018년 135회, 2017년 23회, 2016년 84회, 2015년 28회, 2014년 6회)

- 건물: 전력 소비량 급증으로 인해 2018년 7월 아파트 정전 건수가 91건으로 전년 동기 43건 대비 112% 증가

### ④ 대기와 수질 피해

- 오존: 폭염 시 예보 등급 '나쁨' 이상 및 주의보 발령 비율이 전국적으로 매우 증가. 이 중 수도권, 부산, 울산, 경기도 실제 주의보 발령 확률은 약 3~6배 증가
- 조류: 2018년 8월 10일 기준 낙동강 등 주요 상수원 7곳에서 조류 경보 발령, 녹조 과잉 발생 현상이 두드러짐

출처: 환경부 보도자료(2019년 7월)

# 지구 온난화의 원인은 무엇일까?

기후 변화는 자연적 요인과 인위적 요인에 의해 일어난다. 현재 지구 온난화는 인위적 요인의 영향이 큰 것으로 밝혀지고 있으며, 이에 대한 다양한 근거가 제시되고 있다. 그렇다면 기후 변화의 자연적 요인과 인위적 요인에 대해 알아보자.

먼저 기후 변화의 자연적 요인은 ①화산 분화에 의한 성층권의 에어로졸 증가 ②태양 활동의 변화로 인한 태양 복사 에너지의 변화 ③태양과 지구의 천문학적인 상대 위치 변화로 인한 지구에 도달하는 태양 복사 에너지의 변화 등이다. 인위적 요인은 ①화석 연료 과다 사용에 따른 이산화탄소 농도 증가 ②농경지의 확대, 열대우림의 훼손 ③축산업 분뇨와 쓰레기 매립장에서 발생하는 메탄 농도 증가 등이 있다.

일반적으로 기후 변화는 지구 온난화에 의해 생기는 것을 의미하는데, 지구 온난화를 유발하는 온실가스는 인간의 산업 활동으로 매우 증가했다. 이에 따라 지구 복사 에너지가 차단되어 지구가 방출하는 열이 우주로 나가지 못하고 지표면을 데워 지구 기온을 상승시키는 것이다. 이는 마치 지구 표면에 비닐을 씌워 공간 속의 온도를 상승시키는 원리와 같다.

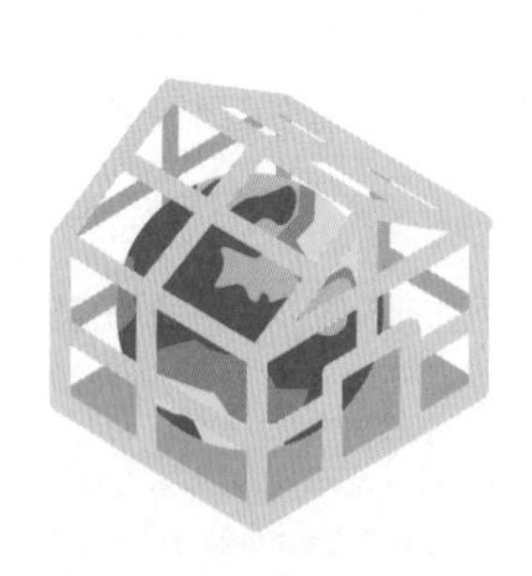

그렇다면 온실 효과를 일으키는 온실가스로는 어떤 것들이 있을까?

| 6대 온실가스 | 이산화탄소 ($CO_2$) | 메탄 ($CH_4$) | 아산화질소 ($N_2O$) | 수소불화탄소 (HFCs) | 과불화탄소 (PFCs) | 육불화황 ($SF_6$) |
|---|---|---|---|---|---|---|
| 주요 배출원 | 석탄 및 석유 연소 | 음식물 쓰레기 부패 등 유기물 분해 | 석탄, 질소 비료 폐기물 소각 | 냉매 | 세정제 | 절연제 |
| 온실 효과 기여도(%) | 55 | 15 | 6 | 24 | | |
| 지구 온난화 지수(GWP) | 1 | 21 | 310 | 1,300~2만 3,900 | | |
| 대기 체류 기간(년) | 50~200 | 20 | 120 | 65~130 | | |
| 국내 총 배출량(%) | 88.6 | 4.8 | 2.8 | 3.8 | | |

출처: 한국환경산업기술원

온실가스는 인류가 화석 연료를 본격적으로 사용한 산업 혁명 이후 이전 대비 280ppm에서 2005년 기준 379ppm으로 30%나 증가했다.

6대 온실가스 중 지구 온난화와 가장 관련 깊은 온실 기체는 이산화탄소다. 다른 온실가스들과 비교했을 때 이산화탄소가 지구 온난화에 기여하는 정도는 55%다. 세계기상기구(WMO)는 온실가스 연보를 통해 2018년 전 지구의 대기 중 이산화탄소 연평균 농도가 407.8ppm을 기록했다고 발표했다. 이는 전년 405.5ppm 대비 2.3ppm 증가한 것으로 사상 최고치다. 이는 산업화 이전인 1750년과 비교해 약 47% 증가한 것이다.

다음으로 온실 효과를 많이 일으키는 것은 메탄이다. 메탄의 40%

는 습지와 같은 곳에서 자연적으로, 나머지 60%는 목장, 농작, 쓰레기 매립지 등 인간 활동과 관련된 곳에서 배출된다. 메탄은 산업화 이전인 1750년과 비교해 159% 증가했다.

**지구 온난화로 인한 극심한 가뭄 현상**

출처: 위키미디어

지금도 세계 여러 나라에서는 경제 발전을 위한 화석 연료의 사용이 계속 늘어나고 있으며, 도시를 개발하기 위해 무분별하게 산림을 훼손시켜 대기 중의 온실가스 농도를 증가시키고 있다.

# 지구 온난화를 해결하기 위해 어떤 아이디어를 적용할까?

| 해결해야 할 문제 | 이산화탄소 | | 메탄 | |
|---|---|---|---|---|
| 세부 항목 | 이산화탄소가 나오지 않는 에너지 만들기 | 에너지 적게 사용하기 | 음식물 쓰레기 활용하기 | 소의 방귀나 트림에서 발생하는 메탄 줄이기 |
| 해결 방안 | 재생 에너지 생산 | 에너지 절감 방안 | 음식물 쓰레기를 활용한 바이오 에너지 생산 | 메탄이 발생하지 않는 육류 개발하기 |
| 내가 생각한 아이디어 | • 블라인드 발전기<br>• 풍력 자동차<br>• 압전 타이어 자동차 | • 얼룩말 무늬 빌딩<br>• 레인빌딩 | 커피 찌꺼기와 동물성 기름을 이용한 바이오 연료 제작 | • 배양육<br>• 메탄을 발생시키지 않는 GMO 소 개발 |

# 선택한 아이디어를 구체적으로 어떻게 활용할 수 있을까?

| | 압전 타이어 자동차 | 커피 찌꺼기를 이용해서 화력 발전소용 석탄 만들기 |
|---|---|---|
| 필요성 | 세계적으로 지구 온난화 문제가 크게 대두되고 있다. 이 문제를 해결하기 위해 화석 연료를 대체할 친환경적인 에너지원 개발이 시급하다. 친환경 기술 '압전 현상'을 이용해 자동차 운행 시 버려지는 에너지를 모아 차량의 에너지원으로 사용한다면 화석 연료의 사용을 줄여 이산화탄소 배출을 막을 수 있다. | 커피 소비가 늘면서 우리나라에서 발생하는 커피 찌꺼기 양은 연간 15만여 톤이다. 이 찌꺼기는 대부분 종량제 봉투에 담겨 매립된다. 그런데 이 과정에서 이산화탄소와 메탄을 방출시켜 환경 문제를 일으킨다. 따라서 커피 찌꺼기를 이용해 바이오 커피 석탄을 만들어 석탄 화력 발전소 연료로 사용한다면 지구 온난화의 주범인 이산화탄소와 메탄을 줄일 수 있다. |
| 아이디어 적용 | 자동차 타이어에 압전 소자를 설치해 자동차가 달릴 때 생기는 운동 에너지(압력)를 전기 에너지로 변환해 화석 연료를 대체할 에너지를 만든다. | 수거한 커피 찌꺼기를 건조해 친환경 접착제를 혼합해 반죽한 후 고형 틀에 찍어 석탄 화력 발전소 에너지원으로 사용한다. |
| 과학 원리 | **압전 현상:** 압전 소자에 압력을 가하면 순간적으로 전하의 위치가 바뀌면서 결정의 양면에 전위차가 발생하게 되고, 이 전위차로 인해 전기가 만들어진다. 이 과학 원리를 활용해 타이어에 압전 소자를 설치해 자동차가 달릴 때 생기는 운동 에너지로 전기 에너지를 얻는다. | **바이오 연료 전환 기술:** 햇빛을 화학 에너지 형태로 저장한 유기물인 커피 찌꺼기를 압축 성형의 물리적 변환 과정을 거쳐 고체 연료 형태로 전환해 열효율이 높은 바이오 커피 석탄을 만든다. |

**●●● 토론 논제**

전 세계는 지구 온난화로 인한 폭염과 산불 등의 재해로 몸살을 앓았다. 우리나라 또한 2018년 8월 23일 오전 9시 기준 서울의 최저 기온이 29.2도를 기록했다. 이는 기상청이 관련 통계를 집계하기 시작한 1907년 이후 111년 만에 역대 가장 높은 수치의 폭염이다. 이러한 이상 기후를 발생시키는 온난화의 원인을 과학적으로 분석하고, 창의적인 해결 방안을 제시하시오.

〈2019년 경기 한빛중, 2020년 한국과학창의재단 중·고등 문제 등〉

## Ⅰ. 문제 상황 분석

### 1] 용어 정의

- **지구 온난화:** 지구 복사 에너지가 온실가스로 인해 차단되어 지구가 방출하는 열이 우주로 나가지 못하고 지표면을 데워 지구의 기온을 상승시키는 현상

### 2] 지구 온난화로 인한 피해

① 빙하가 녹아 해수면 상승 → 그린란드 빙하가 녹아내려 지난 100년간 해수면이 약 23cm 상승함 → 수온 양극화가 발생해 바다 생태계에 영향을 줌 → 북극 빙하 속에 있던 온실가스가 대기 중으로 빠져나옴 → 햇빛을 반사하는 역할을 하는 빙하가

줄어들면 지구의 기온이 계속 높아지고 지구 온난화가 심해짐 → 섬나라가 수몰될 위기에 처함

② 전 세계 육지의 40% 사막화 → 극심한 가뭄과 기상 이변으로 농토 등이 사막으로 변하고 있음 → 해마다 전 세계적으로 6만 ㎢의 토지가 사막화되고 있음

③ 매년 수만 종씩 생물 멸종 → 기후 변화에 따른 지구 온난화로 인해 1970~2006년에 지구 생물 종의 31%가 사라짐 → 우리나라 동해안 연안의 62%에 갯녹음(백화 현상) 피해가 발생함

④ 물 부족, 전력 소비 증가, 대기 오염 악화 → 여름철 폭염과 열대야 일수가 늘어남에 따라 냉방 전력 소비가 증가함 → 2016년 전력 소비량은 8,518kW로 2000년 대비 2배 이상 증가함 → 이로 인해 전 세계 다수 지역에서 대기 오염이 악화됨

⑤ 극심한 기후 변화 → 홍수, 태풍, 한파, 폭염 등 극한 현상이 발생함. 수자원 파괴로 물 부족 현상이 심각해짐. 폭염으로 인한 사망자가 늘어남

## Ⅱ. 문제 원인 분석

### 1] 지구촌 화석 연료 사용 증가량

| 시기 | 석탄 | 석유 | 천연가스 |
|---|---|---|---|
| 1800년 | 1,500만 톤 | 소량 | 소량 |
| 2013년 | 78억 2,300만 톤 | 41억 1,700만 톤 | 3조 4,790억$m^3$ |

출처: 『왜 에너지가 문제일까?』(생각비행)

- 2019년 지구촌 76억 인구가 사용하고 있는 에너지 중 85%가 화석 연료임

### 2] 우리나라 화석 연료 수입량

| 석유 | LNG | 석탄 |
|---|---|---|
| 39.5% | 15.7% | 28.5% |

출처: 현대경제연구원(2018년)

- 수입 원자력: 10.5%
- 국내 생산: 6%(수력, 신재생)

### 3] 이산화탄소 농도와 기온의 상관관계

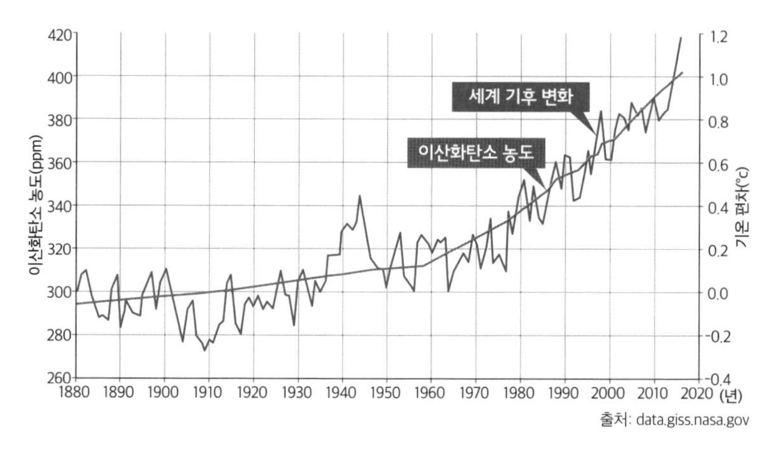


출처: data.giss.nasa.gov

- 2018년 8월 하와이 마우나로아 관측소에서 측정한 대기 중 이산화탄소 농도: 406.89ppm

## Ⅲ. 해결 방안

**제안하기 1]** **압전 타이어 자동차**

### ① 제안 목적

지구 온난화 문제가 크게 대두되고 있음 → 이 문제를 해결하기 위해 화석 연료를 대체할 친환경적인 에너지원 개발이 시급함

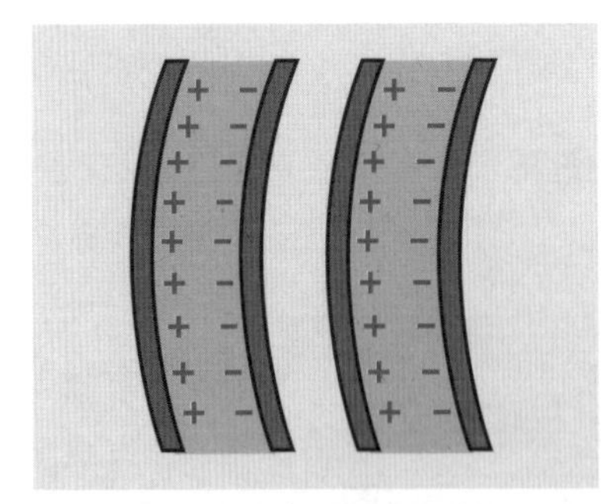

### ② 실행 방안

- 차량의 타이어에 압전 소자를 설치한다.
- 차량이 주행하면서 타이어와 지면이 접촉할 때 차량의 무게가 압전 소자에 힘을 가해 전기 에너지를 생성한다.
- 4개의 바퀴에서 생성된 전기 에너지를 엔진룸 속에 들어 있는 저장 공간으로 보낸 후 차량 에너지로 활용한다.
- 운전석의 모니터를 통해 배터리 충전 상황을 관찰한다.

### ③ 과학 원리

• 압전 현상: 압력이나 진동으로 생기는 운동 에너지 → 압전 소자를 이용해 전기 에너지로 변환 → 압전 하베스팅 발전

## 제안하기 2] 커피 찌꺼기를 이용해서 화력 발전소용 석탄 만들기

### ① 제안 목적

연간 약 15만 톤의 커피 찌꺼기가 발생하고 있음 → 커피 부산물이 땅속에서 분해되면서 메탄, 이산화탄소와 같은 온실가스를 배출해 지구 온난화를 심화시키고 있음

### ② 실행 방안

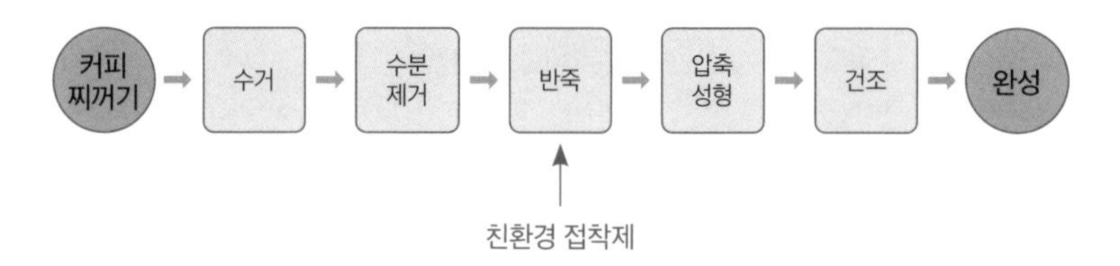


• 커피 전문점에서 커피 찌꺼기를 수거한다.

• 수거한 커피 찌꺼기를 건조해 수분을 제거한다.

• 커피 가루에 친환경 접착제를 혼합해 반죽한 후 석탄 모형 고형 틀에 넣어 압축 성형한다.

• 물리적 변환 과정을 거쳐 고체 연료 형태로 변한 바이오 커피 석탄을 건조해 석탄 화력 발전소 에너지원으로 사용한다.

### ③ 과학 원리

- 바이오 연료 전환 기술: 광합성을 통해 식물 내에 화학 에너지를 저장한 유기물 연소 → 연소 과정에서 발생하는 열을 기계적 장치를 이용해 전기 에너지로 변환 → 화력 발전

**참고 자료**

**❖ 서적/논문**

○ 『향후 10년 우리나라 폭염 위험도 더욱 높아진다』/환경부/2019년

○ 『초등학교 저학년을 위한 기후 변화와 에너지 교육 프로그램의 개발 및 효과』/황현아/경인교육대학교 교육전문대학원 석사 논문/2019년

○ 『킬링이 들려주는 지구 온난화 이야기』/임성만/자음과모음/2011년

○ 『궁금한 친환경·생명 기술의 세계』/이동국 외/삼양미디어/2016년

○ 『왜 에너지가 문제일까?』/신동한/생각비행/2017년

**❖ 동영상/단체**

○ 〈한국공학한림원 미래 공학 속으로-압전기술〉

○ 〈압전 현상을 발견한 피에르 퀴리〉/YTN 사이언스

○ 〈아이디어 머니 쇼-커피 찌꺼기 숯으로 재탄생〉/SBS 모닝와이드

○ 〈기후 변화, 우리의 식탁을 바꾼다〉/다큐S프라임/YTN 사이언스

○ 〈지구 온난화가 일으킨 한반도 변화[녹색의 꿈]〉/YTN 사이언스

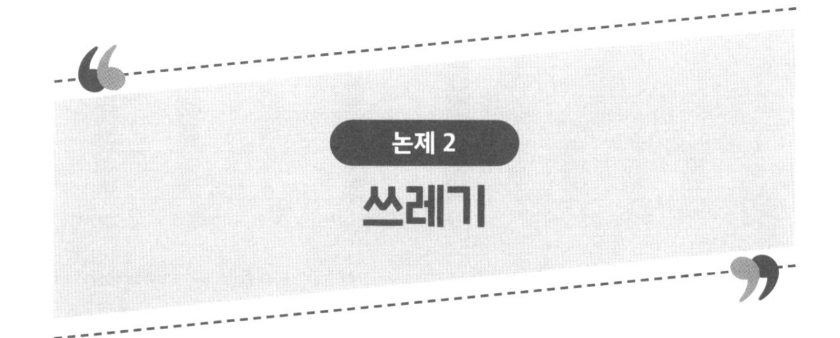

## 쓰레기로 인해 어떤 일이 생기고 있을까?

우리는 하루에 1인당 1kg씩 생활 쓰레기를 배출하고 있다. 이렇게 매일 쏟아지는 각종 쓰레기로 도시는 몸살을 앓고 있다. 치워도 치워도 또다시 쌓여만 가는 쓰레기 더미들! 쓰레기는 머지않은 미래에 도시를 삼키고 부메랑이 되어 우리의 삶을 위협할 것이다. 끊임없이 버려지고 있는 심각한 '쓰레기 배출 실태'에 대해 알아보자.

밥과 반찬을 중심으로 하는 고유한 식문화를 가지고 있는 우리가 하루에 먹고 버리는 음식물 쓰레기의 양은 얼마나 될까? 환경부와 한국환경공단의 통계에 따르면 서울시에서만 2017년 기준 하루에 약 2,872톤의 음식물 쓰레기가 나오고 있다. 그렇다면 대한민국 국민이 쏟아 내는 전체 음식물 쓰레기 발생량은 얼마나 될까? 환경부

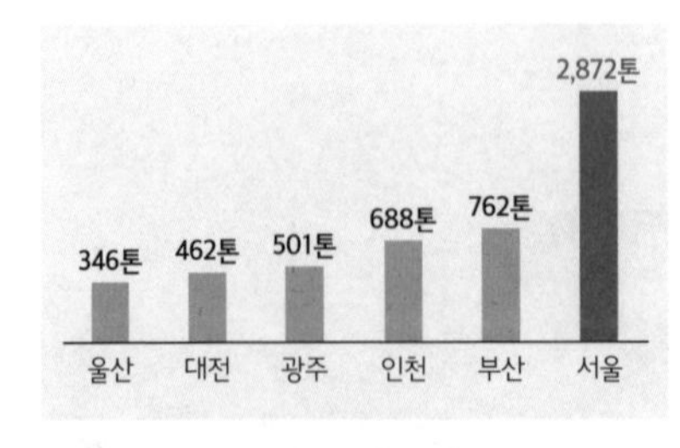


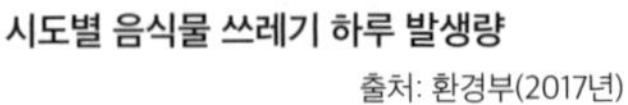

시도별 음식물 쓰레기 하루 발생량

출처: 환경부(2017년)

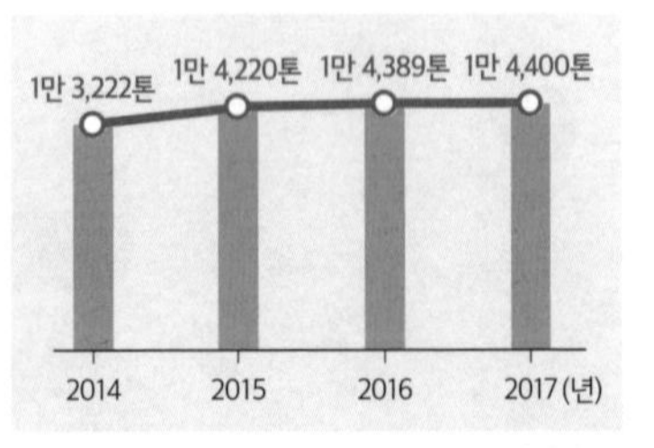


우리나라 음식물 쓰레기 하루 발생량

출처: 환경부

통계 자료를 보면 2014~2017년까지 4년 동안 음식물 쓰레기 하루 발생량은 평균 약 1만 4,060톤이며 연간으로 따져보면 약 513만 톤에 이르는 어마어마한 양이다. 이를 처리하는 데 드는 비용만 연간 8,000억 원에 이른다.

현재 우리나라는 만든 음식의 약 25%를 쓰레기로 버리고 있다. 돈으로 환산한다면 18조 원에 육박한다. 이로 인해 배출되는 연간 탄소 배출량은 885만 톤으로, 소나무 18억 그루가 흡수해야 하는 엄청난 양이다. 음식물 쓰레기 과잉 시대, 과연 이를 현명하게 해결할 방법은 무엇일까?

2020년 전 세계는 '신종 코로나바이러스'로 인해 공포에 휩싸였다. 감염자와 사망자가 전 세계 곳곳에서 급속히 폭증하자 세계보건기구(WHO)는 2020년 3월 11일 코로나19 팬데믹(세계적 전염병 대유행)을 선언했다. 우리나라에서도 신규 확진자가 계속 발생하자, 정부는 '고강도 사회적 거리 두기'를 시행했다. 이로 인해 택배, 배달 음식 주문 등의 비대면 소비가 늘어 일회용품 폐기물이 급증했다. 실제로 폐비닐, 플라스틱 등 서울 시내 16개 공공 재활용 선별장에

반입되는 재활용품의 양은 2021년 2월 기준 하루 1,232.7톤으로 전년 대비 약 24% 증가했다. 코로나19의 확산을 막는 것도 중요하지만, 감염병에 대한 예방이 뜻하지 않게 일회용 플라스틱의 대범람을 이끌고 있어 '쓰레기 대란'이 우려되고 있다.

바쁜 현대인들에게 주문과 배송의 편리함을 제공하는 온라인 쇼핑, 홈쇼핑 시장이 가파르게 성장하고 있다. 이로 인해 생활 폐기물은 2011년 하루 평균 4만 8,934톤에서 2016년 5만 3,772톤으로 늘었으며 이 중 포장 폐기물은 약 2만 톤으로 전체 생활 폐기물의 약 40%를 차지한다. 실제로 온라인으로 물건 하나를 주문해 포장을 뜯으면 비닐, 플라스틱, 스티로폼, 상자 등 재활용 폐기물이 한가득 쌓인다. 현재 택배 회사들은 로켓 배송이니 총알 배송이니 하며 속도 경쟁을 하고 있다. 바쁜 택배 기사들은 제품을 던지듯 배달하고, 택배 회사는 제품들이 파손되지 않도록 택배 상자 안에 완충재를 가득 넣고 있다.

우리나라의 연간 1인당 비닐, 플라스틱, 스티로폼 소비량은 50kg에 달하며, 1950년대부터 2010년까지 20배 증가한 플라스틱 사용량이 2050년까지 다시 20배 늘어날 것이라는 전망도 있다. 택배의 과대 포장이 쓰레기 문제에 한 축을 담당하고 있다.

# 쓰레기가 계속 늘어나는 이유는 무엇일까?

### 인구 증가

2019년 세계 인구는 77억 1,000만 명으로, 2000년에 비해 1.3배 증가했다. 그러나 인구 증가 속도는 더 빨라져 2067년에는 103억 8,000만 명에 이를 것으로 전망된다. 인간이 지구에 처음 살기 시작한 때부터 5만 년이 지난 1810년에 인구는 10억 명이 되었다. 그런데 불과 200여 년 뒤에 7배가 넘는 77억이 되었고 인구 증가 속도는 점점 빨라지고 있다. 이러한 인구 증가는 식량과 자원의 소비를 증가시키고 그에 따른 오염 물질과 쓰레기 발생을 늘려 환경 오염을 일으키고 있다.

### 산업 혁명과 경제 번영

산업이란 인간이 생활하는 데 필요한 모든 생산 활동을 가리킨다. 산업의 발전은 쓰레기와 밀접한 연관이 있다. 근대 사회로 진입하면서 산업은 초기 공업 사회의 형태를 띠었다. 그러나 과학 기술이 발달하면서 산업 혁명을 맞이하게 되고, 농경 중심 사회는 산업 중심 사회로 변화한다. 이후 사람들이 일자리를 찾기 위해 도시로 몰려들어 인구의 도시 집중화 현상이 나타난다. 이로 인해 교통 혼잡, 수질 오염과 대기 오염, 쓰레기 등의 환경 문제가 심각해졌다. 이런 현상들은 오늘날까지 이어지고 있다.

### 소비 욕구 증가

과거 물자가 귀했던 시대에는 낡은 옷도 수선해서 입었으며, 손위 형제나 자매가 입던 옷도 당연히 물려 입었다. 이러한 검소한 생활 태도는 20세기 중반까지 이어졌으며, 망가지지 않은 물건을 버리는 것은 사치였다. 그러나 많은 자본이 생산 과정으로 흘러들어오면서 자본주의가 발달하게 되고, 생산 중심이었던 사회는 점차 소비 중심 사회로 바뀐다. 사람들은 새로운 것에 대한 끊임없는 욕망과 자신만의 개성을 추구하기 위해 소비를 즐긴다. 이런 소비 욕구는 많은 쓰레기를 만들어 내는 주원인이 되며, 인간이 살아가는 자연환경을 훼손시킨다.

### 플라스틱 일회용품의 등장과 사용 증가

녹슬지 않고 원하는 물건을 만들 수 있는 플라스틱의 개발은 인류의 최대 발명품이자 마법 같은 선물이었다. 이를 증명하듯 지난 150년 동안 플라스틱은 우리 삶의 일부가 되어 칫솔에서 전화기, 빨대에서 우주선에 이르기까지 매우 다양한 제품에 사용되어 왔다. 이뿐만이 아니다. 플라스틱의 범위는 점점 확대되어 현재 우리가 몸에 걸치는 물품의 70%가 플라스틱이다. 그런데 문제는 영구성이다. 지구의 섭리 중 중요한 기능이 순환인데, 플라스틱은 자연 순환이 거의 불가능하다는 데 문제가 있다. 지금 이 순간도 썩지 않는 플라스틱은 우리 주변을 맴돌면서 생태계를 파괴하며 인류와 자연의 미래를 위협하고 있다.

### 1인 가구 증가

환경부가 쓰레기 증가 원인을 분석한 결과 가구원 수가 줄어들수록 발생량이 뚜렷이 증가하는 경향을 보였다. 실제로 1인 가구의 1일 발생량이 4인 가구보다 2.1배 높은 것으로 조사되었다. 4인 가구에서 발생하는 쓰레기는 1인당 하루 평균 103g인 데 비해 3인 가구에서는 135g, 2인 가구에서는 145g, 1인 가구에서는 207g까지 상승한다. 이를 보면 1인 가구가 배출하는 쓰레기는 4인 가구와 비교했을 때 2배가 넘는다. 앞으로 고령화, 가구 해체 등에 따라 늘어나는 1~2인 가구가 쓰레기 발생에 중요한 요인이 될 것으로 보인다.

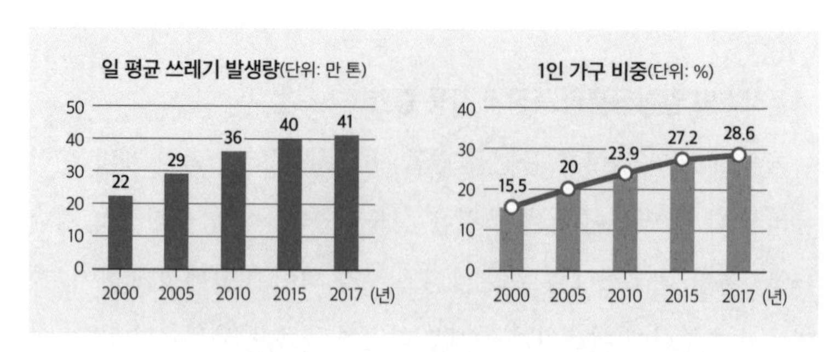


**1인 가구 및 쓰레기 증가세 비교**

출처: 환경부, 통계청

# '쓰레기' 하면 생각나는 단어는 무엇일까?

- **다이옥신:** 플라스틱이나 비닐봉지 등을 태울 때 발생하는 '죽음의 물질'이다. 다이옥신은 청산가리보다 1만 배나 강한 독성을 지닌 치명적인 물질로 1g으로 몸무게 50㎏인 사람 2만 명을 죽일 수 있다. 다이옥신은 한번 생성되면 잘 분해되지 않아 토양이나 침전물들 속에서 축적되어 수십 년에서 수백 년까지 존재한다.
- **깨진 유리창 이론:** 유리창이 깨진 자동차를 거리에 내버려 두면 사회의 법과 질서가 지켜지지 않고 있다는 메시지로 읽혀 더 큰 범죄로 이어질 가능성이 크다는 이론이다. 불법 폐기물이 방치되어 있으면 인근에 추가로 불법 폐기물이 발생하는 등 불법 행위 확산 가능성이 큼을 뜻한다.
- **메탄:** 탄소 원자 하나와 수소 원자 네 개의 결합으로 이루어진 분자로 화학식은 $CH_4$다. 지구 온난화를 일으키는 주요한 온실 기체 중 하나다. 무색무취의 가연성 기체로 물에 녹지 않으며, 공기 속에서 불을 붙이면 파란 불꽃을 내면서 탄다. 천연적으로는 늪이나 습지의 흙 속에서 유기물의 부패와 발효 때문에 생긴다. 대기 중 메탄의 혼합비는 약 1.7ppm으로 산업화 이후 지속해서 증가하는 추세다. 온난화 효율은 이산화탄소의 23배에 이른다.
- **쓰레기:** '쓸모없게 되어 버려야 될 것'들을 가리키는 말로 우리말 명사 '쓸어기'에서 유래되었다. 쓰레기란 '문질러서 부스러진 못 쓰게

된 조각들'을 뜻한다.

① 생활 쓰레기: 가정에서 버리는 음식물, 플라스틱, 알루미늄 캔 등을 말한다.

② 산업 쓰레기: 기름, 쓰다 버린 농약, 공장이나 건설 현장 등에서 버리는 쓰레기를 말한다.

• **쓰레기 섬:** 하와이섬 북동쪽과 일본과 하와이섬 사이에 있는 태평양에는 두 개의 거대한 쓰레기 더미가 떠다닌다. 이 쓰레기 섬들을 '태평양의 거대한 쓰레기 지대'라고 부른다. 이 쓰레기 더미들은 지금까지 인류가 만든 인공물 중 가장 큰 것들로, 대한민국의 약 14배 정도의 크기이고 무게는 8만 톤에 이른다. 이 섬은 1997년 미국의 해양 환경 운동가인 찰스 무어에 의해 최초로 발견되었다. 현재 이 거대한 쓰레기 지대 때문에 수많은 해양 생물이 피해를 보고 있다. 특히 먹이로 잘못 알고 먹었다가 죽는 사례가 속출하고 있다. 이 주변 지역에서 잡힌 어류를 조사한 결과 35%의 물고기 배 속에 미세 플라스틱이 있음을 확인했다.

• **이산화탄소:** 산소 두 개와 탄소 하나가 결합해 만들어진 화합물로 화학식은 $CO_2$다. 대표적인 온실가스로 상온에서는 기체이며, 무색무취 상태로 존재한다. 산소와는 달리 불이 붙는 것을 방해하기 때문에 소화기의 재료로 사용된다. 탄소의 어원을 살펴보면, '탄(炭)'은 '산 산(山)'과 '불 화(火)' 그리고 언덕이나 굴을 뜻하는 '민엄호(厂)'가 합쳐진 회의 문자다. 즉 '산의 언덕에서 불을 피워 나무를 태웠다'는 의미로 이는 숯을 뜻한다. 실제로 이산화탄소는 석탄이나 숯에 들어 있는 탄소가 탈 때 공기 중의 산소와 합쳐져 만들어진다.

- **1차 미세 플라스틱:** 생활 제품 내에 의도적으로 배합되는 마이크로비즈 등이 배출되어 발생하는 것을 말한다.
- **2차 미세 플라스틱:** 플라스틱 제품이 쓰레기가 되어 육상에서 강으로, 강에서 바다로 이동하는 동안 자연환경에서 여러 가지 작용을 거치며 쪼개져서 생성되는 것을 말한다.
- **패스트 패션(Fast Fashion):** 유행을 즉각 반영해 빠르게 제작하고 빠르게 유통하는 의류를 뜻한다. 이로 인해 많은 옷을 빨리 버리는 현상이 유행처럼 퍼지고 있으며, 이는 환경을 오염시킨다.
- **쓰레기 종량제:** 쓰레기 배출량에 따라 수수료가 부과되는 제도다. 우리나라에서는 1995년부터 전국적으로 실시되었으며, 지정된 규격의 쓰레기봉투를 구매해서 그 봉투에만 쓰레기를 담아 버려야 한다. 재활용이 가능한 쓰레기는 규격 봉투에 담지 않아도 된다.
- **온실가스 배출권 거래제:** 교토의정서 제17조에 규정되어 있는 온실가스 감축 체제로서, 정부가 온실가스를 배출하는 사업장을 대상으로 연 단위 배출권을 할당해 할당 범위 내에서 배출 행위를 할 수 있도록 하고, 할당된 사업장의 실질적 온실가스 배출량을 평가해 여분 또는 부족분의 배출권에 대해서는 사업장 간 거래를 허용하는 제도를 말한다. 우리나라 배출권 거래 제도는 '저탄소 녹색성장 기본법(2010년 1월)' 제46조에 따라 '온실가스 배출권 할당 및 거래에 관한 법률(2012년 5월)'이 제정되어 2015년 1월 1일부터 시행 중이다.
- **폐자원 에너지:** 가정 또는 사업장에서 버려지는 물질 중 자원으로 이용 가치가 있는 에너지 또는 에너지를 회수할 수 있도록 전환된

물질을 말한다. 바이오가스, 고형 연료, 매립 가스, 소각열 등이 있다.

비밀노트

**Q 소각장에서 배출되는 다이옥신은 어디로 가는 것일까?**

**A** 국제암연구소는 다이옥신을 암을 증가시키는 '1군 발암 물질'로 선정했다. 또 미국 환경보호청도 다이옥신의 발암성에 대해 '가장 강력한 것'이라고 규정했다. 1960~1970년 베트남 전쟁 시 사용한 고엽제 때문에 군인들이 각종 병에 시달리는 원인도 다이옥신이라는 것이 밝혀졌다. 2004년 12월 우크라이나 대선 후보 빅토르 유센코가 선거 운동 중 얼굴에 종기가 나고 얼굴이 검게 변했다. 조사 결과 다이옥신 중독으로 판명되었다. 누군가가 암살 목적으로 음식에 다이옥신을 넣은 것이다.

극소량으로도 치명적인 맹독성을 지닌 화학 물질 다이옥신은 플라스틱 쓰레기를 태울 때 가장 많이 발생한다. 밖으로 배출된 다이옥신은 물이 아닌 지방에 분해되는 특성으로 인해 토양을 오염시키며, 어패류나 육류의 지방 조직에 축적되어 수십 년 혹은 수백 년까지 존재한다. 이렇게 생물체 내에 머물러 있던 다이옥신은 먹이 사슬을 통해 최종 소비자인 인간의 체내로 들어온다. 체내로 들어온 다이옥신은 물에 분해가 되지 않기 때문에 소변으로도 배설되지 않고 인체에 쌓여 많은 질병을 일으킨다. 특히 젖먹이 어린아이의 경우 다이옥신이 축적된 엄마의 젖이나 우유를 먹기 때문에 다이옥신의 섭취량이 가장 높다.

## 쓰레기로 인해 어떤 문제가 발생하고 있을까?

### 바다를 위협하는 합성 섬유 의류

바다에 사는 소라, 게 등 해산물에서 폴리에스터나 아크릴 같은 섬유형 미세 플라스틱이 발견되어 충격을 주고 있다. 이는 세탁기에 돌릴 때 배출되는 '미세 합성 섬유'로 매우 작아서 현미경으로 봐야만 확인할 수 있다. 최근 해양과학기술원이 인천만·경기만 등 6곳의 시료를 채취해 조사한 결과 1㎥당 평균 159개의 섬유 가닥이 들어 있었다. 실제로 가정에서 합성 섬유 옷 8점을 세탁기에 넣고 돌려 보니 약 180만 개의 '미세 합성 섬유 플라스틱'이 배출되었다. 의류 한 벌당 평균 22만 개가 배출된 것이다. 영국 플리머스대학교 연구에서도 빨래 6kg에서 미세 섬유가 최대 73만 개 배출된 것으로 조사되었다. 먹이 사슬에 의해 해산물에서 발견된 미세 플라스틱은 인간의 위에서 근육, 조직으로 옮겨 갈 수 있다. 이로 인해 인체에 큰 해가 발생할 수 있으므로 대책 마련이 시급하다.

### 음식물 쓰레기로 인한 환경 오염과 자원 낭비

음식물 쓰레기를 소각 처리하면 음식물 쓰레기 자체의 낮은 열량과 많은 수분 함량으로 소각 효율이 떨어지고, 이에 따른 불완전 연소로 각종 유해 물질을 배출할 가능성이 커 이차적인 환경 오염이 발생한다. 또한 음식물 쓰레기는 80% 이상의 수분을 함유하고 있으며, 쉽게 부패하는 유기성 물질을 포함하고 있다. 이로 인해 모기 등의 해충 번식을 유발하며 쓰레기가 썩은 더러운 물인 고농도 침출수가 발생해 이에 대한 사후 처리 비용이 많이 든다. 2017년 환경부 기준에 따르면 우리나라에서 하루에 발생하는 음식물 쓰레기의 양은 1만 4,400톤이다. 이는 8톤 트럭 1,800여 대에 달하며, 이 양을 1년으로 환산하면 약 525만 톤에 달한다. 이렇게 버려지는 음식물 쓰레기를 돈으로 환산하면 연간 18조 7,000억 원에 이른다. 또 처리 비용만 연간 약 4,000억 원이 발생한다. 이는 우리나라 농축산물 수입액인 약 9조 5,000억 원의 1.5배에 해당하는 금액으로 연간 자동차 수출액과 맞먹고 상암동 축구장을 70개 이상 지을 수 있는 금액이다.

**오염된 물을 맑은 물로 바꾸는 데 필요한 물의 양**

| 오염된 물 | 맑은 물로 바꾸는 데 필요한 물의 양 |
|---|---|
| 라면 국물 한 컵(150mL)을 버렸을 때 | 5,000컵의 물(750L) |
| 김치찌개 한 컵(150mL)을 버렸을 때 | 1만 컵의 물(1,500L) |
| 우유 한 컵(150mL)을 버렸을 때 | 5만 컵의 물(7,500L) |

### 온실가스 배출

① 이산화탄소: 4인 가족이 버리는 음식물 쓰레기로 인해 발생하는 온실가스는 724kg이며, 이는 20~30년생 소나무 149그루가 1년 동안 흡수하는 이산화탄소량에 해당한다. 이는 자동차로 서울과 부산을 4.8회 왕복(약 3,829㎞) 시 배출하는 온실가스 양에 해당한다. 에너지로 환산하면 718㎾의 에너지 양이며, 한 가정이 25개월 동안 가동할 수 있는 전기량에 해당한다. 또한

보일러 등유 1드럼(158L)의 발열량과 같다.

② 메탄가스: 음식물 쓰레기로 인한 큰 문제 중 하나는 음식물이 썩는 과정에서 메탄($CH_4$)이 배출된다는 것이다. 현재 메탄은 이산화탄소(88.6%)에 이어 두 번째로 많이 배출(4.8%)되는 온실가스다. 쓰레기 매립과 가축 사육 등에서 발생하는 메탄의 지구온난화지수(각 온실가스가 지구 온난화에 미치는 척도, 이산화탄소가 1)는 25다. 메탄이 지구 온난화에 끼치는 영향은 이산화탄소(약 80%)에 이어 두 번째(15~20%)이지만, 그 강도는 이산화탄소의 25배에 달한다.

### 플라스틱으로 인한 해양 생태계 오염

현재 전 세계에서는 매년 90억 톤의 플라스틱이 생산·배출되는데, 이 가운데 9%만 재활용되고 나머지는 땅에 묻히거나 바다로 흘러 들어간다. 매년 바다로 흘러 들어가는 플라스틱의 양은 1,300만 톤에 이른다. 현재 속도라면 2050년에는 매년 버려지는 플라스틱의 양이 120억 톤으로 늘어날 것이며, 바다에는 물고기보다 플라스틱이 더 많아질 것이다. 우리나라도 이미 전국 12개 해안의 미세 플라스틱 평균 밀도가 전 세계 주요 비교 지역보다 13배 높다는 통계가 나왔다. 잘게 부서진 플라스틱은 미세 플라스틱이 되어 소금과 생수, 수돗물에서도 발견되었다. 우리가 버린 플라스틱은 먹이 사슬을 통해 부메랑으로 되돌아와 생태계는 물론 우리의 몸을 병들게 하고 있다.

### 환경을 파괴하는 패스트 패션

최근 패션 추세를 보면 비싼 옷을 하나 사서 오래 입기보다는 저렴한 옷을 다양하게 구매하는 소비자들이 늘고 있다. 그래서 옷을 빨리 구매하고 빨리 버리는 현상이 유행처럼 퍼져 있다. 하지만 이런 현상은 환경 오염의 주범이 되고 있다. 청바지 한 벌을 만들 때 7,000L의 물이 소비된다. 이는 4인 가족이 5~6일 동안 쓸 수 있는 물의 양이다. 패스트 패션은 만들 때도 문제지만, 버릴 때도 문제가 있다. 환경부 조사에 따르면 2008년 하루 평균 162톤이었던 국내 의류 폐기물이 2016년 기준 259톤으로 늘었다. 무려 연간 7억 벌이 버려지는 것이다. 이들 브랜드는 옷값을 낮추기 위해서 나일론이나 아크릴 등 합성 섬유를 이용한다. 합성 섬유는 기본 속성이 플라스틱과 유사해 자연적으로 분해되기까지 수십 년에서 수백 년이 걸린다. 또한 매립지에 묻혀 썩는 과정에서 자동차 730만 대가 내뿜는 가스를 배출한다. 이 가스는 이산화탄소와 메탄이 포함된 유독 물질로 지구 온난화의 원인이다. 이뿐만이 아니다. 분해 시 빠져나온 화학 물질이 토양과 지하수를 오염시켜 생태계에 악영향을 주고 있다.

# 쓰레기는 어떻게 처리되고 있을까?

### 생활 쓰레기 처리 방법

환경부 자료에 따르면 2017년 기준 우리나라 국민은 1인당 하루 0.95kg의 생활 쓰레기를 발생시키고 있다. 생활 쓰레기의 처리 방법은 다음과 같다.

재활용

다시 쓸 수 있는 것

소각

재활용할 수 없는 것 중 불에 타는 것(가연성)

매립

재활용할 수 없는 것 중 불에 타지 않는 것(불연성)

### 생활 쓰레기(폐기물) 처리 현황

2014년 생활 폐기물의 처리 방법별 비율을 보면 재활용 59%, 소각 25.3%, 매립 15.7%다. 1994년부터 2014년까지 매립 비율은 감소 추세지만, 소각과 재활용의 비율은 증가해 왔음을 알 수 있다. 2014년의 매립량(7.813톤/일)은 쓰레기 종량제 시행 직전인 1994년(47.166톤/일)에 비해 83.4% 감소했다. 반면에 소각은 524.6%, 재활용은 229.9% 증가했다. 재활용의 비율은 2008년부터 약 60%를 유지하고 있다.

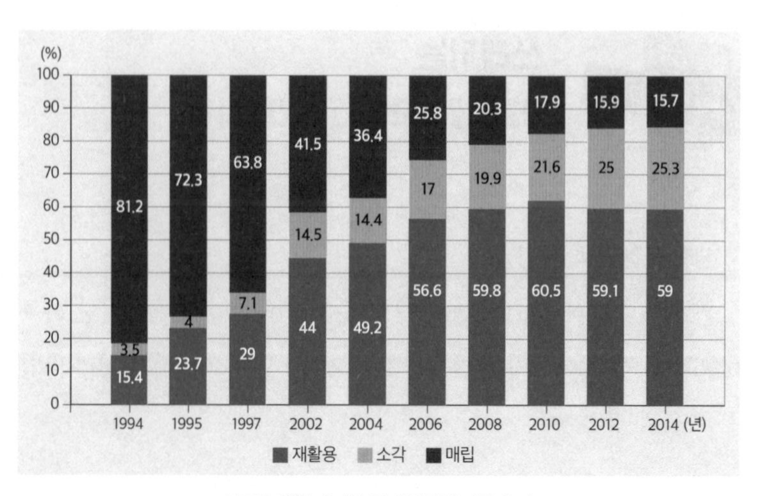


**연도별 생활 폐기물 처리 방법별 비율 추이**

출처: 환경부(2017년)

## 음식물 쓰레기를 20% 줄이면?

2014년 국내에서 발생한 음식물 쓰레기는 하루 평균 1만 3,222톤이며, 전체 쓰레기 발생량의 약 27.4%를 차지한다. 이는 전체 음식의 7분의 1이다. 이로 인해 환경 문제뿐만 아니라 사회·경제적 문제까지 발생하고 있다.

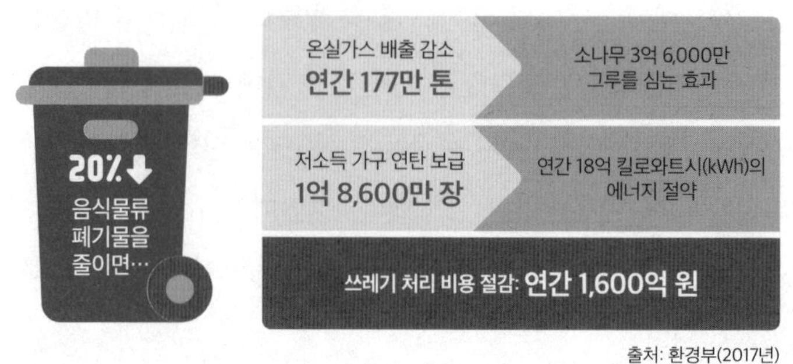


출처: 환경부(2017년)

# 쓰레기 문제를 해결하기 위해 어떤 아이디어를 적용할까?

| 해결해야 할 문제 | 음식물 쓰레기 | | 플라스틱 쓰레기 | |
|---|---|---|---|---|
| 세부 항목 | 음식물 쓰레기 배출 줄이기 | 음식물 쓰레기 활용하기 | 플라스틱 배출 줄이기, 재활용하기 | 생분해성 플라스틱 개발하기 |
| 해결 방안 | 음식물 쓰레기 재활용하기 | 음식물 쓰레기로 바이오 에너지 생산하기 | • 플라스틱 배출 최소화하기<br>• 플라스틱 자원화하기 | 유해 성분 배출하지 않는 플라스틱 개발하기 |
| 내가 생각한 아이디어 | • 과일 가죽<br>• 과일 껍질 방향제<br>• 동물 사료 | • 바이오가스<br>• 바이오 에탄올 | • 합성 섬유 미세 플라스틱 배출을 막는 세탁기<br>• 분리수거 로봇 | 식물성 플라스틱 |

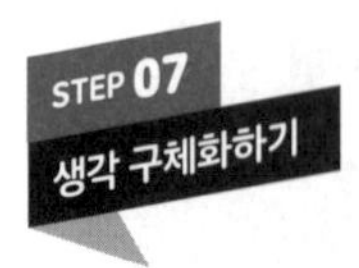


# 선택한 아이디어를 구체적으로 어떻게 활용할 수 있을까?

| | 과일 가죽 | 미세 플라스틱 포집 세탁기 |
|---|---|---|
| 필요성 | 2014년 국내에서 발생한 음식물 쓰레기는 하루 1만 3,222톤이다. 이는 전체 생활 쓰레기 발생량의 약 27.4%를 차지한다. 이로 인해 연간 18조 이상의 경제적 손실이 발생하며 처리 비용으로 연간 약 8,000억 원이 사용된다. 그뿐만 아니라 쓰레기가 썩는 과정에서 더러운 물인 고농도 침출수가 토양 오염과 해충을 발생시켜 환경을 오염시키고 있다. | 합성 섬유 세탁 시 배출된 미세 플라스틱이 바다로 유입되어 생태계를 오염시키고 있다. 실제로 합성 섬유 옷 1.5kg을 세탁한 세탁 폐수에서 0.1346g의 미세 플라스틱이 검출되었다. 그러나 '미세 합성 섬유 플라스틱'은 '마이크로비즈 청정 해역 법안'처럼 사용할 수 없도록 규제하기 어렵다. 따라서 합성 섬유 세탁 시 배출되는 '미세 합성 플라스틱' 배출량을 줄일 수 있다면 바다 생태계를 보호할 수 있다. |
| 아이디어 적용 | 버려지는 과일 껍질을 활용해 천연 가죽을 만든다면 음식물로 인한 환경 오염을 막을 수 있으며, 동물 보호는 물론 인간에게도 이로운 친환경적인 제품을 만들 수 있다. | 미세 플라스틱 사전 제거 기능을 갖춘 미세 플라스틱 포집 세탁기를 만든다면, 세탁 시 미세 플라스틱의 배출을 막아 해양 오염을 줄일 수 있다. |
| 과학 원리 | **열 수축 현상:** 버려지는 과일을 가열해 부피와 상태를 변화시켜 과일 가죽을 만들 수 있다. | **마찰력:** 세탁조 안에 합성 섬유를 넣고 마찰을 일으켜 발생하는 운동 에너지로 세탁 시 배출될 미세 플라스틱을 미리 제거할 수 있다. |

●●● 토론 논제

전 지구적으로 많이 발생하는 쓰레기의 문제점을 분석하고, 쓰레기 문제를 해결하기 위한 방안을 국가적·개인적 입장에서 창의적으로 제시하시오.

〈2017년 인천동부교육지원청 초등 문제, 2019년 인천 서창초〉

## Ⅰ. 문제 상황 분석

### 1] 용어 정의

- **쓰레기:** 사람의 생활이나 산업 활동에 필요하지 않게 된 물질로 일반 가정과 사업장에서 발생하는 모든 폐기물

### 2] 쓰레기의 분류

| 생활 쓰레기 | 산업 쓰레기 |
| --- | --- |
| 일반 쓰레기<br>음식물 쓰레기<br>재활용 쓰레기 | 농업 쓰레기<br>공장 쓰레기<br>건설 현장 쓰레기 |

## 3] 쓰레기로 인한 피해

### ① 쓰레기 매립 및 소각에 따른 문제점

| 처리 방법 | 환경 문제 | 사회 · 경제적 문제 |
|---|---|---|
| 매립 | • 침출수에 의한 하천 및 지하수 오염<br>• 악취, 먼지, 유해 물질 등에 의한 대기 오염<br>• 중금속 등 독성 물질에 의한 토양 오염 | • 주민 갈등 및 님비 현상 발생<br>• 폐기물 처리 시설의 설치 및 운영 비용 부담(처리 비용 8,000억 원) |
| 소각 | • 악취, 먼지, 다이옥신 등 유해 물질 배출로 인한 대기 및 토양 오염 | |

출처: 환경부(2017년)

### ② 쓰레기 처리로 인한 환경 오염

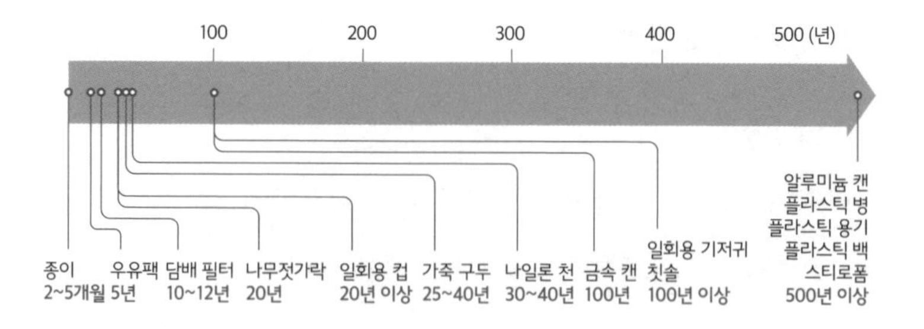


생활 폐기물이 썩는 데 걸리는 시간

• 국내에서 발생한 생활 폐기물은 재활용되거나, 소각 또는 매립방식으로 처리함 → 소각 및 매립 처리 방식은 폐기물을 태우거나 땅에 묻기 때문에 폐기물의 유해 성분이 누출되어 대기나 토양, 지하수 오염이나 온실가스 배출 등의 환경 오염을 유발하고 있음

### ③ 음식물 쓰레기로 발생하는 경제적 손실

• 2014년 국내에서 발생한 음식물 쓰레기는 하루 평균 1만 3,222톤

임 → 전체 생활 쓰레기 발생량의 약 27.4%를 차지함 → 이는 전체 음식물의 7분의 1이 쓰레기로 버려지는 상황임 → 이로 인해 연간 18조 이상의 경제적 손실이 발생하며, 이를 처리하는 비용으로 연간 약 8,000억 원이 사용됨

출처: 환경부(2017년)

## Ⅱ. 문제 원인 분석

### 1] 음식물 쓰레기 증가 원인

**직접적 원인**

**국민 소득 증가로 인한 외식 증가**
2005년 1만 6,000달러
2015년 2만 8,000달러

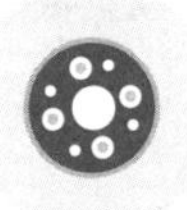

**음식점의 과다한 반찬 제공**
음식 쓰레기 중 음식점에서 발생한 쓰레기의 비율 47%

**간접적 원인**

**푸짐한 상차림 문화**
음식 쓰레기 구성 중 먹고 남긴 음식물 30%

**음식의 소중함에 대한 의식 결핍**
음식 쓰레기 구성 중 먹지 않은 음식물 4%

- 한국환경공단에 따르면 2011년 기준 우리나라 1인당 음식물 쓰레기 발생량은 280g으로 프랑스 160g, 스웨덴 86g 등의 다른 국가보다 2배 이상 배출되는 것으로 조사됨

### 2] 플라스틱 소비량 증가

#### ① 2015년 국가별 플라스틱 소비량

| 국가 | 한국 | 미국 | 일본 |
| --- | --- | --- | --- |
| 소비량 | 132.7톤 | 93.8톤 | 65.5톤 |

#### ② 미세 플라스틱 발생원

- 마이크로비즈: 클렌징폼이나 바디 스크럽, 빨래용 세정·세탁 제품 등에서 광범위하게 배출되고 있음
- 화학 섬유를 세탁할 때 미세 플라스틱이 배출됨 → 인천만·경기만 등 6곳을 조사하자 1㎥당 평균 159개가 발견됨

## Ⅲ. 해결 방안

**제안하기 1] 과일 가죽**

#### ① 제안 목적

썩거나 못생긴 과일들은 폐기할 수밖에 없어 환경·사회·경제적 문제를 발생시킴 → 이 문제를 해결하기 위해 폐기되는 과일 쓰레기의 재활용이 시급함

### ② 실행 방안

- 버려지는 과일들을 모아 분쇄한다.
- 분쇄한 과일들을 삶는다.
- 과일이 완전히 죽처럼 삶아지면 판에 얇게 펴서 여러 번 말린다. 이는 가죽을 만드는 방법과 유사하다.

### ③ 과학 원리

- 열 수축 현상: 가열에 의한 변화 → 가열을 통해 버려지는 과일의 부피와 상태를 변화시켜 과일 가죽 제조

## 제안하기 2] 미세 플라스틱 포집 세탁기

### ① 제안 목적

합성 섬유 옷 1.5kg을 세탁한 세탁 폐수에서 0.1346g의 미세 플라스틱이 검출됨. 이렇게 배출되는 플라스틱을 바다 생물들이 섭취하고 그 생물들을 인간이 섭취해서 문제가 심각해지고 있음 → 합성 섬유 세탁 시 버려지는 미세 플라스틱의 배출량을 줄일 수 있는 기술이 절실히 필요함

### ② 실행 방안

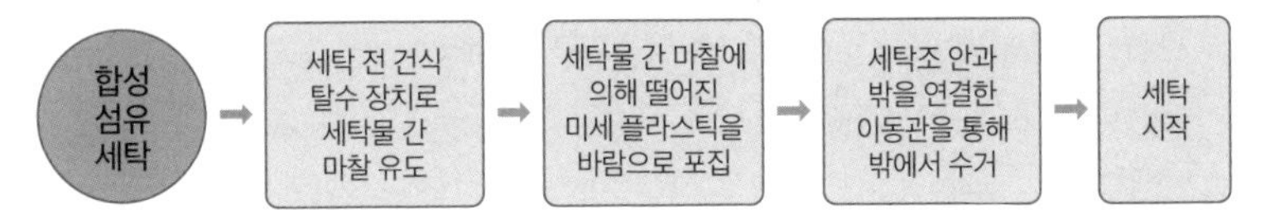

- 합성 섬유를 세탁기에 넣고 합성 섬유 세탁 버튼을 누른다.
- 세탁 전 건식 탈수로 세탁물 간 마찰을 유도한다.
- 마찰로 인해 떨어진 미세 플라스틱을 바람으로 포집한다.
- 세탁조 안과 밖을 연결한 관을 통해 바람으로 미세 플라스틱을 밖에서 수거한다.
- 세탁조에 물이 들어가고 세탁을 시작한다.

### ③ 과학 원리

- 마찰력: 마찰을 통해 생기는 운동 에너지 → 마찰력을 이용해 합성 섬유의 미세 플라스틱 제거

## 참고 자료

### ❖ 서적/논문

○『생활 속 소중한 자원 이야기』/환경부/2017년
○『인류만이 남기는 흔적, 쓰레기』/박상곤/미래아이/2018년
○『환경 용어 사전』/환경부

### ❖ 동영상/단체

○ 〈MBC 이슈 현장 속으로-처치 곤란 못난이 농산물, 해결 방안은?〉
○ 〈코로나19로 일회용 쓰레기 급증 "환경 보호 역행 우려"〉/YTN
○ 〈'남한 면적 14배' 쓰레기 섬 치울 수 있을까?〉/YTN
○ 〈폐자원 홍수 시대〉/YTN
○ 〈녹색의 꿈〉/YTN

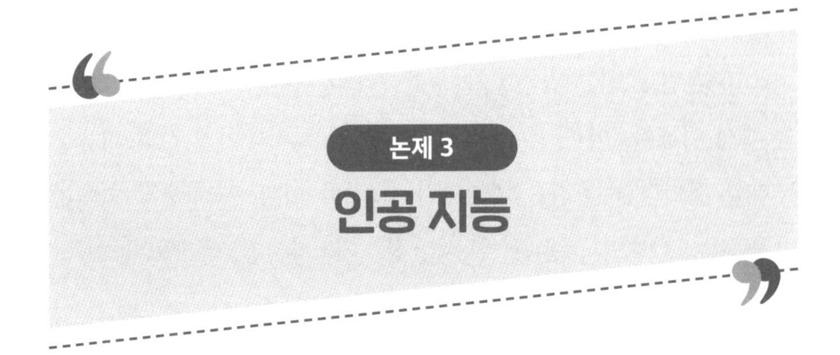

## 인공 지능이란 무엇일까?

### 인공 지능의 정의

인공 지능(Artificial Intelligence, AI)이란 인간처럼 사고하고 스스로 학습하는 시스템이라고 할 수 있다. 인공 지능을 연구하는 학자들은 이에 대해 다양하게 정의를 내리고 있다.

| 학자 | 정의 |
|---|---|
| 닐슨 | 기계에 지능을 부여하는 활동 |
| 린 파커 | 외부 관찰자에게 인간과 비슷하게 보이는 '스마트한' 방법으로 소프트웨어를 작동시키는 폭넓은 방법, 알고리즘 및 기술 |
| 스튜어트 러셀 | 인간처럼 생각하고 행동하는 시스템, 이성적으로 생각하고 행동하는 시스템 |
| 존 매카시 | 기계를 인간의 행동과 같게 행동하게 하는 것 |

출처: 『인공 지능 기반 교육 가이드북』(부산교육청)

## 인공 지능의 종류

2016년 인공 지능 알파고가 우리나라의 이세돌 9단과 바둑 대결을 해서 이겼다. 이 사건 이후 사람들은 인공 지능이 인간의 지능을 능가할 것이라는 우려를 내놓았다. 그러나 이미 우리 생활 중에는 인공 지능 기능이 적용된 세탁기, 청소기, 에어컨, 냉장고 등이 있다. 그렇다면 인공 지능은 어떻게 구분할 수 있을까?

인공 지능은 기능과 수준에 따라 레벨 1에서 4까지 구분하기도 하고, 강한 인공 지능과 약한 인공 지능으로 구분하기도 한다.

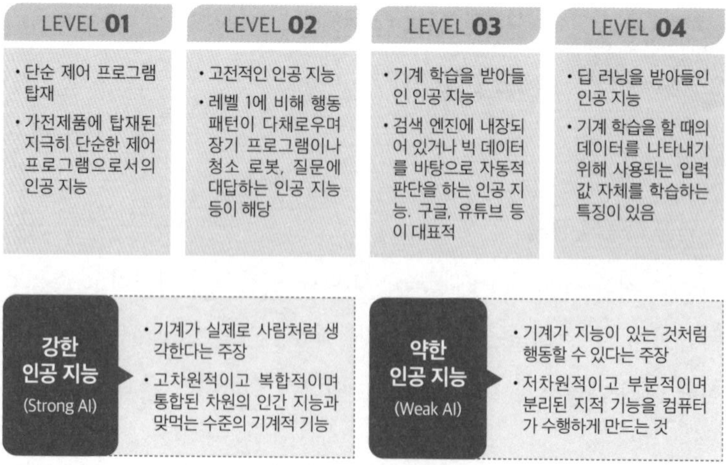

| LEVEL 01 | LEVEL 02 | LEVEL 03 | LEVEL 04 |
|---|---|---|---|
| • 단순 제어 프로그램 탑재<br>• 가전제품에 탑재된 지극히 단순한 제어 프로그램으로서의 인공 지능 | • 고전적인 인공 지능<br>• 레벨 1에 비해 행동 패턴이 다채로우며 장기 프로그램이나 청소 로봇, 질문에 대답하는 인공 지능 등이 해당 | • 기계 학습을 받아들인 인공 지능<br>• 검색 엔진에 내장되어 있거나 빅 데이터를 바탕으로 자동적 판단을 하는 인공 지능. 구글, 유튜브 등이 대표적 | • 딥 러닝을 받아들인 인공 지능<br>• 기계 학습을 할 때의 데이터를 나타내기 위해 사용되는 입력값 자체를 학습하는 특징이 있음 |

| 구분 | 내용 |
|---|---|
| 강한 인공 지능 (Strong AI) | • 기계가 실제로 사람처럼 생각한다는 주장<br>• 고차원적이고 복합적이며 통합된 차원의 인간 지능과 맞먹는 수준의 기계적 기능 |
| 약한 인공 지능 (Weak AI) | • 기계가 지능이 있는 것처럼 행동할 수 있다는 주장<br>• 저차원적이고 부분적이며 분리된 지적 기능을 컴퓨터가 수행하게 만드는 것 |

출처: 『인공 지능 기반 교육 가이드북』(부산교육청)

## 인공 지능 구현 방식

인공 지능은 크게 증폭, 교류, 구현의 세 가지 방식으로 인간을 보조하는 도구로 사용된다.

① 증폭하기: 올바른 정보를 적절한 시점에 제공해서 인간의 분석 능력과 의사 결정 역량을 향상해 준다.

예 학습 과정에서 이용할 수 있는 챗봇

② 교류하기: 기업이 더 새롭고 효과적인 방식으로 직원 및 고객과 교류할 수 있게 한다.

예 인공 지능 비서 또는 인공 지능 기반 가상 도우미

③ 구현하기: 단지 디지털 개체로 존재하지 않고 인간의 노동과 신체를 보완하는 로봇으로 구현되는 것을 뜻한다. 정교한 센서와 모터, 작동 장치를 바탕으로 인간과 대상물들을 인식하고 생산 현장, 실험실, 의료 등에서 인간을 보조하며 안전하게 작업할 수 있게 해 주거나 신체 기능이 약한 노인이나 장애인의 생활을 돕는다.

예 웨어러블 보조 장치

## 인공 지능으로 인해 어떤 변화가 일어나고 있을까?

4차 산업 혁명 시대에 펼쳐질 미래 생활방식은 보다 지능화될 것으로 예측된다. 실제로 기술 발전의 속도는 과거보다 더욱 빨라지고 있으며, 인간의 편리성을 극대화시킬 수 있는 혁신적인 발명품들이 쏟아져 나오고 있다. 이러한 발전의 중심에는 인공 지능 기술이 자리 잡고 있다. 과연 인공 지능으로 인해 어떤 변화가 우리에게 일어나고 있는지 알아보자.

효돌이와 효순이는 노인 돌봄 사회 로봇으로 구현된 인공 지능이다. 초고령화 사회로 진입한 우리나라의 홀몸 노인들의 적적한 일상을 채워 주는 동반자가 로봇으로 대체되고 있다. 건강 관리사 겸 말벗 역할을 하는 효돌이와 효순이는 "할머니, 약 드세요. 그리고 드셨으면 제 손을 꼭 잡아 주세요."라고 말하는 등 말벗이 되어 주고 있다. 노인들은 효돌이, 효순이를 보며 '자식보다 낫다'고 말한다. 음성과 터치 방식으로 작동되는 돌봄 로봇은 활기찬 안부 인사나 대화 등의 상호 교감이 가능해 치매 예방과 우울감 해소에 도움을 주는 등 홀몸 노인들의 삶에 활력소가 되고 있다.

인공 지능 기술을 탑재한 로봇이 음식을 요리하거나 서빙을 하고, 24시간 운영하는 로봇 카페가 확대되고 있다. 로봇 사업을 다각화하는 LG전자는 최근 서울 메이필드호텔에서 실외 배송 로봇의 시범 서비스를 시작했다. 실외 배송 로봇은 호텔 건물 안팎을 오가며 고객에게 음식 서빙 역할을 수행한다. 고객이 야외 테라스에 앉아 음식을 주문하면 로봇은 주방에서 완성된 요리를 고객이 있는 테이블까지 배송한다. 또 고객이 식사를 마치고 그릇들이 선반에 채워지면 퇴식 장소로 이동한다. LG전자는 앞으로 호텔을 포함해 대학 캠퍼스, 아파트 단지, 놀이공원 등의 공간에서 실외 배송 로봇을 검증하며 적용 영역을 확대해 나가겠다는 계획을 밝혔다.

현대글로비스는 2021년 3월에 이전한 신사옥에서 로봇 물류 서비스에 나섰다. 가로 61㎝, 세로 78㎝, 높이 110㎝ 크기의 무인 운반 로봇이 최대 60㎏ 무게의 상품을 나를 수 있다. 회사 측은 초음파 센서를 활용한 자율 주행 기능, 자체 알고리즘을 활용한 동적 장애물 회피 기능 등을 탑재해 사람이나 장애물이 많은 실내에서도 충돌 없이 주행이 가능하다고 강조했다. 자율 주행 로봇은 택배와 우편물 배송에 투입한다. 택배 등이 사옥 내 물품보관소에 도착하면 로봇이 받아 스스로 엘리베이터를 타고 이동해 직원들에게 전달한다. 또 임직원이 각자의 업무 장소에서 스마트폰으로 음료를 구매하면, 로봇이 주문자에게 배달하는 기능도 구현한다.

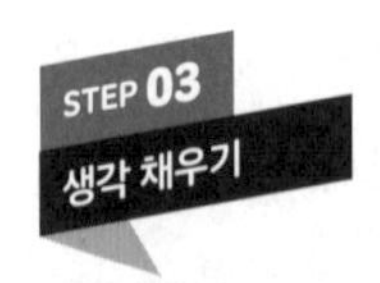


## '인공 지능' 하면 생각나는 단어는 무엇일까?

- **드론:** 조종사 없이 무선 전파에 의해서 비행 및 조종을 할 수 있는 비행기나 헬리콥터를 뜻한다. 처음에는 드론에 카메라를 붙여서 적군을 감시하는 용도로 쓰였지만, 나중에는 미사일을 발사하는 용도로 쓰일 정도로 발전했다. 현재에는 배달이나 방송 촬영 등에도 많이 이용되고 있다.
- **스마트 가전:** 가전에 네트워크 기능을 연결하고 제어 기능을 탑재해 스스로 상황에 맞게 자동으로 최적의 성능을 발휘할 수 있도록 조정이 가능한 가전을 말한다. 통신 기능이 내장되어 있어 콘텐츠와 스마트 홈서비스를 제공해 준다.

  예 스마트 냉장고는 LCD 화면을 통한 정보 조회, 식재료의 실시간 주문, 자가 절전, 식재료 보관 기한 관리 등이 가능하며, 스마트폰으로 냉장고 상태 등을 확인할 수 있다.
- **사물 인터넷(IoT):** 사물에 센서를 붙여서 실시간으로 사람과 사물, 사물과 사람끼리 데이터를 인터넷으로 주고받는 기술이나 환경을 뜻한다. 지금까지는 인터넷에 연결된 사물이 정보를 주고받으려면 사람의 조작이 필요했는데, 사물 인터넷 시대가 열리면서 사람의 개입 없이 사물과 사물끼리 정보를 주고받을 수 있게 되었다. 시동을 걸지 않아도 되는 스마트 키, 식재료 보관 기한을 알려 주는 냉장고 등이 이에 해당된다.

- **스마트 홈**: 주거 환경에 정보 기술을 융합해 거주자의 편리, 복지, 그리고 안전 중심의 생활을 가능하게 하는 스마트 라이프 환경을 말한다. 즉 모든 사물이 인터넷에 연결되고 지능화됨에 따라 시간과 공간의 제약 없이 모든 정보와 서비스가 이용자 중심으로 제공되는 주거 환경이다.
- **웨어러블 로봇**: 옷처럼 입을 수 있는 로봇 기술을 말한다. 외골격 시스템이라고도 불리며, 인간의 행동을 보조해 주는 로봇이다.
- **알고리즘**: 컴퓨터 과학에서 프로그램을 실행하는 명령어들의 순서를 뜻한다. 주어진 문제를 논리적으로 해결하는 데 필요한 절차, 방법, 명령어들을 모아놓은 것이다.
- **자율 주행 자동차**: 운전자가 운전대를 잡지 않아도 자율 주행 시스템이 스스로 안전하게 차선을 유지하면서 주행하고, 긴급 상황 등에 대응하는 기능을 가진 자동차다.

**자율 주행 기능의 분류 【미국 자동차공학회(SAE)의 자율 주행 기능 분류】**

| 레벨 0 | 자율 주행 기능 없음 |
|---|---|
| 레벨 1 | 운전자 지원 기능(조향 혹은 가감속 중 일부 지원) |
| 레벨 2 | 운전자 지원 기능(조향, 가감속 모두 지원) |
| 레벨 3 | 지정된 조건에서 자율 주행이 가능하나 시스템에서 요구 시(예상치 못한 공사 상황 등) 운전자가 운전 필요(부분 자율 주행) |
| 레벨 4 | 지정된 조건에서는 운전자 없이도 운전 가능(조건부 완전 자율 주행) |
| 레벨 5 | 모든 조건에서 운전자 없이 운전 가능(완전 자율 주행) |

※ 국내 안전 기준상 레벨 1~2는 운전자 지원 기능이 탑재된 차량, 레벨 3부터는 자율 주행차로 분류

출처: 국토교통부 보도자료(2020년)

- **가상 현실**(Virtual Reality, VR): 가상의 현실을 체험할 수 있게 해 주는 기술을 뜻한다. 어떤 특정한 환경이나 상황을 컴퓨터로 만들어서 그것을 사용하는 사람이 마치 실제 주변 상황이나 환경과 상호 작용을 하는 것처럼 만들어 주는 인간과 컴퓨터 사이의 인터페이스를 말한다.
- **증강 현실**(Augmented Reality, AR): 현실 세계에서 컴퓨터 그래픽 기술로 가상 환경을 조성해 현실 세계로 보완해 주는 기술을 뜻한다.

**가상 현실과 증강 현실의 공통점과 차이점**

| 구분 | 내용 |
|---|---|
| 공통점 | 컴퓨터 그래픽 기술로 만들어진 환경을 보고 느끼며, 체험한다는 점에서 그 개념이 비슷하다. 즉 가상 현실과 증강 현실 모두 가상성에 바탕을 두고 있다. |
| 차이점 | 가상 현실은 컴퓨터 그래픽 기술을 통해 3차원적인 가상 공간을 만드는 것이다. 이를 통해 실제와 가상 공간을 결합함으로써 인체의 모든 감각 기관이 현실감을 느끼게 한다. 이는 3차원 가상 공간 세계에 몰입하게 만드는 것으로 가상성에 집중한 기술이다. 증강 현실은 현실 세계에 집중해 가상의 객체나 물체의 정보를 혼합해 실제 환경에 존재하는 것처럼 느끼게 해서 현실감에 더 비중을 둔 기술이라고 할 수 있다. |

# 인공 지능은 어떻게 발달해 왔을까?

'인공 지능'이라는 말은 존 매카시와 마빈 민스키 같은 석학들이 참석한 1956년 다트머스 컨퍼런스에서 처음으로 사용했다. 학문적 연구의 대상이 된 이래 발전과 침체를 반복하면서 지금에 이르기까지 성장해 왔다. 현재는 두 차례의 침체기를 겪고 난 후 인공 지능에 관한 관심과 연구, 투자가 다시 활발해진 시기다.

| 인공 지능 (AI) 구분 | 1세대 | 2세대 | 3세대(현재) |
|---|---|---|---|
| | 고전(Classical) AI | 현대(Modern) AI | 뉴(New) AI |
| 3세대 AI 특징 | 닫힌 세계인 1, 2세대 AI와 달리 3세대 AI는 오픈 세계로 세상을 돌아다니며 데이터를 구축하고, 세상의 실제 문제를 해결한다. 또 이전에는 현실에서 가상으로 갔지만, 지금은 반대로 가상에서 현실 세계로 오고 있다. | | |

출처: 장병탁 서울대 교수(컴퓨터공학, 서울대 AI 연구원장)

| 1950년대~1970년 | 1980년대~2010년 | 2010년 이후 |
|---|---|---|
| 인공 신경망 | 머신 러닝 | 딥 러닝 |
| 신경망 연구로 AI에 대한 기대감이 높아짐 | 머신 러닝에 대한 관심이 높아짐 | AI의 시대가 본격화됨 |

출처: 『인공 지능 기반 교육 가이드북』(부산교육청)

**인공 신경망**(Artificial Neural Network, ANN)

기계 학습과 인지 과학에서 다루는 것으로 생물학의 신경망에서 작동하는 방식을 모방한 통계학적 알고리즘이다.

**머신 러닝**(Machine Learning, 기계 학습)

사람이 프로그램한 대로만 작동하지 않고 기계가 인간처럼 스스로 학습하는 능력을 갖출 수 있도록 하는 것이다. 즉 사람이 학습하듯이 컴퓨터에도 데이터들을 줘서 학습하게 함으로써 새로운 지식을 얻어 내게 하는 분야다.

머신 러닝은 교실에서 선생님(경험 전달)의 지도 아래 학생(컴퓨터)이 학습하는 방식이라 생각할 수 있다.

**딥 러닝**(Deep Learning, 심층 학습)

높은 수준의 추상화를 위한 머신 러닝 알고리즘의 집합체라 할 수 있으며, 사람의 사고방식을 컴퓨터에게 가르치는 기계 학습의 한 분야로서 심층 학습이라고도 한다.

차이점이 있다면 머신 러닝은 컴퓨터에게 먼저 다양한 정보를 가르치고 그 학습한 결과에 따라 컴퓨터가 새로운 것을 예측하는 반면, 딥 러닝은 인간의 가르침이라는 과정을 거치지 않아도 컴퓨터 스스로 심층 학습하고 미래의 상황을 예측할 수 있다.

2016년 2월 우리나라의 이세돌 9단과 바둑 대결을 펼쳤던 인공 지능 알파고도 딥 러닝 기술을 통해 만들어진 프로그램이다. 알파고는 이세돌과 바둑을 두기 전까지 끊임없이 스스로 바둑 기보를 가지고 바둑 전략을 학습했다. 컴퓨터의 자료 처리 능력은 사람과 비교할 수 없을 만큼 빠르고 뛰어나기 때문에 딥 러닝 기술이 앞으로 우리 삶을 어떻게 변화시킬지에 관해 많은 기대를 모으고 있다.

**인공 지능의 주요 성과들**

| 연도 | 성과 |
|---|---|
| 1997년 | IBM이 개발한 '딥 블루'가 세계 체스 챔피언을 이김 |
| 2011년 | IBM에서 개발한 '왓슨'이 제퍼디 퀴즈쇼에서 퀴즈 챔피언을 이김 |
| 2012년 | 컴퓨터가 처음으로 사물을 인식해서 고양이 이미지를 만들어 냄 |
| 2014년 | 여러 각도나 조명하에서 얼굴을 97.25% 정확도로 인식하는 '딥 페이스' 기술이 발표됨 |
| 2015년 | 인공 지능 기자 '워드 스미스'가 매주 500만 개의 기사를 작성함 |
| 2016년 | 이세돌 9단과 알파고의 바둑 대결에서 알파고가 승리함 |
| 2017년 | 자율 주행 자동차와 인공 지능 비서가 활약함 |
| 2018년 | 인공 지능 의사(IBM 왓슨), 인공 지능 금융 시스템(에퀴봇), 인공 지능 채용 시스템 도입 |
| 2019년 | 인공 지능 변호사 유렉스를 도입함 |

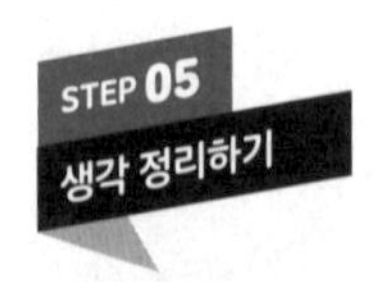


# 인공 지능으로 인해 앞으로 어떤 문제가 발생할까?

## 일자리 소멸

인간이 하던 일을 인공 지능 로봇이 대신하는 시대가 빠르게 오고 있다. 이 때문에 실업률이 높아져 사회 문제가 발생할 것이다. 대표적인 인공 지능 로봇으로 드론, 무인 자동차, 제조 로봇, 도우미 로봇, 의료 로봇 등이 있다. 예를 들어 드론은 택배 배달원, 음식 배달원, 우편배달원, 해충 박멸업자, 지질학자 등의 일을 대신할 것으로 예상된다. 또 무인 자동차가 보편화되면 택시·버스 기사, 화물 운송 기사, 렌터카 회사 직원 등의 직업이 사라질 전망이다.

**인공 지능 로봇과 소멸 가능 직업**

| 4차 산업 혁명 인공 지능 로봇 | 소멸 가능성이 있는 직업들 |
|---|---|
| 드론 | 택배 배달원, 음식 배달원, 우편배달원, 조경 기사, 해충 박멸업자, 목축업자, 토지 및 현장 측량사, 환경 엔지니어, 지질학자, 긴급 구조 요원, 소방관, 기자, 사진 기자, 건설 현장 모니터 요원, 경비원, 가석방 담당관 등 |
| 무인 자동차 | 택시·리무진·버스·대리 기사, 렌터카 회사 직원, 화물 운송 기사, 우편배달원, 교통경찰, 주차장 관리인, 세차장 직원 등 |
| 제조 로봇 | 소매점원, 재고 담당자, 계산원, 외과 의사, 약사, 수의사, 도장공, 수위, 조경사, 환경미화원, 산림 관리자 등 |
| 도우미 로봇 | 영양사, 초밥 요리사, 호텔리어, 공장 경비원, 편의점·마트 점원, 동시통역사 등 |
| 의료 로봇 | 외과 의사, 수의사, 신경정신과 의사, 정신과 간호사, 재활 전문가 등 |

출처: 〈매일경제〉 2016년 4월 기사를 바탕으로 작성함

### 빈부 격차

인공 지능도, 로봇도 결국 기술이다. 기술이란 도구를 쓰는 방법이다. 인류는 과거 돌도끼부터 도구에 의존해 생존 가능성을 높여 왔다. 그러다 보니 자연히 새로운 도구를 만드는 사람과 국가는 부와 권력을 차지하는 혜택을 누려 왔으며, 기술 변화를 주도하는 국가는 그렇지 못한 국가를 지배하기에 이르렀다. 지금은 한 국가가 다른 국가를 지배하는 일은 사라졌지만, 그 고통까지 사라진 것은 아니다. 기술을 가진 국가와 기업은 그렇지 못한 국가와 개인의 자본과 기회를 빼앗아 국가 간, 개인 간의 부의 불평등을 더욱 심화시킬 것이다.

### 인간 소외, 인간성 상실

인공 지능의 발달로 인해 모든 일의 자동화가 예고되고 있다. 자동화란 인간의 노동에 의존하는 일들이 인공 지능을 가진 로봇에 의한 시스템으로 대체됨을 의미한다. 즉 생산 공정 자동화, 사무 자동화, 가사 자동화 등이 이에 속한다. 그런데 생산의 자동화는 인간이 서로 가까이 접근하는 것을 방해한다. 재택근무, 재택 교육, 원격 진료 등의 편의성은 인간 접촉의 필요성과 기회 자체를 말살하고 있다. 그러므로 자동화가 진행되는 미래 사회는 인간 소외와 인간성 상실 현상이 극명하게 나타날 가능성이 크다. 생산 활동의 자동화에 대해 비관론적인 견해를 지닌 사람들은 "사람들이 정보 기술의 네트워크 속에 갇혀 살면서 자신이 만든 기계가 명령하는 대로 움직이는 꼭두각시 역할을 하면서 살아가는 것에 불과하다."라고 경고하고 있다.

### 사이버 공간 확대에 따른 자아 분열 현상 심화

사이버 세계는 현실과 다르게 신체적 접촉이 배제되는 환경이 조성되고, 익명성도 커진다. 따라서 보다 자유로운 표현과 활동이 가능해진다. 이에 따라 사이버 공간은 정체성의 위기를 심화시키고, 결국 자기로부터의 소외를 더욱 가속화시켜 현실 세계와 사이버 세계 간의 모순으로 가치의 혼란을 느낄 위험이 크다. 이로 인해 사이버 공간 안에서는 현실의 자아와 사이버 자아가 혼돈될 가능성이 커 자아의 분열 현상이 초래될 위험성이 커진다.

### 초고령화 사회

인공 지능 시대에 의학의 발달은 인간의 수명을 연장시킬 것이다. 이로 인해 우리 사회는 더 고령화 사회로 진입할 것이다. 국제연합(UN)은 65세 이상 고령 인구 비율이 7~14% 미만이면 '고령화 사회', 14~20% 미만이면 '고령 사회', 20% 이상이면 '초고령 사회'로 분류하고 있다. 2015년 기준 우리나라의 65세 이상 노인 인구는 662만 4,000명으로 전체 인구의 13.1%에 이르며, 2025년에는 전체 인구의 20%에 이르는 초고령화 사회로 돌입할 것으로 추정된다. 특히 2065년에 이르게 되면 노인 인구 비율은 42.5%로 크게 증가할 것이다. 이 같은 노인 증가 현상은 인구 문제, 세대 간의 갈등 문제, 노인 복지 등 다양한 문제를 발생시킬 것으로 예측된다.

비밀 노트

**Q 인공 지능 로봇이 인간의 노동을 잠식하는 미래 사회의 모습은 어떨까?**

**A** 미래 사회에 대부분의 사람들은 효율성이 높은 인공 지능 로봇에게 일자리를 빼앗기고 힘겹게 살아갈 것이다. 이들을 대변하는 신조어가 바로 '프레카리아트'다.

'프레카리아트'는 불안정(precarious)과 프롤레타리아트(proletariat)를 합성한 말로 불안정한 고용·노동 상황에 놓인 비정규직·파견직·실업자로 인공 지능 시대에 처할 노동자의 운명을 뜻한다.

실제로 〈매일경제〉가 제시한 2090년 미래 사회 계급도를 보면 99.997%가 임시 계약직으로 '프레카리아트'다. 이들은 프리랜서 형태의 단순 노동에 종사하며 저임금으로 힘겹게 살아간다. 로봇을 이 계급도에 포함시킨다면 인간은 인공 지능 로봇보다도 낮은 위치에 있을 것이다.

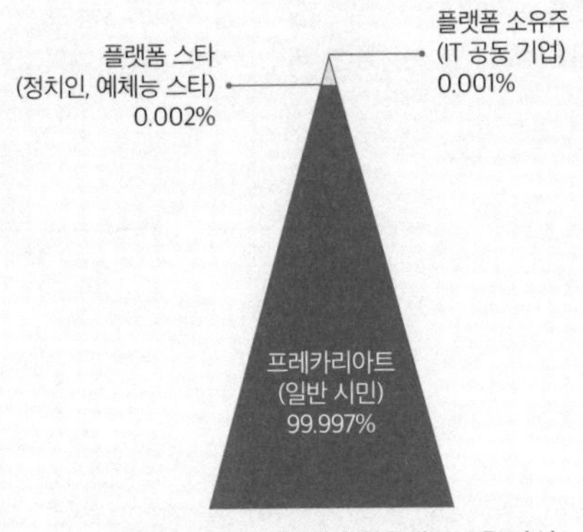


**인공 지능 로봇이 노동 시장 대부분을 잠식**

출처: 〈매일경제〉

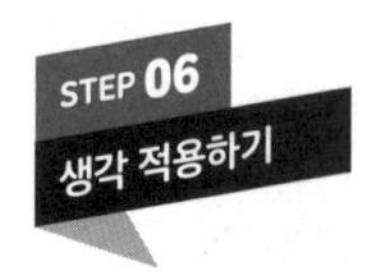


## 웨어러블 로봇의 한계를 해결하기 위해 어떤 아이디어를 적용할까?

| 해결해야 할 문제 | 활동성 저하 문제 | | 외부 활동 시 배터리 충전 문제 | |
|---|---|---|---|---|
| 세부 항목 | 무거운 소재로 인한 활동성 저하 문제 | 부피가 커서 활동에 불편을 줌 | 외부 활동 시 에너지 공급 문제 | 장시간 사용 시 에너지 공급 문제 |
| 해결 방안 | 기동성을 높일 수 있는 가벼운 웨어러블 로봇 개발하기 | 인체로부터 에너지를 얻을 수 있는 배터리를 장착해 웨어러블 로봇의 부피 줄이기 | 외부 활동 시 지속적으로 에너지를 발전할 수 있는 기능이 탑재된 웨어러블 기기 개발하기 | 충전 문제를 개선한 웨어러블 기기 개발하기 |
| 내가 생각한 아이디어 | 스마트 의류를 적용한 웨어러블 로봇 | 열전기 효과 원리를 이용한 웨어러블 로봇 | 압전 하베스팅 효과를 이용한 웨어러블 로봇 | 대용량 리튬 이온 전해액 첨가제를 첨가한 배터리를 사용하는 웨어러블 로봇 |

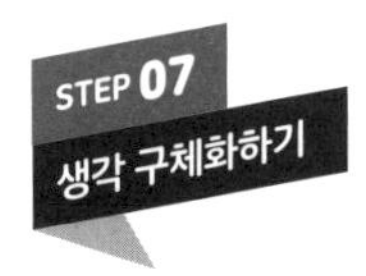


# 선택한 아이디어를 구체적으로 어떻게 활용할 수 있을까?

| | '열전기 효과' 원리를 이용해 배터리의 크기를 최소화한 웨어러블 로봇 개발하기 | 압전 하베스팅을 이용해 배터리 문제 해결하기 |
|---|---|---|
| 필요성 | 급속한 고령화는 노인 인구의 총체적인 건강 수준 저하와 질병의 증가로 이어져 많은 건강 문제와 사회 문제를 일으킨다. 스마트 웨어러블 로봇은 고령자의 외부 활동을 가능하게 해 준다. 이때 노인의 활동성을 높이기 위해서는 웨어러블 로봇의 무게와 부피를 줄이는 방안을 찾는 것이 중요하다. | 고령자의 삶의 질과 독립생활에 대한 능력을 높이기 위해 사회 활동의 참여 기회를 확대하다 보면 외부 활동 시간이 증가할 것이다. 이때 한 번 충전으로 장시간 사용이 가능하도록 충전 문제를 해결하는 것이 중요하다. |
| 아이디어 적용 | '열전기 효과' 원리를 이용해 몸에 착용한 웨어러블 기기에 내장된 열전기 발전기로 체온이 전해져 전기를 만든다. 이 전기 에너지로 헬스 웨어러블 기기를 작동시킨다. | 착용자의 신발 깔창 안에 압전 소자를 삽입해 걸을 때 생기는 운동 에너지로 전기를 생성시켜 웨어러블 기기의 충전 시간을 늘린다. |
| 과학 원리 | **열전기 효과 원리 이용:** '열전기 효과'란 전도성이 크고 열전도가 낮으면 전하가 더운 곳에서 추운 곳으로 이동하면서 전력을 생성할 수 있는 원리를 말한다. 이 원리를 활용해 배터리를 최소화하고 사람의 체온에서 에너지를 얻는다. | **압전 현상:** 압전 소자에 압력을 가하면 순간적으로 전하의 위치가 바뀌면서 결정의 양면에 전위차가 발생하게 되고, 이 전위차로 인해 전기가 만들어진다. 이 과학 원리를 활용해 착용자의 신발 깔창에 압전 소자를 설치하면 착용자가 움직일 때 생기는 운동 에너지로 전기 에너지를 얻을 수 있다. |

**●●● 토론 논제**

우리나라는 의학의 발달로 초고령화 사회 진입을 앞두고 있다. 고령화 사회에서 각광받게 될 웨어러블 로봇의 장점과 한계점에 대해 알아보고, 한계점을 개선할 수 있는 방안에 대해 보고서를 작성하시오.

〈2019년 서울 반송중, 경기 오마중 등〉

## Ⅰ. 문제 상황 분석

### 1] 용어 정의

- **웨어러블 로봇(Wearable Robot):** 인간의 힘을 증폭 또는 지원하기 위해 신체 외부에 부착하는 외골격 형태의 로봇

### 2] 웨어러블 로봇의 핵심 기술

인체와 로봇 간의 상호 작용 기술로 사용자의 뇌가 근육에 생성되는 근전도 신호를 인식하면 컴퓨터는 이를 해석해서 신체를 대신하는 보철 장치를 움직이도록 제어를 명령으로 바꿈

### 3] 연령 계층별 인구 구성비

2065년에는 65세 이상의 구성비가 42.5%인 초고령 사회가 될 것

으로 예측됨. 노인들은 신체 능력이 저하되므로 보행 중 근력 보조가 필요함. 이러한 수요에 맞추어 노약자의 근력을 보조하는 웨어러블 로봇의 개발이 필요함

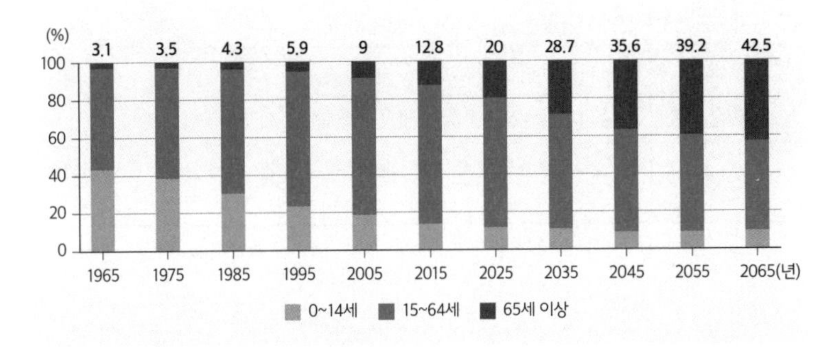


출처: 통계청

## 4] 웨어러블 로봇의 적용 분야

| 적용 분야 | 세부 사항 |
|---|---|
| 의료 분야 | 재활을 필요로 하는 정형외과적 환자를 위한 보행 보조 로봇, 혼자 움직이기 힘든 장애인을 위한 의수나 의족 로봇 |
| 산업 로봇 | 중화물이나 소화물 등을 반복적으로 처리하는 작업 환경에서 사용 |
| 재난 로봇 | 인간이 도달할 수 없는 지형지물에 쉽게 접근해 부상자를 도움 |
| 건설 로봇 | 근로자가 무거운 자재나 취급하는 장비들을 쉽게 운반하거나 사용할 수 있도록 지원해 주는 로봇 |
| 군사 로봇 | 미사일이나 군수 물자를 들고 행군할 때 군인들의 힘을 증가시켜 작전 수행에 도움을 줌 |

## Ⅱ. 웨어러블 로봇의 한계점

| 한계점 | 세부 내용 |
|---|---|
| 배터리 문제 | 배터리 용량 한계 → 1회 충전으로 단시간만 사용 가능 |
| 소재 문제 | 사람의 피부와 달리 부드럽지 않음. 웨어러블 로봇이 신체와 접촉되는 부분이 차가움 |
| 부피 문제 | 부피로 인해 착용 사실을 숨길 수 없음 |
| 가격 문제 | 사람마다 신체 조건이 달라 개인 맞춤형으로 제작해야 함 |
| 무게 문제 | 철, 알루미늄 등으로 제작 → 착용 시 무게가 무거워서 활동의 문제가 생길 수 있음 |

## Ⅲ. 해결 방안

**제안하기 1]** **'열전기 효과' 원리를 이용해 배터리의 크기를 최소화한 웨어러블 로봇 개발하기**

### ① 제안 목적

진동, 열 등 생활 속 미활용 에너지를 활용해 전기 에너지를 만들 수 있음

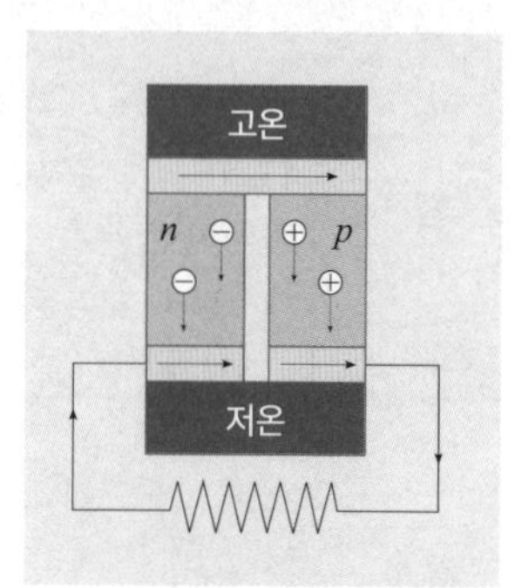

제베크 계수가 다른 두 물질을 이용해 제베크 효과로 발전하는 열전기 발전기의 개요도

### ② 실행 방안

- 웨어러블 로봇 안에 세라믹 바를 설치한다.
- 이 장치 위에 피부가 접촉하면 내

장된 열전기 발전기로 체온이 전해져 전기를 만든다.

• 이 전기 에너지로 웨어러블 로봇을 작동시킨다.

### ③ 과학 원리

전도성이 크고 열전도가 낮으면 전하가 더운 곳에서 추운 곳으로 이동하면서 전력을 생성하는 '열전기 효과' 원리를 이용함

## 제안하기 2] 압전 하베스팅을 이용해 배터리 문제 해결하기

### ① 제안 목적

성인 한 명이 걸을 때 진동 에너지가 0.1~0.3W 발생함 → 이를 전기 에너지로 전환함

### ② 실행 방안

• 압전 특성이 있는 물질에 압력이나 진동을 가하면 전기가 생긴다.

• 이 원리를 이용해서 착용자의 신발 깔창 안에 압전 소재를 삽입해 걸을 때 전기를 생성한다.

• 이렇게 모은 에너지를 사용해 충전 시간을 늘린다.

### ③ 과학 원리

압력이나 진동으로 생기는 운동 에너지 → 압전 소자를 이용해 전기 에너지로 변환 → 압전 하베스팅 발전

## 참고 자료


❖ 서적/논문

○『인공 지능 기반 교육 가이드북』/부산교육청/2019년

○『4차 산업 혁명 시대 인재 양성을 위한 교육 시스템 변화 우선 추진 교육(인공 지능 기술 발달이 일자리에 미치는 영향)』/서옥순/부산발전연구원/2017년

○『글로벌 기업의 스마트 가전의 전략』/김현중/정보통신산업진흥원/2012년

○『어린이 체험 전시를 위한 증강 현실 체험 특성에 관한 연구』/이수빈/홍익대학교 대학원 석박사 논문/2020년

○『석학 정책 제안 고령화 과학에서 해답을 찾다』/대한민국의학학림원/2018년

❖ 동영상/단체

○ 〈노인 마음 돌본 'AI 로봇 효돌'〉/JTBC 뉴스

○ 〈코로나19 시대, AI 탑재한 돌봄 로봇〉/MBC 뉴스

## 미세 먼지로 인해 어떤 일이 생기고 있을까?

전쟁이나 기근처럼 생명을 위협하는 재난을 피해 다른 나라로 떠나는 사람을 난민이라고 한다. 최근 삶의 터전을 떠나야 하는 이유 중 하나로 새롭게 떠오른 것이 미세 먼지다.

한반도를 뒤덮는 고농도 미세 먼지는 전쟁이나 테러만큼 사람들을 위협하는 존재가 되고 있다. 그래서 미세 먼지를 피해 깨끗한 공기를 찾아 떠나는 사람들을 가리키는 에어노마드족(공기 난민, Air(공기) + Nomad(유목민))이라는 신조어까지 생겼다. 에어노마드족은 미세 먼지가 덜한 교외 지역으로 이사하거나, 대기 오염이 없는 외국으로 이민까지 가려고 한다. 2019년 한국보건사회연구원에서 12세 이하 아동 보호자 1,000명을 대상으로 조사한 결과 공기가 좋은 곳으로 이사 또는 이민을 생각해 본 경험이 있다고 답한 보호자는 각각 71.4%, 55.4%에 달할 정도다.

이 밖에도 3일은 춥고 4일은 따뜻한 우리나라의 전통적인 겨울 날씨를 가리키는 '삼한사온' 대신 3일 동안 추우면 4일간 미세 먼지가 이어진다는 '삼한사미', 미세 먼지가 일시적으로 줄어 환기하기 괜찮은 시간을 가리키는 '환타(환기 타임의 줄임말)' 등도 미세 먼지로 인해 생긴 신조어다.

미세 먼지가 심각한 문제가 된 가장 큰 이유는 건강에 대한 위험성 때문이다. 2018년 세계보건기구에서 183개국을 대상으로 조사한 결과 미세 먼지로 인해 발생하는 조기 사망자(2016년)는 한 해 700만 명에 달했다. 미세 먼지가 심한 중국에서는 2013년 미세 먼지에 오랫동안 노출된 8세 여아가 폐암에 걸려 사망하는 사건이 발생해 사회를 충격에 빠뜨렸다. 장쑤성 종양 병원의 의사는 폐암에 걸린 아이의 집이 도로 주변에 있어, 자동차 배기가스에서 배출되는 미세 먼지를 계속 마신 것이 폐암의 원인이라고 밝혔다.

우리나라도 미세 먼지로 인한 위협은 갈수록 높아지고 있다. 미세 먼지의 주요 배출 원인은 공장, 자동차, 석탄 화력 발전소 등이다. 그런데 2015년 그린피스에서 하버드대학교 다니엘 제이콥 교수 연구팀과 함께 연구한 결과, 현재 국내 운영 중인 석탄 화력 발전소에서 배출되는 대기 오염 물질로 인해 매년 최대 1,600명의 조기 사망자가 발생하고 있으며, 2021년까지 계획된 24기의 신규 석탄 화력 발전소를 증설한다면 조기 사망자 피해는 매년 최대 2,800명으로 증가할 것으로 예상된다고 밝혔다.

이 같은 미세 먼지의 심각성 때문에 정부도 2019년 2월 15일 미세 먼지법(미세 먼지 저감 및 관리에 관한 특별법) 시행에 나섰으며, 미세 먼지를 사회 재난에 포함한 법안 역시 통과되었다. 미세 먼지는 이제 법으로 정해서 관리해야 할 대상이 된 것이다.

미세 먼지는 생활방식마저 바꿔 놓았다. 추위를 막기 위해 쓰던 마스크는 계절에 관계없이 미세 먼지 때문에 사용하게 되었으며, 실내에서 미세 먼지를 걸러 주는 공기청정기는 이제 필수 가전으로 자리 잡았다. 생활 곳곳에서 우리를 위협하는 미세 먼지의 위험에서 벗어날 방법은 없을까?

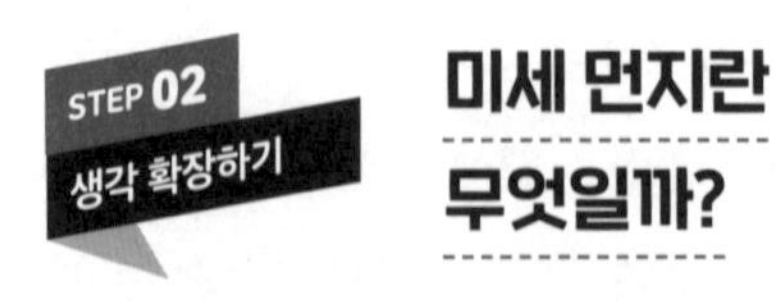


# 미세 먼지란 무엇일까?

미세 먼지는 먼지보다도 작은 먼지를 말한다. 먼지의 크기를 재는 단위는 마이크로미터(㎛)로 1㎛는 1,000분의 1㎜다. 일반적으로 지름 50㎛ 이하를 먼지, 지름 10㎛ 이하를 미세 먼지($PM_{10}$), 지름 2.5㎛ 이하는 초미세 먼지($PM_{2.5}$)로 구분한다. 미세 먼지가 사람의 머리카락 지름(50~70㎛)의 약 5분의 1에서 7분의 1 정도로 작은 크기라면, 초미세 먼지는 머리카락의 약 20분의 1에서 30분의 1에 불과할 정도로 매우 작다. 흔히 황사와 미세 먼지를 같은 것으로 오해하기도 한다. 황사는 봄에 중국 북부나 몽골 사막 지역, 황토 고원 등에서 주로 발생하며, 주요 성분은 칼슘이나 규소 등 토양 성분이다. 미세 먼지는 크기로, 모래바람인 황사는 크기가 아닌 성분으로 먼지를 분류한 것이므로 황사의 크기에 따라 미세 먼지나 초미세 먼지가 될 수도 있고 일반 먼지가 될 수도 있다.

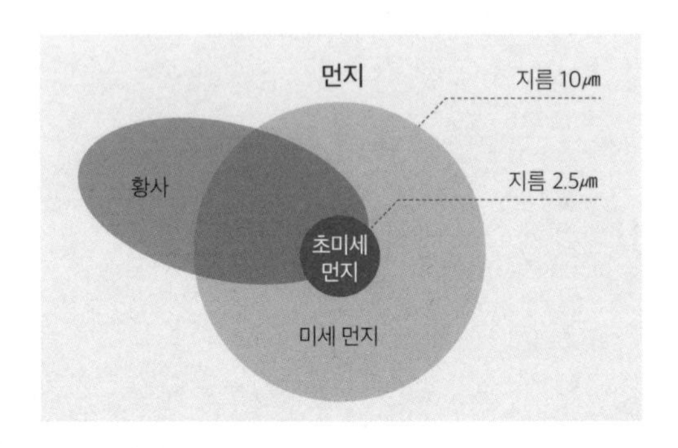

**2017년 해외 주요 도시별 미세 먼지 농도**

| 2017년 | 한국(서울) | 미국(LA) | 일본(도쿄) | 프랑스(파리) | 영국(런던) |
|---|---|---|---|---|---|
| $PM_{10}$ | 44 | 33 | 17 | 21 | 17 |
| $PM_{2.5}$ | 25 | 14.8 | 12.8 | 14 | 11 |

출처: 환경부

그렇다면 미세 먼지의 기준은 왜 10㎛와 2.5㎛일까? 일반적인 먼지는 코에서 대부분 걸러지지만, 10㎛ 이하의 미세 먼지는 숨을 쉴 때 코에서 걸러지지 않고 우리 몸속으로 들어와 염증을 일으킨다. 특히 2.5㎛의 초미세 먼지는 폐포에서도 걸러지지 않고 우리 몸으로 들어와 구석구석까지 침투할 수 있어 더 위험하다. 먼지가 작을수록 환경 호르몬이나 중금속과 같은 해로운 물질들이 더 많이 달라붙는 데다 크기가 작고 가벼워 공기 중을 계속 떠돌아다니기 때문에 인체로 들어올 가능성이 더 크다.

우리나라의 경우 전체 미세 먼지 농도는 과거와 비교하면 낮아졌지만, 선진국과 비교하면 아직 높은 수준이다. 게다가 고농도 미세 먼지 발생 일수는 증가하고 있어 체감 미세 먼지는 갈수록 악화하고 있다. 서울시 보건환경연구원의 조사에 따르면 최근 5년간 미세 먼지가 심한 1, 2월에 서울시 초미세 먼지 최고 농도는 2015년 66㎍/㎥, 2016년 58㎍/㎥, 2017년 79㎍/㎥, 2018년 88㎍/㎥, 2019년 129㎍/㎥로 증가했으며, 초미세 먼지 나쁨 일수도 2015년 12일, 2016년 9일, 2017년 16일, 2018년 19일, 2019년 23일로 해마다 많이 증가하는 추세를 보였다. 이러한 상황에서 미세 먼지를 줄이기 위한 다양한 대책 마련이 시급하다.

## '미세 먼지' 하면 생각나는 단어는 무엇일까?

- **PM**(Particulate Matter): 공기 속 입자상 물질, 즉 미세 먼지를 가리키는 말이다. $PM_{10}$은 지름이 10㎛인 미세 먼지를, $PM_{2.5}$는 지름이 2.5㎛인 초미세 먼지를 뜻한다.
- **KF**(Korea Filter): 공기 중 미세 입자를 걸러 낼 수 있는 기준을 표시하는 국내 인증 표시다. KF 94는 0.4㎛ 미세 입자를 94% 이상, KF 80은 0.6㎛ 미세 입자를 80% 이상 차단하는 효과가 있다.
- **1차 생성 먼지**: 공장, 건설 현장, 자동차 등에서 고체 상태로 바로 나오는 미세 먼지다. 주로 유기 탄소, 원소 탄소, 재, 중금속 등으로 이루어진다.
- **2차 생성 먼지**: 화석 연료가 연소하는 과정에서 나오는 황산화물이나 차량 배기가스의 질소 산화물이 대기 중에서 수증기, 오존, 암모니아와 같은 공기 중 물질과 화학 반응을 일으켜 변한 것이다. 수도권의 경우 2차 생성으로 인한 초미세 먼지가 전체의 3분의 2에 이른다.

**미세 먼지 기준**(단위: ㎍/$m^3$)

| 종류 | 좋음 | 보통 | 나쁨 | 매우 나쁨 |
|---|---|---|---|---|
| 미세 먼지 | 0~30 | 31~80 | 81~150 | 151~ |
| 초미세 먼지 | 0~15 | 16~35 | 36~75 | 76~ |

미세 먼지 주의보와 경보의 기준

| | 미세 먼지 | 초미세 먼지 | 조치 사항 |
|---|---|---|---|
| 주의보 | 150㎍/㎥ 이상 2시간 이상 지속 | 75㎍/㎥ 이상 2시간 이상 지속 | 유치원·초등 실외 수업 금지, 중고등 자제<br>민감군(노약자, 어린이, 호흡기 질환자 및 심혈관 질환자) 외출 자제 |
| 경보 | 300㎍/㎥ 이상 2시간 이상 지속 | 150㎍/㎥ 이상 2시간 이상 지속 | 유·초·중·고 실외 수업 금지<br>민감군(노약자, 어린이, 호흡기 질환자 및 심혈관 질환자) 외출 금지<br>유치원·초등 수업 단축 또는 휴교 권고 |

• **비산 먼지의 종류**

① 비산 먼지: 공사장 등에서 일정한 배출구를 거치지 않고 바람에 날려 대기 중으로 직접 배출되는 먼지다.

② 재비산 먼지: 도로나 건설 현장 등에서 바닥에 가라앉은 먼지가 차량이나 사람의 이동 등으로 인해 대기 중으로 다시 날아오른 것이다.

• **비상 저감 조치**: 고농도 미세 먼지가 일정 기간 이상 지속되는 경우 짧은 기간에 미세 먼지를 빠르게 줄이기 위해 공공 기관 차량 2부제, 노후 석탄 발전소 가동 중단, 사업장·공사장 단축 조업, 배출가스 5등급 차량 운행 제한 단속 등을 실시하는 것이다.

• **이동 오염원의 종류**

① 도로 이동 오염원: 도로 위로 이동하는 오염원으로 버스나 승용차 등 엔진과 같은 내연 기관이 달린 자동차를 말한다.

② 비도로 이동 오염원: 자동차는 아니지만, 내연 기관이 달린 철

도, 항공, 선박, 건설 기계, 농기계 등을 말한다.

- **초미세 먼지의 구성 성분:** 발생 지역이나 계절, 기상 조건에 따라 달라질 수 있다. 대기 오염 물질이 공기 중에서 반응해 2차 생성된 황산염, 질산염 등과 석탄, 석유 등 화석 연료를 태울 때 발생하는 탄소류와 검댕, 흙먼지 등에서 생기는 광물 등으로 구성된다.

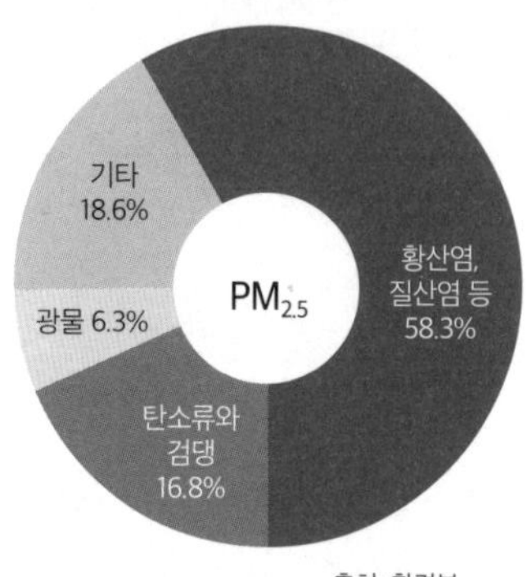


출처: 환경부

- **친환경 차:** 기존 휘발유차, 경유차보다 대기 오염 물질을 적게 배출하는 자동차다.
  ① 전기차: 화석 연료의 연소로부터 에너지를 얻는 것이 아니라 배터리에 축적된 전기로 모터를 회전시켜서 움직이는 자동차다.
  ② 하이브리드: 충전소가 별로 없는 전기차 이용의 불편함을 해결하기 위해 전기, 휘발유 등 두 종류 이상의 동력원을 사용할 수 있는 자동차로 기존의 일반 차량보다 유해 가스 배출량이 적다.
  ③ 수소차: 수소와 공기 중의 산소를 직접 반응시켜 얻은 전기를 이용한 연료 전지가 들어간 자동차로 물 이외의 배출 가스를 발생시키지 않는 환경친화적 자동차다.

비밀 노트

## Q 화석 연료를 사용할 때 왜 미세 먼지가 발생할까?

**A** 초미세 먼지의 주성분인 질산염과 황산염은 화석 연료를 태울 때 주로 발생한다.

석탄과 석유는 주로 탄소(C)와 수소(H), 황(S) 등으로 구성된다. 석탄과 석유 속에 있는 황이 연소하면 황 하나에 공기 중 산소 원자 두 개가 합쳐져 이산화황($SO_2$)과 같은 황산화물이 배출된다.

공기 중의 질소(N)는 일상생활에서는 산소와 반응하지 않지만, 자동차 엔진과 같은 고온·고압 조건 아래에서 산소($O_2$)와 결합해 질소 산화물을 생성하게 된다.

이렇게 생성된 질소 산화물과 황산화물이 공기 중의 수증기나 오염 물질을 만나면 질산염이나 황산염으로 변해 초미세 먼지가 되는 것이다. 이 성분이 구름에 섞여 내리는 것이 산성비다.

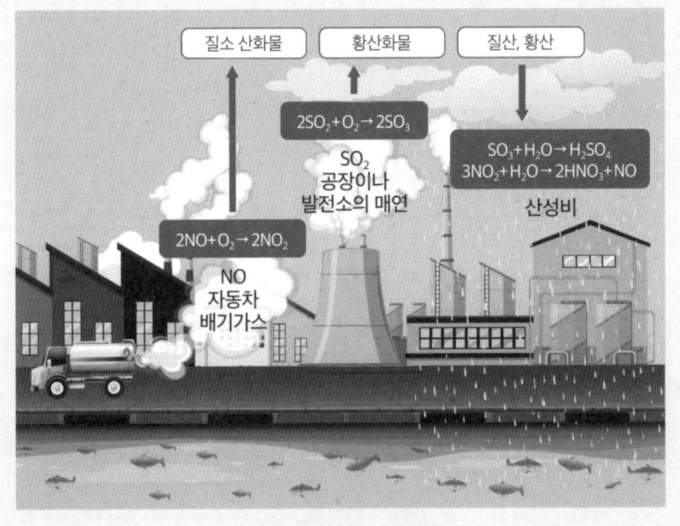


산성비의 생성 과정

## 미세 먼지로 인해 어떤 피해가 발생하고 있을까?

### 각종 질병 발생

미세 먼지가 몸속으로 들어오면 면역 세포가 먼지를 '적'으로 감지하고 작용하면서 온몸에 염증 반응이 나타난다.

미세 먼지는 공기 중에 섞여 우리 몸속으로 들어오기 때문에 숨을 들이마시고 내뱉는 기관인 호흡기에 가장 큰 영향을 미친다. 미세 먼지가 호흡기로 들어오게 되면 비염, 기관지염, 폐 질환, 천식 등이 발생한다. 국립중앙연구원에 따르면 서울의 미세 먼지 농도가 10㎍/㎥ 증가할 때마다 호흡기 질환 입원 환자가 15세 미만의 어린이는 1.4%, 65세 이상 노인은 1.6%. 75세 이상은 2.9%나 늘었다.

혈액으로 침투한 미세 먼지는 혈관을 따라 돌아다니면서 내벽에 상처를 내고 염증을 일으키는데 염증이 심해지면 혈전이 생겨 혈관이 막힐 수도 있다. 심장으로 가는 혈관이 막히면 부정맥, 심근 경색, 심장 마비 등이, 뇌로 올라가는 혈관이 막히면 뇌경색, 뇌졸중 같은 병이 나타난다. 질병관리청은 초미세 먼지에 장기간 노출될 경우 심장 관련 질환 사망률은 30~80% 증가한다고 밝혔다.

이 밖에도 눈의 각막이나 눈물샘에 염증이 생겨 결막염이나 시력 저하를 가져오며 탈모, 아토피를 비롯한 피부 질환도 일으킬 수 있다. 임신부가 미세 먼지에 많이 노출되면 저체중아 출산·조산 위험이 증가할 수도 있다.

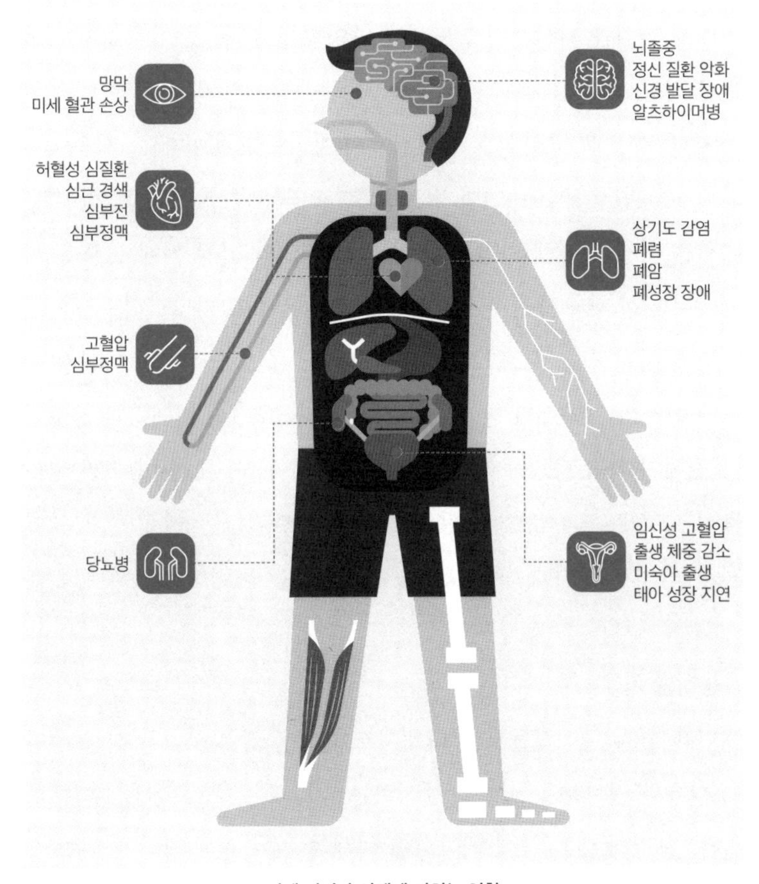


**미세 먼지가 인체에 미치는 영향**

출처: 질병관리청

이러한 건강상 피해 때문에 세계보건기구 산하 국제암연구소(IARC)는 2013년 10월 석면, 벤젠 등과 함께 미세 먼지를 1군 발암 물질로 지정했다.

### 정신 질환 발생

미세 먼지는 뇌신경계 질환에도 악영향을 준다. 초미세 먼지가 혈관을 타고 뇌로 들어가면 염증 및 세포 손상이 발생해 치매, 우울증 등 각종 정신 질환을 일으키고 심지어 자살률도 높아진다. 서울대병원이 2002년부터 2013년까지 26만 5,749명을 대상으로 진행한 연구에서는 미세 먼지에 가장 많이 노출된 지역과 가장 적게 노출된 지역에서 자살률의 차이가 4.03배에 이르는 것으로 나타났다.

특히 어린이나 청소년기에 미세 먼지에 많이 노출되면 뇌신경 세포에 산소와 영양소가 잘 공급되지 않는다. 그러면 기억력과 집중력이 떨어져 학습 능력에까지 영향을 끼치게 된다. 또한 미세 먼지 노출이 ADHD(주의력결핍 과잉행동장애)를 일으킨다는 연구 결과도 있는 만큼 미세 먼지에 대한 노출을 최소화하는 노력이 필요하다.

### 농작물 피해

미세 먼지는 농작물과 생태계에도 피해를 줄 수 있다. 식물 성장에 필요한 영양분을 스스로 합성하는 광합성은 주로 잎에서 이루어진다. 그런데 대기 중에 떠다니던 미세 먼지가 잎에 쌓이게 되면 숨쉬는 기공이 막히고 광합성에 필요한 빛이 차단되어 식물이 제대로 자랄 수 없다. 또 햇빛을 가리는 미세 먼지는 비닐하우스에서 재배하는 작물의 생육도 방해한다. 미세 먼지 성분 중 황산화물이나 질소 산화물 등이 빗방울에 녹아들어 황산 성분과 질산 성분으로 변해 내리는 산성비는 토양과 물을 산성화시켜 생태계에 악영향을 미칠 수 있다.

### 산업 활동에 미치는 피해

반도체 소자나 LCD 등 정밀 전자 제품을 제조하는 분야에서는 미세 먼지가 제품 제조에 큰 영향을 미친다. 이런 분야에서는 먼지에 노출되면 불량률이 증가하기 때문이다. 자동차 산업에서도 도장 공정이나 자동화 설비에 오작동 등의 피해를 줄 수 있다. 또 미세 먼지가 심한 날은 가시거리가 짧아지기 때문에 비행기나 여객선 운항에 차질을 빚게 된다. 미세 먼지 때문에 외출을 자제하는 사람들이 늘어나 대형 소매업, 외식업, 관광 산업 등까지 손해를 끼친다.

# 미세 먼지를 일으키는 원인은 무엇일까?

먼지를 발생시키는 자연적인 원인은 흙먼지, 바닷물에서 생기는 소금, 식물의 꽃가루, 화산재 등이 있다. 중국이나 몽골 사막 지역에서 발생하는 황사도 자연적으로 생겨난 먼지다. 인위적인 원인은 공장이나 발전소 등에서 석탄, 석유 등 화석 연료를 연소시킬 때 발생하는 매연, 자동차 배기가스, 건설 현장 등에서 발생하는 비산 먼지 등이 있다. 자연적인 먼지보다 산업화로 인해 인위적인 먼지가 늘어나고 있는 것이 문제다.

**국내 원인**

환경부가 2019년에 발표한 자료에 따르면 2015년 기준 우리나라 미세 먼지 전체 배출량은 33만 6,000톤이며, 이 중 수도권에서 5만 8,000톤이 배출되었다. 특히 자동차(도로 이동 오염원)와 건설 기계, 선박, 항공(비도로 이동 오염원) 등과 같은 이동 오염원, 화력 발전소 등 화석 연료 연소 과정에서 발생하는 미세 먼지 비율이 80%를 넘을 정도로 대다수를 차지한다. 수도권의 경우에는 경유차와 건설 기계 등 이동 오염원이 차지하는 비율이 40%로 가장 높다. 이러한 결과를 통해 지구 온난화와 미세 먼지의 공통적인 원인은 화석 연료임을 알 수 있다.

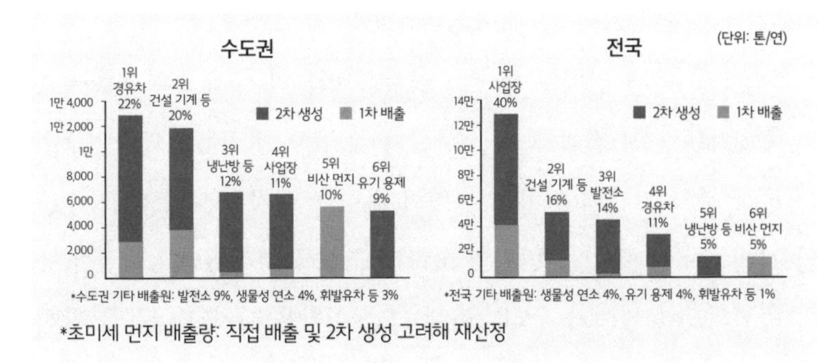


**2015년 미세 먼지 배출원별 배출량 및 기여율**

출처: 환경부 미세 먼지 관리 종합 대책(2019년)

화석 연료 외에 또 다른 원인은 비산 먼지, 생물성 연소, 생산 공정, 유기 용제 등이 있다. 비산 먼지는 굴뚝과 같은 일정한 배출구 없이 대기 중에 직접 배출되는 먼지로 건설업이나 시멘트, 석탄 등의 업종에서 많이 발생한다. 비산 먼지의 절반 정도는 자동차가 주행하면서 마모된 타이어, 도로 표면이나 흙먼지가 다시 날리는 재비산 먼지로 추정된다. 이 밖에도 농업 잔재물을 태우거나 화목난로, 고기구이 등 생물성 연소와 원유 정제 등 생산 공정, 페인트 등에서 발생하는 유기 용제 등도 미세 먼지 배출의 원인이 된다.

### 국외 원인

환경부, 국립환경과학원, 미국 항공우주국이 2016년 5월 2일부터 6월 12일까지 합동으로 수행한 '한-미 협력 국내 대기질 공동 조사' 결과 서울 초미세 먼지의 기여율은 국내 52%, 국외 48%로 나타났다. 국외의 경우에는 중국 내륙 34%, 북한 9%, 기타 5%로 분석되었다. 특히 중국의 기여도는 고농도 시 70~80%까지 올라간다.

한반도의 미세 먼지는 중국의 영향을 받는다는 사실을 과학적으로 증명하는 조사 결과도 최근 나왔다. 2018년 한국표준과학연구원은 중국 춘절 기간에 한반도 전역의 초미세 먼지 농도가 나쁨 수준인 것에 주목해 초미세 먼지의 화학적 조성을 분석했다. 그 결과 중국 춘절의 불꽃놀이가 우리나라에 크게 영향을 끼치고 있음을 밝혀냈다. 중국 춘절 기간 우리나라 미세 먼지 성분 중 폭죽과 바이오매스가 연소할 때 나오는 '칼륨'과 바이오매스가 연소할 때만 배출되는 '레보글루코산'의 성분 변화를 조사한 결과 칼륨은 평상시보다 7~8배 급증했지만 레보글루코산은 변화가 거의 없는 것으로 나타났다. 이를 통해 중국의 미세 먼지가 우리나라에 미치는 영향력을 파악할 수 있다.

### 온난화로 인한 기후 변화

최근 기후 변화로 인해 동아시아 지역의 대기 흐름이 정체되는 것도 미세 먼지가 심해지는 원인이 된다. 지구 온난화로 극지방의 빙하가 녹으면 극지방과 유라시아 대륙의 온도 차이가 감소한다. 이는 풍속 감소를 일으켜 고농도 미세 먼

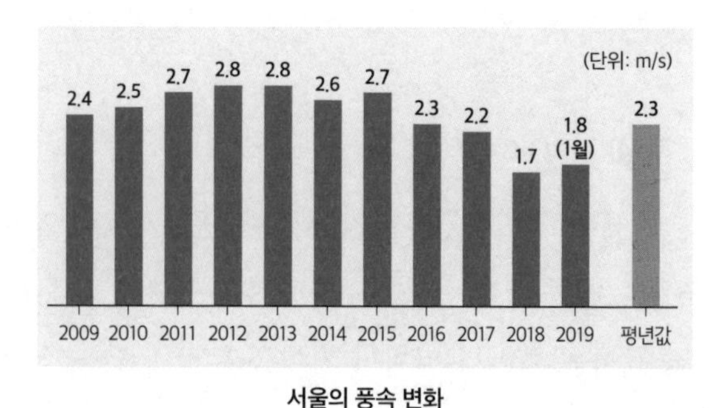


서울의 풍속 변화

출처: 기상청

지가 증가한다.

실제로 최근 서울의 평균 풍속은 계속 낮아지고 있다. 2018년에는 초당 1.7m로 1918년 관측 이래 가장 낮은 수치를 기록했다. 이처럼 온난화가 고농도 미세 먼지로 이어질 수 있는 만큼 대기 오염 배출 저감 노력과 더불어 온실가스 배출량을 줄이기 위한 노력이 동시에 진행되어야 한다.

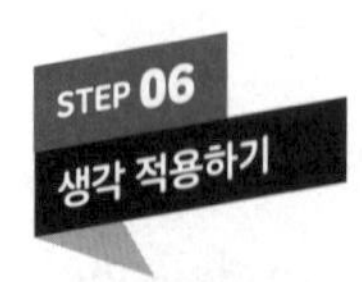


# 미세 먼지를 해결하기 위해 어떤 아이디어를 적용할까?

| 해결해야 할 문제 | 화석 연료 사용에서 발생하는 미세 먼지 | | 도로에서 발생하는 미세 먼지 | |
|---|---|---|---|---|
| 세부 항목 | 생활 공간 난방 | 제조업 생산 과정 | 차량 | 도로 비산 먼지 |
| 해결 방안 | • 재생 에너지 생산<br>• 에너지 절약 | 굴뚝에서 발생하는 미세 먼지 감소 방안 | 차량 발생 미세 먼지 줄이기 | 도로 비산·재비산 먼지 감소 |
| 내가 생각한 아이디어 | 제로 에너지 하우스 | 미세 먼지 흡착하는 전자석 굴뚝 | • 풍력 자동차<br>• 미세 먼지 연료 자동차 | 광촉매 페인트 |

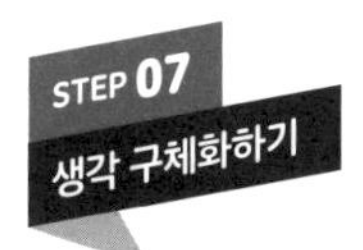


# 선택한 아이디어를 구체적으로 어떻게 활용할 수 있을까?

| 제안 | 미세 먼지가 발생하지 않는 풍력 발전 차량 | 광촉매 페인트로 비산 먼지 제거 |
|---|---|---|
| 필요성 | 대부분 자동차는 경유, 휘발유, LPG 등 화석 연료를 사용하기 때문에 미세 먼지와 함께 이산화탄소를 배출한다. 최근 전기차 등 친환경 차량 보급이 늘고 있으나 충전 시간이 길고 충전소가 부족해 이용하기 불편하다.<br>따라서 화석 연료를 사용하지 않고 충전하지 않아도 되는 자동차를 만들면 지구 온난화와 미세 먼지 해결에 도움을 줄 수 있다. | 도로에서는 타이어·도로 표면 마모와 같이 달리는 차량에 의해 발생하는 비산 먼지와 도로에 쌓여 있던 먼지가 자동차나 바람에 의해 대기 중으로 다시 날리는 재비산 먼지가 발생한다. 자동차와 도로 증가로 인해 계속 늘어나는 도로 비산 먼지를 줄이면 특히 도심에서의 미세 먼지 해결에 도움이 될 수 있다. |
| 아이디어 적용 | 미세 먼지와 이산화탄소를 내뿜는 화석 연료 대신 자동차가 달릴 때 생기는 풍력 에너지를 전기 에너지로 변환해 축전지에 모아서 자동차의 원료로 활용한다. | 도로에서 발생하는 미세 먼지를 줄이기 위해 도로에 광촉매 페인트를 칠해 미세 먼지를 질산염으로 바꾼 뒤 스프링클러를 이용해 질산염을 청소한다. |
| 과학 원리 | **풍력 발전의 원리:** 공기가 이동하면 운동 에너지가 생기는 공기 역학적 특성을 이용해 자동차가 달릴 때 생기는 바람으로 회전자를 회전시켜 기계적 에너지로 변환시키고, 이 기계적 에너지로 전기를 얻는 기술인 풍력 발전기를 자동차에 설치한다. | **광촉매의 원리:** 광촉매 기술은 빛 에너지를 이용해 화학 반응을 촉진시키는 기술을 말한다. 이산화티타늄($TiO_2$)은 햇빛과 만나면 활성 산소($O_2$-, OH)를 만들어 내는 성질이 있다. 이 활성 산소는 도로에 붙어 있던 미세 먼지인 질소 산화물($NO_X$)과 화학 반응을 일으켜 질산염($HNO_3$-)으로 바뀌게 된다. |

**●●● 토론 논제**

최근 경제협력개발기구(OECD)는 보고서를 통해 '한국에서 현재 수준의 공기 오염이 지속될 경우, 2060년까지 900만 명의 한국인이 조기 사망할 것'이라고 밝혔다. 우리의 건강을 위협하고 있는 미세 먼지의 발생 원인을 분석하고, 미세 먼지를 줄이기 위한 해결 방안을 제시하시오.

〈2017년 서울 동일초, 2019년 대전 괴정고, 경기 흥덕중 등〉

## Ⅰ. 문제 상황 분석

### 1] 미세 먼지의 위해성

2016년 미세 먼지로 인해 기대 수명보다 일찍 사망한 사람이 700만 명에 이름(출처: 세계보건기구)

① 1군 발암 물질로 지정: 국제암연구소는 2013년 사람에게 암을 일으키는 것으로 확인된 1군 발암 물질로 미세 먼지를 지정함

② 각종 질병 유발: 크기가 작아 코에서 거르지 못하고 몸속에 침투해 염증을 유발함

| 구분 | 발생 질병 |
| --- | --- |
| 호흡기 | 비염, 기관지염, 폐렴, 천식 등 |
| 혈관 | 심근 경색, 심장 마비, 협심증, 뇌졸중 등 |
| 피부 | 아토피, 알레르기 등 |
| 눈 | 결막염, 시력 저하 등 |
| 뇌 | 우울증, 치매, ADHD, 학습 능력 저하 |

③ 농작물 및 생태계 피해

– 미세 먼지가 식물의 잎에 쌓이면 기공이 막히고 햇빛이 차단됨 → 호흡과 증산 작용, 광합성을 방해함

– 미세 먼지 중 황산화물, 질소 산화물 등이 황산, 질산 용액으로 변해 산성비가 내림 → 토양과 물을 산성화시킴

④ 산업 피해: 반도체와 디스플레이, 자동차 도정 및 자동화 설비 산업, 비행기나 여객선의 운항을 방해함

### 2] 고농도 미세 먼지 및 최고 농도 증가

우리나라의 평균 미세 먼지는 감소하고 있으나 고농도 미세 먼지 및 최고 농도는 계속 상승하고 있음

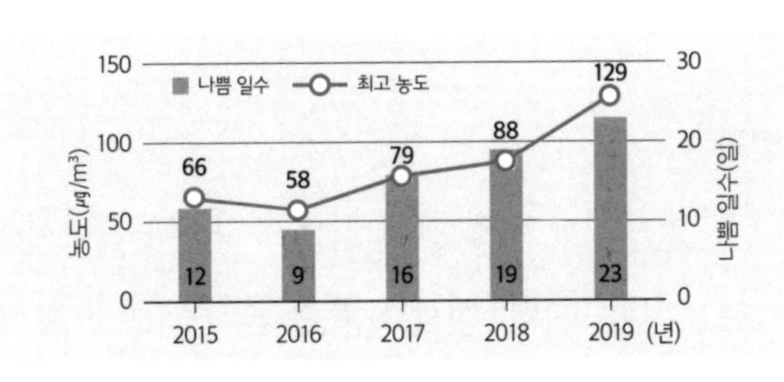


**최근 5년간(1, 2월) 서울시 초미세 먼지 현황**

출처: 서울시 보건환경연구원

## Ⅱ. 미세 먼지의 발생 원인 분석

### 1] 국내 원인

**배출 원인**

| 배출 순위 | 1위 | 2위 | 3위 | 4위 | 5위 | 6위 |
|---|---|---|---|---|---|---|
| 수도권 | 경유차<br>22% | 건설 기계 등<br>20% | 냉난방 등<br>12% | 사업장<br>11% | 비산 먼지<br>10% | 유기 용제<br>9% |
| 전국 | 사업장<br>40% | 건설 기계 등<br>16% | 발전소<br>14% | 경유차<br>11% | 냉난방 등<br>5% | 비산 먼지<br>5% |

출처: 환경부(2016년)

• 특히 초미세 먼지는 화석 연료 연소에서 대부분 발생함

### 2] 국외 원인

**초미세 먼지 배출 국내외 비율**

| 국내 | 국외 | | |
|---|---|---|---|
| 52% | 48% | | |
| | 중국 34% | 북한 9% | 기타 5% |

출처: 환경부, 국립환경과학원, 미국 항공우주국 합동 조사(2016년)

• 중국의 영향이 가장 크며 평상시에는 30~40%, 고농도 시에는 70~80%임

### 3] 기후 변화

지구 온난화 → 극지방의 빙하 해빙 → 극지방과 유라시아 대륙의 온도 차이 감소 → 유라시아 대륙의 풍속 감소와 대기 정체 발생 → 고농도 미세 먼지 증가

## Ⅲ. 해결 방안

**제안하기 1]** **미세 먼지가 발생하지 않는 풍력 발전 차량**

### ① 제안 목적

이산화탄소와 미세 먼지를 배출해 온난화와 공기 오염을 일으키는 화석 연료를 사용하지 않는 자동차 개발

### ② 실행 방안

- 자동차의 지붕 위에 풍력 발전 시설을 설치한다.
- 회전자가 돌아가면서 생기는 전기 에너지를 차량 내부에 설치된 축전기에 저장한다.
- 축전기에 저장된 에너지를 연료로 이용해 주행한다.

### ③ 과학 원리

- 풍력 발전의 원리: 공기가 이동하면서 생기는 운동 에너지 → 회전자를 회전시켜 기계적 에너지로 변환 → 전기 에너지 생성

## 제안하기 2] 광촉매 페인트로 비산 먼지 제거

### ① 제안 목적

자동차와 도로 증가로 인해 최근 비율이 높아진 비산 먼지를 효과적으로 제거

### ② 실행 방안

- 도로에 이산화티타늄이 주성분인 광촉매 페인트를 칠한다.
- 중앙 분리대에 스프링클러를 설치한다.
- 차량이 많이 다니지 않는 시간에 스프링클러를 운행해 광촉매 작용을 통해 질산염으로 바뀐 미세 먼지를 제거한다.

### ③ 과학 원리

- 광촉매 원리: 햇빛을 받으면 활성 산소로 바뀌는 이산화티타늄($TiO_2$)의 광촉매 반응을 이용해 질소 산화물을 질산염으로 변환시킴

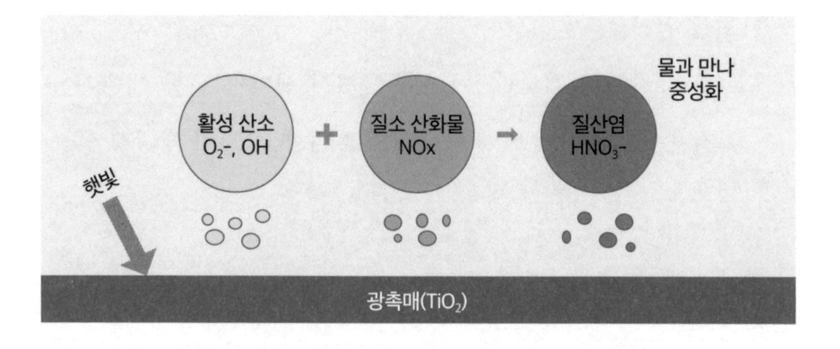

## 참고 자료

❖ 서적/논문

○ 『미세 먼지 도대체 뭘까』/환경부/2017년

○ 『미세 먼지 오해와 진실 무엇이든 물어보세요』/환경부/2019년

○ 『미세 먼지에 관한 거의 모든 것』/김동식, 반기성/프리스마/2019년

○ 『미세 먼지 과학』/한국해양과학기술원/2017년

❖ 동영상/단체

○ 〈미세 먼지에 습격당한 대한민국〉/연합뉴스TV

○ 에어코리아 https://www.airkorea.or.kr/

# 논제 5
# 물 부족

## 물 부족으로 인해 어떤 일이 생기고 있을까?

"물과 석유 부족으로 서로 갈등하던 지구에서 결국 핵전쟁이 발생한다. 그 뒤 황폐해진 땅에서 물 생산을 독점한 악당은 물 부족으로 고통받는 사람들에게 죽지 않을 만큼만 물을 공급하고 이를 통해 권력을 유지한다."

2015년에 개봉해 우리나라에서만 400만 관객을 동원한 영화 〈매드맥스-분노의 도로〉의 내용이다. 극심한 물 부족 현상 때문에 물을 장악해 권력을 유지하는 일이 영화 속에서만 있는 것일까?

국제연합아동기금(UNICEF)은 2017년 보고서를 통해 18억 명이 오염된 물을 마시며 생활해 각종 수인성 질병의 위험에 노출되어 있다고 밝혔다. 특히 5세 이하 어린이 중 매일 800명이 오염된 물로 인한 설사병으로 사망하고 있다.

인도에서는 물 부족에 시달리는 사람이 전체 인구의 4분의 1에 해당하는 3억 3,000만 명에 이른다. 그렇다 보니 수돗물을 사용할 수 없는 주민들은 몰래 지하수를 시추해 파는 물 마피아(Water Mafia)에게 물을 사야 한다. 제대로 정수도 안 된 물을 비싼 값에 사면서도 물을 공급받지 못할까 봐 함부로 불평도 할 수 없다. 영화 〈매드맥스-분노의 도로〉의 조지 밀러 감독도 인도 여행 중에 공을 차고 놀던 아이들에게서 '물 전쟁(Water Wars)'이라는 말을 듣고 영화를 만들었다고 한다.

물 부족 문제는 가난한 나라만의 문제가 아니다. 미국 캘리포니아에서는 잦은 가뭄으로 인한 물 부족 현상으로 물 경찰(Water Cop)이 등장해 물을 낭비하는 사람에게 범칙금을 부과한다. 정원에 물을 줄 때도 길까지 흘러넘치면 안 된다. 주차 창고의 수도꼭지가 새고 있는 것도, 세차할 때 물의 양을 조절할 수 있는 호스를 쓰지 않는 것도 벌금 부과 대상이 된다. 처음 한두 번은 경고에 그치지만, 반복하는 경우 최대 500달러의 벌금이 부과될 수 있다.

이 같은 물 부족은 각종 분쟁을 발생시킨다. 미국의 환경 단체인 태평양연구소가 2020년 1월에 발표한 자료에 따르면 최근 10년 새 지구촌 전역에서 발생한 '물 관련 분쟁'은 최소 466건으로, 그 이전 10년간 220건보다 2배 이상 증가한 것으로 나타났다. 또 물 분쟁은 국가 간 관계 악화는 물론 전쟁까지 일으킬 수 있다. 두 개 이상의 국가가 함께 사용하는 강을 다국적 강이라고 하는데 전 세계 214개 다국적 강 중에 150개는 2개의 나라가, 나머지 50개는 3~10개 나라가 공동으로 사용하고 있다. 요르단강을 놓고 이스라엘과 시리아의 전쟁이 발생했던 것처럼 다국적 강을 사이에 둔 물 사용 문제는 국가 간 분쟁의 큰 요소로 작용하고 있다.

**요르단강**

출처: 위키미디어

전 세계은행 부총재 이스마일 세라젤딘은 "20세기 전쟁이 석유를 쟁탈하기 위한 것이었다면, 21세기 전쟁은 물을 차지하기 위한 전쟁이 될 것이다."라고 경고했다. 갈수록 심해지고 있는 물 부족 문제는 우리와 전혀 상관없는 일일까?

## 우리가 사용할 수 있는 물은 얼마나 될까?

지구에 존재하는 물은 고체, 액체, 기체의 형태로 계속해서 순환한다. 공기 중에 기체인 수증기로 증발하기도 하고, 다시 액체인 비로 내리면 지하수와 강물이 되어 강과 바다로 흘러간다. 고체 형태인 빙하로 존재하기도 한다.

지구 표면의 70%는 물로 덮여 있는데, 전체 물의 양은 약 14억㎦에 달한다. 이 물은 지구 표면 전체를 평균 2.7㎞ 깊이로 덮을 수 있는 양이다. 하지만 실제로 우리가 사용할 수 있는 물은 극히 일부분이다. 97.47%는 바닷물이며 식수로 사용할 수 있는 민물은 2.53%에 불과하다. 민물은 그나마도 빙하나 만년설이 1.76%이며 수자원으로 이용할 수 있는 지하수는 0.76%, 호수, 하천 등 지표수는 0.01%에 지나지 않는다.

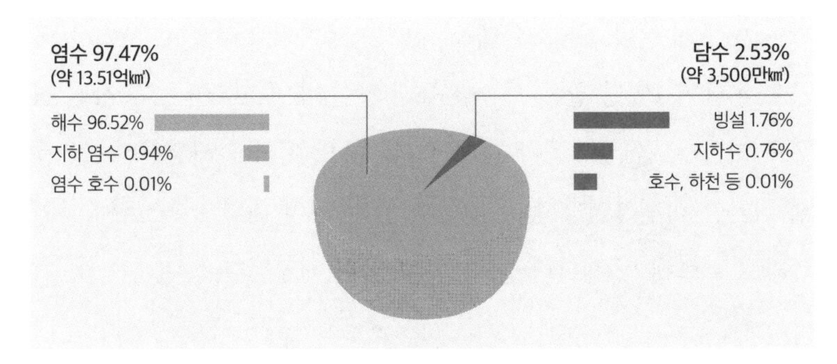


지구상 물의 총량과 구분

우리가 주로 사용하는 물의 분포는 지역별로 크게 다르므로 물 부족 문제는 지역에 따라 차이가 난다. 밀림이나 열대 우림 등에서처럼 지표수 양이 많은 곳이 있지만, 사막과 같이 건조한 지역도 있다. 중부 아프리카, 동남아시아 열대 지역, 남아메리카 열대 우림 지역은 연간 지표수 양이 2,000㎜ 이상인 반면 아프리카 북쪽 사하라 사막, 미국 서부 지역, 중국 북부 내 몽골 지역, 서아시아, 아라비아 사막 지역은 연간 200㎜ 이하로 지역별 차이가 10배 이상 난다. 게다가 지역에 따른 인구 분포도 물 부족 문제에 영향을 끼친다. 전 세계 지표수의 36%가 분포하는 아시아에는 세계 인구의 60%가 사는 반면, 전 세계 강물의 15%가 흐르는 아마존강에 사는 인구는 0.4%에 불과하다.

국제인구행동연구소(PAI)에서는 '물 부족'을 각 개인의 물 사용량이 공급량을 초과해 발생하는 현상으로 정의하고, 각 국가를 물 기근·물 스트레스·물 풍요 국가로 구분했다. 물 기근 국가는 국민 1인당 활용 가능한 물의 양이 매년 1,000㎥ 이하인 경우로 항상 만성적으로 물이 부족한 쿠웨이트, 이스라엘, 케냐 등 중동과 아프리카 지역이 이에 속한다. 물 스트레스 국가는 주기적으로 물이 부족한 국가로서 국민 1인당 활용 가능한 물의 양이 매년 1,000~1,700㎥인 경우로 리비아, 폴란드 등과 함께 우리나라도 여기에 해당한다. 물 풍요 국가는 국민 1인당 활용 가능한 물의 양이 매년 1,700㎥ 이상인 국가로 노르웨이, 캐나다 등 약 120개국이 해당한다.

## '물 부족' 하면 생각나는 단어는 무엇일까?

- **가뭄**: 일정 지역에 오랜 기간에 걸쳐 비가 적게 내려 물의 균형이 깨져 나타나는 물 부족 현상이다. 연 강수량의 75% 이하이면 가뭄, 50% 이하이면 심한 가뭄으로 분류한다. 사막에서 나타나는 것 같이 기후학적으로 강수량이 적은 것을 가뭄이라고 하지는 않는다.
- **다국적 강**: 두 개 이상의 국가가 같이 사용하는 강이다. 214개에 달하며 상·하류의 국가 간 분쟁이 자주 발생한다. 이러한 분쟁이 자주 발생하는 곳으로는 이스라엘과 시리아, 팔레스타인 3국의 수원인 요르단강, 이집트와 수단, 우간다를 흐르는 나일강 등이 있다.
- **대류**: 기체나 액체에서 물질이 이동함으로써 열이 전달되는 현상을 뜻한다.
- **물 발자국**: 상품과 서비스를 생산하는 데 필요한 물의 총량을 추적해 계산한 값이다. 네덜란드의 과학자 아르옌 훅스트라가 고안했다. 우리가 일상생활에서 사용하는 제품을 생산·소비하는 데 얼마나 많은 양의 물이 필요한지 나타내 준다. 유네스코(UNESCO)에서 발표한 주요 농산물의 물 발자국은 300g짜리 사과 1개 210L, 쌀 1kg 3,400L, 돼지고기 1kg 4,800L 등이다.
- **비의 종류**

  ① 대류성 강우: 지면이 강한 태양열로 가열되면서 빠른 상승 기류가 발생해 생긴 강우다. 주로 짧은 시간에 소나기 형태로 나

타나며 천둥, 번개를 동반한다. 열대 지방의 스콜, 우리나라의 소나기 등이 해당된다.

② 전선형 강우: 건조하고 찬 공기와 습하고 더운 공기가 부딪쳤을 때 찬 기류에 의해 더운 공기가 상승하면서 작은 물방울이 큰 물방울로 응축되어 내리는 비를 뜻한다.

③ 인공 강우: 대기를 정화하거나 가뭄이 계속될 때 인공적으로 비를 만들어 내리게 하는 것이다. 구름 속에 드라이아이스나 요오드화은 같이 수증기를 응결시키는 인공 응결핵을 뿌려 비가 내리게 한다. 우리나라도 2010년 5월 인공 강우 실험에 성공했다.

④ 집중 호우: 짧은 시간 동안 특정 지역에 내리는 많은 양의 강한 비를 뜻한다. 일반적으로 1시간에 30㎜ 이상이거나 하루에 80㎜ 이상, 연 강수량의 10% 이상의 비가 하루 동안에 내리면 집중 호우라고 한다. 갑작스러운 집중 호우는 하천 범람이나 침수 피해를 가져온다.

• **수도의 종류**

① 상수도: 강이나 호수의 물을 식용으로 사용할 수 있도록 깨끗하게 정수 처리해 공급하는 시설이다.

② 하수도: 여러 곳에서 배출된 하수(폐수, 오수 등)를 모아서 처리하는 시설이다. 도로 밑에 그물 모양으로 관이 깔려 있으며, 배출된 하수는 종말 처리장을 거쳐 정화한 뒤 하천으로 방류하게 된다.

③ 중수도: 사용한 수돗물을 생활용수, 공업용수 등으로 재활용할 수 있도록 처리하는 시설이다. 이미 사용한 물을 다시 사용하

는 것으로 상수도와 하수도의 중간에 위치한다는 뜻에서 중수도라고 한다.

- **점적 관수**: 가는 구멍이 뚫린 관을 땅속에 약간 묻거나 땅 위로 늘려서 작물 포기마다 물방울 형태로 물을 주는 방식을 뜻한다. 물방울이 천천히 흘러나오도록 해서 원하는 부위에만 제한적으로 소량의 물을 지속해서 공급하는 방식이다.
- **지표수**: 지구 표면에 존재하는 물을 말한다. 지표수 중 흐르는 것은 하천, 정지하고 있는 것은 저수지, 호수 등이 있다. 양적으로 봤을 때는 매우 적지만, 자원으로서의 가치는 높다.
- **지하수**: 비나 눈이 땅속에 스며들어 지층이나 암석 사이를 흐르는 물을 뜻한다. 대부분 비, 눈, 우박 등이 땅으로 스며들어 형성된다. 생활용수 외에도 농업용이나 공업용으로 많이 사용된다.
- **지하수 댐**: 지하수를 함유한 지층 내에 물막이 벽을 세워 지하수를 고이게 해서 안정적으로 이용할 수 있도록 만든 시설이다. 안정적인 수자원 확보와 가뭄 등에 대비해 설치한다.
- **하천 취수율**: 생활·산업·농업 등 각종 용도로 사용되는 물을 하천에서 퍼 올려 사용하는 비율을 뜻한다. 하천 취수율이 높을수록 강수량 등 기후 여건에 따라 물 사용이 제한을 받는다.

비밀 노트

### Q 바닷물을 먹을 수 있는 물로 바꿀 수는 없을까?

**A** 지구상에 존재하는 물의 약 97%가 바닷물이지만 먹을 수는 없다. 인체의 염분은 0.9%로 이보다 높아지면 물을 먹어 몸 밖으로 염분을 배출한다. 짠 음식을 먹고 나서 물을 많이 먹게 되는 것은 이 때문이다. 염도가 3~3.5%인 바닷물을 마시면 2.1% 이상을 배출해야 하는데, 물을 먹지 못하면 인체에 있는 수분을 사용하게 되어 탈수 증상이 나타나고 심하면 사망하기도 한다. 그렇다면 바닷물을 사람이 마실 수 있는 물인 담수로 바꿀 수는 없을까? 바닷물을 담수로 바꾸는 기술을 '해수 담수화'라고 한다. 이것은 크게 2가지 방법으로 나뉜다.

1) 증류법

바닷물을 끓이면 소금은 남고 물은 수증기가 된다. 이 수증기가 차가운 관을 지나가게 해 다시 물로 만드는 것이다. 순수한 물을 얻을 수 있기는 하지만, 바닷물을 끓이는 데 에너지를 많이 사용하는 것이 단점이다.

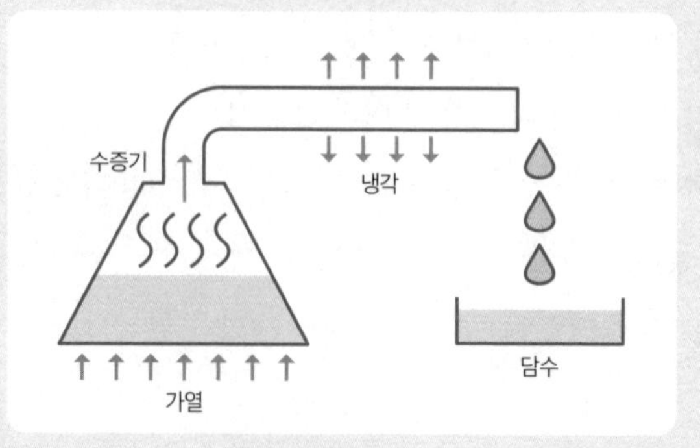


**증류법의 기본 원리**

출처: 에듀넷

2) 역삼투압법

지름 0.001㎛(1㎛=100만 분의 1m) 정도의 구멍이 수없이 뚫린 반투막을 사이에 놓고 양쪽에 바닷물과 담수의 양을 똑같이 붓는다. 그러면 소금은 반투막을 통과하지 못하기 때문에 양쪽의 염분 농도를 균등하게 맞추기 위해 담수가 막을 통과해 바닷물 쪽으로 이동한다. 이를 삼투 현상이라고 하고, 발생하는 압력의 크기를 삼투압이라 한다. 이 상태에서 바닷물 쪽에 삼투압보다 강한 압력을 가해 밀어내면 염분을 제외한 물만 반투막을 통과하게 된다. 이후 담수 쪽 물을 분리해 내면 마실 수 있는 물을 얻게 된다.

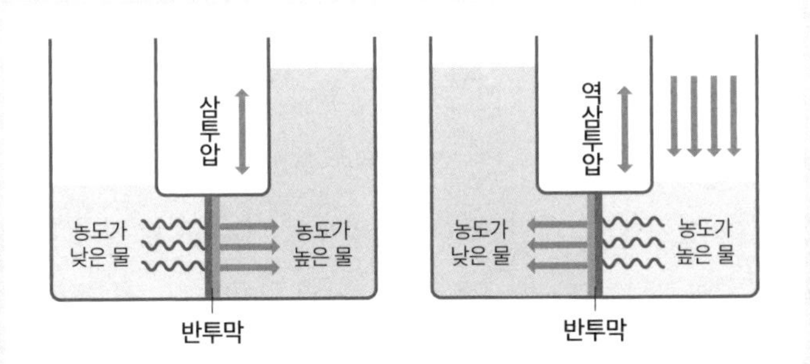


**역삼투압 방식의 해수 담수화 원리**

이 밖에도 가스와 바닷물을 함께 얼려 얼음에서 염분을 분리하는 냉동법, 전극 물질을 사용해 전극에 염분이 흡착하게 하는 전기 흡착법 등 다양한 해수 담수화 기술이 개발되고 있다.

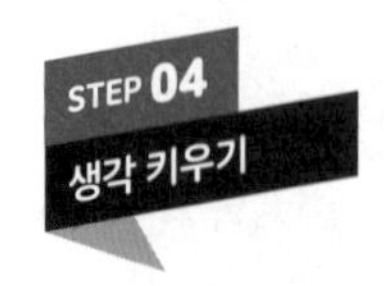


## 우리나라의 물 부족 현황은 어떨까?

우리나라도 물 부족 국가라고 하면 많은 사람이 잘 공감하지 못한다. 어디서나 깨끗한 수돗물을 쓸 수 있고 가격도 매우 싸기 때문에 물이 부족하다고 느끼지 못하는 것이다. 사막 지대처럼 심각한 물 부족을 겪는 것은 아니지만 경제협력개발기구(OECD)는 '환경 전망 2050 보고서'에서 우리나라가 2050년 OECD 국가 중 물 부족 지수가 가장 높은 국가가 될 것이라고 예상했다. 경제협력개발기구가 조사한 물 부족 지수는 스위스, 호주 등은 10% 미만, 독일, 미국 등은 20% 미만, 벨기에, 스페인은 30% 안팎으로 나타났다. 평가 대상 24개국 중 40%를 초과한 국가는 우리나라가 유일했다. 이 같은 물 부족 위험성이 발생하는 이유는 무엇일까?

### 급격한 물 이용량 증가

우리나라의 물 이용량은 1965년 약 51억 톤에서 1980년 153억 톤, 1994년 301억 톤, 2016년 372억 톤으로 급격하게 증가했다. 인구 증가와 생활 수준 향상으로 인한 생활용수, 산업 발달로 인한 공업용수, 관개 시설 증가로 인한 농업용수가 각각 증가했다. 가장 큰 폭으로 증가한 것은 생활용수다. 최근에는 수질 보전 및 생태계 보호에 필요한 유지용수도 많이 늘어나는 추세다.

**국내 수자원 이용 현황**(단위: 억 톤/년)

| 연도 | | 1965년 | 1980년 | 1994년 | 1998년 | 2003년 | 2011년 | 2016년 |
|---|---|---|---|---|---|---|---|---|
| 수자원 총량 | | 1,100 | 1,140 | 1,267 | 1,276 | 1,240 | 1,297 | 1,323 |
| 이용 현황 | 총 이용량 | 51.2 | 153 | 301 | 331 | 337 | 333 | 372 |
| | 생활용수 | 2.3 | 19 | 62 | 73 | 76 | 75 | 76 |
| | 공업용수 | 4.1 | 7 | 26 | 29 | 26 | 21 | 23 |
| | 농업용수 | 44.8 | 102 | 149 | 158 | 160 | 159 | 152 |
| | 유지용수 | - | 25 | 64 | 71 | 75 | 78 | 121 |

출처: 국토교통부 수자원장기종합계획(2016년)

### 높은 인구 밀도로 인해 사용 가능한 수자원 부족

물 이용량은 급격하게 늘어났지만, 사용 가능한 수자원은 많지 않다. 우리나라의 연평균 강수량은 1,300㎜(1986~2015년 평균)로 세계 평균인 813㎜의 약 1.6배에 달한다. 하지만 인구 밀도가 높으므로 인구 1인당 연 강수 총량은 2,546㎥로 세계 평균의 약 6분의 1에 불과하다. 좁은 국토에 많은 사람이 살다 보니 물이 부족할 수밖에 없는 것이다.

### 계절별 강수량 차이

계절 간 강수량의 차이가 매우 커 수자원의 효율적인 사용이 어렵다. 우리나라 연간 강수량의 50~60%가 6~9월에 집중되어 있다. 1, 2월의 평균 강수량은 24㎜, 7, 8월은 270㎜로 여름과 겨울의 강수량 차이가 10배 이상 난다. 그렇다 보니 가뭄과 홍수가 반복해 발생하고 있으며, 최근에는 기후 변화로 인해 가뭄과 홍수의 위험성이 갈수록 높아지고 있다. 기상청은 '한국 기후변화 평가보고서'에서 2061~2090년에 가뭄 발생 기간은 3.4배, 집중 호우의 발생 횟수는 2.7배 이상 증가할 것으로 예상했다.

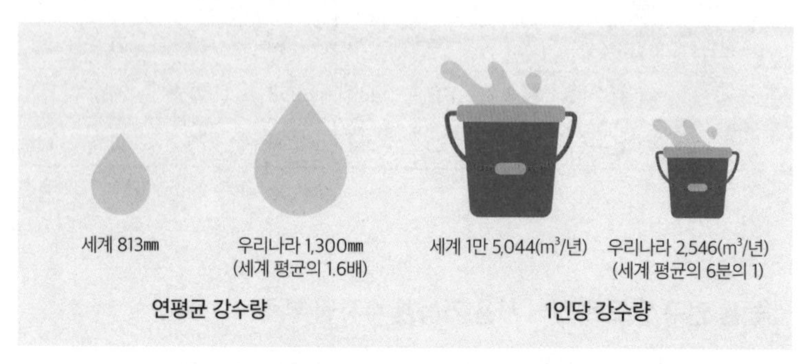


세계와 우리나라의 연평균 강수량과 1인당 강수량 비교

### 수질 오염으로 인해 이용 가능한 수자원 감소

수질 오염의 심화로 이용할 수 있는 수자원의 양이 줄어들고 있는 것도 문제다. 가정이나 산업 현장에서 사용한 오염된 물을 강으로 배출하는 것이 수질 오염의 가장 큰 원인이며, 산업 폐수의 방류 사고, 화학 사고나 기름 유출 등 예기치 못한 사고로 인해 심각한 수질 오염이 발생하기도 한다. 대표적으로 1991년에 일어난 낙동강 페놀 오염 사건을 들 수 있다. 공장 페놀 원액 저장 탱크에서 생산 설비로 이어진 파이프가 파열되어 유독성 물질인 페놀이 상수원인 낙동강에 흘러들어 영남지방에 물 공급이 중단된 이 사건은 산업 현장에서 발생할 수 있는 수질 오염의 대표적인 사례다.

# 물 부족을 일으키는 원인은 무엇일까?

### 사용 수자원보다 많은 손실 수자원

우리나라에 내리는 비 가운데 실제로 이용하는 양은 매우 적다. 2015년 기준으로 전체 수자원 총량에서 증발량 563억 톤을 제외한 이용 가능한 수자원량은 760억 톤이다. 이 중 바다로 흘러가는 388억 톤을 제외한 이용 가능량은 전체의 28%인 372억 톤에 지나지 않는다.

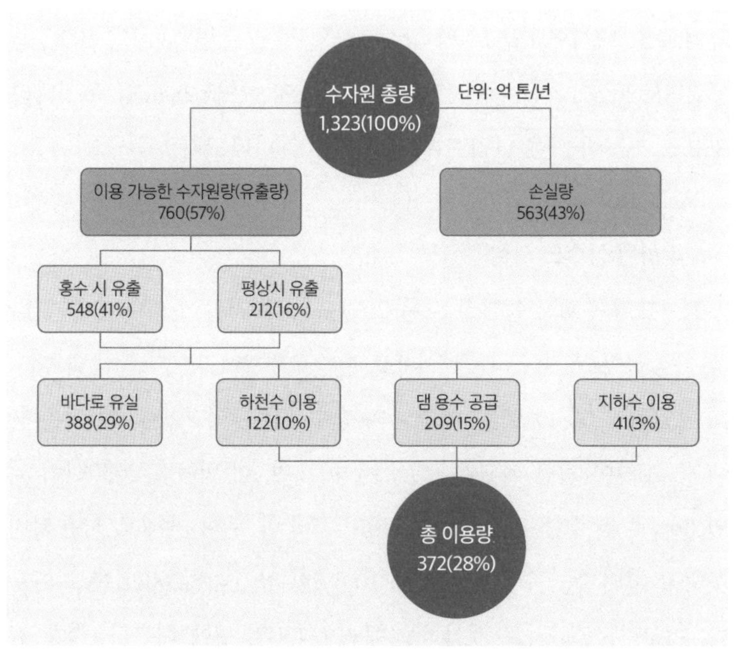


수자원 이용 현황

출처: 국토교통부

특히 우리나라는 여름에 집중적으로 비가 내리기 때문에 비가 많이 올 때 홍수의 피해를 줄이기 위해 하천의 물을 흘려보내는데, 이 양이 수자원 총량(연평균 강수량×국토 면적)의 41%나 된다. 게다가 국토의 70%가 산지로 구성된 한반도는 물이 바다로 유실되는 속도가 빠르고 양도 많다. 이런 계절적·지역적 특성은 물 부족을 더욱 악화시키는 요인이 된다.

**많은 물 사용량**

낮은 수도 요금과 물 절약에 대한 인식 부족으로 물 사용량이 많은 것도 문제다. 2014년 국제물협회(IWA) 조사를 기준으로 세계 각국의 주요 도시의 1일 1인당 상수도 사용량을 보면, 베이징 100L, 홍콩 211L, 도쿄 220L, 런던 155L로 서울 303L, 부산 284L 등 우리나라 주요 도시들이 다른 나라보다 많은 것으로 나타났다.

**노후화된 상수도 시설**

상수도관의 내구연한은 보통 20년으로 그 기간이 지나면 문제 발생 가능성이 커진다. 환경부 자료에 따르면 2017년 기준 국내 상수도 보급률은 99.1%로 현재 전국의 상수관로는 약 19만㎞에 이른다. 이 중 20년이 지난 배관은 30.6%에 이르며, 이 비율은 2030년이 되면 60%로 급증할 것으로 예상된다. 그렇다 보니 제대로 사용되지 못하고 버려지는 수돗물은 전체 10.5%인 약 6억 8,200만 톤에 이른다. 이를 생산 원가로 계산하면 무려 6,130억 원에 이른다. 특히 전남 고흥의 누수율은 53.9%에 달했으며 경북 문경 48.9%, 전남 영암

47.5%, 경북 군위 47.1% 등 절반에 가까운 물이 버려지는 지역도 상당수 있는 것으로 조사되었다.

### 물 재이용 미흡

한 번 사용한 물을 재이용하는 비율은 매우 낮다. 2018년 기준 우리나라 전국 하수 처리량은 71억㎥였지만, 이 중 15.5%인 11.1억㎥만 재이용되었다. 그나마도 주로 하수 처리장 내 이용이나 하천 유지용수로 제한적으로만 활용되고 있다. 물 부족이 심각한 이스라엘, 쿠웨이트 등 일부 국가들은 하수 처리수를 80% 이상 재이용하고 있으며 싱가포르, 스페인 등도 30% 이상 물을 재이용한다. 한 번 사용한 수돗물을 재활용하는 중수도도 외국과 비교하면 사용 비율이 낮다. 중수도는 하수 종말 처리장에서 깨끗하게 정화되어 나오는 상수도보다 하수 처리 비용을 절약할 수 있다. 또 수돗물 사용량을 줄이고 하수 발생량을 감소시켜 환경 보호에도 도움이 되며, 수돗물 공급량을 줄여 댐 건설을 줄일 수도 있다.

# 물 부족을 해결하기 위해 어떤 아이디어를 적용할까?

| 해결해야 할 문제 | 낮은 강수 활용으로 인한 물 부족 | | 물 낭비로 인한 물 부족 | |
|---|---|---|---|---|
| 세부 항목 | 흘려보내는 빗물 줄이기 | 증발량 감소 | 재이용 늘리기 | 이동 과정 낭비 감소 |
| 해결 방안 | 빗물 활용 | 저장 또는 사용 시 증발하는 물 줄이기 | 중수도, 하수 재활용 | 노후 상수도관 누수 방지 |
| 내가 생각한 아이디어 | 제로 에너지 워터 하우스 | • 지하수 댐<br>• 점적 관수 | 세면대 연결 변기 | 노후 상수도관 교체 |

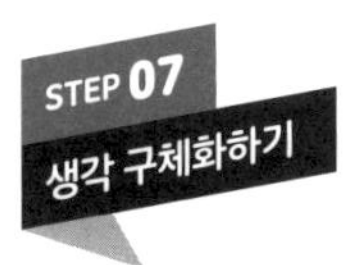


# 선택한 아이디어를 구체적으로 어떻게 활용할 수 있을까?

| | 제로 에너지 워터하우스 | 수력 발전 세면대 연결 변기 |
|---|---|---|
| 필요성 | 우리나라에서는 2016년 기준 수자원 총량 1,323억 톤 중에 28%인 372억 톤만 사용했다. 게다가 댐이나 하천에서 물을 정수해 공급하면 비용이 많이 든다. 빗물을 사용하면 정수 비용이 거의 들지 않고 떨어진 자리에서 바로 사용하기 때문에 운반비도 필요 없다. 이런 빗물을 이용하면 물 절약은 물론 에너지 절약까지 가능한 집을 만들 수 있다. | 가정에서 사용하는 물의 양을 분류해 보면 변기 25%, 싱크대 21%, 세탁 20%, 목욕 16%, 세면 11%, 기타 7% 등이다. 변기와 세면대의 물을 합하면 36%에 이른다. 간단한 세수나 손 씻기에 주로 이용되어 오염이 심하지 않은 세면대 물을 변기로 흘려보내면서 물도 절약하고 에너지 발전도 가능한 변기를 만들 수 있다. |
| 아이디어 적용 | 떨어지는 빗물을 이용해 전기를 생산하고 빗물을 모은다. 이 빗물을 이용해 냉방 에너지를 절감하고 화장실용이나 화단에 물을 주는 용도 등으로 사용한다. | 세면대의 물이 변기로 흘러가도록 세면대와 변기를 연결하고, 물이 흘러내려가는 곳에 수력 발전 장치를 설치한다. |
| 과학 원리 | **기화열의 원리:** 액체는 온도가 올라가 일정 온도가 되면 기체로 변한다. 액체가 열을 흡수해 분자 운동이 활발하게 됨에 따라 기체로 변하기 때문이다. 기화열은 액체가 기체로 변할 때 외부로부터 흡수하는 열로 더울 때 우리 몸이 땀을 분비하면서 체온을 조절하는 것과 같은 원리다. | **수력 발전의 원리:** 물이 높은 곳에서 떨어지면서 터빈을 돌리면 물의 위치 에너지가 운동 에너지로 바뀌게 되고, 터빈의 운동 에너지가 다시 전기 에너지로 변환된다. |

**●●● 토론 논제**

우리나라는 물 부족 국가이나 현재는 여름철에 집중된 강수를 대형 댐을 만들고 가두어 1년 내내 사용하기 때문에 크게 느끼지 못했다. 그러나 자연재해로 인한 농업용수 부족 현상은 매년 반복되어 나타나고 있으며, 지역에 따라 생활용수 부족도 발생하고 있다. 이러한 물 부족 문제를 물의 순환과 재이용에 의한 물 보존 관점에서 다음 제시하는 조건을 충족하며 내가 사는 지역에 적용 가능한 과학적이고 창의적인 해결 방안을 제시하시오.

〈2018년 한국과학창의재단 전국 중등 본선〉

## Ⅰ. 문제 상황 분석

### 문제 인식 1] 지구의 물 상황

| 해수 | 담수 | | |
|---|---|---|---|
| 96.52% | 2.53% | | |
| | 빙설 | 지하수 | 호수, 하천 등 |
| | 1.76% | 0.76% | 0.01% |

• 지구상의 물 중 인간이 손쉽게 이용할 수 있는 물은 전체의 0.01%에 불과함

### 문제 인식 2] 물 사용량에 따른 국가 분류

| 분류 | 정의 | 연간 1인당 물 사용량 | 해당 국가 |
|---|---|---|---|
| 물 풍요 국가 | 물 부족 걱정이 없는 국가 | 1,700㎥ 이상 | 노르웨이, 캐나다, 브라질 등 |
| 물 스트레스 국가 | 정기적으로 물이 부족한 국가 | 1,000~1,700㎥ | 리비아, 폴란드, 한국 등 |
| 물 기근 국가 | 만성적으로 물이 부족한 국가 | 1,000㎥ 이하 | 쿠웨이트, 사우디아라비아 등 |

출처: 국제인구행동연구소

- 우리나라는 연간 1인당 물 사용량이 1,471㎥로 물 스트레스 국가에 해당함

### 문제 인식 3] 우리나라 물 스트레스 지수 세계 1위 전망

① 물 스트레스: 물의 총 수요량을 1년간 쓸 수 있는 물 가용량으로 나눈 수치. 40%를 넘으면 '심각한 스트레스'로 분류함

② 2050년 국가별 예상 물 스트레스 지수

| 한국 | 벨기에, 스페인 | 미국, 폴란드, 독일 등 | 스위스, 칠레, 호주 등 |
|---|---|---|---|
| 40% 초과 | 30% 안팎 | 10~20% | 10% 미만 |

출처: 경제협력개발기구(2012년)

- OECD 국가 중 물 스트레스 지수가 40%를 초과하는 국가는 우리나라가 유일함

## Ⅱ. 문제 원인 분석

### 1] 물 부족 현상의 세계적인 원인

① 급격한 인구 증가에 따른 물 사용량 증가

**세계 인구 증가 추이**

| 1950년 | 2016년 | 2050년 |
|---|---|---|
| 25억 명 | 72억 명 | 100억 명 예상 |

② 급격한 산업화로 물 사용 용도 증가

| 산업 혁명 이전 | 생활용수와 농업용수로만 사용 |
|---|---|
| 산업 혁명 이후 | 생활용수, 농업용수 외 철강, 에너지 산업 등 공업용수 대폭 증가 |

### 2] 물 부족 현상의 국내 원인

① 계절별 강수량 차이로 인한 낮은 강수 활용률

- 연간 강수량의 50~60%가 6~9월에 집중되어 있음
- 1, 2월의 평균 강수량은 24㎜이고 7, 8월은 270㎜로 10배 이상 차이가 남

  → 강수량 중 실제 사용량은 28%에 불과함

② 노후 상수도관 누수 수돗물 연간 10% 이상 손실

- 2017년 환경부 상수도 통계에 따르면 노후 상수도 누수로 인한 수돗물 손실량은 약 6억 8,200만 톤이고, 손실액은 6,130억 원에 달함

③ 미흡한 물 재이용률

- 2018년 기준 우리나라 전국 하수 처리량은 71억㎥이지만, 그중 15.5%인 11.1억㎥만 재이용되고 있음

## Ⅲ. 해결 방안

**제안하기 1] 제로 에너지 워터하우스**

**① 제안 목적**

빗물을 활용해 에너지를 만드는 한편, 각종 용수로 활용해 물과 냉방 전력 절약

**② 실행 방안**

- 건물 옥상에 발전 마루를 설치해 떨어지는 빗물을 이용해 압전 발전을 한다.
- 떨어지는 빗물은 저장고에 모은다.
- 건물 외벽에 스프링클러를 설치하고, 날씨가 더울 때는 건물 벽과 창문 등에 모아 둔 빗물을 흘려보내 건물의 열을 식혀 냉방비를 절약한다.
- 나머지 빗물은 화장실용이나 화단에 물을 주는 용도 등으로 활용한다.

### ③ 과학 원리

- 기화열의 원리: 건물에 뿌린 빗물 → 증발하면서 주위 열 흡수 → 건물 온도를 낮춤

## 제안하기 2] 수력 발전 세면대 연결 변기

### ① 제안 목적

한 번 쓰고 버려지는 세면대 물을 이용해 에너지 발전도 하고 변기 물로 재활용해 물 절약

### ② 실행 방안

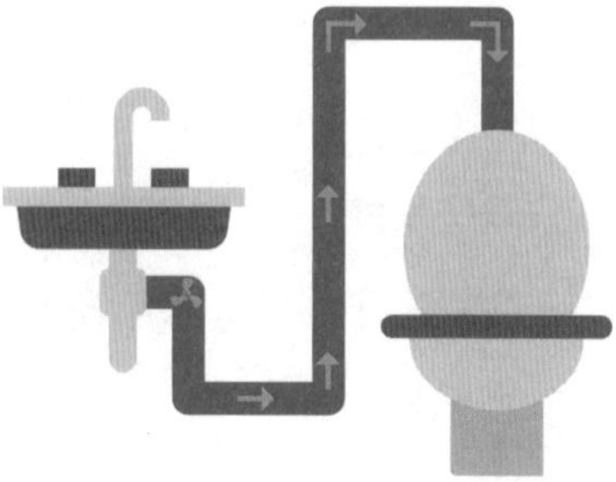

- 세면대와 변기를 연결해 세면대에서 사용한 물이 변기로 내려가 다시 사용하도록 한다.
- 변기로 내려가는 관에 소형 수력 발전 장치를 설치해 전기를 발전시켜 욕실에서 쓰는 전기 제품을 충전할 때 사용한다.

### ③ 과학 원리

- 수력 발전의 원리: 물의 위치 에너지 → 높은 곳에서 떨어지면서 터빈을 돌리면 운동 에너지로 변환 → 전기 에너지 발생

## 참고 자료

### ❖ 서적/논문

○ 『물 박사가 들려주는 재미있는 지구촌 물 이야기』/신현석/기린원/2010년

○ 『지구와 인간의 생명줄, 물』/박현철/미래아이/2014년

○ 『세계의 물』/이브 라코스트/현실문화/2011년

○ 『기후 변화 대응 물 관리 정책 방안 연구』/국토교통부/2011년

○ 『녹조, 녹조 현상은 무엇인가』/환경부/2016년

○ 『물과 미래』/국토교통부/2018년

### ❖ 동영상/단체

○ 〈MBC 다큐-물의 반란〉

○ 물 환경 정보 시스템 http://water.nier.go.kr/

○ 기상청 날씨누리 https://www.weather.go.kr/

# 논제 6 바이러스

## 바이러스로 인해 어떤 일이 생기고 있을까?

전 세계 코로나19 확진자가 2022년 2월 13일 기준 4억 1,000만 명, 누적 사망자는 583만 명을 넘어섰다. 2019년 12월 31일 중국 정부가 우한 지역에서 원인을 알 수 없는 폐렴 증세를 보이는 환자들이 나타났다고 처음 공식 발표한 지 2년이 조금 지나 일어난 일이다. 중국 우한 지역에서 처음 나타난 코로나19는 대규모 이동이 발생하는 중국 춘절 연휴 동안 중국 전역으로 퍼져 나갔다.

중국 정부는 뒤늦게 우한 지역을 봉쇄하고 확산을 막아 보려 했지만, 코로나19는 동아시아를 넘어 전 세계로 번졌다. 2020년 3월 중순 전 세계 120여 개국에서 확진자 12만 명, 사망자 4,000명이 넘어서자 세계보건기구는 코로나19를 '팬데믹(pandemic, 세계적 규모의 유행병)'으로 지정하기에 이르렀다. 1948년 세계보건기구가 설립된 이래 1968년 홍콩 독감과 2009년 신종 플루에 이어 세 번째 팬데믹이 선포된 것이다. 세계보건기구는 코로나19를 '코로나(Corona)', '바이러스(Virus)', '질환(Disease)'의 머리글자와 처음 발병한 시기인 2019년의 19를 결합해 COVID-19로 정식 명칭을 붙였다.

우리나라도 코로나19의 위협에서 벗어날 수는 없었다. 2000년 1월 20일 중국에서 입국한 첫 확진자가, 2월 20일 첫 사망자가 나온 이후 급격한 상승세를 보이던 신규 확진자 수는 2월 29일 하루 909명에 이르는 심각한 상황을 맞게 되었다.

결국 정부는 확진자의 대량 발생으로 인한 의료 붕괴를 막기 위해 3월 22일 사람 간 접촉을 막는 '고강도 사회적 거리 두기'를 실시했다. 모임 및 집회, 종교 행사가 중단되었고, 여러 직장에서는 재택근무를 시행했으며, 각종 공공 기관을 비롯해 학교까지 출입이 금지되었다. 학생들은 사상 처음으로 학교에 가지 않고 집에서 컴퓨터로 학습하는 '온라인 개학'을 맞이했다. 그 뒤로도 일주일에 한 번, 또는 격주로 학교에 가는 등 정상적인 수업은 언제 가능할지 기약 없는 상황이 이어졌다. 바이러스 차단을 위한 마스크 사용이 필수가 되면서 마스크 사재기로 시중에서 마스크를 살 수 없는 상황이 발생했다. 이에 따라 정부는 마스크를 약국에서만 판매하도록 마스크 판매를 통제하고, 출생 연도별로 마스크 구매를 제한하는 '마스크 5부제'까지 시행하기도 했다.

이제까지 우리가 한번도 경험해 보지 못한 이런 상황들은 모두 눈에 보이지도 않는 바이러스 때문에 벌어진 일이다. 전 세계적으로 코로나19 이전의 자유롭고 활발한 교류는 대부분 중단되었고, 124년의 올림픽 역사상 처음으로 도쿄 하계 올림픽이 연기되는 상황까지 발생했다. 이 때문에 세계는 BC(코로나 이전, Before Corona)와 AC(코로나 이후, After Corona)로 나뉘게 되었다는 이야기까지 나올 정도다.

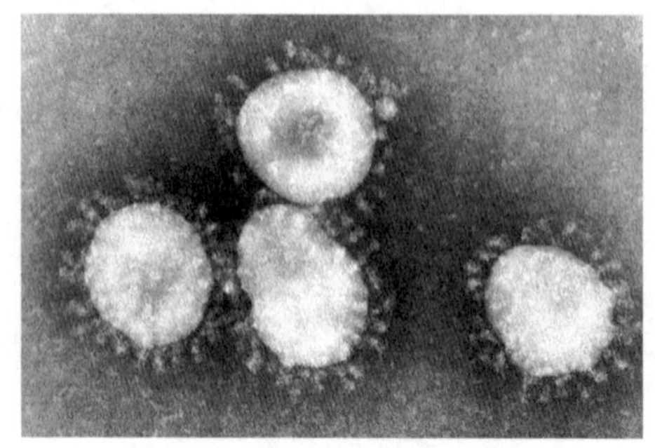

투과 전자 현미경으로 본 코로나바이러스

출처: 위키피디아

무엇보다 심각한 문제는 이러한 피해가 코로나19만 해결한다고 해서 끝나리라는 보장이 없다는 것이다. 예전에 인간은 감염되지 않던 각종 동물 바이러스들이 계속 등장하고 있다. 2002년 사스(SARS, 중증급성호흡기증후군)를 비롯해 2012년 메르스(MERS, 중동호흡기증후군), 2013년 A형 조류 인플루엔자, 2014년 에볼라 출혈열, 2015년 지카바이러스, 2019년 코로나19 등 대륙을 넘나드는 바이러스의 역습은 갈수록 강력해졌다. 다음에는 어떤 신종 바이러스가 출현할지는 아무도 예측할 수 없다. 이렇듯 인류를 위협하는 바이러스는 도대체 어떤 존재이며, 어떻게 하면 바이러스로부터 안전을 지킬 수 있을까?

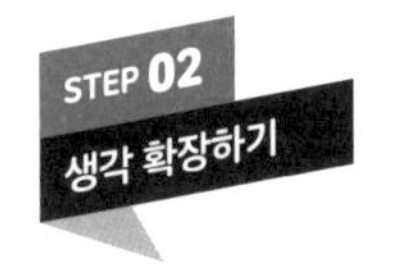


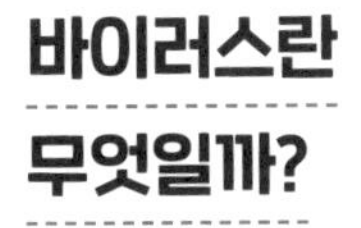


눈으로 볼 수 없을 만큼 작은 생물을 미생물이라 부른다. 미생물의 종류에는 바이러스, 세균, 곰팡이, 원생동물 등이 있다.

그중 각종 질병의 원인이 되는 바이러스와 세균은 같은 종류라고 인식되는 경우가 많지만, 전혀 다른 존재다. 세균은 일반적으로 1~5㎛(마이크로미터)인데 비해 바이러스는 이보다 훨씬 작은 20~300㎚(나노미터) 정도다. 세균의 존재는 1670년 네덜란드의 미생물학자 레이우엔훅이 확대율 40~270배의 광학 현미경을 만들면서 밝혀졌지만, 광학 현미경으로 바이러스는 관찰할 수 없었다. 바이러스는 1892년 러시아의 식물학자 이바노프스키가 담뱃잎에 발생하는 병을 연구하다 세균 여과지로 걸러지지 않는 세균보다 작은 존재가 있다는 것을 발견하면서 알려졌다. 그리고 40년 뒤 1930년대에 이르러 수십만 배 확대해서 볼 수 있는 전자 현미경이 발명되면서 바이러스를 관찰할 수 있게 되었다.

바이러스는 생물과 무생물의 특징을 모두 가지고 있다. 생물은 세포라는 기본 단위로 구성되어 있다. 세균에는 세포가 있지만, 바이러스에는 세포가 없다. 혼자 살 수 있는 세균과는 달리 바이러스는 유전 정보가 되는 핵산과 단백질 껍질로만 구성되어 있어 혼자서는 살 수 없고 숙주에 기생해서만 살 수 있다. 그렇다고 아무 세포에 기생할 수 있는 것은 아니다. 세포 표면의 수용체와 바이러스 표면의 단백질이 열쇠와 열쇠 구멍처럼 결합 가능한 세포에만 들어갈 수 있다. 어떤 숙주에 들어갈 수 있느냐에 따라 동물 바이러스, 식물 바이러스, 세균 바이러스(박테리오파지)로 나뉜다.

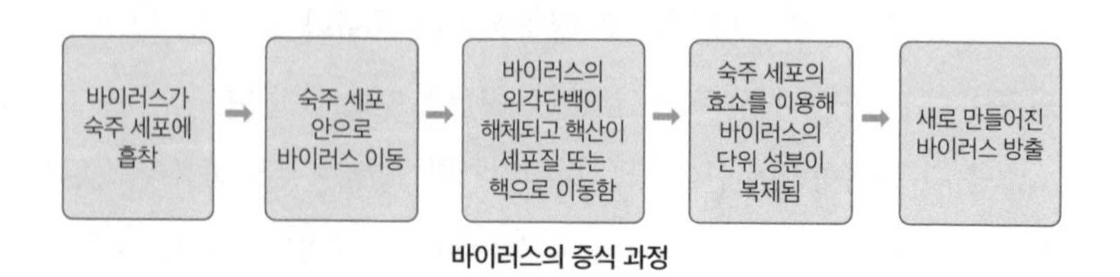


**바이러스의 증식 과정**

먼저 바이러스는 결합 가능한 숙주 세포를 만나면 세포 안으로 이동한다. 세포로 들어간 바이러스는 단백질로 된 껍질을 벗어버리고 숙주 세포의 유전 물질을 복제하는 기능과 단백질을 만드는 기능을 이용해 자신의 유전 물질과 단백질 껍질을 생산한다. 그 후 숙주 세포를 파괴하면서 빠져나온 후 다른 세포로 침입한다. 이처럼 바이러스는 숙주에 기생하면서 죽음으로까지 몰아갈 수 있다.

바이러스가 숙주에 침입하는 방법은 보통 세 가지다.

첫 번째는 비말 감염이다. 기침이나 재채기 등을 할 때 공기로 배출되는 작은 물방울을 비말이라고 한다. 비말은 크기가 대개 5㎛ 이상으로 반경 1m 이내의 포물선을 그리면서 떨어지고, 입자가 공기 감염보다는 커서 대부분 마스크로 예방할 수 있다.

두 번째는 공기 감염이다. 5㎛ 미만인 물방울을 에어로졸이라고 부르는데, 에어로졸은 공기 중에 떠다니면서 다른 사람 몸에 침입하기 때문에 공기 감염이라고 한다. 비말은 멀리 있는 사람에게 감염될 가능성은 매우 낮지만, 에어로졸은 비말보다 작고 가벼워서 분사되는 범위가 더 넓다. 에어로졸은 병원 환경에서 호흡기 시술을 할 때도 발생할 수 있다. 따라서 감염병 환자는 병실 내부 압력을 다른 병실보다 낮게 유지해 내부의 공기가 옆 병실로 새어나가지 않도록 하는 음압 병실에서 치료한다.

마지막으로는 접촉 감염이다. 감염자의 배설물이나 구토물, 체액 등에 있는 바이러스가 손에 묻어 주위 사물이나 사람을 만지면 바이러스에 감염될 수 있다.

# '바이러스' 하면 생각나는 단어는 무엇일까?

· 바이러스 감염병의 종류

| | | |
|---|---|---|
| 코로나 | | 표면에 단백질의 돌기(스파이크)가 많이 붙어 있다. 그 겉모양이 태양 대기의 바깥층에 있는 코로나를 닮았다고 해서 이름이 붙여졌다. |
| | 사스 | '중증급성호흡기증후군'의 줄임말로 2002년 중국에서 발생해 전 세계로 퍼졌다. 2003년 전 세계 37개국에서 8,096명의 감염자가 발생하고 774명이 사망했다. |
| | 메르스 | 2012년 사우디아라비아에서 발견되었으며 2015년까지 25개국에서 2,430명의 확진자와 838명의 사망자가 발생했다. 국내에서도 186명의 환자가 발생했고 그중 38명이 사망했다. |
| | 코로나19 | 2019년 중국 우한시에서 발병해 전 세계로 퍼져 나갔다. 확진자는 4억 1,000만 명, 사망자는 583만 명을 넘어섰다. (2022년 2월 기준) |
| 인플루엔자 | | 매년 겨울에 발생하는 독감 바이러스다. 표면에 세포 수용체와 결합해 세포 속으로 침투하는 헤마글루티닌, 복제가 이루어진 뒤에 숙주 세포를 빠져나갈 수 있도록 만들어 주는 뉴라미니다아제 단백질이 있다. 헤마글루티닌(H) 18종, 뉴라미니다아제(N) 11종이 각각 교차 결합 가능해 총 198개 형태로 나타난다. |
| | 신종 플루 | 2009년 미국에서 발병한 H1N1 형 바이러스다. 전 세계 214개국 이상에서 유행했으며 1만 9,000여 명이 사망했다. |
| | 조류 인플루엔자 | 조류의 급성 감염병으로 닭·칠면조·오리 등 사육 조류에서 피해가 심하게 나타나며 사람에게도 옮길 수 있다. |
| 지카 바이러스 | | 중남미 지역에서 유행한 바이러스다. 모기에 의해 감염되며 임신부가 걸리면 소두증인 아기가 태어나기 때문에 문제가 된다. |
| 에이즈 | | 면역 세포를 공격해 파괴하는 바이러스다. 일정 시간이 지나면 면역 기능이 저하되어 감기 같은 가벼운 질병으로도 사망할 수 있다. 주로 혈액으로 전염된다. |
| 에볼라 | | 1976년 아프리카에서 발견된 바이러스다. 감염되면 혈관을 통해 장기 손상 및 출혈 증세가 나타나며 일주일 이내에 50~90%의 치사율을 보인다. |
| 천연두 | | 감염된 사람의 20% 이상이 사망했고 살아남아도 65~80%가 심한 흉터가 남기 때문에 인류 역사상 가장 무서운 바이러스로 꼽힌다. 제너의 백신 개발로 1977년 소말리아에서 마지막으로 발생한 다음 사라졌다. |

출처: 질병관리청, 분당서울대병원, 코로나19 실시간 상황판 등

• **면역의 종류**

① 자연 면역: 몸속으로 들어온 병원균을 공격해 없애는 시스템이다. 선천적으로 갖추고 있는 면역 기능이기 때문에 자연 면역이라고 불린다.

② 획득 면역: 몸속에 들어온 항원에 맞는 항체를 한번 만들어 내고 나면 과거에 침입해 온 적의 특징을 외우고 같은 적이 다시 침입해 왔을 때 과거의 기억을 바탕으로 빠르게 항체를 만들어 낼 수 있는 것으로 기억 면역이라고도 한다.

③ 집단 면역: 집단의 대다수가 면역력을 확보하면 더 이상의 감염 확산이 일어나지 않는다는 이론이다. 인구 집단 중에 면역 항체를 가진 사람이 일정 수준 이상 생기면 그때부터 감염병 유행은 감소하게 된다.

• **백신**: 독성을 약하게 한 병원체나 병원체의 성분을 말한다. 접종함으로써 획득 면역을 가지게 한다.

• **신종 바이러스의 탄생**

① 변이: 유전자 자체가 돌연변이를 일으켜 새로운 바이러스를 만들어 낸다.

② 재집합: 바이러스의 유전자인 RNA가 둘 이상 조합해 새로운 바이러스를 만들어 낸다.

• **슈퍼 전파 사건**: 다수의 개인에게 질병을 퍼트리는 사람이 발생하는 사건이다. 세계보건기구는 한 사람이 8명 이상을 감염시킬 때, 메르스 사태 때 우리나라에서는 한 사람이 5명 이상에게 전파한 경우를 슈퍼 전파의 기준으로 잡았다.

- **역학 조사:** 전염병의 발생 원인과 역학적 특성을 밝히는 일이다. 인구 집단을 대상으로 특정한 질병이나 전염병의 발생 양상, 전파 경로, 원인 등을 조사하는 것을 의미한다. 이를 토대로 합리적인 방역 대책을 세우는 것이 목적이다.
- **지역 사회 전파:** 지역 사회에서 감염 경로가 불분명하게 환자가 발생하는 것으로 바이러스가 의료 기관을 벗어나 지역 사회 곳곳으로 확산하는 현상을 말한다.
- **팬데믹:** 감염병 경보 최고 경고 등급인 6단계를 '팬데믹(pandemic)'이라 한다. 그리스어로 'pan'은 '모두', 'demic'은 '사람'이라는 뜻으로, 전염병이 세계적으로 전파되어 모든 사람이 감염된다는 의미를 지니고 있다. 지금까지 1968년 홍콩 독감, 2009년 신종 플루, 2020년 코로나19 등 세 번에 걸쳐 선포되었다.

**세계보건기구 감염병 경보 단계**

| 단계 | 상태 |
|---|---|
| 1단계 | 동물 사이에 한정된 전염 상태 |
| 2단계 | 소수 사람에게 전염된 상태 |
| 3단계 | 사람들 사이에서 전염이 증가한 상태 |
| 4단계 | 사람들 사이의 전염이 급속히 퍼지기 시작하는 상태 |
| 5단계 | 동일 대륙 최소 2개국에서 병이 유행하는 상태 |
| 6단계 | 다른 대륙 국가에서도 추가로 전염이 발생한 상태 |

- **항생제:** 세균의 세포벽과 단백질 합성 기능 등을 저하함으로써 세균을 죽이는 약물이다. 바이러스는 세포벽과 단백질 합성 기능을 가지지 않기 때문에 바이러스를 죽이는 데는 도움이 되지 않는다.

- **항바이러스제:** 주로 바이러스가 증식하는 과정을 방해해 바이러스를 치료하는 약물이다. '세포 흡착→유전 물질 합성→단백질 제작→세포에서 방출' 과정을 거치는 바이러스 번식 과정 중 한 단계를 방해하도록 만든다. 잘 알려진 항바이러스제 타미플루는 바이러스가 세포에서 방출되는 것을 방해하는 약이다.

비밀 노트

**Q 신종 바이러스는 왜 박쥐에서 시작될까?**

**A** 사스, 에볼라, 메르스, 코로나19 등은 최근 인류를 위협한 감염병들이다. 그런데 사스는 관박쥐, 에볼라는 과일박쥐, 메르스는 이집트무덤박쥐, 코로나19는 중국의 관박쥐로부터 옮겨 온 것으로 알려졌다. 그렇다면 이렇게 박쥐가 신종 바이러스 감염병의 원인이 되는 이유는 무엇일까?

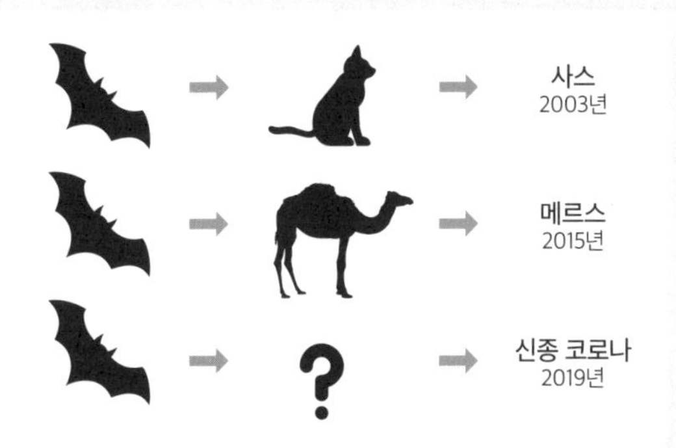


1) 종 다양성: 지구상 포유동물 5,000여 종 가운데 박쥐는 1,000여 종에 해당한다. 이렇게 종이 다양하다 보니 다양한 질병에 노출되어 많은 바이러스를 지니게 된다.

2) 독특한 면역 체계: 박쥐는 바이러스가 들어와도 염증 반응을 잘 일으키지 않는다. 인간은 바이러스 등 병원체가 침입하면 인터페론과 같은 면역 체계가 움직이지만, 염증 반응 같은 부작용이 발생할 수 있어 필요할 때만 활성화된다. 하지만 박쥐는 인터페론의 숫자는 적지만 항상 활성화되어 있어 수많은 바이러스를 죽이지 않고 병에 걸리지 않을 정도로 약화시켜 몸에 키운다.
3) 무리 생활: 박쥐는 수십만에서 수백만 마리가 무리 지어 살기 때문에 바이러스가 빠르게 확산한다.
4) 인간과 같은 포유동물: 같은 종이기 때문에 종간 장벽의 한계를 극복하기 비교적 쉽다.
5) 비행 능력: 포유동물 중에 유일하게 날 수 있어 넓은 지역에 바이러스를 퍼트릴 수 있다.

박쥐 바이러스의 대부분은 인간에게 옮겨 가지 않기 때문에 박쥐와의 접촉이 많지 않으면 별문제가 없다. 하지만 최근 서식지가 파괴되고 먹이가 없어져 박쥐들이 인간이 사는 곳까지 날아와 접촉이 늘어나면서 돌연변이 바이러스가 사람에게 넘어오는 것이다. 여기에 박쥐를 먹는 일부 문화권의 풍습이 박쥐 속 바이러스와 인간의 접촉을 늘리는 계기가 되었다.

# 바이러스는 왜 위험할까?

20~300nm 크기의 작은 병원체인 바이러스. 혼자서는 살아갈 수도 없는 이 작은 미생물이 어떻게 전 세계 인류를 위협하는 엄청난 존재가 될 수 있었을까? 가장 대표적인 병원체인 세균과 비교해서 바이러스는 어떤 점에서 더 위험한지 살펴보자.

### 치료제 개발의 어려움

세균은 하나의 독립된 세포로 이루어져 혼자 살아갈 수 있다. 반면 바이러스의 구조는 단순하다. 유전 물질을 감싸고 있는 단백질 껍질이 전부라 혼자 힘으로 살 수도 없고 자손도 만들 수 없어서 다른 세포에 기생하는 것이다. 번식도 기생하는 숙주 세포의 유전 물질을 이용한다. 단세포인 세균은 증식을 못 하게 세포를 죽이면 되기 때문에 치료제인 항생제 제작이 바이러스 치료제에 비하면 수월하다. 그러나 바이러스는 숙주 세포는 그냥 두고 바이러스만 죽여야 하므로 치료제 개발이 어렵다.

### 대량 증식

종류에 따라 다르기는 하지만 바이러스는 대량으로 증식한다. 세균은 1개의 세균이 분열해 2개가 되는 이분법으로 증식한다. 반면 바이러스는 다른 세포에 침투해 그 안에서 자신의 각 부분을 대량으로 만들어 낸 다음 조립해 세포 밖으로 한꺼번에 나가는데, 하나의 세포 안에서 만들어지는 복제 바이러스가 최대 10만 개에 이른다. 대량으로 증식하다 보니 코로나19에서 보듯이 급속한 전파가 이루어지는 것이다.

| | 바이러스 | 세균(박테리아) |
|---|---|---|
| 구조 | 핵산을 둘러싼 단백질 | 단세포 |
| 생존 | 숙주인 세포 내에서만 생존 | 단독 생존 가능 |
| 관찰 방법 | 전자 현미경 | 광학 현미경 |
| 치료제 | 항바이러스제(개발이 어렵다) | 항생제(비교적 개발이 쉽다) |
| 증식 | 대량 증식 | 이분법 |
| 잠복기 | 2~4주 | 12시간 이내 |
| 감염병 종류 | 감기, 인플루엔자, 뇌염, 홍역, 천연두, 사스, 에볼라, 메르스 등 | 장티푸스, 이질, 폐렴, 결핵, 콜레라, 탄저병, 디프테리아 등 |

### 많은 돌연변이 발생

바이러스는 한꺼번에 많은 자손을 만들다 보니 세균보다 돌연변이도 더 자주 일어난다. 그래서 약이나 백신을 개발하더라도 돌연변이가 일어나 바이러스의 모양을 바꾸게 되면 다시 치료하기 어려워진다. 유전 물질의 종류로는 RNA와 DNA가 있다. 세포에는 이 두 가지가 다 존재하지만, 바이러스는 대부분 둘 중에 하나만 가지고 있다. DNA 바이러스로는 천연두, B형 간염 등이 있고, RNA 바이러스로는 인플루엔자, 코로나 등이 있다. DNA 바이러스에는 유전자를 복제하는 과정에서 잘못된 것이 있는지 확인해서 바로잡는 기능이 있지만, RNA 바이러스에는 대부분 이러한 교정 기능이 없어서 돌연변이 발생 확률이 1,000배 이상 된다. 그렇다 보니 치료제나 백신 개발이 더 어렵다. 코로나바이러스는 RNA 바이러스라서 쉽게 돌연변이가 생기는 것이다.

### 긴 잠복기

마지막으로 세균은 감염되면 증상이 바로 나타나지만, 바이러스는 복제 및 증식에 시간이 걸려 잠복기가 있다는 점도 차이점이다. 바이러스는 증식에 시간이 걸리기 때문에 잠복기가 길어서 확산을 통제하기가 더 힘들다. 세균은 2차 감염되는 경우가 별로 없지만, 바이러스는 증상이 드러나지 않아도 감염은 이루어지기 때문에 2차, 3차, 4차 감염이 진행된다.

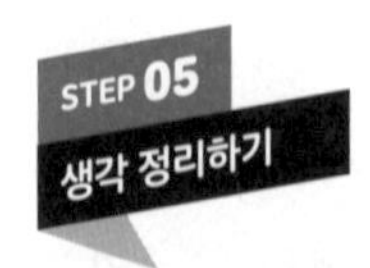


# 바이러스 감염병의 발생 원인은 무엇일까?

2002년에 등장한 사스로 인해 37개국에서 8,096명의 환자가 나왔고, 이 가운데 774명이 사망했다. 2009년에 유행했던 신종 플루는 1만 9,000여 명, 2013년에 발병한 에볼라는 1만 1,316명의 사망자를 발생시켰다.

이러한 감염병들의 공통점은 인수 공통 바이러스 감염병이라는 것이다. 사람과 동물에 같이 감염되는 감염병을 인수 공통 감염병이라고 하는데, 동물들에게 있던 바이러스들이 인간으로 넘어온 것이다. 질병관리본부에 따르면 20세기 이후 발생한 신종 감염병의 75%가 야생동물로부터 유래한 것으로 나타났다. 특히 최근 10년간 40여 종의 신종 인수 공통 감염병이 발생했으며, 세계보건기구에서 지정한 '연구 개발이 시급한 10대 감염병' 모두 인수 공통 감염병이다. 그렇다면 동물들에게 있던 바이러스들은 어떻게 인간에게로 넘어오게 된 것일까?

### 환경 파괴로 인한 야생동물과의 접촉 증가

원래 바이러스는 다른 생물은 감염시키지 못한다. 생물을 분류하는 종과 종 사이를 구분 짓는 종간 장벽이 있으므로 다른 종으로 넘어가기 어렵다. 그러나 수많은 바이러스 돌연변이 중에 종간 장벽을 뛰어넘는 바이러스가 가끔 발생한다.

동물에게 있던 바이러스가 인류에게 처음 넘어온 것은 인류가 농업 정착 생활을 시작하던 때다. 야생동물을 가축으로 만드는 과정에서 돌연변이를 일으킨 동물 바이러스가 인간에게로 넘어온 것이다. 천연두와 홍역 등은 소에게서, 인플루엔자는 돼지로부터 넘어온 것으로 추측된다.

최근 신종 바이러스 감염병이 많이 증가한 것은 환경 파괴로 인해 야생동물들과의 접촉이 늘어났기 때문이다. 사스, 에볼라, 메르스, 니파, 코로나19 등은 박쥐에서부터 시작된 것으로 알려졌다. 도시 개발과 농지 확대 등으로 인해 박쥐의 서식지가 파괴되고 먹이가 없어졌다. 그러자 박쥐들이 사람이 사는 곳까지 드나들며 인간과의 접촉이 늘어나면서 박쥐에게 있던 바이러스가 인간에게 넘어온 것이다.

이 밖에 밀림을 개간하면서 밀림 동물에게 있던 바이러스가 사람에게 노출되는 경우도 많다. 에이즈는 1950년 아프리카녹색원숭이에게 있던 바이러스가 밀렵 과정에서 생겨난 것으로 알려져 있으며 에볼라 역시 마찬가지다. 이런 바이러스들은 오랫동안 경험한 동물들에게는 크게 문제가 되지 않는다. 하지만 문제는 인간에게 넘어오면 면역력이 전혀 없어 치명적인 손상을 입힐 수 있다는 사실이다.

### 지구 온난화로 인한 기후 변화

온난화로 인한 기후 변화도 바이러스 감염병 확산에 영향을 미친다. 지구 온난화로 고온 다습한 환경이 늘어나면서 질병을 옮기는 모기나 박쥐, 진드기 등의 서식지가 넓어지고 개체 수도 많아졌다. 2015년 남아메리카 지역에서 발생한 소두증은 이집트숲모기가 임신부에게 옮긴 지카바이러스가 원인이었다. 지카바이러스의 경우 치사율은 높지 않지만, 임신부가 감염되었을 경우 태아의 뇌 성장 발달을 방해해 정상적인

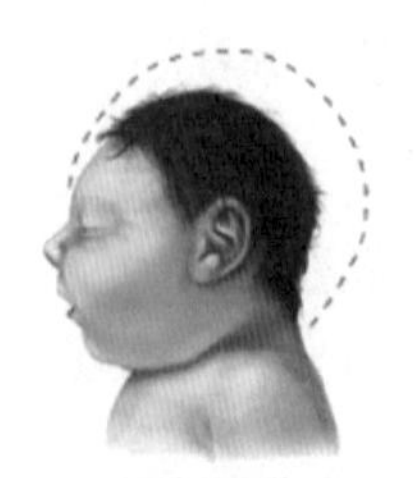
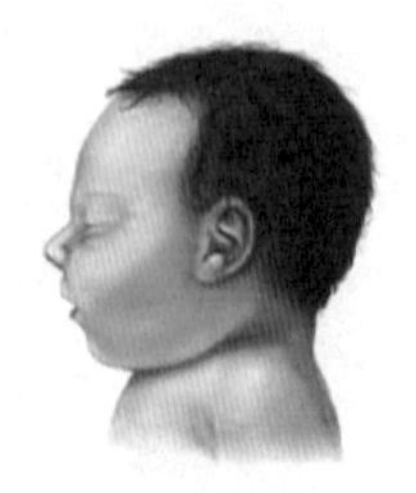

**소두증에 걸린 아이와 정상 머리 크기의 아이 간 비교**

출처: 위키피디아

아이보다 뇌가 작은 소두증 아이를 출산하게 된다. 소두증 태아는 임신 중이나 출산 직후에 사망하는 경우가 많고, 생존하더라도 지적 장애나 뇌성마비, 시각·청각 장애 등을 겪게 된다. 또 온난화 때문에 야생동물의 서식지가 파괴되고 있다. 온난화로 인한 기후 변화로 서식지를 잃은 야생동물이 사람들의 거주 지역이나 목축지로 이동하면서 바이러스 감염 가능성을 증가시키는 것이다.

게다가 지구 온난화의 영향으로 빙하가 녹으면서 얼음 속에 있던 고대 바이러스들이 다시 발견되고 있다. 일부 세균과 바이러스는 오랜 기간 동면하다 기온이 다시 따뜻해지면 활동할 수도 있다. 그래서 과학자들은 빙하 속에 있는 과거 병원체들이 깨어나는 것에 대해 우려하고 있다. 실제로 2014년 러시아와 프랑스 과학자들은 알래스카에서 발견한 3만 년 전 바이러스를 해동시켜 되살리는 실험에 성공하기도 했다.

### 밀집 대량 사육

육식 소비의 증가로 공장형으로 가축을 밀집된 공간에서 대량 사

육하는 것도 바이러스 증가의 한 원인이다. 야생동물에게는 큰 문제를 일으키지 않는 바이러스도 대량 밀집 사육으로 면역력이 약해진 가축들을 통해 인간에게도 넘어오는 경우가 종종 발생하는 것이다.

### 교통수단의 발달로 빨라진 확산 속도

과거에는 감염병이 발생해도 확산 속도가 빠르지 않아 그 지역이나 국가에 한정되는 경우가 많았다. 그러나 항공기, 선박 등 교통수단이 발전하면서 국가 간 이동이 쉬워져 지구촌 전체가 일일생활권이 되었다. 그만큼 바이러스 이동 시간도 급격히 빨라졌다. 일반적으로 바이러스의 잠복기는 2주 정도지만 2, 3일이면 세계 곳곳을 갈 수 있다. 따라서 이번 코로나19 사태에서 보듯이 새로운 바이러스가 전 세계로 확산하는 데 오랜 시간이 걸리지 않기 때문에 바이러스의 위험성은 더욱 커지고 있다.

# 바이러스를 해결하기 위해 어떤 아이디어를 적용할까?

| 해결해야 할 문제 | 접촉 감염 | | 기후 변화와 밀집 사육 | |
|---|---|---|---|---|
| 세부 항목 | 감염자 접촉면에 존재하는 바이러스 줄이기 | 여러 사람이 사용하는 기기를 접촉 없이 소독 | 기후 변화를 막기 위해 에너지 절약 | 공장식 밀집 사육 방식 변경 |
| 해결 방안 | 접촉이 많은 부분을 살균 소재로 교체 | 음성 인식을 통한 소독 약품 자동 분사 | 화석 연료 사용 감소를 위해 냉난방 에너지 절약 | 가축 면역력 향상을 위한 동물 복지 사육 |
| 내가 생각한 아이디어 | 구리 버스·지하철 손잡이 | 음성 인식 소독제 분사기 | 태양광 활용 블라인드 | 실외·실내 방목 양계장 |

# 선택한 아이디어를 구체적으로 어떻게 활용할 수 있을까?

| | 구리 버스·지하철 손잡이 | 흑백 블라인드 |
|---|---|---|
| 필요성 | 미국 국립보건원(NIH)의 조사에 따르면 코로나바이러스의 경우 판지 소재에서는 최장 24시간, 플라스틱과 스테인리스강 표면에서는 2~3일까지도 생존하는 것으로 밝혀졌다. 하지만 구리 재질의 표면에서는 4시간 안에 죽는 것으로 나타났다. 따라서 불특정 다수가 사용하는 부분을 항균 작용을 하는 소재인 구리로 바꿔 접촉으로 인한 바이러스 감염을 차단해야 한다. | 지구 온난화를 방지해 감염병의 매개체가 되는 모기 등의 확산과 기후 변화로 인한 동물들의 서식지 파괴를 막는 것은 바이러스의 피해를 줄이는 것으로 연결된다. 따라서 화석 에너지의 사용을 최대한 줄여 이산화탄소 배출량을 줄이는 노력은 바이러스 문제 해결을 위해서도 꼭 필요하다. |
| 아이디어 적용 | 버스나 지하철과 같은 대중교통에서 여러 사람이 접촉하는 손잡이를 구리로 교체해 바이러스의 번식을 차단한다. | 블라인드의 한쪽 면은 검은색 페인트, 다른 면은 흰색 페인트로 칠한다. 겨울에는 검은색 방향을 바깥쪽으로 이동시켜 햇빛을 흡수하고, 여름에는 흰색 방향을 바깥쪽으로 이동시켜 햇빛을 반사한다. |
| 과학 원리 | **미량동 작용:** 미량의 금속 이온이 미생물의 대사 작용을 교란해 발육을 방해하거나 죽이는 현상을 말한다. 구리를 비롯해 금, 은, 백금, 알루미늄, 수은, 니켈, 코발트, 아연 등에서도 나타난다. 미생물들은 이 같은 금속 이온을 필수 영양소로 잘못 인식해 안으로 흡수한다. 흡수된 구리 이온이 세포막에 구멍을 내면서 영양소와 수분이 빠져나간다. 게다가 구리 이온이 이 구멍을 통해 활성 산소까지 끌어당기면서 병원체는 완전히 죽게 된다. | **색깔에 따라 다른 빛 흡수:** 색깔이란 물체에서 빛을 흡수한 후, 반사된 빛을 보는 것이다. 꽃이 빨갛게 보이는 것은 햇빛에 포함된 다양한 색깔 중 빨간색 빛을 반사하고 나머지 색은 흡수하기 때문이다. 검은색은 어떤 색의 빛도 반사하지 않고 모든 빛을 흡수하기 때문에 검게 보이고 그만큼 흡수하는 열도 많다. 반대로 흰색은 모든 빛을 다 반사하기 때문에 하얗게 보이는 것이다. |

**••• 토론 논제**

신종 바이러스가 발생하는 원인을 과학적으로 분석하고, 신종 바이러스 발생 시 대처 방안과 예방할 수 있는 창의적인 해결책을 제시하시오.

〈2018년 서울 창덕여고, 2020년 서울 노원고 유사 문제 등〉

# Ⅰ. 문제 상황 분석

## 1] 최근 출현한 신종 바이러스 감염병의 종류

| 종류 | 사스 | 신종 플루 | 메르스 | 코로나19 |
|---|---|---|---|---|
| 최초 발생 | 2002년 11월<br>중국 광둥 | 2009년 3월<br>미국 샌디에이고 | 2012년 6월<br>사우디아라비아 | 2019년 12월<br>중국 우한 |
| 세계 확진자 | 8,096명 | 약 163만 명 | 2,430명 | 4억 1,000만 명 |
| 세계 사망자 | 774명 | 약 1만 9,000명 | 838명 | 583만 명<br>(2022년 2월 기준) |

## 2] 바이러스의 위험성

| | 세균 | 바이러스 |
|---|---|---|
| 구조 | 독립된 세포(혼자 생존 가능) | 핵산을 둘러싼 단백질(숙주에 기생) |
| 치료 약품 및 개발 방법 | 항생제(각각의 세균 세포를 죽이면 되기 때문에 개발이 쉬움) | 항바이러스제(숙주 세포를 제외한 바이러스만 죽여야 하므로 개발이 어려움) |
| 복제 방법 | 이분법(한 번에 2개로 나누어짐) | 한 번에 대량 복제(최대 10만 개까지 가능) |
| 증상 발현 시기 | 감염 후 바로 증상이 나타남 | 긴 잠복기로 증상이 나타나기 전에 감염 위험 |

## Ⅱ. 문제 원인 분석

### 1] 환경 파괴

환경 파괴 → 박쥐, 원숭이 등 야생동물의 서식지 감소 → 인간과의 접촉 증가 → 야생동물 바이러스의 돌연변이로 인한 신종 바이러스 생성 → 인간 감염

### 2] 지구 온난화

① 지구의 온도 상승 → 바이러스 매개체가 살기 좋은 환경 조성(예: 모기) → 개체 수 증가 → 인간에게 바이러스 전파

② 온난화로 인한 기후 변화로 서식지를 잃은 동물 → 인간 거주지나 목축지로 이동 → 접촉 증가로 바이러스 감염 증가

### 3] 교통수단의 발달

교통수단 발달 → 감염자와 바이러스 이동 속도 증가 → 신종 바이러스의 급격한 확산

## Ⅲ. 해결 방안

**제안하기 1]** **구리 버스·지하철 손잡이**

① 제안 목적

불특정 다수가 사용하는 부분을 항균 작용을 하는 소재인 구리로 교체해 접촉으로 인한 바이러스 감염 차단

**② 실행 방안**

버스나 지하철과 같은 대중교통에서 여러 사람이 접촉하는 손잡이를 구리로 교체한다.

**③ 과학 원리**

- 미량동 작용: 미량의 금속 이온이 미생물의 대사 작용을 교란해 죽이는 현상
- 구리의 금속 이온을 필수 영양소로 잘못 인식해 미생물 흡수 → 흡수된 구리 이온이 세포막에 구멍을 냄 → 영양소와 수분이 빠져나가고 활성 산소까지 끌어당기면서 병원체를 죽임

### 제안하기 2] 흑백 블라인드

**① 제안 목적**

감염병을 옮기는 모기 등의 확산과 동물 서식지 파괴로 이어지는 온난화의 피해를 줄이기 위해 에너지를 절약하면 바이러스 문제 해결에 도움이 됨

**② 실행 방안**

- 블라인드 한쪽 면은 검은색 페인트로 칠하고, 다른 면은 흰색

페인트로 칠한다.

- 블라인드의 튀어나온 면에는 검은색 페인트를 칠해 햇빛을 받는 면적을 최대화해 겨울에 햇빛 방향을 보게 한다.
- 여름에는 흰색 페인트를 칠한 반대쪽 면을 햇빛 방향으로 보게 해 빛을 반사한다.

**③ 과학 원리**

- 색깔에 따라 다른 빛 흡수: 검은색은 모든 빛을 흡수 → 흡수하는 열이 많음
- 흰색은 모든 빛을 반사 → 표면 온도가 낮아짐

**참고 자료**


**❖ 서적/논문**

○ 『바이러스 쇼크』/최강석/매일경제신문사/2016년

○ 『바이러스와 감염증』/일본 뉴턴프레스/아이뉴턴/2015년

○ 『신종 바이러스의 습격』/김우주/반니/2020년

○ 『FUTURE HORIZON 제44호 감염병과 인류의 미래』/과학기술정책연구원/2020년 1월호

**❖ 동영상/단체**

○ 〈우리가 몰랐던 면역 이야기, 면역을 사수하라〉/YTN 사이언스

○ 질병관리청 https://www.kdca.go.kr/

PART 02
최근 4년간
전국 학교별
기출 논제
살펴보기

CHAPTER 01

# 생명 공학

식용 곤충 | 냉동인간 | 동물 실험

생체 모방 | 줄기세포 | GMO | 생물 멸종

조류 인플루엔자 | 백신

## 01 식용 곤충이란 무엇일까?

식용 곤충은 음식으로 활용할 수 있는 곤충을 말한다. 우리나라 농림축산식품부에서는 식용 곤충을 '곤충 산업의 육성 및 지원에 관한 법률'의 식용 곤충 사육 기준에 적합하고, 식품 위생법 제7조 제1항에 따라 식품 원료로 등록된 곤충이라고 정의하고 있다.

**'곤충 산업의 육성 및 지원에 관한 법률' 식용 곤충 사육 기준 제3조**

| | |
|---|---|
| 1호 | 식용 곤충의 사육에 적합하도록 온도 및 습도 조절이 가능해야 한다. |
| 2호 | 식용 곤충 사육실은 학습·애완 곤충, 사료용 곤충 등 다른 용도로 사용되는 곤충의 사육실과 공간적으로 구분되고, 주변에 오염원이 없어야 한다. |
| 3호 | 식용 곤충의 사육실과 사육 도구의 세척 및 소독은 정기적으로 이루어지고 청결하게 관리되어야 한다. |
| 4호 | 식용 곤충의 먹이는 격리된 실내 공간에 별도로 청결하게 보관되어야 한다. |

## 02 어떤 곤충을 먹을까?

국제연합식량농업기구(FAO)의 2013년 조사에 따르면 아프리카, 중남미, 아시아 등 90여 개 국가에서 1,400여 종의 곤충을 먹고 있는 것으로 나타났다. 가장 많이 소비되는 곤충은 딱정벌레, 애벌레, 벌, 개미, 메뚜기, 귀뚜라미, 매미 등의 순이었다.

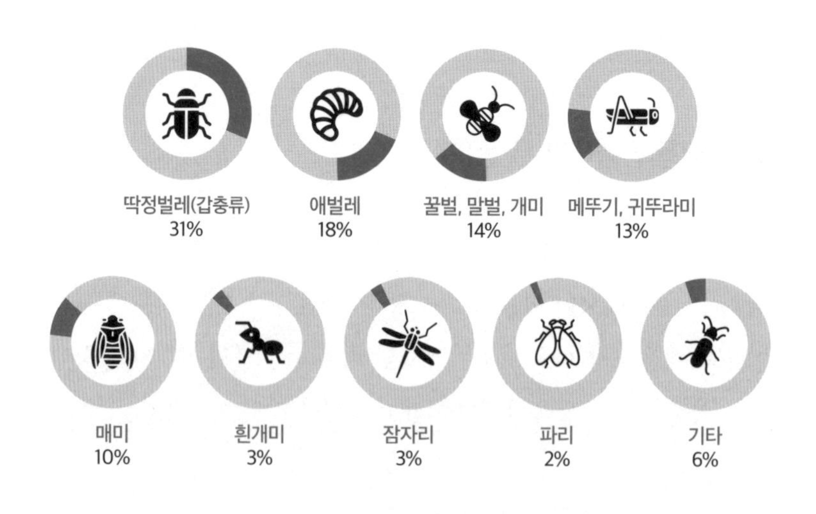


우리나라에서는 식용 곤충으로 총 9종을 허가하고 있다. 메뚜기, 식용 누에 번데기, 백강잠, 갈색거저리 유충, 쌍별귀뚜라미, 흰점박이꽃무지 유충, 장수풍뎅이 유충은 식품의약품안전처에서 인증받은 식용 곤충이다. 메뚜기, 누에 번데기, 백강잠은 오래전부터 식품으로 등록되어 먹어 왔다. 갈색거저리와 흰점박이꽃무지 유충은 공모를 통해 각각 '고소애'와 '꽃벵이'로 불린다.

곤충에 관한 관심이 높아지면서 곤충 시장 규모도 갈수록 커지고 있다. 2019년 농림축산식품부의 조사에 따르면 국내 곤충 시장의 규모는 2011년 1,680억 원에서 2018년 2,648억 원으로 성장했으며, 2030년에는 6,309억 원으로 매우 증가할 것으로 예상된다.

## 03 왜 곤충을 먹을까?

산업 혁명 이후 폭발적으로 증가한 인구 때문에 머지않은 미래에는 식량이 무서운 무기가 될 것이라는 우려가 나오고 있다. 국제연합 식량농업기구는 2017년 보고서에서 '2050년에는 세계 인구가 100억 명을 넘고, 현재보다 2배 이상의 식량이 필요할 것'이라고 예측했다. 인구 증가 때문에 경작지와 목초지는 줄어든 반면 지구 온난화로 인해 사막화가 진행되는 지역이 늘어나고 태풍, 홍수, 가뭄 등 기상 이변이 심해져 식량 생산을 방해하고 있다. 또 육류 소비가 급증하면서 육류 수요와 가축 사육을 위한 사료용 곡물 수요가 함께 증가한 것도 식량 부족의 한 원인이 되고 있다. 이러한 환경 문제와 식량 문제를 해결하기 위해 단백질을 대체할 수 있는 대안 1순위로 꼽히는 것이 곤충이다.

## 04 곤충을 식량으로 쓸 때 생기는 장점은 무엇일까?

### ▮ 우수한 단백질 공급원

식용 곤충이 미래 식량으로 떠오르게 된 가장 큰 이유는 우수한 단백질 공급원이 될 수 있기 때문이다. 농촌진흥청에 따르면 100g당 단백질 함유량이 소는 65g, 돼지는 33g이며, 식용 곤충으로 허가받은 고소애는 53g, 흰점박이꽃무지는 58g, 벼메뚜기는 64.2g이다. 이를 통해 식용 곤충과 육류의 단백질 함유량은 큰 차이가 없다는 사실을 알 수 있다.

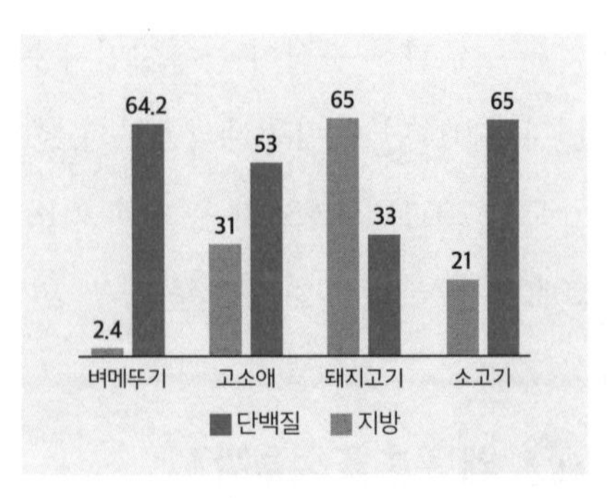


**100g당 단백질 함량 비교**(단위: g)

출처: 농촌진흥청

### ▮ 적은 사육 비용

식용 곤충은 같은 양의 단백질을 얻는 데 들어가는 물과 사료 등의 자원이 소, 돼지와 같은 가축보다 훨씬 적다. 곤충은 외온 동물로 돼지나 소 같은 포유류처럼 체내 온도를 유지하기 위해 먹이를 많이 먹지 않아도 되기 때문에 적은 에너지만으로 생존할 수 있다. 국제연합식량농업기구의 세계 식용 곤충에 대한 조사 결과를 보면 1kg의 단백질을 얻기 위해 소는 10kg, 돼지는 5kg, 닭은 2.5kg의 사료를 먹어야 하지만, 곤충은 1.7kg의 사료만 먹어도 될 정도로 생산성이 우수하다. 단백질 1kg을 얻는 데 필요한 사육 면적도 닭과 돼지는 약 50㎡, 소는 200㎡ 안팎인 데 비해 곤충은 20㎡면 된다.

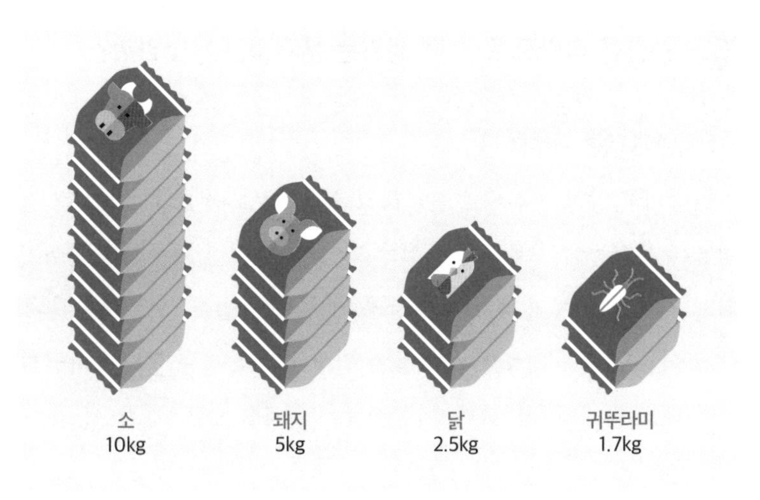


가축을 1kg 기르는 데 필요한 사료 양

### ▌온실가스 배출량 감소

식용으로 권장되는 곤충은 대부분 가축보다 훨씬 적은 양의 온실가스를 방출한다. 국제연합식량농업기구에 따르면 단백질 1kg을 생산할 때 소는 2.8kg, 돼지는 1.1kg, 닭은 0.3kg의 온실가스를 배출한다. 이에 반해 귀뚜라미는 같은 양의 단백질을 만들 때 0.1kg의 온실가스만 생성한다. 온실 효과가 이산화탄소의 21배에 달하는 메탄 배출도 거의 없다. 전 세계 약 13억 마리의 소가 1년간 배출하는 메탄가스 양은 무려 7,000만 톤에 이른다. 하지만 흰개미와 바퀴벌레를 포함한 극소수 곤충을 제외하고 대부분 곤충은 메탄도 거의 발생시키지 않는다.

## 05 곤충을 식량으로 쓸 때 생기는 문제점은 무엇일까?

### ▮ 외양에 대한 거부감

곤충의 다양한 장점에도 불구하고 식용으로 사용할 때 가장 큰 걸림돌은 사람들이 거부감을 느끼는 외양이다. 이런 거부감을 줄이기 위해 가루를 내어 형태를 보이지 않게 하는 방법이 주로 이용된다. 현재 식용 곤충을 원료로 한 제품은 원재료 건조 상품 형태와 가공식품 형태로 판매되고 있으며, 가공식품은 환자식 수프·쿠키·쌀·초콜릿·순대 등으로 다양하다.

### ▮ 안전성 연구 필요

식용 곤충을 미래 식량으로 사용하기 위해서는 안전성 연구도 꼭 필요하다. 식품 알레르기를 유발할 수 있기 때문이다. 알레르기를 유발하는 원인 물질을 알레르겐이라고 한다. 알레르기는 우리 몸의 면역 시스템이 단백질 성분인 알레르겐에 대해 과잉 반응할 때 발생한다. 그래서 단백질 함량이 높은 곤충을 먹을 때는 알레르기 반응이 종종 생긴다. 한국소비자원의 조사에 따르면 2013년부터 2016년까지 대표적인 식용 곤충인 누에 번데기를 먹고 발생한 피해 건수는 총 156건으로 해마다 평균 30~40건씩 꾸준히 발생하고 있다. 증상으로는 '피부 발진 등 알레르기'가 76.9%인 120건으로 가장 많았고, 복통 등 식중독으로 인한 '소화기 계통 손상·통증'도 9%인 14건으로 나타났다. 이에 따라 알레르기가 있는 소비자들을 위해 곤충 식품에 대한 더욱 엄격한 표시제와 주의가 필요할 것으로 보인다.

## 용어 정의

- **백강잠:** 누에나방의 유충이 흰가루병 감염으로 굳어 죽은 것을 말한다. 우리나라에서는 예로부터 한약재로 사용하고 있다.
- **유충:** 알에서 깨어난 어린 애벌레를 말한다. 알–애벌레–번데기–어른벌레의 완전 탈바꿈을 하는 곤충은 번데기가 되기 전까지를, 알–애벌레–어른벌레의 불완전 탈바꿈을 하는 곤충은 어른벌레가 되기 전까지를 유충이라고 한다.
- **체온 조절에 따른 동물 분류**
  ① 외온 동물: 태양열이나 지열 등 외부의 열을 이용해 체온을 유지하는 동물을 말한다. 신체의 내부 온도가 외부 온도에 따라 변하는 동물로 곤충, 파충류 등이 해당되며 냉온 동물로도 불린다.
  ② 정온 동물: 물질대사를 통해 외부 온도와 상관없이 일정한 체온을 유지하는 동물로 항온 동물이라고도 한다. 대부분 몸에 털이 나 있어 체온을 일정하게 유지하며 새와 포유류가 해당된다.
- **알레르겐:** 알레르기란 우리 몸의 면역 체계가 식품에 있는 일부 단백질을 해로운 것으로 판단해 과민 반응을 나타내는 것이다. 이 같은 알레르기를 유발하는 원인 물질을 알레르겐이라고 한다.

## 참고 서적 및 자료


○『식용 곤충 시장과 소비자 보호 방안 연구』/ 김민아 / 한국소비자보호원 / 2017년

○『식용 곤충 - 식량 및 사료 안보 전망』/ 국제연합식량농업기구 / 2013년

○『왜 곤충을 먹어요?』/ 이수지 / 큰북소리 / 2016년

○ 농촌진흥청 https://www.rda.go.kr/

## 식용 곤충 개요서

### ●●● 토론 논제

해외에서는 식량 문제에 대한 대안으로 곤충 원료 식품에 많은 관심을 기울이고 있다. 우리나라의 경우에는 곤충 원료 식품에 이제 조금씩 발을 내딛는 상황이다. 곤충 원료 식품과 관련한 활용 현황, 장점 등을 조사하고, 곤충 원료 식품으로 가장 적합한 곤충을 찾아 활용 방법을 제안하시오.

〈2017년 경기 태봉초, 2018년 경기 늘푸른초 등〉

## 생각 적용하기

| 곤충 원료 식품의 활용 현황, 장점 등을 조사해 보자. 어떤 식용 곤충을 곤충 원료 식품으로 활용하면 좋을까? | | |
|---|---|---|
| 식용 곤충의 종류 | | |
| 곤충 원료 식품의 활용 현황 | | |
| 장점과 문제점 | | |
| 내가 생각한 아이디어 | | |

## 01 냉동인간이란 무엇일까?

냉동인간은 미래의 의료 기술로 다시 살아날 수 있을 것으로 기대하면서 인체를 냉동 보존하는 것을 말한다. 과학 기술의 발달로 과거에는 치료할 수 없었던 질병들을 고칠 수 있게 된 것처럼 현재 치료할 수 없는 불치병을 고칠 수 있는 기술이 미래에 개발되어 생명 연장이 가능해진다고 기대하는 것이다.

냉동인간 이론을 처음 제시한 사람은 미국의 물리학자 로버트 에틴거다. 에틴거는 1962년 저서 『냉동인간』에서 죽은 사람의 몸을 냉동 보존한 뒤 의학 기술이 발전하면 시신을 해동시켜 손상된 장기를 고치는 것이 가능해질 것이라고 주장했다. 그는 이런 주장을 바탕으로 냉동보존연구소(CI)를 세웠다.

최초의 냉동인간은 간암으로 시한부 인생을 살던 미국의 심리학자 베드퍼드다. 베드퍼드는 1967년 73세 때 미래에 암 치료법이 나오기를 희망하며 냉동인간이 되기로 결정했다. 그는 일반 냉동 보관 시설에 보관되다가 알코르 생명연장재단에 최종적으로 자리 잡게 되었다.

현재 미국, 러시아, 중국 등에 냉동 보존 기업과 연구소가 있다. 냉동인간의 정확한 수치는 공개되지 않았지만, 전 세계적으로 수백 명에 달할 것으로 추측된다. 2020년 5월 우리나라에서도 러시아의 크리오러스사를 통해 첫 냉동인간 사례가 나왔다.

**세계 냉동 보존 기업 및 연구소**

| 구분 | 설립 연도 | 국가 |
|---|---|---|
| 알코르 생명연장재단 | 1972년 | 미국 |
| 냉동보존연구소 | 1976년 | 미국 |
| 코라이오닉스 | 1982년 | 미국 |
| 크리오러스 | 2005년 | 러시아 |
| 인펑생명연구소 | 2015년 | 중국 |

## 02 냉동인간은 어떻게 만들까?

현행법상 인체를 냉동시키는 것은 사망 선고 이후에만 할 수 있다. 살아 있는 사람을 냉동시키는 것은 법으로 허용되지 않는다. 냉동인간이 되기로 한 사람이 죽으면 신체 조직이 부패하기 전에 빠르게 냉동 수술에 들어간다. 사망 선고와 동시에 뇌에 산소 공급을 계속 유지하면서 인체에서 혈액과 체액을 모두 제거한다. 대신 냉동되면서 인체에 얼음 결정이 생겨 세포나 혈관이 손상되지 않도록 동결 방지 용액을 주입한 뒤 냉동시킨다.

냉동된 인체는 액화 질소를 채운 영하 196도의 금속 용기로 옮긴다. 생명체가 죽으면 몸속에 있던 미생물과 외부에서 침투한 미생물이 번식하면서 부패되는데, 저온 냉동으로 부패가 진행되는 것을 막는 것이다. 이때 머리를 아래로 보존한다. 차가운 기체는 아래로, 따듯한 기체는 위로 올라가기 때문에 사고나 고장 등으로 탱크 내부 온도가 올라가더라도 해동이 늦게 되는 아래쪽에 머리를 두어 뇌 손상을 최소화하기 위해서다.

용기에 담긴 액화 질소가 기화해서 날아가지 않도록 하기 위해서는 강한 압력을 버틸 수 있는 금속 용기가 필요하다. 또 손실되는 액화 질소를 일정 간격으로 보충해 주어야 하므로 냉동 비용과 함께 매월 유지 비용도 내야 한다. 알코르 생명연장재단의 경우 신체 전체를 냉동하는 데 드는 비용은 20만 달러(약 2억 2,000만 원)이며, 매달 유지 비용은 770달러(약 85만 원)라고 한다.

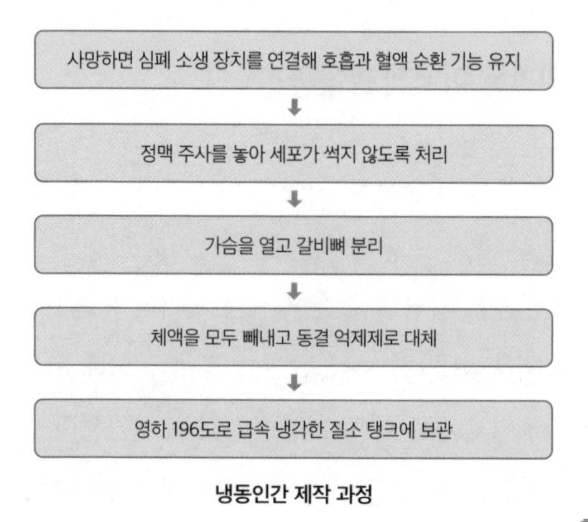


**냉동인간 제작 과정**

출처: 〈조선일보〉

## 냉동할 때 세포 손상은 어떻게 막을 수 있을까?

대부분의 물질은 고체에서 액체로, 액체에서 기체로 될 때 부피가 증가해 밀도가 감소하고, 반대로 진행하면 부피가 감소한다. 하지만 물은 육각형의 분자 구조 때문에 얼면서 분자 사이에 공간이 생겨 오히려 부피가 커진다. 혈액의 55%를 차지하는 혈장은 90% 이상 물로 되어 있기 때문에 인체를 냉동하면 혈액의 부피가 늘어나면서 혈관과 세포가 손상을 입을 수 있다. 그래서 냉동시킬 때 혈액과 체액을 제거하고 동결 방지제를 넣어 주는 것이다. 과거에는 동결 방지제의 주성분이 주로 글리세롤이었다. 글리세롤은 얼음 결정이 생기는 것을 막아 주지만, 많이 쓸수록 독성이 강해지는 문제 때문에 최근에는 동결 방지제에 결빙 방지 단백질을 사용하기도 한다.

극지방의 생물들은 매우 낮은 온도에서 살기 때문에 체액의 어는점이 주위 온도보다 낮아야 한다. 그렇지 않다면 체내 수분이 얼어 추운 극지방에서 살 수 없다. 남극의 빙어, 북극의 대구 등 극지 생물 중에는 추운 극지방에 적응하기 위해 몸속에 결빙 방지 단백질이 있는 동식물들이 있다. 결빙 방지 단백질은 얼음 결정이 생기지 못하게 하는 것이 아니라 얼음 결정이 생기면 결빙 방지 단백질이 달라붙어 얼음 결정이 커지는 것을 막는다. 이러한 결빙 방지 단백질을 이용하면 인체가 냉동될 때 생기는 얼음 결정 때문에 인체가 손상되는 것을 막을 수 있다.

## 04 냉동인간을 어떻게 되살릴 수 있을까?

해동은 냉동과 정반대로 진행된다. 먼저 냉동인간이 있는 체외와 체내의 온도 차로 장기와 세포가 손상되는 것을 막기 위해서 저장고 온도를 서서히 올린다. 적정 온도에 다다르면 몸속에 채워 넣었던 동결 방지 용액을 모두 빼내고 혈액을 다시 채워 넣는다. 이 작업까지 끝나면 심장에 전기 충격을 줘 심장을 소생시키는 것이다.

그러나 아직 냉동인간의 해동 기술까지 발달하지는 않았기 때문에 냉동 보존 기업에서 인체를 해동한 사례는 없다. 현재의 의료 기술로는 난임 치료를 위해 정자, 난자, 수정란의 냉동과 해동은 가능하지만, 심장이나 폐 등 인체 장기를 해동하는 기술은 아직 개발되지 못했다. 따라서 냉동인간의 원래 목적인 불치병 치료도 아직 불가능한 일이다. 일부 과학자들은 나노미터(nm) 크기의 나노 로봇이 개발된다면 백혈구처럼 인체의 조직 속을 돌아다니며 세포와 조직의 손상된 부위를 고칠 수 있을 것으로 전망한다.

냉동되어 있다가 해동에 성공한 동물 사례는 있다. 러시아 이화학 및 토양학 연구소와 미국 프린스턴대학교 공동 연구팀은 2018년 시베리아의 영구 동토층에서 4만 2,000년 전에 냉동된 선충류 두 마리를 살려 내는 데 성공했다. 2016년 1월 일본 국립 극지연구소도 남극에서 채집한 뒤 30년간 냉동 보관해 오던 곰벌레를 부활시키기도 했다. 개구리나 금붕어를 영하 196도의 액체 질소에 넣어 냉동시킨 뒤 곧바로 미지근한 물에 넣어 해동시키면 얼마 지나지 않아 다시 살아 움직인다.

그러나 포유류는 성공한 일이 없고, 인간의 생체 구조는 냉동에 성공했던 생물들과는 비교할 수 없을 정도로 복잡해서 해동 과정은 쉬운 일이 아니다. 게다가 만만치 않은 유지 비용, 냉동인간이 의학의 발전이라기보다는 생명의 상품화라고 보는 비판적 시각, 각종 윤리 문제 등이 앞으로 풀어야 할 과제로 남아 있다.

## 용어 정의

- **액화 질소:** 공기 중의 질소를 영하 196도까지 떨어뜨리면 액체가 된다. 액화 질소는 물체에 닿으면 열을 빼앗고 냉각시키는 성질을 가지고 있어 냉각·냉동에 많이 사용된다. 인공 수정을 위한 수정란의 보관이나 피부의 종기·종양 제거 등에 사용된다.
- **혈장:** 혈액에 혈구들을 담고 있는 액체로 혈액의 약 55%를 차지한다. 대부분이 물(부피의 92%)이며 단백질(6~8%, 알부민, 글로불린, 피브리노젠 등), 포도당, 혈액 응고 요소, 전해질, 호르몬, 이산화탄소, 산소 및 노폐물이 녹아 있다.
- **결빙 방지 단백질:** 몸속에 얼음이 생기는 것을 막는 단백질이다. 얼음 핵에 결합해 영하의 날씨에 몸속에서 얼음 결정이 성장해 세포를 파괴하는 것을 막는다. 냉동인간 외에도 정자·난자 생식 세포 장기 보존, 배아나 수정란 보존, 냉동 수술 분야, 냉해에 강한 작물 개발 등에 활용되고 있다.
- **곰벌레:** 행동이 느린 완보(緩步) 동물로 물곰으로도 불린다. 8개의 다리를 가졌으며 몸 크기는 50㎛~1.5㎜다. 영하 273도~영상 151도에서도 살 수 있다. 또 신진대사율을 1만분의 1까지 낮춰 체내 수분량을 1%까지 줄일 수 있다.

## 참고 서적 및 자료

○ 『냉동인간』/로버트 에틴거/김영사/2011년
○ 『세포 짠 DNA 쏙 북적북적 생명 과학 수업』/신인철/나무를심는사람들/2018년
○ 『극지 과학자가 들려주는 결빙 방지 단백질 이야기』/김학준, 강성호/지식노마드/2014년

## 냉동인간 개요서

### ●●● 토론 논제

불치병을 얻은 사람을 바로 냉동시켜 보존했다가 먼 미래에 불치병을 해결하는 의술이 개발되면 해동시켜 되살려 내는 냉동인간에 관해 조사하고, 냉동인간에 대해 찬성하는지, 반대하는지 결정해 타당한 과학적 근거를 들어 제시하시오.

〈2018년 전남 목포 제일중, 경기 무안초 등〉

## 생각 적용하기

| 냉동인간에 관해 조사하고, 냉동인간을 만드는 것에 대해 찬반 의견을 적어 보자. | | |
|---|---|---|
| 냉동인간 조사 | | |
| 입장 | 찬성 | 반대 |
| 주장 근거 | | |
| 내 입장 보강 | | |

## 01 동물 실험이란 무엇일까?

동물 실험이란 새로운 제품이나 질병 치료법을 사용하기 전에 먼저 동물을 이용해 효능과 안전성을 확인하는 것이다. 식품의약품안전처에서 시행하는 '실험동물에 관한 법률' 제2조에 따르면 '교육·시험·연구 및 생물학적 제제(製劑)의 생산 등 과학적 목적을 위해 실험동물을 대상으로 실시하는 실험 또는 그 과학적 절차'라고 명시되어 있다. 여기에서 '실험동물'이란 동물 실험을 목적으로 사용 또는 사육되는 척추동물을 말하며 적용 대상은 식품·건강 기능 식품, 의약품, 의약 외품, 생물 의약품, 의료 기기, 화장품의 개발·안전·품질 관리 및 마약의 안전·품질 관리 등이다.

## 02 동물 실험은 얼마나 할까?

농림축산식품부 조사에 따르면 2019년 한 해 우리나라에서 실험에 사용된 실험동물 수는 371만 2,380마리였다. 2018년보다는 약간 줄어들기는 했지만 2013년 197만여 마리에서 2014년 241만여 마리, 2015년 251만여 마리, 2016년 288만여 마리, 2017년 308만여 마리로 계속 증가하는 추세다.

실험동물의 종류는 쥐와 같은 설치류가 86.9%로 가장 많이 사용되며 그 외에도 토끼, 원숭이, 초파리, 고양이, 개, 개구리, 도롱뇽, 갑각류, 바퀴벌레, 진드기 등 다양한 동물이 실험에 쓰인다. 설치류가 가장 많이 사용되는 이유는 사람과 유전적 유사성이 80% 정도로 높으며 수명이 짧아 신속한 세대 교체가 가능하기 때문이다. 또한 크기가 작아 실험할 때 다루기 쉽고 체중에 비례해 시약의 사용이 적어 경제적이라는 이유로 주로 사용된다.

동물 실험을 할 때 고통 등급을 A부터 E까지 나누었을 때 우리

**최근 5년간 총 사용 동물 수 및 기관당 평균 사용 동물 수**

출처: 농림축산식품부

나라 2019년 동물 실험 비율은 B그룹 3.6%, C그룹 22.5%, D그룹 33.8%, E그룹 40.1%인 것으로 조사되었다.

**동물 실험 고통 등급 분류**

| 등급 | 내용 |
|---|---|
| A등급 | 죽은 생물체를 이용하는 실험 또는 식물, 세균, 원충, 무척추동물을 이용한 실험 |
| B등급 | 척추동물을 사용하지만 거의 스트레스를 주지 않는 실험 |
| C등급 | 척추동물을 대상으로 단시간의 가벼운 통증 또는 스트레스가 가해지는 실험 |
| D등급 | 척추동물을 대상으로 중등도 이상의 고통이나 억압을 동반하는 실험 |
| E등급 | 척추동물을 대상으로 극심한 고통이나 억압 또는 회피할 수 없는 스트레스를 동반하는 실험 |

## 03 동물 실험은 왜 필요할까?

20세기 들어 제조 약품의 수요와 판매가 급증하면서 사전 안전 검사가 제대로 이루어지지 않아 사망자가 종종 발생했다. 대표적인 예가 설파닐아마이드 사건이다. 1937년 미국에서 동물 임상 시험 없이 개발한 항생제인 설파닐아마이드를 복용한 후 107명이 부작용으로 사망한 것이다. 사건 직후 실시한 동물 실험에서 약을 투여한 동물들이 모두 죽었다. 이 사건으로 인해 동물 실험은 신약 개발 전 필수 요건으로 자리 잡았다. 현재 약품 개발에서 동물 실험은 사람을 대상으로 시행하는 임상 시험의 전 단계인 전임상 시험 단계에서 이루어진다.

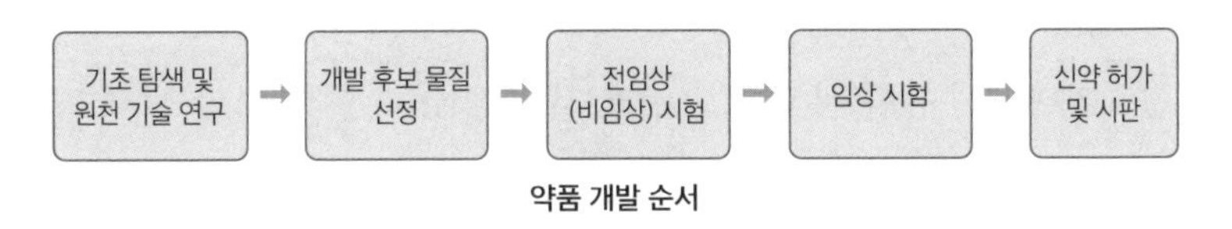


약품 개발 순서

20세기 상당수의 의학적 발견은 이런 동물 실험을 바탕으로 진행되었다. 1921년 캐나다의 생화학자 밴팅은 개와 토끼를 이용한 실험을 통해 당뇨병 치료제인 인슐린을 발견했다. 영국의 세균학자 플레밍은 생쥐 실험으로 페니실린을 발견해 1945년 노벨상을 받았고, 미국의 생화학자 프루지너는 햄스터를 통해 광우병 발생 인자 중 하나를 밝혀 1997년에 노벨상을 받았다. 이 밖에 소아마비나 결핵, 홍역, B형 간염, 풍진 등 각종 질병에 대한 백신도 동물 실험을 통해 개발되었다.

## 04 동물 실험의 문제점은 무엇일까?

### 안전성 문제

동물 실험이 늘어나면서 이에 반대하는 목소리도 갈수록 커지고 있다. 동물과 인간의 신체가 달라서 실험을 거친 제품이라 하더라도 인간에게 100% 안전하다고 할 수 없다는 것이다. 영국 헌팅던 생명과학연구소에서는 동물 실험과 같은 결과가 인간 임상 시험에서도 나타날 확률은 5~25% 수준이라고 발표하기도 했다.

1957년 독일에서 개발된 입덧 치료제인 '탈리도마이드'의 경우 동물 실험을 마친 뒤 '부작용이 없는 약'이라는 광고와 함께 판매되었다. 하지만 약이 판매된 후 사지가 없거나 짧은 기형아들이 급증했고, 원인 추적 결과 이 약이 원인으로 밝혀졌다. 1962년 판매 금지가 될 때까지 5년 동안 이 약으로 인해 전 세계 48개국에서 1만 2,000명 이상의 기형아가 태어났다.

## ▮ 윤리적 문제

동물들에게 고통을 준다는 윤리적인 쟁점도 발생한다. 동물 실험에 대한 찬반 논란이 확대되며 동물 생명 윤리에 관한 관심이 높아지게 된 것은 1903년 영국 런던대 의대 윌리엄 베일리스 교수가 의학 수업 중 마취가 덜 된 개를 해부하면서 개에게 극심한 고통을 준 '갈색 개' 사건 때문이다. 그 뒤 동물 실험에 대한 찬반 논란이 유럽 전역으로 확대되며 동물 생명 윤리에 관한 관심이 점차 높아지게 되었다.

갈색 개 사건을 기념해 영국 베터시에 세운 동상

출처: 위키백과

2009년 유럽연합(EU)은 화장품 원료에 대한 동물 실험을 전면 금지했다. 우리나라에서도 2017년 2월부터 화장품 동물 실험 금지법이 시행되었다. 이에 따라 실험 대상 동물의 50%를 죽이는 데 필요한 분량인 LD50이나 눈이나 피부에 제품을 바른 뒤 몸통을 고정해 긁거나 문지르지 못하게 한 뒤 결과를 기록하는 드레이즈 테스트 등의 실험이 금지되었다.

## 05 동물 실험의 문제점을 최소화할 수 있는 방안은 무엇일까?

### ▮ 3R 원칙 준수

윤리적으로 동물 실험을 해야 한다는 인식에서 제안된 것이 '3R 원칙'이다. 1954년 영국의 동물학자 러셀과 버치는 『인도적인 실험동물 기술에 관한 원칙』이라는 책을 통해 동물 실험에서 3R 원칙을 제안했다. 3R이란 대체(Replacement, 비동물 실험으로 최대한 대체), 감소(Reduction, 실험동물 수를 최대한 감소), 개선(Refinement, 동물 사육 환경과 동물 실험 절차의 개선을 통한 동물 고통의 최소화)을 의미한다.

### ▮ 대체 기술 개발

과학 기술의 발달로 동물 실험을 대체할 기술들도 계속 개발되고 있다. 대표적인 예가 줄기세포로 인공 장기를 만들어 실험하는 것이다. 2009년 네덜란드의 과학자 한스 클레버스는 생쥐의 줄기세포를 배양해 같은 기능의 세포를 키우는 데 성공했다. 오가노이드라고 하는 이 미니 장기는 사람 장기와 같은 기능을 해 동물 실험을 대신할 수 있다. 또 특정 장기 세포를 배양한 뒤 이 세포들을 기계 칩 속에 넣어 해당 장기의 특성과 최대한 비슷하게 만들어진 장기 칩도 실험동물의 불필요한 희생을 줄일 수 있는 대안으로 연구되고 있다.

빅 데이터로 동물 실험을 대체하는 연구도 시도되고 있다. 동물을 대상으로 실제 실험을 진행하지 않고도 인간과 유전적으로 가장 가까운 생물 종 데이터를 분석함으로써 약품의 효능 및 안정성을 테스트할 수 있는 것이다.

**▮ 고통을 적게 느끼는 동물로 대체**

**부채꼴이 있는 제브라피시 품종의 암컷 표본**
출처: 위키백과

최근에는 지각 능력이 낮아 고통을 적게 느끼는 어류가 실험 생물로 주목받고 있다. 대표적인 동물로 꼽히는 제브라피시는 폐를 제외하고 포유류과의 모든 장기를 가지고 있다. 특히 심장은 인간의 심장과 모양뿐 아니라 박동 주기도 유사하다. 또 70% 이상의 유전자가 인간과 같으며, 몸이 투명해 기관의 모양, 혈관의 흐름 등을 관찰하기도 편리하다.

## 용어 정의

- **척추 유무에 따른 동물 분류**

  ① 척추동물: 척추가 있는 동물로 포유류, 조류, 파충류, 양서류, 어류가 해당된다.

  ② 무척추동물: 척추동물을 제외한 동물로 단세포에서 다세포 생물에 이르기까지 다양하다. 현재 지구상에 사는 동물의 97%를 차지한다.

- **설치류**: 한 쌍의 앞니가 발달해 계속 자라기 때문에 꾸준히 갈아 줘야 하는 특성을 가진 동물이다. 쥐목 포유류를 통틀어 말하는 것으로 쥐, 다람쥐, 햄스터, 기니피그, 비버 등이 해당된다. 포유류 중 종수와 개체 수가 가장 많다.
- **LD50**: 'Lethal dose for 50 percent kill'의 약자로 실험동물에 어떠한 물질을 투여했을 때 그 실험체의 절반이 죽게 되는 양을 말한다.
- **드레이즈 테스트**(Draize Test): 화장품이 눈에 들어갔을 때 점막을 자극하는 정도를 알아보기 위해 동물의 눈에 시험 물질을 넣어 자극 반응을 측정하는 실험이다. 눈물의 양과 깜박임이 적은 토끼를 주로 이용한다.

## 참고 서적 및 자료

○ 『세상에 대하여 우리가 더 잘 알아야 할 교양-동물 실험 왜 논란이 될까?』/페이션스 코스터/내인생의책/2012년

○ 『탐욕과 오만의 동물 실험』/레이 그릭, 진스윙글 그릭/다른세상/2005년

○ 동물실험윤리위원회 https://www.animal.go.kr/

○ 농림축산식품부 https://www.mafra.go.kr/

## 동물 실험 개요서

### ●●● 토론 논제

동물 실험 금지에 따른 문제점과 대책 방안을 제시하시오.

〈2017년 경기 홍천고, 전남 남악중, 2019년 경남 창선고 등〉

## 생각 적용하기

| 동물 실험 금지에 따른 문제점과 대책 방안에 관해 적어 보자. | | |
|---|---|---|
| 동물 실험 금지에 따른 문제점 | | |
| 대책 방안 | | |
| 내가 생각한 아이디어 | | |

## 01 생체 모방이란 무엇일까?

'생체 모방(biomimetics)'이란 한마디로 자연의 원리를 모방한 기술을 인간에게 적용하는 것이다. 생명을 뜻하는 '바이오(bio)'와 모사, 모방을 의미하는 '미메틱(mimetic)'을 합성한 용어로 자연이나 생명체가 가지는 특성이나 형태를 적용해 필요한 물건들을 만들어 내는 것을 의미한다. 생체 모방 외에 생태 모방, 자연 영감, 자연 모사, 생물 모방, 의생학, 청색 기술 등 다양한 용어가 사용되는데, 국제적으로는 'biomimetic'가 국제표준화기구(ISO)에 등록되어 있으며 일반적으로 생체 모방으로 번역되어 불린다.

자연 속의 생명체는 오랫동안 진화해 최적화된 형태로 존재한다. 생체 모방 기술은 여러 가지 자연환경 속에서 수많은 시행착오를 거쳐 검증된 기술이다. 진화를 통해 환경에 적응한 생물체의 특징을 모방하면 인간에게는 없는 부분을 보완할 수 있다. 인간처럼 고등 동물이 아니라 하더라도 특정 분야에서는 더 뛰어난 능력을 발휘하는 경우도 많으므로 각각 생물의 특성을 연구 및 산업에 활용하는 것이다.

## 02 생체 모방 기술은 어떻게 발전했을까?

생체 모방은 인류 역사가 시작할 때부터 계속 있었다. 원시인들이 사용했던 창이나 칼 등의 무기는 맹수의 날카로운 발톱과 이빨을 보고 만든 것이며, 누에고치에서 실을 뽑아 옷을 만든 것도 자연 관찰에서 시작된 것이다. 고대 그리스인들은 물고기의 등뼈를 보고 톱을 만들었으며, 거미가 먹이를 잡는 모습을 보고 거미줄을 지혈하는 데 사용했다는 기록이 있다.

과학자들이나 발명가들 역시 자연에서 많은 아이디어를 얻었다. "자연은 최고의 스승이다."라는 말을 남긴 레오나르도 다빈치는 나는 새의 날개를 보고 비행기를 고안했고, 1903년 라이트 형제는 대머리독수리의 움직이는 날개를 보고 동력 비행기를 만들었다. 이 밖에도 장미의 가시에서 철조망, 단풍나무 씨앗에서 헬리콥터 프로펠러, 민들레 씨앗에서 낙하산의 아이디어를 얻은 것도 생체 모방에 해당한다.

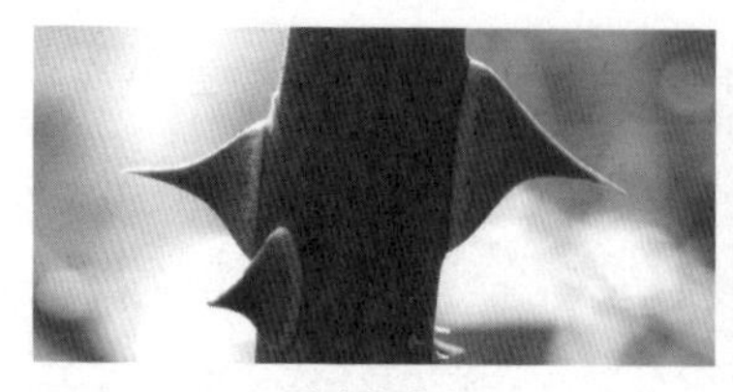
장미의 가시

철조망

생체 모방 기술은 현미경이 등장하면서 비약적으로 발전했다. 1590년경 네덜란드 얀센 부자에 의해 최대 10배 정도 볼 수 있는 광학 현미경이 발명된 후 1931년 베를린 공대의 루스카, 놀 등이 400배 비율을 가진 전자 현미경을 개발했다. 2014년에는 나노미터(㎚) 단위까지 관찰할 수 있는 초해상도 현미경까지 개발되었다. 최근 생체 모방 연구는 현미경으로 내부의 원리까지 관찰할 수 있기 때문에 생물체의 근육이나 세포의 정밀한 움직임까지도 모방 가능하다. 또한 최근 개발된 다양한 소재로 미세한 감각까지 구현할 수 있게 되었다.

전자 현미경으로 발견한 가장 대표적인 기술은 게코도마뱀의 발바닥 원리를 이용한 테이프다. 게코도마뱀의 발바닥 표면에는 미세한 강모(길이 50~100㎛, 지름 5~10㎛)가 수백만 개 배열되어 있다. 그런데 각각의 강모는 또다시 수백 개의 섬모(길이 1~2㎛, 지름 200~500㎚)로 나누어진다. 이렇게 엄청나게 많은 강모와 섬모는 게코도마뱀 발바닥의 표면적을 증가시켜 판데르발스 힘(Van der Waals force)이 생긴다. 하나의 힘은 작지만 수많은 섬모와 강모 때문에 게코도마뱀의 발바닥은 강력한 접착력을 발휘할 수 있게 되는 것이다. 이런 원리는 접착 테이프, 벽을 타고 올라가는 로봇 등에 이용되고 있다.

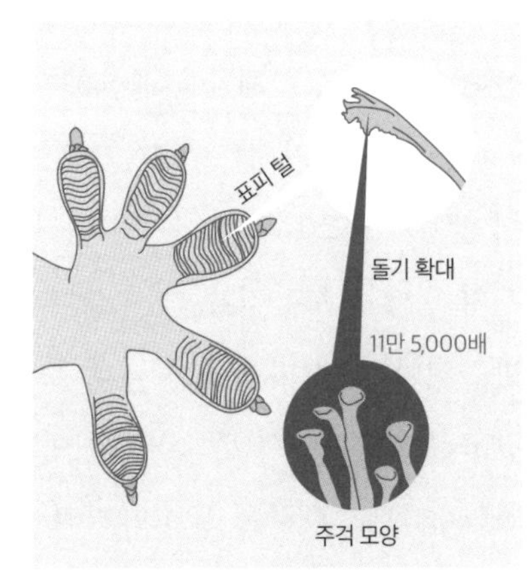

게코도마뱀의 발바닥 표면

이렇듯 생체 모방 기술은 화학, 공학, 로봇 등 다양한 분야로 계속 확대 적용되고 있다.

**생체 모방 기술의 종류**

| 종류 | 특징 | 적용 분야 |
|---|---|---|
| 바이오미메틱스 케미스트리(Biomimetic Chemistry) | 생물체가 가진 특성을 화학적 지식을 이용해 모방하는 기술 | 의료 분야 |
| 바이오 일렉트로닉스(Bioelectronics) | 유전 물질의 상호 작용, 에너지 전달 등 생체 기술과 전자 공학을 결합한 기술 | 정보 기술 분야 |
| 바이오 메커닉스(Biomechanics) | 생체의 기능을 공학적으로 연구해 생체의 장점을 역학에 접목한 기술 | 로봇 분야 |

## 03 생체 모방 기술의 접근 방법으로는 무엇이 있을까?

### ▮ 생물 중심 접근 방법(Biology Push)

생물학적 이해에서 출발해 기술 개발, 제품 생산으로 이루어지는 생체 모방 기술의 접근 방법이다. 생물·생태 특성에서 유용한 기술을 찾아 개발하고 제품을 생산하는 것이다.

대표적인 예가 벨크로다. 1948년 스위스의 발명가 메스트랄은 사냥을 나갔다가 사냥개의 털에 도꼬마리가 잔뜩 붙어 있는 것을 발견했다. 도꼬마리를 자세히 보면 가시가 갈고리 모양이어서 부드러운 천이나 털에 잘 붙는다. 메스트랄은 도꼬마리의 이런 성질을 이용해 까끌까끌한 갈고리 모양이 촘촘히

도꼬마리

박힌 천과 부드러운 천을 딱 붙여 벨크로를 만들었다.

### ▌기술 중심 접근 방법(Technology Pull)

기술 중심 접근 방법은 기술 개발·제품 생산에 필요한 지식이나 기술적 어려움을 생물·생태적 특성에서 찾아 해결하는 것이다. 기존 제품에 생물·생태적 원리를 적용해 더 나은 제품을 생산하는 것이다.

대표적인 예로 일본의 고속 열차인 신칸센을 들 수 있다. 세계 최초의 고속 철도인 신칸센을 처음 개발했을 때 심한 소음이 문제가 되었다. 고속 열차가 터널에 들어가면 강한 압력파가 발생하고, 이 파동으로 인해 터널을 빠져나갈 때 엄청난 소음이 발생했다. 이 문제를 해결하기 위해 고민하던 과학자들은 물총새에서 아이디어를 얻었다. 물총새는 물속으로 빠르게 다이빙해 물고기를 잡는다. 이때 가늘고 긴 부리와 머리 덕분에 수면에 진입할 때 파동이 거의 일어나지 않아서 물고기는 눈치를 채지 못한다. 이를 모방해 물총새의 부리와 머리 모양을 바탕으로 열차의 앞머리를 만든 결과, 소음을 크게 줄일 수 있었다.

**물총새의 부리를 모사한 일본의 고속 열차 신칸센**

출처: 위키백과

## 생체 모방 기술은 얼마나 다양할까?

| 자연 | 생체 모방 | 적용 분야 |
| --- | --- | --- |
| 모기 | 기존 주삿바늘의 지름 크기인 900㎛보다 작은 모기의 침(내부 지름 25㎛, 외부 지름 60㎛) | 아프지 않은 무통 주삿바늘 |
| 오리 | 오리의 발 사이에 난 지느러미 | 수영할 때 추진력을 증가시키는 오리발 |
| 연잎 | 물방울이 잎의 표면에 닿는 부분을 최소화하는 수많은 돌기 | 방수 의류, 물이 흡수되지 않는 페인트 등 |
| 벌집 | 공간의 효율성과 안전성을 극대화하는 벌집의 육각형 구조 | 비행기, 고속 전철, 건물 내부재에 안정성을 높임 |
| 상어 | 마찰 저항력을 줄여 더욱 빠른 속력을 낼 수 있는 상어 비늘의 작은 돌기 | 삼각형의 미세 돌기가 물의 저항을 줄여 주는 전신 수영복 |
| 홍합 | 접착 단백질이 분비되는 실 모양의 많은 족사 | 장 수술 후 강한 접착력으로 연결 부위를 감싸 새는 물을 막아 주는 접착 패치 |
| 사막 딱정벌레 | 공기 중의 수분을 등에 있는 각질층에 맺히게 한 다음 입으로 굴려 섭취 | 땅 위 공기를 땅속 파이프로 보내 수증기를 모아 식물에 공급 |
| 솔방울 | 껍데기 바깥층 물질이 안쪽 물질보다 신속하게 물을 흡수하는 구조 | 온도에 따라 자동으로 천이 열리고 닫히는 기능성 의류 |

## 용어 정의

- **동물 털의 종류**

  ① 섬모: 세포의 표면에 돋아나 있는 가는 실 모양의 구조

  ② 강모: 동물의 피부에 생기는 빳빳한 털 모양의 돌기

- **판데르발스 힘:** 물체와 물체가 눈에 보이지 않을 만큼 가까이 접근할 때 생기는 서로 잡아당기는 힘을 말한다. 전기적으로 중성인 두 분자가 근접할 때 각 분자의 전자가 전기적인 반발을 하므로 서로 피하며 운동한다. 그러나 분자들이 아주 가까운 거리에 있을 때 (+) 전하를 띤 부분과 다른 분자의 (−) 전하를 띤 부분이 마주쳐서 약한 전기적인 인력이 생기는데, 이를 판데르발스 힘이라고 한다.
- **파동:** 공간이나 물질의 한 부분에서 생긴 주기적인 진동이 주위로 퍼져 나가는 현상을 말한다.
- **족사:** 연체동물이 분비하는 가는 실 묶음을 말한다. 연체동물을 고체 표면에 부착시키는 기능을 한다.

## 참고 서적 및 자료


○ 『도마뱀의 발바닥은 신기한 테이프』/마쓰다 모토코, 에구치 에리/청어람미디어/2016년

○ 『궁금한 친환경·생명 기술의 세계』/이동국, 한승배 외/삼양미디어/2016년

○ 『생체 모방 기술』/김호영/지식의지평/2017년

○ 『생태 모방의 현재적 개념』/배현진, 박은진, 이은옥/한국환경생태학회지/2019년

## 생체 모방 개요서

### ●●● 토론 논제

살아 있는 생물체가 자연의 여러 환경에 적응해 각자의 종을 보존하는 모습을 배우고 모방하는 연구를 생체 모방(biomimetics)이라고 한다. 생체 모방학은 벨크로, 전신 수영복, 직립 보행 로봇 등 다양한 분야에서 활용되고 있다. 생물체를 모방해 유용하게 활용할 수 있는 방안을 과학적으로 탐구하시오.

〈2018년 경남 마산 내서여고, 경기 정발중 예시 문제 등〉

## 생각 적용하기

| 생물체를 모방해 유용하게 활용할 수 있는 방안을 생각해 보자. | | |
|---|---|---|
| 생체 모방의 장·단점과 필요성 | | |
| 생체 모방 대상 | | |
| 적용 방법 | | |
| 내가 생각한 아이디어 | | |

논제 11

# 줄기세포

## 01 줄기세포란 무엇일까?

줄기세포(stem cell)는 '기원한다'라는 뜻의 'stem'에서 유래한 단어로 줄기처럼 여러 갈래로 변신할 수 있다는 뜻에서 이름이 붙여졌다. 줄기세포는 다양한 세포로 분화할 수 있다. 자기 스스로 분열 증식하며 여러 종류의 다른 세포를 생산할 수 있는 것이다.

불가사리나 플라나리아는 몸이 잘리면 토막 난 몸이 다시 각각의 개체로 살아난다. 도마뱀은 천적의 공격을 받으면 스스로 꼬리를 자르고 도망가지만, 20일 전후가 되면 꼬리가 재생한다. 이러한 재생이 가능한 것은 줄기세포 때문이다.

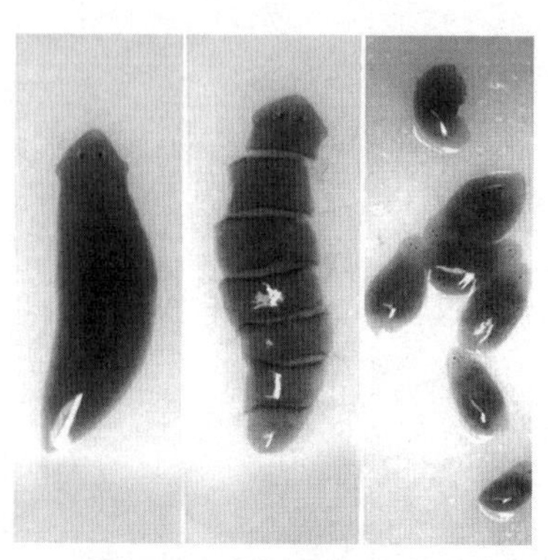

자르면 각 개체로 재생하는 플라나리아

줄기세포의 재생 능력은 종의 종류에 따라 큰 차이가 있다. 포유류의 경우에는 중추 신경이 양서류나 파충류보다 정교해서 도마뱀처럼 잘려 나간 신체 일부까지 다시 만들 수는 없다. 하지만 상처 나거나 수명이 다한 세포가 끊임없이 교체되는 것은 줄기세포 덕분이다. 만약 줄기세포가 '세포 공장'으로서의 역할을 제대로 하지 않으면 생명체는 살 수 없다.

## 02 우리 몸에는 어떤 줄기세포가 있을까?

### 수정 배아 줄기세포

수정 배아 줄기세포는 정자와 난자가 만나 만들어진 수정란이 여러 개의 세포로 분열해서 생기는 배아에서 얻을 수 있는 줄기세포다. 하나의 수정란에서 계속 세포 분열이 일어나는 것을 난할이라고 한다. 수정 후 6~7일 동안 계속 난할이 일어나면 표면에만 세포가 가득 있고 속이 비어 있는 포배 상태가 된다. 포배 상태일 때 얻은 줄기세포를 수정 배아 줄기세포라고 한다. 수정 배아 줄기세포는 신체를 구성하는 모든 종류의 세포로 분화할 수 있다. 세포가 증식하면서 태아의 몸을 구성하는 심장, 폐, 피부, 뼈 등으로 변하게 되는 것이다.

수정 배아 줄기세포의 장점은 우리 몸을 구성하는 모든 종류의 세포를 만들 수 있다는 것이다. 자연 임신이 되지 않는 부부들이 시험관 아이를 시술한 후 남는 배아를 기증받아 연구에 사용하는데, 배아는 장차 생명이 될 수도 있다는 윤리적 문제가 존재한다.

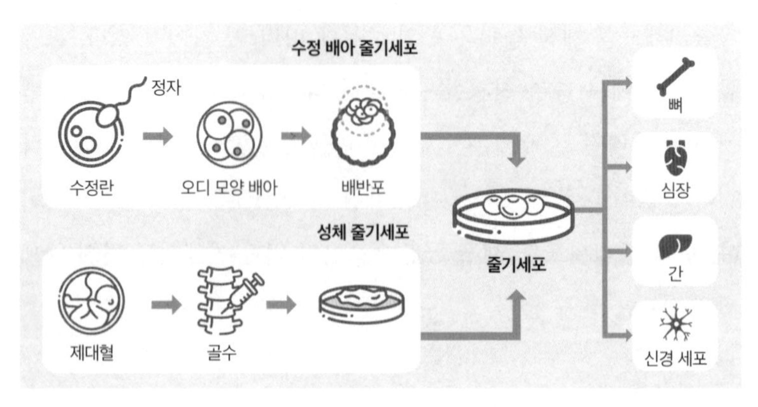


**우리 몸에 있는 줄기세포의 종류**

출처: 〈한국경제〉

## ▮ 성체 줄기세포

성체 줄기세포는 신체가 손상되었을 때 재생 작용을 하는 세포로 성장하고 난 뒤 몸속 각 장기에 존재한다. 성체 줄기세포는 배아 줄기세포처럼 모든 세포로 분화하는 것이 아니라 특정한 기능을 하는 세포만 만들어 낼 수 있다. 성체 줄기세포는 조직이나 기관의 세포를 유지하고, 손상된 세포가 있으면 치료한다. 줄기세포는 골수, 혈액, 태반, 제대혈, 혈액, 피부 등에 존재하는데, 그중 가장 대표적인 곳인 골수다. 골수에는 두 종류의 줄기세포가 있다. 조혈 모세포는 백혈구, 적혈구, 혈소판과 같은 혈액 세포이고, 중간엽 줄기세포는 뼈를 형성하는 조골 세포와 연골 세포로 분화할 수 있다.

성체 줄기세포는 자신의 세포를 이용하기 때문에 면역 거부 반응을 최소화할 수 있는 장점이 있다. 하지만 몸 안에 아주 적은 양만 존재해 찾아서 분리해 내기 쉽지 않고, 분리했다 하더라도 한 종류의 세포만 만들도록 정해져 있기 때문에 다양한 활용이 어렵다.

## 03 인공 줄기세포의 종류로는 무엇이 있을까?

### ▮ 복제 배아 줄기세포

복제 배아 줄기세포는 난자에서 핵을 분리해 낸 뒤 추출한 체세포의 핵을 넣어 만든 수정란을 배반포 단계까지 분화시켜 시험관에서 배양한 줄기세포다. 자신의 체세포를 이용해 유전 정보가 같은 냉동 배아를 만들 수 있으므로 난치병을 고칠 수 있지만, 악용하면 복제 인간을 만들 수도 있다.

### ▮ 유도 만능 줄기세포

유도 만능 줄기세포는 다 자란 체세포를 거꾸로 되돌려 배아 줄기세포와 비슷하게 유도되었다고 해서 붙은 이름이다. 일반적인 배아 줄기세포가 만들어지는 순서와는 반대로 분화되었다고 해서 역분화 줄기세포라고도 하며, 인체에 존재하는 줄기세포의 문제점을 해결하기 위해 개발되었다. 처음 연구 발표되었을 때는 혁신적인 줄기세포 개발 방법으로 인정받았다. 난자나 수정란을 사용하는 데 따른 윤리적인 문제도 없고, 체세포로부터 분화시켜 환자의 유전자와 일치하는 줄기세포를 얻을 수 있으므로 면역 거부 반응이 크지 않을 확률이 높다. 그래서 이를 생산한 일본의 과학자 야마나카 신야는 2012년 노벨 생리의학상을 받았다.

하지만 살아 있는 사람의 세포에서 추출한 것이다 보니 세포가 자라면서 다양한 독소나 햇빛에 손상되었을 경우 암세포로 변이될 수도 있다는 문제점이 있다.

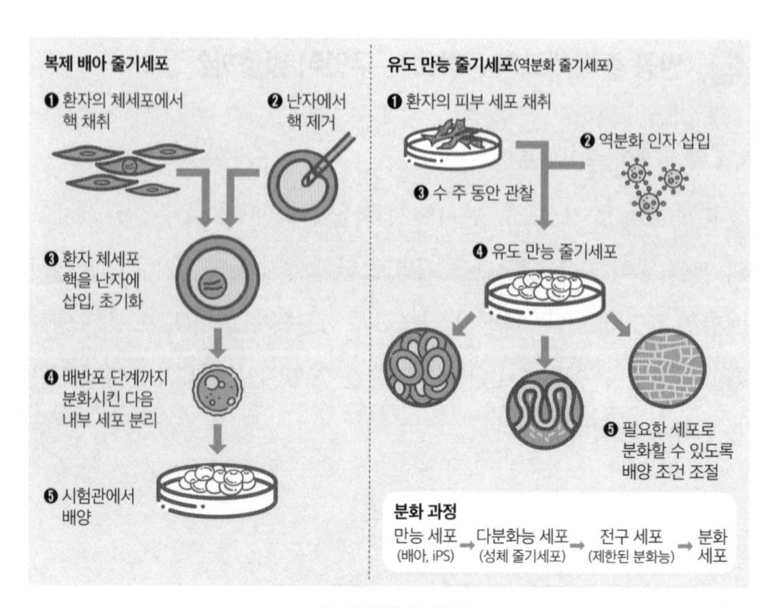


인공 줄기세포의 종류

출처: 〈동아사이언스〉

| | 배아 줄기세포 | | 성체 줄기세포 | 유도 만능 줄기세포 |
|---|---|---|---|---|
| | 수정 배아 줄기세포 | 복제 배아 줄기세포 | | |
| 추출 방법 | 정자와 난자의 인공 수정란에서 추출 | 핵을 분리한 난자에 체세포의 핵을 넣어 만든 수정란에서 추출 | 성체의 뼈, 혈액, 태반 등에서 추출 | 성체의 체세포를 역분화 인자를 이용해 배아 줄기세포로 되돌림 |
| 장점 | • 뛰어난 분화 능력<br>• 연구용 배아를 얻기 쉬움 | • 뛰어난 분화 능력<br>• 본인의 체세포를 이용해 면역 거부 반응 최소화 | • 법적·윤리적 문제가 없음<br>• 면역 거부 반응 최소화<br>• 일부 실용화 | • 법적·윤리적 거부 문제가 없음<br>• 뛰어난 분화 능력 |
| 단점 | • 원치 않는 세포로 분화될 가능성 존재<br>• 윤리 문제 발생 | • 복제 인간의 위험성<br>• 난자 과다 사용 | • 세포 확보의 어려움<br>• 제한적인 분화 능력 | • 유전자 사용의 불안정성 |

## 04 줄기세포의 활용 범위는 어떻게 될까?

줄기세포는 의학적 치료가 힘든 병이나 심한 외상을 치료할 수 있는 새로운 방법으로 주목받으며 다양한 연구가 진행되고 있다. 지금까지 질병 치료는 병의 원인이 되는 단백질이나 병원균의 제거를 목적으로 개발되었다. 하지만 줄기세포를 이용한 세포 치료는 정상적으로 작동할 수 없는 세포나 기관을 새롭게 바꾸어 주는 치료법이다. 현재 질병 치료를 위해 적용하기에는 기술적 문제들이 아직 남아 있지만, 화상 환자의 피부 재생, 손상된 장기 복원, 난치병 치료 등 다양한 분야에서 활용될 가능성이 보이고 있다.

**줄기세포 치료법**

| | |
|---|---|
| 입증된 줄기세포 치료법 | 각막, 망막, 골수, 뼈, 피부 등의 이식 |
| 임상 또는 전임상 단계 치료법 | 면역 조절, 근골격계 질환(근육 영양 장애, 뼈 질환, 관절 손상), 심혈관 질환(경색, 심부전, 말초 동맥 질환), 눈 질환, 신경계 질환(파킨슨병, 근위축성 측삭 경화증, 뇌졸중, 다발성 경화증, 척수 손상 등), 당뇨병 |

출처: 『줄기세포 연구의 발전과 치료 개발』

## 용어 정의

- **분화:** 세포가 분열하면서 각각 변화해 특정한 조직에 특화된 기능을 얻어 가는 과정을 말한다. 분화는 단세포였던 수정란이 수많은 세포 분열을 거듭하며 성체로 자라는 과정에서 수없이 일어난다.
- **배아:** 생식 세포인 정자와 난자가 만나 결합한 수정란이 조직과 기관으로 분화가 마무리되는 8주까지의 단계를 말한다.
- **배반포:** 하나의 세포로 시작된 수정란이 세포 분열을 하는 난할이 끝나고 속이 빈 공 형태의 상태를 말한다.
- **제대혈:** 분만 후 아기의 탯줄에서 나온 혈액인 탯줄 혈액을 말한다. 백혈구와 적혈구·혈소판 등을 만드는 조혈 모세포와 연골과 뼈·근육·신경 등을 만드는 중간엽 줄기세포도 가지고 있다.
- **줄기세포의 능력**
  ① 전능성: 모든 세포로 분화할 수 있는 능력을 말한다. 배아 줄기세포를 전능성 줄기세포라고도 부른다.
  ② 만능성: 태반이나 배아를 제외하고 모든 형태의 세포나 조직으로 분화할 수 있는 능력을 말한다. 유도 만능 줄기세포를 만능성 줄기세포라고도 부른다.
  ③ 다능성: 정해진 세포나 밀접하게 관련된 세포로만 분화할 수 있는 능력을 말한다. 성체 줄기세포를 다능성 줄기세포라고도 부른다.

## 참고 서적 및 자료

○『톰슨이 들려주는 줄기세포 이야기』/황신영/자음과모음/2010년
○『세상을 바꿀 미래 의학 설명서』/사라 라타/다른미디어/2017년
○『내 몸 안의 줄기세포는 무슨 역할을 할까?』/김재호/한국분자·세포생물학회/2013년
○『줄기세포 연구의 발전과 치료 개발』/강경정/단국대학교/2020년

## 줄기세포 개요서

**●●● 토론 논제**

줄기세포 기술의 현재와 미래 발전 방향에 대해 분석적으로 제시하고, 줄기세포 기술과 관련된 현재 사회적·윤리적 문제의 해결 방안을 제시하시오.

〈2019년 서울 환일중 등〉

## 생각 적용하기

| 줄기세포 기술의 현재와 미래 발전 방향에 대해 분석해 보자. 줄기세포의 사회적·윤리적 문제 해결 방안은 무엇일까? | | |
|---|---|---|
| 방향 | 현재 | 미래 |
| 상황 | | |
| 해결해야 할 문제 | 사회적 문제 | 윤리적 문제 |
| 문제 사항 | | |
| 내가 생각한 아이디어 | | |

## 01 GMO란 무엇일까?

GMO(Genetically Modified Organism, 유전자 변형 식품)는 식품 위생법 제10조에서 "생물의 유전자 중 유용한 유전자만을 취해 다른 생물체의 유전자와 결합하는 등의 유전자 재조합 기술을 활용해 재배·육성된 농·축·수산물 등을 원료로 해 제조·가공한 식품"으로 정의하고 있다.

과거에도 육종을 이용해 원하는 방향으로 동식물의 특성을 변형해 왔다. 현재 우리가 보는 대부분의 농작물과 가축 들은 오랫동안 육종을 통해 개량된 것이다. 가장 대표적인 육종 작물이 방울토마토다. 우연히 발견된 작은 토마토를 여러 번 교배해 방울토마토를 개발한 것이다. 하지만 육종의 경우 원하는 생물이 나올 때까지 시간이 오래 걸리고 같은 종끼리만 교배할 수 있으므로 원하는 성질을 만드는 데 한계가 있었다.

이러한 한계를 극복하기 위해 GMO를 활용하고 있다. GMO는 원하는 유전 정보를 서로 다른 종의 생물체에 직접 넣어 새로운 생명체를 만드는 것으로 GM 동물, GM 식물, GM 미생물로 분류할 수 있다.

| | |
|---|---|
| GM 동물 | 장기 이식용 돼지/슈퍼 연어/세균과 바이러스 감염을 억제하는 락토페린 분비용 젖소/의학용 혈전 용해제를 생산하는 염소 등 |
| GM 식물 | 제초제·해충·바이러스 저항 콩, 옥수수, 면화/비타민 강화 황금쌀 등 |
| GM 미생물 | 인슐린 생산 박테리아/석유 생산 대장균/소의 치즈 응고 효소 키모신 생산 곰팡이 등 |

## 02 GMO는 어떻게 발달했을까?

### ▮ 1세대

농작물의 생산량을 늘리기 위해 제초제나 해충에 잘 견디는 특성을 강화한 작물들로 현재 재배되고 있는 GMO 작물의 대부분은 여기에 해당한다. 농작물을 재배할 때 생산량을 떨어뜨리는 대표적인 요인은 잡초와 해충이다.

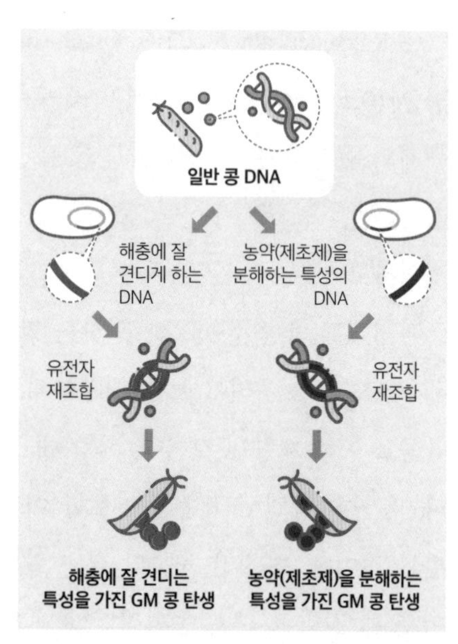


유전자 재조합 기술

출처: 에듀넷

잡초를 쉽게 죽이려면 글리포세이트와 같은 제

초제를 뿌리면 된다. 하지만 제초제를 사용하면 농작물도 같이 죽기 때문에 함부로 뿌릴 수 없다. 그래서 제초제 성분을 분해할 수 있는 기능을 가진 유전자를 재조합한 것이 제초제 저항성 GMO다. 제초제 저항성 GMO를 심고 제초제를 뿌리면 작물 주변의 잡초만 한 번에 없앨 수 있다.

다음으로 많은 것은 살충 GMO다. 벌레의 소화 기관을 마비시켜 굶어 죽게 만드는 유전자를 가진 미생물에서 살충 유전자를 골라내어 재조합하면 해충들이 먹었을 때 죽는 살충 GMO가 만들어진다.

### 2세대

2세대는 갈색으로 변하지 않는 사과, 발암 물질이 적게 나오는 감자, 비타민이 강화된 쌀 또는 옥수수 등 기능성을 강화한 것이다. 2세대 GMO의 대표 사례가 황금쌀이다. 황금쌀은 옥수수와 미생물 등으로부터 비타민 A의 전 단계인 베타카로틴의 합성에 필요한 효소를 생산하는 유전자를 분리한 후 쌀의 염색체에 삽입한 것이다. 이런 황금쌀은 비타민 A가 부족한 지역에서 영양소를 공급하기 위해 만들었다.

### 3세대

3세대는 작물의 특정 기능을 강화해 의학이나 산업용으로 활용 가능한 GMO다. 백신 토마토나 콜레스테롤 저하 콩처럼 질병을 치료하는 기능을 첨가하거나, 바이오에탄올 생산이 가능한 산업용 GMO 등이 해당된다.

## 03 GMO는 어떻게 만들까?

### ▮ 아그로박테리움법

GMO를 만드는 방법 중 가장 많이 이용되는 것은 아그로박테리움법이다. 아그로박테리움은 식물에 기생하는 세균(박테리아)으로 감염된 식물에 자신의 유전자를 이식시키는 특징이 있다. 이를 이용해 동물, 식물, 미생물에서 원하는 유전자를 추출한 뒤 먼저 아그로박테리아에 이식시킨다. 그런 후 이것을 원하는 세포에 감염시켜 유용한 유전자를 이식하는 방법이다.

### ▮ 입자총법

원하는 유전자를 미세한 금속 입자에 코팅한 후 고압가스의 힘으로 유전자가 직접 들어가도록 밀어 넣는 방법이다. 금속 입자와 함께 세포의 핵 안으로 이동한 외래 유전자는 핵 속의 효소들에 의해 염색체에 삽입된다.

### ▮ 원형질 세포법

먼저 셀룰로스로 만들어진 식물체의 세포벽을 효소나 화학 물질을 이용해 외래 유전자가 들어가기 쉽도록 녹여 원형질체를 만든다. 그 후 원하는 유전자를 전기 충격 등의 방법을 이용해 식물 세포 내에 넣는 방법이다.

#### ▮ 미세 주입법

동물의 경우는 수정란에 직접 유전자를 넣는 미세 주입법이 사용된다. 이 방법은 다양한 동물에게 응용할 수 있으나 성공률이 낮은 편이다.

이러한 방법들을 통해 새로운 GMO가 만들어지면 인체와 환경에 손해를 끼치지 않는지 평가와 심사를 거쳐 안정성 허가를 받아 상품화가 이루어진다. 안전성 평가는 기존의 일반 식품과 유전자 변형 식품이 같은지를 검토하고, 차이가 있는 경우 독성이나 알레르기 성분이 있는지, 영양적 불균형을 일으킬 가능성이 있는지에 대해 평가한다. 현재 우리나라에서 안전성 검사를 통과해 수입되고 있는 GMO 품목은 콩, 옥수수, 캐놀라, 면화 등 4개 품종이다.

## 04 GMO의 장점은 무엇일까?

#### ▮ 식량 문제 해결

GMO를 찬성하는 가장 큰 이유는 적은 노동량으로도 생산량을 증대시킬 수 있어 식량 부족 문제를 극복할 대안이 될 수 있기 때문이다. 갈수록 증가하는 인구 때문에 필요한 식량이 늘어나고 있는 상황에서 잡초나 해충의 피해에서 벗어나 더 많은 수확을 할 수 있는 GMO는 식량 문제 해결에 도움이 될 수 있다는 것이다. 게다가 지구 온난화로 인한 이상 기후에 대비하기 위해서는 가뭄, 폭염, 한파 등에 잘 적응할 수 있는 GMO 개발의 필요성도 제기된다.

이러한 장점 때문에 GMO 재배 면적은 1996년 처음 재배된 이후 급격히 증가하고 있다. 국제농업생명공학정보센터(ISAAA)의 2018년 보고서에 따르면 2017년 전 세계 GM 농산물의 재배 면적은 약 1억 8,980만 헥타르에 이르는 것으로 조사되었으며, 이는 전 세계 농작물 재배 가능 면적인 약 13억 9,000만 헥타르의 약 14%에 해당한다.

특히 우리나라는 곡물 자급률이 세계 최하위 수준이다. 2019년 농림축산식품부 자료에 따르면 우리나라의 곡물 자급률은 21%이며, 그 가운데서도 밀은 0.7%, 옥수수는 3.5%, 콩은 26.7%로 나타났다. 이런 상황에서 식량 증산을 위한 현실적인 대안이 GMO라는 것이 찬성측 주장이다.

**우리나라의 식량·곡물 자급률**

| 연도 | 2015년 | 2016년 | 2017년 | 2018년 | 2019년 |
|---|---|---|---|---|---|
| 식량 자급률(%) | 50.2 | 50.8 | 48.9 | 46.7 | 45.8 |
| 곡물 자급률(%) | 23.8 | 23.7 | 23.4 | 21.7 | 21 |

출처: 농림축산식품부

### ▮환경 보호

GMO를 찬성하는 쪽에서는 유전자 조작으로 잡초나 해충에 강해진 작물은 농약이나 제초제의 사용량을 감소시켜 환경에도 긍정적인 영향을 줄 수 있다고 주장한다. 게다가 GMO를 이용한 농법은 기본적으로 밭을 갈지 않고 잡초를 제거하기 때문에 농기계 사용 감소로 이산화탄소의 배출 감소로까지 이어져 지구 온난화에 긍정적인 영향을 줄 수 있다는 것이다.

## 05 GMO의 단점은 무엇일까?

### 안전성 논란

GMO를 반대하는 가장 큰 이유는 인체 안전성에 대한 논란 때문이다. GMO는 유전자 삽입으로 새로운 물질이 만들어지기 때문에 알레르기 유발 가능성이 크다. 또 원래 없는 새로운 성분이 생기는 과정에서 예상치 못한 독성을 나타낼 수도 있다. 안전성 논란은 GMO 자체뿐 아니라 GMO에 살포되는 제초제에 대해서도 발생한다. 2015년 세계보건기구 산하 국제암연구소는 GMO 농작물에 사용되는 제초제 글리포세이트가 발암성 물질 2A 등급으로 분류된다고 밝혔다. 연구소는 특정 물질의 암 발생 정도를 다섯 등급으로 분류하고 있다. 1등급은 인체에 발암성이 있음이 확인된 물질, 2A 등급은 인체의 발암성이 추정되는 물질로 제한적인 인간 대상 연구 자료와 충분한 동물 실험 결과가 있는 상황에 해당된다.

### 생태계 피해 발생

GMO 반대측은 해충 및 제초제 저항성 GMO는 처음에는 효과가 있지만, 해충과 잡초 들이 GMO에 저항성 유전자를 가지게 됨으로써 더 강한 살충제와 제초제가 필요하게 될 수도 있다고 주장한다. GM 작물을 재배하고 수확하는 과정에서 자연적으로 GMO와 Non-GMO가 섞이면 유전자 오염이 발생해 생태계를 교란하는 문제가 발생할 수 있다.

## 용어 정의

- **육종:** 생물이 가진 유전적 성질을 이용해 새로운 품종을 만들어 내거나 기존 품종을 개량하는 것을 말한다. 같은 종 안에서 오랜 기간 동안 이루어지기 때문에 단기간에 다른 종의 유전자를 넣어 품종을 개량하는 GMO와 다르다.
- **글리포세이트:** 제초제 '라운드 업'에 들어가는 주요 성분이다. 국제암연구소는 글리포세이트를 인체의 발암성이 추정되는 물질인 2A 등급으로 분류했다.
- **베타카로틴:** 녹황색 채소와 과일, 해조류에 많이 함유되어 있으며, 몸 안으로 들어오면 비타민 A로 변환된다.
- **셀룰로스:** 포도당으로 된 단순 다당류의 하나다. 고등 식물이나 조류 세포막의 주성분이다.
- **원형질체:** 세포벽을 인위적으로 제거한 세포를 말한다. 외부로부터 DNA, 단백질 등 거대 분자를 도입시킬 수 있어 이들의 기능을 연구하는 자료로 사용된다.

## 참고 서적 및 자료


○ 『GMO 유전자 조작 식품은 안전할까?』/김훈기/풀빛/2017년

○ 『유전자 변형 식품 올바로 알기』/한국소비자연맹/2014년

○ 『유전자 변형 생물체(LMO) 용어집』/한국바이오안전성정보센터/2017년

○ 농업생명공학정보한국센터 http://isaaa-korea.or.kr/

## GMO 개요서

### ●●● 토론 논제

GMO란 일반적으로 생산량 증대 또는 유통·가공상 편의를 위해 유전 공학 기술을 이용해 기존의 육종 방법으로는 나타날 수 없는 형질이 나타나도록 개발된 농산물을 말한다. 하지만 농촌진흥청 GMO 작물 시험 재배 현장에서 벌어진 농민들과 소비자들의 GMO 반대 농성만 보아도 GMO에 대한 찬반 논란이 뜨거움을 알 수 있다. GMO에 대한 찬반 입장을 밝히시오.

〈2018년 전북 양현고, 2019년 경기 두일중, 2020년 경기 세교고 등〉

## 생각 적용하기

GMO의 장단점에 관해 조사하고, 찬반 입장을 밝혀 보자.

| 분류 | 장점 | 단점 |
| --- | --- | --- |
| GMO | | |
| 입장 | 찬성 | 반대 |
| 근거 | | |
| 내 입장<br>근거 보강 | | |

## 01 멸종이란 무엇일까?

생물의 한 종류가 모두 사라지는 것을 멸종이라고 한다. 지구상의 생명체들이 태어나고 진화해 가는 과정에서 멸종은 생태계의 자연스러운 과정이다.

이러한 멸종 가운데서도 특히 그 규모가 커서 70% 이상의 종이 사라지는 사건을 대멸종 또는 대량 절멸이라 부른다. 고생대가 시작된 이후 지구에는 다섯 차례의 대멸종이 있었는데, 가장 잘 알려진 것은 백악기 말에 있었던 공룡의 멸종이다. 대멸종 뒤에는 살아남은 소수의 종이 형태적·기능적으로 다양하게 분화하는 적응 방산이 이어지면서 새로운 생태계를 만든다. 신생대에 포유류와 인류가 다양하게 분화해 번성할 수 있었던 것도 거대 파충류들이 모두 사라진 대멸종이 있었기 때문에 가능했다.

대멸종의 원인으로는 거대 운석이 지구에 부딪혀 지진이나 해일과 같은 급격한 지구 환경 변화를 일으켰다는 운석 충돌설, 화산 폭발로 발생한 대량의 먼지가 햇빛을 차단해 지구 온도가 낮아졌다는 화산 활동설, 기후 변화로 인해 적응하기 힘든 급격한 환경 변화가 일어났다는 기온 변화설 등이 있으며, 이러한 여러 가지 이유가 복합적으로 작용했다고 추정된다.

**대멸종의 시기와 원인**

| 대분류 | 소분류 | 발생 | 멸종 비율 | 멸종 원인 |
|---|---|---|---|---|
| 고생대<br>(무척추동물 등장)<br>약 5억 년~ | 캄브리아기 | | | |
| | 오르도비스기 | 대멸종 | 85% | 빙하로 인한 해수면 하강 |
| | 실루리아기 | | | |
| | 데본기 | 대멸종 | 70% | 외계 물질 충돌 등 |
| | 석탄기 | | | |
| 중생대<br>(파충류 번성, 포유류 등장)<br>2억 2,500만 년~ | 페름기 | 대멸종 | 96% | 빙하, 화산, 운석 충돌 등 |
| | 트라이아스기 | 대멸종 | 76% | 지각 변동 |
| | 쥐라기 | | | |
| | 백악기 | 대멸종 | 70% | 운석 충돌, 해수면 저하 등 |
| 신생대(포유류, 인간 번성)<br>6,500만 년~ | 제3기 | | | |
| | 제4기 | | | |

출처: 태백고생대자연사박물관

## 02 대멸종이 다시 시작되었을까?

산업 혁명 이후 다시 멸종의 속도가 빨라졌고, 많은 과학자는 이를 여섯 번째 대멸종이 시작되었다고 경고하고 있다. 세계자연기금

(WWF)은 2020년 런던동물학회와 함께 포유류와 조류, 파충류, 양서류, 어류 등 4,392종 2만 811개체군의 변화를 추적한 보고서에서 1970년부터 2016년까지 전 세계에서 야생 척추동물 개체 수의 68%가 사라졌다고 밝혔다. 또 2019년 생물다양성과학기구(IPBES) 총회에서 채택한 국제 평가 보고서에서도 800만 정도의 생물 종 가운데 약 100만 종이 멸종 위기에 처해 있으며, 멸종 속도는 지난 1,000만 년의 평균보다 수십~수백 배 빠르다고 지적했다. 1600년 이후 척추동물은 최소 680종이 멸종했고, 가축화된 포유류 559종이 지구상에서 사라졌다. 또 현재 전 세계 양서류의 40% 이상, 해양 포유류의 3분의 1 이상, 상어와 어류의 3분의 1가량이 멸종 위기에 처해 있다는 것이 보고서의 지적이다.

이 때문에 국제자연보전연맹(IUCN)은 생물 종을 위기 정도에 따라 9등급으로 나눈 국제자연보전연맹 적색 목록을 만들고 멸종 방지를 위해 노력하고 있다. 멸종 위기 범주를 위급, 위기, 취약의 세 단계로 나누어 분류하는데, 우리가 보통 멸종 위기종이라고 부르는 것은 위급종에 해당한다. 국제자연보전연맹에서 2018년 발표한 자료에 따르면 평가 생물 9만 3,577종 중 28%인 2만 6,197종이 멸종 위기로 분류된다.

**국제자연보전연맹 적색 목록**

| 등급 | 내용 | 예시 |
| --- | --- | --- |
| 절멸종 | 마지막 개체가 죽음 | 공룡 |
| 자생지 절멸종 | 야생에서 마지막 개체가 죽음 | 바바리사자 |
| 심각한 위급종 | 야생에서 멸종 위기가 매우 높음 | 샴악어 |

| 멸종 위기종 | 야생에서 멸종 위기가 높음 | 판다 |
|---|---|---|
| 취약종 | 멸종 위협을 받고 있음 | 반달가슴곰 |
| 위기 근접종 | 곧 멸종 위협을 받을 종 | 큰개미핥기 |
| 관심 필요종 | 보호가 필요한 종 | 미어캣 |
| 자료 부족종 | 직·간접 자료가 부족한 종 | 날개다랑어 |
| 평가 불가종 | 평가가 어려운 종 | 목도리도마뱀 |

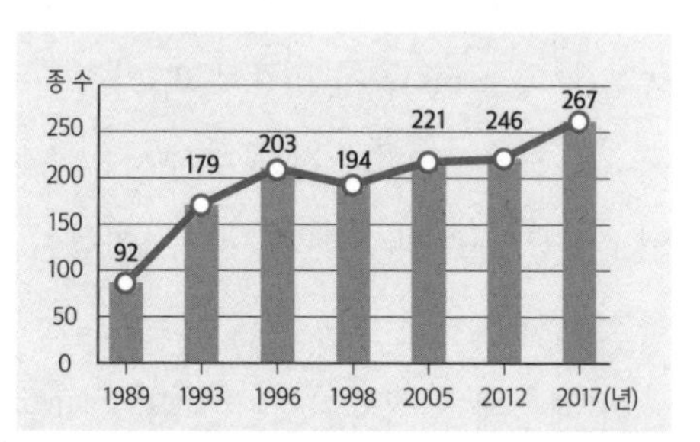


**우리나라 멸종 위기 야생 생물 지정 종 수의 연도별 변화**

출처: 국립생물자원관

우리나라도 '야생 생물 보호 및 관리에 관한 법률'에 따라 관리 중인 멸종 위기 야생 생물이 계속 증가하고 있다. 1989년 92종이던 멸종 위기 야생 생물은 2017년 267종으로 늘어났다.

'대-기-세' 순으로 분류하는 지질 시대 분류에 따라 산업 혁명 이후 인류 때문에 어떤 대멸종 속도보다 빠르게 멸종이 진행되는 현재를 '신생대-4기-인류세'로 분류하기도 한다.

## 03 현재 생물 멸종의 원인은 무엇일까?

국제연합은 생물 다양성이 감소하고 멸종 동물이 늘어나고 있는 원인을 토지 이용, 남획, 기후 변화, 오염, 침입 외래종 등으로 인한 것이라고 밝혔다. 환경부도 남획 및 채취, 서식지 변화, 기후 변화 등을 생물 종 감소의 원인으로 지적하고 있다.

## ▮ 서식지 변화

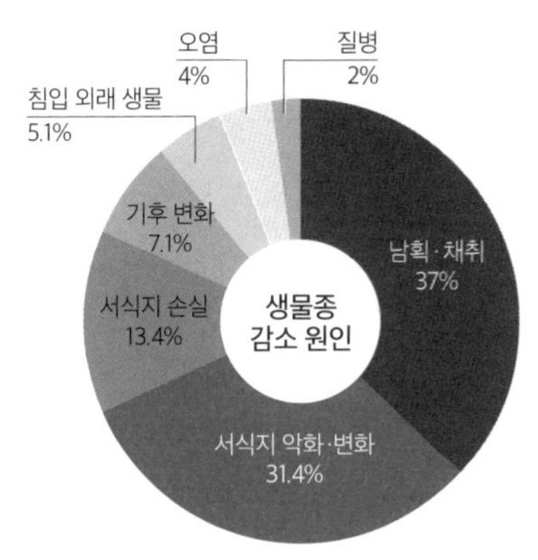

출처: 환경부 환경 통계

가장 영향이 큰 것은 토지 이용의 변화로 인한 서식지의 변화다. 산업 혁명 이후 인구가 증가하면서 동물의 서식지는 인간의 주거지와 경작지로 바뀌고 있다. 국제연합식량농업기구에서 2010년 발표한 자료에 따르면 1990년대에는 매년 1,600만 헥타르, 2000년대에는 매년 1,300만 헥타르의 산림이 파괴되고 있는 것으로 조사되었다. 서식지가 사라짐으로써 해당 종이 사라지는 현상은 최근 생물 멸종의 가장 중요한 원인이 되고 있다.

## ▮ 남획과 채취

사냥이나 어업 등에서 이루어지는 무분별한 남획도 문제다. 유네스코는 2012년 '유엔 지속가능개발회의'를 앞두고 발표한 조사 보고서를 통해 고기잡이의 대상이 되는 어류 중 남획으로 인해 고갈된 어종이 지난 1974년 10%에서 2008년 32%로 크게 늘었다고 밝혔다.

### ▮ 기후 변화

무분별한 개발과 환경 오염으로 인한 지구 온난화 때문에 생긴 기후 변화도 생물 멸종에 크게 영향을 미치고 있다. 생물들은 기후가 바뀌면 서식지를 옮기거나 바뀐 환경에 서서히 적응한다. 그러나 기후 변화 속도가 생물의 이동이나 진화 속도보다 빠르면 생태계는 파괴된다. 온난화로 인한 해수면 상승으로 남극과 북극 생태계와 해수면이 낮은 지역의 생태계는 직접적인 피해를 보고 있으며, 빠르게 변화하는 기후에 적응하지 못한 많은 생물은 멸종 위기를 맞고 있다.

## 04 왜 종을 보호해야 할까?

많은 생물 종이 어우러져 사는 것을 '생물 다양성(Biodiversity)'이라고 한다. 지구에 사는 많은 종이 거대한 먹이 사슬을 이룬 생태계 안에서 생물 다양성은 단순히 생물의 종류만 가리키는 것이 아니다. 생물들이 사는 서식지와 환경까지 다양하게 유지하는 것을 의미한다. 모든 생태계는 서로 의존하며 살아가고 있기 때문에 하나라도 없어지면 생물 다양성에 큰 영향을 미칠 수 있다. 한 종이 사라지면 그 종과 관계를 맺고 있던 다른 종도 함께 사라지는 '도미노 효과'까지 나타난다. 그래서 미국 어류 및 야생동물보호국은 하나의 멸종은 다른 30여 개의 동식물의 멸종으로 이어질 수 있음을 경고하고 있다.

대표적인 예가 도도새다. 인도양의 모리셔스 섬에 살고 있던 도도새는 천적이 없어 날개가 퇴화했다. 그런데 16세기 초부터 섬에 사람들이 들어와 도도새를 무분별하게 사냥하면서 개체 수가 급격히 줄어들기 시작했다. 또 인간과 함께 섬에 들어온 생쥐나 원숭이 등의 포유류들로 인해 먹이 경쟁이 심해지고 알까지 공격당했다. 결국 도도새는 100여 년 만에 멸종했다. 도도새가 멸종한 뒤 섬에 있던 카발리아 나무도 멸종 위기에 처했다. 카발리아 나무의 씨앗은 단단한 껍데기로 싸여 있어 도도새가 먹고 난 뒤 배설해야 싹을 틔울 수 있다. 그런데 도도새가 멸종되면서 더 이상 싹을 틔울 수 없어 점점 사라지게 되었다.

**멸종된 도도새**

출처: 위키백과

미국 옐로스톤 국립 공원 사례도 있다. 국립 공원 주위에서 농부들이 가축을 해친다는 이유로 늑대를 모두 죽이고 나자 사슴 개체가 급격히 증가했다. 그래서 식물과 다른 동물들까지 사라지는 일이 발생했다.

따라서 생물 다양성 및 생태계 보전을 위해서는 멸종 위기 야생 생물의 서식지 보전은 물론 주요 종에 대한 증식·복원 등 적극적인 대책을 마련해야 한다. 이러한 생태계의 위기에 대응하기 위해 1992년 리우 정상회담에서 150개 정부가 생물 다양성 협약을 맺었다. 이는 생태계를 복원해 동물들의 서식지를 보존하고, 기후 변화에 대한 대응책을 마련해 모든 생물체의 다양성을 보전하겠다는 다짐이다. 국제연합도 지난 2010년을 국제 생물 다양성의 해, 2011년부터 2020년까지를 '생물 다양성의 기간'으로 정하고 생물의 다양성을 보호하기 위해 노력하고 있다.

## 용어 정의

- **종(種):** 생물을 분류할 때 가장 기본이 되는 단위다. 겉모습이 비슷한 것들을 형태적 종이라고 하고, 자연 조건에서 자유롭게 교배가 가능한 것을 생물학적 종이라고 한다.

**종의 하위 단위**

| 아종 | 같은 종 중에서 형태나 서식하는 지역의 차이로 분류 |
|---|---|
| 변종 | 유전적, 지역, 환경 조건의 차이에 의한 변이로 형질이 약간 바뀐 경우 |
| 품종 | 인간의 필요 때문에 교배하거나 만들어진 종 |

- **적응 방산:** 같은 조상을 가진 한 종이 여러 가지 환경에 적응해 다양한 형태의 종으로 진화하는 것을 말한다. 대표적인 예로 갈라파고스 핀치새가 있다. 핀치새는 갈라파고스 제도로 날아와 여러 섬의 서로 다른 환경에 적응하며 먹이의 특징에 따라 부리 모양이 다양한 종으로 분화되었다.
- **생물 다양성:** 지구 각 지역에 생물이 다양하게 존재하는 것을 말한다. 단계에 따라 종의 다양성, 같은 종끼리 가진 유전자 다양성, 생태계의 다양성으로 나눌 수 있다.

## 참고 서적 및 자료


○『멸종 위기 야생 생물 보전 종합 계획』/ 환경부 / 2018년

○『공생, 멸종, 진화』/ 이정모 / 나무나무 / 2015년

○ 국립생물자원관 한반도의 생물 다양성 https://species.nibr.go.kr/

○ 태백고생대자연사박물관 http://www.paleozoic.go.kr/

## 생물 멸종 개요서

### ●●● 토론 논제

생물의 멸종은 생태계에 어떠한 영향을 미치는가?

**| 토론 세부 주제 |**

- 현재 종 다양성 변화를 어떻게 바라볼 것인가?
- 기후 변화와 종의 멸종 관계
- 종의 멸종이 다른 생물에게 영향을 미치는 사례 등

〈2018년 경기 청명고 등〉

## 생각 적용하기

| 생물 멸종이 생태계에 어떤 영향을 미치는지 조사해 보자. | |
|---|---|
| 현재 종 다양성 변화 | |
| 기후 변화와 멸종의 관계 | |
| 멸종이 다른 종에 미치는 영향 | |
| 생물 멸종 해결 방안 | |

## 01 조류 인플루엔자란 무엇일까?

### ▮ 인플루엔자의 이해

독감이라고도 불리는 인플루엔자 바이러스는 크게 세포 내부 단백질인 핵산의 종류에 따라 A, B, C형 3종류로 분류된다. 사람은 3종류에 모두 감염될 수 있지만, 동물은 A형 바이러스에만 감염된다. A형은 바이러스 표면에 튀어나와 있는 두 종류의 단백질이 있다. 숙주 세포에 침투할 수 있도록 도와주는 헤마글루티닌은 H1부터 H18까지 18종이 있으며, 숙주 세포에서 복제한 후 밖으로 나올 때 가위 역할을 하는 뉴라미니다아제는 N1부터 N11까지 11종이 있다. 두 단백질은 서로 조합해서 다른 종류의 바이러스를 만들어 낸다. H형과 N형을 조합할 경우, A형 인플루엔자는 이론적으로 총 198종(=18×11)의 아형(subtype)이 존재하게 된다.

인플루엔자는 보통 서로 다른 유형에 대해서는 면역 반응이 없거나 약하다. 그래서 한 가지 종류에 감염되거나 백신을 맞아 면역성을 얻어도 다른 인플루엔자에는 항체를 가지지 못한다. 또 수많은 조합의 인플루엔자 바이러스 중에 어떤 것이 유행할지 예측하기 쉽지 않기 때문에 해마다 세계보건기구에서 예측한 유행 바이러스 백신을 새로 맞아야 한다.

**유행 인플루엔자의 종류**

| 유행 시기 | 1918~1919년 | 1957~1958년 | 1968~1969년 | 2009~2019년 |
|---|---|---|---|---|
| 종류 | H1N1 | H2N2 | H3N2 | H1N1 |
| 희생자 수 | 약 5,000만 명 | 약 100만 명 | 약 80만 명 | 약 1,500만 명 |

출처: 신종 인플루엔자 정부 사업단 최종 결과 보고서(2016년)

### ▍조류 인플루엔자의 특징

조류 인플루엔자(Avian Influenza, AI)는 철새, 닭, 오리 등 조류에 감염되는 인플루엔자 바이러스다. 종에 따라 감염될 수 있는 인플루엔자 바이러스의 아형에는 차이가 있다. 돼지는 주로 H1, H3형이 감염되고, 사람은 H1, H2, H3에서 최근 H5, H7, H9형으로 확대되는 추세다. 조류는 모두 감염될 수 있지만, 아형의 종류에 따라 증상이 나타나기도 하고 그렇지 않은 경우도 있다. H5N1 바이러스가 대표적인 조류 인플루엔자 바이러스다.

조류 인플루엔자는 닭, 칠면조, 오리 등 가금류에서 피해가 심하게 나타나는데, 증상의 정도에 따라 저병원성과 고병원성으로 크게 구분된다. 그 위험성 때문에 세계동물보건기구(OIE)에서 관리 대상 질병으로 지정하고 있으며, 발생 즉시 신고해야 한다. 고병원성에 감염된 닭이나 칠면조는 급성 호흡기 증상을 보이며, 치사율이 50% 이상으로 매우 높다. 하지만 자연 상태의 야생 조류는 감염되어도 뚜렷한 증상이 없다.

**역대 조류 인플루엔자 발생 규모**

| 발생 시기 | 2003~2004년 | 2008년 | 2010~2011년 | 2014~2015년 | 2016~2017년 |
|---|---|---|---|---|---|
| 종류 | H5N1 | H5N1 | H5N1 | H5N8 | H5N6 |
| 도살 처분(마리) | 528만 5,000 | 1,020만 4,000 | 647만 3,000 | 1,937만 2,000 | 3,700만 |

출처: 농림축산식품부

##  조류 인플루엔자로 인한 피해와 대응 방법은 무엇일까?

국내에서는 2003년 고병원성 조류 인플루엔자 발생 이후 2, 3년 간격으로 유행해 큰 피해가 발생하고 있다. 계절에 따라 이동하는 수많은 철새 중에 어떤 인플루엔자 바이러스가 유행할지 예측하기도 쉽지 않고 변이도 심하기 때문에 대부분 국가에서는 치료제나 백신보다 살처분 정책을 펴고 있다.

국내에서도 바이러스 확산·전파 방지를 위해 발생 농장과 인근 3㎞ 내 농장 등에 대해 예방적 차원에서 살처분·매몰 처리와 함께 이동 제한 조치를 시행하고 있지만 갈수록 피해 규모는 커지고 있다.

게다가 조류 인플루엔자는 종간 장벽을 넘어 사람이나 다른 동물도 감염시킬 수 있다. 국내에서 인체 감염은 아직 없었지만, 고양이와 같은 동물을 감염시킨 사례는 발견되었다. 이는 고양이가 조류 인플루엔자에 걸린 닭이나 오리 등을 먹어 생긴 것으로 조사되었다.

조류가 감염되는 인플루엔자는 보통 사람에게는 병을 일으키지 않지만, 돌연변이가 일어나면 사람에게도 병을 일으키는 형태로 변할 수도 있다. 세계보건기구의 조사에서 밝혀졌듯이 2003년부터 2019년까지 전 세계에서 조류 인플루엔자에 감염된 사람은 861명이며, 이 가운데 455명이 사망했다. 조류 인플루엔자는 감염되면 치사율이 50%에 이를 정도로 대단히 높기 때문에 세계보건기구에서는 발생 국가에 대해 강력한 방역을 권고하고 있다.

## 03 조류 인플루엔자의 발병 원인은 무엇일까?

### 감염 조류와 직·간접 접촉

조류 인플루엔자는 바이러스에 감염된 조류의 호흡기 분비물, 배설물 등을 통해 직접 전파된다. 이렇게 오염된 조류의 분비물이나 배설물이 사람의 발, 차량, 기구, 장비 등에 의해 간접적으로 전파되기도 한다. 일반적으로 잠복기는 3일에서 14일이지만, 세계동물보건기구에서는 안전 기간을 포함해 21일로 두고 있다. 장거리 전파는 주로 야생 철새의 이동에서 발생하는 것으로 알려졌다.

사람에게 감염되지 않는다고 알려진 조류 인플루엔자는 1997년 홍콩에서 세계 최초로 인체 감염이 보고되었다. 당시 H5N1 바이러스가 18명에게 심한 호흡기 감염을 일으켰고, 이 중 6명이 사망했다. 세계보건기구에 따르면 고병원성 조류 인플루엔자의 발생 원인은 감염된 조류 또는 그 배설물로 오염된 물체와 밀접 접촉을 하지 않으면 감염되지 않으며, 사람 간 전파도 거의 일어나지 않는 것으로 조사되었다. 특히 조류 인플루엔자는 75도 이상에서 30초 이상 가열하면 죽기 때문에 닭이나 오리를 충분히 익혀 먹으면 감염되지 않는다. 인체 감염 사례가 나타나고 있는 베트남이나 태국, 홍콩 등지에서도 닭고기나 오리고기 또는 달걀을 먹어서 감염된 예는 없었다.

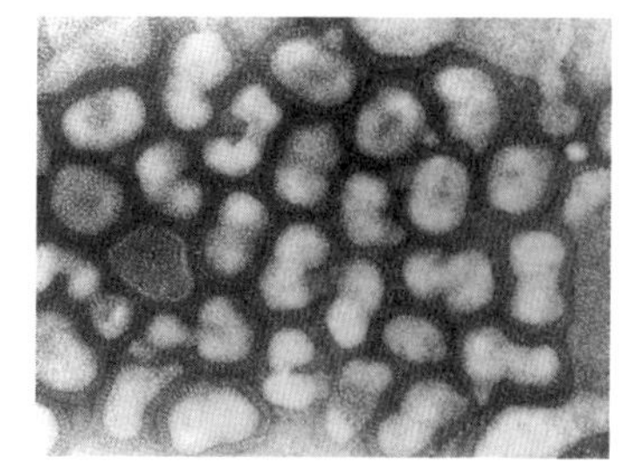

인플루엔자 바이러스 A형

출처: 위키백과

## 공장식 밀집 사육

경제협력개발기구는 2017년에 발표한 '한국 가축 질병 관리에서 생산자 인센티브' 보고서에서 우리나라 고병원성 조류 인플루엔자와 구제역 등 주요 가축 질병이 재발하는 주요 원인은 밀집 사육이라고 지적했다. 우리나라 현행 축산법에 따르면 닭 한 마리의 최소 사육 면적은 A4 용지(0.062㎡) 한 장 크기도 되지 않는 0.05㎡에 불과하다. 가축을 밀집해서 대량 사육하는 공장식 축산은 비공장식 축산과 비교하면 저렴한 축산물을 대량으로 공급할 수 있다는 장점이 있다. 하지만 질병의 발생과 급속한 확산, 항생제 과다 사용, 축산 분뇨로 인한 환경 오염 등의 문제를 일으킨다.

실제로 행정자치부와 충청남도가 2017년 충청남도 내 사육 조류 사육 농가 5,000여 곳을 대상으로 조류 인플루엔자 발생 현황을 분석한 결과 10만 마리가 넘는 사육 농가는 4,000마리가 넘지 않는 사육 농가의 발병률보다 548배나 높은 것으로 나타났다.

## 04 조류 인플루엔자의 피해를 최소화하는 방법은 무엇일까?

2017년 환경운동연합, 동물보호연합, 녹색연합, 녹색당 등 환경 보호 및 동물 보호 단체에서 주장한 조류 인플루엔자 대책들을 살펴보면 다음과 같다.

### ▮자연 친화적인 동물 복지 시스템 확대

철사로 만든 닭장을 5~9단으로 쌓아 올려 키우는 공장식 밀집 사육 방식은 농가에 조류 인플루엔자가 발생했을 때 빠르게 확산할 수밖에 없는 구조다. 이러한 밀집 사육은 동물들의 심각한 스트레스 및 면역력 저하 등을 불러와 조류 인플루엔자 발생 시 큰 피해가 생긴다. 그래서 유럽에서는 밀집 사육을 금지하고 동물 복지 사육 비율을 늘리고 있다. 2003년부터 2016년까지 유럽에서 발생한 조류 인플루엔자 건수를 보면 영국은 3건, 독일은 8건, 스웨덴은 1건에 불과했다. 반면 우리나라는 같은 기간 112건에 달했다.

### ▮사육 농가 거리 제한제 도입

우리나라는 좁은 지역에 가금류 사육 농가가 밀집된 경우가 많다. 그래서 조류 인플루엔자가 발생하면 연쇄적인 피해가 생기는 것이다. 2016년 11월 H5N6형 피해 발생지인 충북 음성과 진천, 충남 아산, 경기도 이천과 포천 등은 발생 농가 3㎞ 이내에 수십~수백 개의 농가가 밀집되어 있었다.

일본에는 국내와 달리 중소 규모 농가가 밀집한 사육 단지는 거의 없다. 그래서 밀집 사육 비율이 높음에도 불구하고 2003년에서 2016년까지 발생한 조류 인플루엔자 건수가 32건으로 우리나라보다 피해 건수가 적은 것으로 조사되었다.

**▮겨울 휴지기제 도입**

겨울 휴지기제는 조류 인플루엔자가 주로 발생하는 겨울철에 철새 도래지, 집단 사육지, 중복 발생지 등에서 닭이나 오리 사육을 중단하는 제도다. 이는 정부가 사육 중단에 따른 보상금을 지원하는 제도다. 실제로 정부에서 2017년 말 '오리 사육 휴지기제'를 시행한 이후 조류 인플루엔자 발생 건수가 많이 감소하는 효과가 나타났다.

이 밖에도 철새 분변에 묻은 바이러스를 축사 안으로 옮기지 않도록 방역복이나 방역 신발 등을 제대로 갖추는 등의 방역 체계 강화, 대량 확산이 일어나는 것을 막기 위해 농가당 사육 마릿수를 제한하는 가축 사육 총량제 도입 등도 저감 대책으로 내세웠다.

## 용어 정의

- **가금류:** 알, 고기, 깃털을 목적으로 인간이 가축으로 기르는 조류를 말한다. 닭, 집오리, 거위 등이 있다.
- **살처분:** 국가 또는 시·도 가축 방역 기관의 감독하에 특정 질병의 발생 시 취할 수 있는 가장 강력한 방역 조치의 하나다. 감염 동물과 직접 접촉했거나 병원체의 전파 가능성이 있는 간접 접촉으로 인해 감염이 의심되는 동물을 죽이는 것을 말한다. 살처분된 동물의 사체 혹은 생산물을 통해 질병이 확산하는 것을 막기 위해 주로 소각 또는 매몰한다.
- **이동 제한:** 전염병의 확산 및 전파를 차단하기 위해 정해진 기간 동안 오염되었거나 오염 가능성이 있는 시설·물건·차량·사람 등의 이동을 차단하는 것을 말한다.
- **종간 장벽:** 생물을 분류하는 종과 종 사이를 구분 짓는 벽을 말한다. 세균이나 바이러스는 종간 장벽으로 인해 특정 종에서만 질병을 일으킬 수 있다.

## 참고 서적 및 자료

○『과학 이슈 시즌 5』/ 이은희 외 / 동아엠앤비 / 2017년
○『재난 미생물』/ 권요셉 외 / 여문각 / 2014년
○『2018~2019절기 인플루엔자 관리 지침』/ 질병관리본부 / 2018년
○『환경 파괴로 늘어나는 전염병 현황 및 대응 방안』/ 입법조사처 / 2020년
○ 농림축산검역본부 http://www.qia.go.kr/

## 조류 인플루엔자 개요서

### ●●● 토론 논제

조류 인플루엔자의 피해를 최소화하는 방법을 쓰시오.

〈2017년 인천 삼산고 등〉

## 생각 적용하기

| 조류 인플루엔자의 피해를 최소화하려면 어떻게 해야 하는지 생각해 보자. | | |
|---|---|---|
| 발생 원인 | | |
| 해결해야 할 문제 | | |
| 해결 방안 | | |
| 내가 생각한 아이디어 | | |

## 01 우리 몸은 외부의 공격에 어떻게 반응할까?

세균, 바이러스, 곰팡이 등 우리의 몸을 공격하는 병원체에 대항하는 인체의 방어 체계는 크게 1차 방어와 2차 방어로 나뉜다.

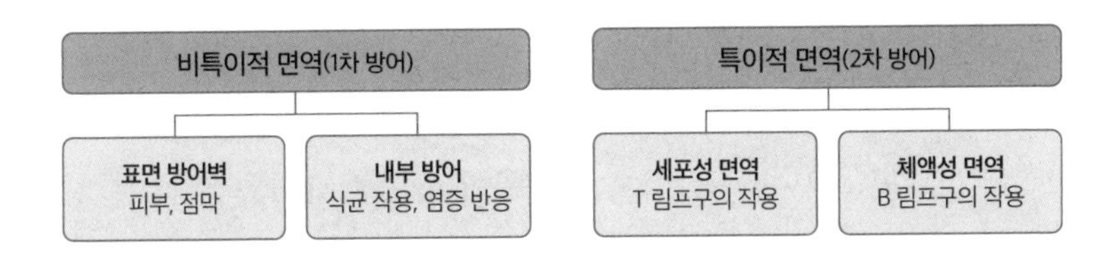


### ▌자연 면역(비특이적 면역)

1차 방어 체계는 누구나 가지고 태어나기 때문에 자연 면역(선천성 면역)이라고 한다. 어떤 적이 들어와도 똑같이 반응하기 때문에 비특이적 면역이라고도 한다. 1차 방어 체계는 표면과 내부 방어로 나뉜다. 외부 병원체의 침입을 막는 피부, 병원체가 세포에 붙지 못하게 눈물·콧물과 같은 점액을 분비하는 점막 등이 표면 방어벽이다. 병원체가 이곳을 통과해 몸속으로 들어오면 병원체를 먹어치우는 포식 세포들이 움직인다. 대표적인 포식 세포로는 호중성 백혈구와 대식 세포가 있다. 이와 함께 병원체에 의해 손상된 세포에서는 염증 반응이 일어난다. 염증이 진행되면 히스타민 등 화학 물질의 분비에 의해 백혈구들이 활성화되어 손상된 조직을 파괴한다.

**▎획득 면역(특이적 면역)**

2차 방어 체계는 후천적으로 생기는 면역 체계이기 때문에 획득 면역(후천성 면역)이라고 한다. 척추동물에게만 있는 특별한 면역 능력으로 한번 봤던 병원체를 기억해 빠르게 반응하기 때문에 특이 면역이라고도 한다. 2차 방어 체계는 세포성과 체액성으로 나뉘는데, 세포성 면역은 주로 T 세포가 담당한다. 우리 몸에 들어왔던 바이러스나 세균에 대해 기억하는 T 세포는 병원체에 감염된 세포를 직접 제거한다.

체액성 면역은 B 세포가 담당한다. B 세포는 직접 항원을 제거하는 게 아니라 외부에서 들어온 이물질인 항원에 대항할 수 있는 항체를 만든다. 항체는 'Y자' 모양으로 두 개의 끝부분이 특정한 병원체를 인식해 붙잡는 일을 한다. 항체는 혈액이나 체액을 떠다니다가 한번 경험했던 항원이 침입하면 T 세포나 포식 세포가 먹어 치우기 쉽도록 붙잡는다.

## 02 백신이란 무엇일까?

획득 면역을 이용한 것이 백신이다. 감염병에 한번 걸리면 그 병을 일으키는 세균이나 바이러스에 대해 항체가 생기기 때문에 그 병에 다시 안 걸리거나 걸리더라도 쉽게 낫는다. 그래서 병에 걸리기 전에 항체를 미리 만들 수 있는 방법을 찾다가 백신을 발견하게 된 것이다. 힘을 아주 약하게 만들거나 죽인 병원체를 우리 몸속에 집어넣으면 B 세포와 T 세포가 기억한다. 그 뒤에는 진짜 병원체가 들어와도 항체가 있으므로 쉽게 병을 이길 수 있게 된다.

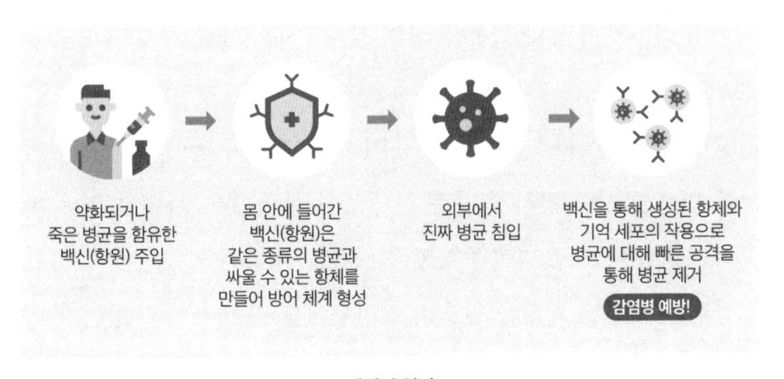


**백신의 원리**

출처: 질병관리본부

백신의 어원은 '소(cow)'를 뜻하는 라틴어인 'vacca'에서 기원했다. 영국의 의학자 에드워드 제너는 소가 앓는 질병인 우두에 감염된 사람들이 천연두에 걸리지 않는다는 사실에 착안해 우두에 걸린 소의 고름을 소년에게 접종했다. 그래서 천연두 예방법인 우두법을 '백시

네이션(vaccination)'이라 불렀고, 이후 질병에 후천성 면역을 부여하는 의약품을 백신(vaccine)이라고 부르게 되었다.

제너 이후 프랑스의 화학자 파스퇴르가 탄저병, 결핵, BCG, 광견병 등의 백신을 만들었다. 그 기본 원리는 면역계를 자극하는 물질을 몸속에 주입해 항체를 만들면 나중에 진짜 병원균이 들어와도 쉽게 물리칠 수 있다는 획득 면역을 이용한 것이다.

## 03 백신의 종류로는 무엇이 있을까?

### 보편적인 백신의 종류

현재 대부분의 예방 접종에 이용되는 백신은 '생백신'과 '사백신'으로 나뉜다.

생백신은 바이러스나 세균을 죽이지 않고 우리 몸에 해를 입히지 않을 만큼 독성을 약하게 만든 후 접종하는 것이다. 자연 감염과 비슷하기 때문에 세포 면역과 항체 면역 모두 생긴다.

반면 사백신은 질병을 일으키는 병원체를 열이나 약품 또는 자외선 처리 등을 통해 죽은 상태로 변형시켜 접종하는 것이다. 사백신을 접종하면 항체는 죽은 미생물이나 단백질에도 반응하기 때문에 항체 면역은 생긴다. 하지만 살아 있는 병원체가 아니어서 세포가 감염되지 않기 때문에 T 세포가 반응하지 않아 세포 면역은 생기지 않는다.

**생백신과 사백신의 차이**

| | 생백신 | 사백신 |
|---|---|---|
| 종류 | BCG, MMR, 일본 뇌염, 수두,<br>경구용 소아마비 등 | B형 간염, 일본 뇌염, 인플루엔자,<br>뇌 수막염 등 |
| 접종 횟수 | 적음 | 많음 |
| 장점 | 접종 횟수가 적고 장기간 면역력이<br>지속됨 | 발병 위험성이 낮고 부작용이 적음 |
| 단점 | 발병 위험성이 존재함 | 접종 횟수가 많음 |

사백신은 세포 면역과 항체 면역을 동시에 생기게 만드는 생백신과 달리 세포 면역이 생기지 않으므로 접종 횟수를 늘려 항체 면역이라도 강화해야 한다. 대신 사백신은 생백신보다 안전하고 상대적으로 부작용도 적다.

### ▮최근 코로나19 백신의 종류

세계 코로나19 백신 트래커(캐나다 맥길대 제공)에 따르면 2021년 10월 기준 전 세계에서 23개 백신이 1개 이상 국가에서 승인을 받거나 긴급 사용 승인을 받았으며, 제약업체들이 임상 시험 중인 코로나19 백신 후보 물질은 155개다. 감염력을 잃은 바이러스 자체를 쓰는 전통적인 방식 외에도 기술의 발달로 다양한 백신이 개발되고 있다.

바이러스에서 분리한 표면 항원만 유전자 재조합 기술로 제작한 재조합 백신, 세포 안에 있는 유전 물질을 이용한 DNA·RNA 백신, 바이러스 전달체(벡터)에 항원을 만들 유전자를 넣어 체내에 주입하는 바이러스 벡터 백신, 바이러스 외막 단백질을 이용한 단백질 기반 백신 등 다양한 방식의 백신이 개발되었거나 개발 중이다.

**국내외 코로나19 백신의 종류**

| | 제약사 | 백신 종류 |
|---|---|---|
| 해외 | 화이자, 모더나 | mRNA |
| | 아스트라제네카, 존슨앤존슨 | 바이러스 벡터 |
| 국내 | 제넥신 | DNA |

## 04 백신을 맞아야 할까, 맞지 말아야 할까?

제너가 천연두 백신을 만든 이후 200년도 지나지 않아 전 세계를 두려움에 떨게 했던 천연두는 점차 사라졌고, 1980년 세계보건기구는 천연두가 종식되었다고 공식 선언했다. 천연두뿐만 아니라 결핵, 홍역, 풍진, 수두, 볼거리, 파상풍, 디프테리아, 백일해 등 많은 전염병이 백신의 보급으로 발병률이 크게 낮아졌다.

이러한 효용성에도 불구하고 백신을 거부하는 사람이 있다. 백신을 거부하는 이유는 백신의 안전성 때문이다. 모든 종류의 약품과 백신에는 부작용이 따르는데, 사람마다 면역 체계가 다르므로 모든 백신이 100% 안전하다고는 할 수 없다. 대부분 열 또는 붓는 정도지만 가끔 길랑 바레 증후군이나 아나필락시스처럼 심한 부작용이 나타나기도 한다. 질병관리청의 자료에 따르면 2011년부터 2020년까지 10년간 독감 백신 접종과 이상 반응 간 인과 관계가 인정되어 보상을 받은 경우는 35건이었다. 이 중 길랑 바레 증후군은 11건, 아나필락시스 쇼크는 1건이었다.

하지만 과학자들은 이러한 백신 접종의 위험성보다는 백신을 접종하지 않았을 때 위험이 훨씬 크다는 이유로 백신을 접종해야 한다고 주장한다. 백신은 죽거나 장애가 생길 수도 있는 심각한 병을 막아주는 방어막이 될 수 있다는 것이다. 세계보건기구에서 2007년에 종식될 것으로 예상했던 홍역의 경우 영국의 의사 앤드루 웨이크필드가 1998년에 발표한 “홍역 백신이 자폐증을 유발한다.”라는 내용의 논문(2008년 이 논문은 연구 결과가 잘못된 것으로 밝혀져 논문이 기고되었던 학술지 〈랜싯〉은 논문을 철회했다.)으로 인해 접종률이 떨어지면서 다시 환자가 많이 증가했다. 세계보건기구와 미국 질병통제예방센터의 공동 보고서에 따르면 2018년 전 세계 홍역 감염자는 976만여 명, 사망자는 14만여 명으로 조사되었다.

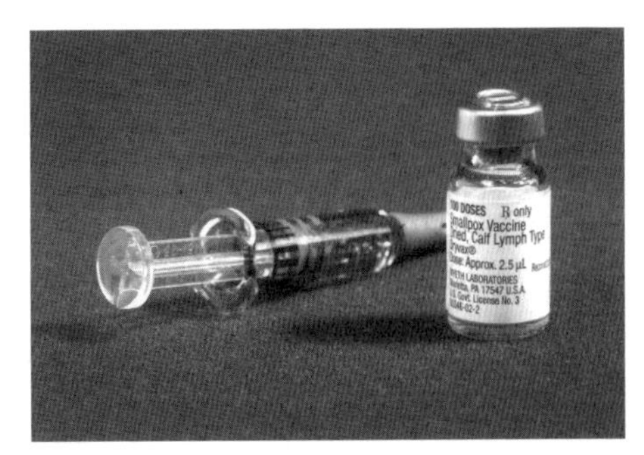

**천연두 백신**

출처: 위키백과

### 용어 정의

- **히스타민:** 상처가 난 곳이 붉게 부어올라 통증을 느끼게 만드는 염증 반응을 일으키는 물질이다. 비만 세포 또는 호염구에서 분비된다.
- **포식 세포:** 세균, 바이러스, 병균, 먼지, 매연, 노화 세포 등을 처리하고 잡아먹는 세포다. 미생물을 집어삼킨 후 효소를 이용해 소화하는 호중구, 우리 몸에서 가장 큰 면역 세포인 대식 세포 등이 있다.
- **길랑 바레 증후군:** 인체의 면역 체계가 말초 신경 또는 뇌 신경을 공격해 발생하는 신경 염증성 질환으로 수 시간 또는 수 일에 걸쳐 감각 및 근육 마비가 진행된다.
- **아나필락시스:** 특정 식품이나 약물 등 원인 물질에 노출된 뒤 발생하는 급격한 전신 알레르기 반응을 말한다.

### 참고 서적 및 자료

○『제너가 들려주는 면역 이야기』/ 이흥우 / 자음과모음 / 2013년
○『아이를 위한 면역학 수업』/ 박지영 / 창비 / 2020년
○『백신 안전 사용을 위한 핸드북』/ 식품의약품안전청 / 2009년
○ 질병관리청 예방 접종 도우미 https://nip.kdca.go.kr/

# 백신 개요서

**●●● 토론 논제**

백신을 거부할 권리는 정당한가?

〈2020년 경남 남해 해성고 등〉

## 생각 적용하기

백신을 거부할 권리는 정당한지, 그렇지 않은지 의견을 밝혀 보자.

| 입장 | 정당하다 | 정당하지 않다 |
|---|---|---|
| 의견 1 | | |
| 의견 2 | | |
| 의견 3 | | |

CHAPTER 02

# 인공 지능

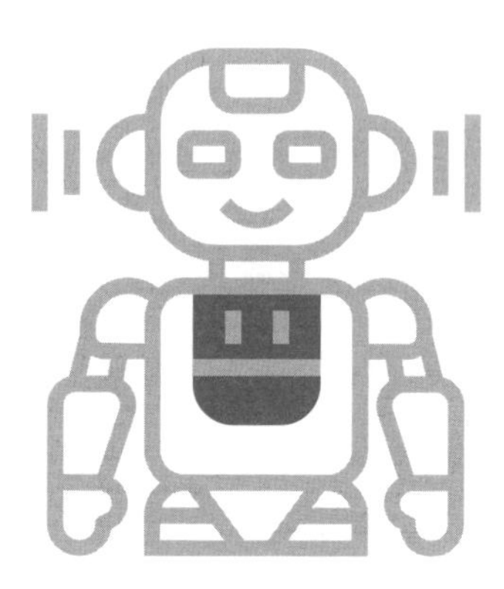

스마트 시티 | 드론

증강 현실, 가상 현실, 혼합 현실

인공 지능 로봇 | 3D 프린터 | 자율 주행 자동차

## 01 스마트 시티란 무엇일까?

스마트 시티(Smart City)란 '도시에 빅 데이터나 ICT 통신 등 신기술을 접목해 각종 도시 문제를 해결하고, 시민의 편익과 삶의 질을 개선할 수 있는 도시 모델'로 정의할 수 있다. 따라서 스마트 시티는 도시의 운영 및 관리와 서비스의 효율성을 최적화해 도시의 지속 가능성을 높이기 위해 네트워크에 연결된 다양한 사물 인터넷과 정보 통신 기술의 통합이라고도 해석할 수 있다.

스마트 시티라는 용어가 등장한 후 국가별·기관별로 '기술을 통한 도시 문제 해결, 시민들의 삶의 질 향상'을 목표로 하는 공통점을 가지고 있지만, 구현되는 기술로 인해 스마트 시티의 정의에는 다소 차이가 있다.

**주요 국가와 기관의 스마트 시티 정의**

| 국가와 기관 | 내용 |
|---|---|
| 유럽연합 | 디지털 기술을 활용해 시민들에게 더 나은 공공 서비스를 제공하고, 자원을 효율적으로 사용하며, 환경에 미치는 영향을 최소화해 시민들의 삶의 질 개선 및 도시 지속 가능성을 높이는 도시 |
| 일본 경제산업성 | 에너지의 효율적인 사용, 열과 미사용 에너지원의 이용 및 교통 시스템 개선 등 시민들의 삶의 질 개선을 위해 다양한 차세대 기술과 선진 사회 시스템이 효과적으로 통합되고 활용되는 도시 |
| 중국 | IoT, 클라우드 컴퓨팅, 빅 데이터와 같은 차세대 정보 기술을 활용해 스마트한 도시 계획, 건설, 관리 및 서비스를 제공하는 도시 |
| 정보통신산업 진흥원(NIPA) | ICT 기술을 이용해 도시의 문제를 해결하고, 효율성과 안정성을 높여 시민들의 삶의 질을 향상시키는 신개념의 도시 |
| IBM | 도시를 운용하기 위해서 핵심적인 시스템의 열쇠가 되는 정보를 ICT를 이용해 수집하고, 분석하며, 통합할 수 있는 도시 |
| 내비건트 리서치 | 지속 가능한 개발, 삶의 질 향상 및 경제 개발을 이루기 위한 전략적인 계획에 기술을 통합하는 도시 |

출처: 『스마트 시티』(한국과학기술기획평가원)

## 02 스마트 시티가 등장한 배경은 무엇일까?

세계 인구는 2050년 약 100억 명이 될 것으로 전망되며, 기술 발전으로 인해 도시화율도 꾸준히 증가할 것으로 예상된다. 또 도시 인구의 증가율은 전 세계 인구 증가율보다 더 높은 것으로 예상되어 2018년 약 42억 명에서 2050년이 되면 약 63억 명으로 증가할 것으로 전망하고 있다. 실제로 2010년 인구는 1960년 대비 233% 증가했지만, 도시 인구는 350% 증가했다.

현재 전 세계의 도시들은 지리적으로 면적의 2%만을 차지하고 있다. 하지만 에너지의 66%, 식수의 60%를 소비하고 있으며, 이산화탄소 배출량은 전체의 70%를 차지하고 있다. 또 도시 인구 집중화로 교통 체증은 갈수록 심해지고 있으며, 고령화와 만성 질환자 증가로 인한 의료비 지출 증가 등이 심각한 도시 문제로 거론되고 있다. 이러한 도시 문제를 4차 산업 혁명의 최신 기술로 해결하기 위해 국내외적으로 스마트 시티에 대한 관심이 높아지고 있다.

## 03 스마트 시티에는 어떤 기술 분야가 적용될까?

### ▌스마트 에너지

신재생 에너지를 통한 에너지 공급, 에너지 관리 시스템을 활용한 수요 관리 등 스마트 에너지의 기술 개발을 확대하는 것이다.

예 유휴 공간이나 도로 표면에 태양광 패널을 설치해 전기를 생산한다. 그리고 수요를 관리해 전력 피크 시 도시의 안정적인 전력 운용을 위해 전력을 저장하고 관리할 수 있는 기술을 적용해 에너지 효율을 극대화한다.

### ▌스마트 교통

도시에 자율 주행 차량의 운행을 위한 교통 인프라와 효율적인 교통 정보 체계 중심의 기술 개발을 통한 스마트 교통 체계를 실현하는 것이다.

예 자율 주행을 위한 도로 서비스 및 인프라 관련 중심으로 기술 발전이 진행된다. 교통 인프라를 통해 수집된 자료를 활용해 자율 주행 차량의 안전하고 효율적인 주행을 지원하기 위해 차세대 첨단 교통 체계 기술을 적용시키기 위한 기술 개발이 필요하다.

### ▍스마트 빌딩

에너지 관리 시스템 기술을 활용해 빌딩의 제로 에너지화를 추진하는 것이다.

예 우리나라는 2017년 패시브 주택의 설계 의무화, 2020년 소형 공공 건축물 제로 에너지 의무화, 2025년 신축 건축물 제로 에너지 의무화 목표를 설정했다.

여의도 서울국제금융센터(IFC몰)의 경우 빙축열 시스템을 활용한 인공 지능 시스템을 구축해 냉방 에너지 50%를 절감하고 있다. 국토교통부는 패시브 설계 기술(2017년 서울시 노원구) 적용으로 에너지 사용량의 60%를 절감할 수 있는 제로 에너지 주택 실증 단지를 구축했다.

### ▍스마트 안전

CCTV, 스마트 센서, IoT를 활용한 생활 안전, 재난 모니터링 예측, 재난 대응 로봇을 통해 안전한 도시 구현을 목표로 하고 있다.

예 IoT를 이용해 독거·치매 노인 돌봄, 어린이집 안심 케어, 상수도 원격 지침, 싱크홀 및 지하수 오염과 분포 및 변화를 통해 이상 징후를 사전에 예측 감지하는 서비스를 제공한다.

**▍스마트 행정**

디지털을 통한 도시 계획, 빅 데이터와 AI를 통한 합리적 의사 결정 기술, 블록체인을 통한 안전한 정보 처리 중심의 기술 개발을 확대하는 것이다.

예 도시의 건물 및 지형, 인구 정보를 3D 가상 세계에 구축하는 디지털 기술을 통해 교통 체증, 도심 풍향, 인파 흐름을 파악한다. 빅 데이터와 AI를 통해 수집된 자료를 기반으로 도시 관리, 소외 계층 노인 및 아동 보호를 위한 서비스를 제공한다.

## 04 스마트 시티 제품으로는 어떤 것들이 있을까?

**▍국외 사례**

**① 영국 런던의 스마트 가로등**

런던에서는 가로등에 전기 충전 설비를 탑재해 전기차 충전기로 활용함으로써 충전 인프라 구축 비용 절감 및 전기차 충전 시설 부족 문제를 해결하고자 한다. 영국의 에너지 업체(OVO)와 독일의 유비트리시티가 공동으로 시범 운영 중이며, 점차적으로 수를 늘려 총 75개의 가로등 충전 시설을 설치할 예정이다.

**② 영국 글래스고의 에너지 운영 서비스**

글래스고에서는 도시의 전력 사용량을 실시간으로 모니터링해 탄소 배출량 확인 및 에너지 효율이 낮은 기기 정보 공유 등 도시 에너지 정책 수립에 활용하고 있다. 그리고 지능형 가로등으로 도시 전역의 안전을 향상하고 도시 정보를 수집한다. 지능형 가로등은 실시간 움직임·소음 인식 센서로 경찰 및 긴급 구조대에 알림 기능을 장착해 긴급 상황 시 깜빡이는 신호로 사고 장소를 알려 준다. 또한 공해 및 움직임 측정 시스템을 통해 대기 오염, 인구 이동 수에 대한 자료를 수집해 도시 계획에 반영한다.

### 국내 사례

#### ① 스마트 쓰레기 수거 관리 서비스

쓰레기 적재량 감지 센서를 이용해 도심에서 발생하는 다양한 형태의 쓰레기 적재 현황을 원격으로 모니터링할 수 있다. 그리고 적재량 알람을 통해 쓰레기통이 넘치는 일을 줄임으로써 공공장소의 청결도를 유지시킨다.

또 태양광 패널로 전기를 공급하는 태양광 압축 쓰레기통은 일반 쓰레기 대비 8배의 부피를 줄이는 효과로 온실가스 배출을 막는다.

#### ② 스마트 수목 관리 서비스

IoT 기술을 이용해 수목 주변의 온도와 습도, 일조량, 이산화탄소, 토양 등을 측정 분석해 수목의 상태를 적합하게 유지할 수 있다. 이런 모든 과정은 스마트폰과 같은 모바일 기기로 원격 관리가 가능해 생산성과 효율성을 높여 고부가 가치를 창출할 수 있다.

## 용어 정의

- **빅 데이터:** 각종 도시에서 생성되는 대규모 데이터의 수집·가공·통합을 관리하기 위한 데이터 처리 기반 기술 및 분석 기술을 뜻한다.
- **정보 통신 기술**(Information & Communication Technology, ICT)**:** 정보 기술과 통신 기술을 합한 용어다. 하드웨어, 소프트웨어, 통신 기술을 종합적으로 활용한 정보 통신 기술은 자동화, 전산화, 시스템화를 위한 것이지만, 크게는 정보 사회의 구축이 목표다.
- **클라우드 컴퓨팅 및 플랫폼:** 도시에서 생성되는 다양한 인프라 정보의 수집·저장·가공·응용·처리에 기반되는 기술을 말한다.
- **건축물 에너지 통합 지원 시스템:** 건축물이 기획, 설계, 시공, 운영되는 과정 전반에 에너지 사용에 대한 최적의 정보를 제공함으로써 건축물의 저에너지화를 돕는 시스템을 말한다.
- **제로 에너지 하우스:** 에너지를 외부로부터 공급받지 않고 스스로 생산해서 사용하며, 내부의 열이 외부로 나가는 것을 차단해 에너지 소비량을 줄임으로써 탄소 배출량이 0에 가까운 집을 뜻한다. 패시브 하우스와 액티브 하우스로 나뉜다.

## 참고 서적 및 자료

○ 『미래의 도시 - 스마트 시티는 어떻게 건설되는가?』/ 사이언티픽 아메리칸 편집부 / 2017년

○ 『스마트 시티』/ 황건욱 / 한국과학기술기획평가원 / 2018년

○ 『IoT 오픈 플랫폼 기반 스마트 시티 분야 서비스 사례집』/ 정보통신산업진흥원 / 2018년

○ 〈도시의 미래, 스마트 시티〉/ YTN

## 스마트 시티 개요서

### ●●● 토론 논제

스마트 시티에 대한 정의는 아직까지 불분명하다. 주어진 자료를 바탕으로 스마트 시티에 대한 정의를 내려 보고, 스마트 시티의 장·단점에 대한 생각을 서술하시오. 그리고 스마트 시티의 필요성에 대한 생각을 정리하고, 미래 사회를 살아갈 우리에게 바람직한 도시의 모습은 무엇일지 논술하시오.

〈2019년 강원 춘천고, 경기 시흥 함현고 등〉

## 생각 적용하기

| 스마트 시티의 장·단점과 필요성을 정리해 보자. 바람직한 미래 도시의 모습은 어떤 것일까? | | |
|---|---|---|
| 구분 | 장·단점 | 필요성 |
| 스마트 시티의 장·단점과 필요성 | | |
| 바람직한 도시의 모습 | | |
| 내가 생각한 아이디어 | | |

# 논제 17
# 드론

## 01 드론이란 무엇일까?

드론은 사람이 타지 않고 원격 조종하는 무인 항공기를 뜻하며, 그 어원에 대해서는 여러 가지 의견이 있다. 수컷 벌이 날아다니면서 내는 윙윙대는 소리가 무인 비행기와 비슷해서 정해졌다는 의견과 영국 해군이 포격 연습용으로 개발한 비행체인 퀸비(Queen-Bee, 여왕벌)의 명칭이 드론(Drone, 수컷 벌)으로 변경되어 현재의 무인 비행체를 드론으로 부르게 되었다는 의견이 있다. 국내에서 드론의 개념은 조종사가 탑승하지 않는 일정 규모 이하의 원격 조정 비행체로 정의할 수 있다. 드론이라는 용어 대신 무인 항공기 혹은 무인 비행 장치라는 용어를 사용할 수도 있다.

## 드론은 어떤 과정을 거쳐 발전했을까?

| 구분 | 드론 1기: 태생기 (1900년대~1950년대) | 드론 2기: 발달기 (1950년대~2000년대) | 드론 3기: 확장기 (2000년대 이후) |
|---|---|---|---|
| 연관 전쟁 | 제1, 2차 세계 대전 | 6·25 전쟁, 베트남 전쟁, 걸프 전쟁 | 대테러 전쟁 |
| 주요 개발국 | 미국, 영국, 독일 | 미국, 이스라엘, 일본 | 미국, 영국, 이스라엘, 프랑스, 중국, 러시아, 독일 |
| 활용 용도 | 군사용 | 군사용, 상업용 | 군사용, 상업용, 민간용 |

출처: 『국회 드론 활용 및 안티 드론 시스템 도입에 대한 인식 연구』

전기 공학자 니콜라 테슬라는 1900년대 초반 자신이 처음 개발한 레이더와 무선 통신 원리를 적용해 사람이 타지 않는 항공기 이론을 세상에 내놓았다. 그는 무인 항공기가 있다면 전쟁 중에 사망하는 조종사의 수를 줄일 수 있다고 생각했다.

이처럼 태생기에 속하는 1900년대~1950년대의 드론은 군사용으로 개발되었고, 이는 원시적인 무인 항공기의 시작이었다.

발달기에 속하는 1950년대~2000년대는 과학·정보 통신 기술의 발달로 기능이 다양해지고, 그 사용 용도도 군사용뿐만 아니라 상업용으로도 확장되었다. 확장기에 속하는 2000년대 이후에 드론은 군사용 목적 외에 방송, 농업, 광고, 배송, 환경과 같은 민간용으로까지 활용 범위가 확장되었다. 이에 따라 현재 드론의 시장 역시 점점 커지고 있다.

## 03 드론의 활용 범위는 어떻게 될까?

초창기 드론은 군사용으로 개발되어 공군의 미사일 폭격 연습 대상으로 쓰였는데, 점차 정찰기와 공격기로 용도가 확장되었다. 최근에는 아마존, 구글 등 글로벌 기업들의 상업 활동이 늘어나면서 다양한 분야에서 드론의 활용 가치가 커지고 있다.

### ▮군사

정찰이나 감시, 잠수함 공격의 용도로 주로 사용되고 있으며, 용도에 따라 표적 드론, 정찰 드론, 감시 드론, 다목적 드론 등으로 구분한다.

### ▮물류 수송

글로벌 기업을 중심으로 발전하고 있으며, 도서나 산간 지역뿐만 아니라 도심지에서도 신속하고 정확한 화물 운송을 목적으로 드론 택배 서비스를 추진하고 있다.

### ▮농업

살충제 및 비료 살포뿐만 아니라 원격 농장 관리, 정밀 농업 확대 등으로 농업용 드론을 활용해 농업 생산성 향상에 기여하고 있다.

### ▮정보 통신

여러 개의 드론을 이용해 무선으로 인터넷을 중계한 다음 인터넷이 안 되는 지역에 인터넷 서비스를 제공한다.

* 구글은 '프로젝트 룬(Project Loon)'을 통해 인터넷 인프라가 갖춰져 있지 않은 오지나 극지에 인터넷을 보급하기 위해 애쓰고 있다. 또 페이스북은 드론과 인공위성, 레이저 빔을 활용해 사막과 같은 오지에서도 인터넷을 사용할 수 있도록 돕는 기술을 개발하고 있다.

#### ▮재해 관측

재해 현장, 탐사 보도 등 지리적 한계나 안전상의 이유로 가지 못하는 장소를 드론을 이용해 자유롭게 촬영할 수 있다.

#### ▮환경·교통

기상 관측이나 변화, 환경 오염의 정도를 실시간으로 감시하고, 고속 운행 상황 확인 등 교통 상황을 관측할 수 있다. 이외에도 각종 건설 장비·관리 등 산업 시설 점검 및 안전 수색·인명 구조, 스포츠 취미용 등 다양한 분야에서 활용되고 있다.

### 04 드론의 전망과 문제점은 무엇일까?

드론 전문가들은 10년 이내에 본격적으로 드론이 활약할 것으로 전망하고 있다. 농부는 드론을 띄워 농약을 살포하고, 기업에서는 드론으로 배달을 한다. 또 많은 사람이 드론으로 셀카를 찍는다. 비즈니스와 기술에 대해 다루는 미국의 웹 사이트 '비즈니스 인사이더'

발표에 따르면 드론 시장은 연평균 19% 이상의 높은 성장률을 보이고 있으며, 2024년 이후에는 산업 규모가 130억 달러에 이를 것이라고 한다.

드론 시장이 급성장한 이유는 스마트폰에 들어가는 GPS, 가속도계, 경량 소재 등의 핵심 기술이 드론 개발에 적용되어서 기술 발전은 물론 생산 원가가 절감되었기 때문이다. 이로 인해 드론의 시대라는 용어까지 생겨나며, 드론 기술은 빠르게 발전해 소형화·대중화되었다. 활용 범위 또한 확장되어 군사용, 공공 분야, 산업 분야, 농업용, 상업용, 취미용, 촬영용 등 다양한 분야에서 상용화되기 시작했다.

하지만 그에 따른 부작용도 만만치 않다. 하늘에는 차선도 없고 신호등도 없는데 드론끼리 교통사고가 난다면 과실 비율은 어떻게 따질 것인가? 또 드론을 빈집털이나 불법 촬영 같은 범죄 행위나 폭발물을 달아서 테러에 사용한다면 한정된 인력으로 수많은 드론을 어떻게 감시할 것인가? 이뿐만이 아니다. 택배, 서빙, 스포츠 중계, 영화 촬영, 공사장 관리, 농사 등 기존에 사람이 하던 수많은 일을 드론이 대신한다면 부족한 일자리 문제는 더욱 심각해질 것이다. 4차 산업 혁명을 주도할 핵심 동력으로 떠오르고 있는 드론은 쓰임새가 많은 만큼 역기능도 만만치 않다.

## 용어 정의

- **드론 실명 등록제:** 드론 관련 사고를 막기 위해 만들어진 제도다. 2021년부터 2kg 이상 드론은 자동차처럼 소유주, 즉 주인을 신고해야 한다.
- **안티 드론:** 범죄나 테러, 사생활 영역 침입이나 감시, 조작 미숙에 의한 사고의 문제 등을 일으키는 나쁜 드론의 접근을 막는 드론을 뜻한다.
- **GPS:** GPS 위성에서 전파된 신호를 수신해 사용자의 현재 위치를 계산하는 위성 항법 시스템이다. 항공기, 선박, 자동차 등의 내비게이션 장치에 주로 쓰이고 있으며, 최근에는 스마트폰, 태블릿 PC 등에서도 많이 활용되는 추세다.

## 참고 서적 및 자료

○ 『국회 드론 활용 및 안티 드론 시스템 도입에 대한 인식 연구』/최오호/경기대학교 대학원 박사 논문/2019년
○ 『드론 시장과 전망』/이아름/한국과학기술연구원 융합연구정책센터/2017년
○ 『월간 유레카』/유레카엠앤비/2017년 7월호

## 드론 개요서

**●●● 토론 논제**

드론으로 생길 수 있는 문제점들에 대해서 구체적으로 기술하고, 미래의 드론을 올바른 목적으로 사용할 수 있는 방안을 실생활 측면에서 제시하시오.

〈2018년 전남 여수 화양고 등〉

## 생각 적용하기

| 드론의 문제점에 대해 생각해 보자. 그리고 드론을 올바른 목적으로 사용하기 위해 어떤 아이디어를 낼 수 있을까? | | |
|---|---|---|
| 드론으로 인한 문제점 | | |
| 문제점 극복 방안 | | |
| 올바른 사용 방안 | | |

## 01 증강 현실, 가상 현실, 혼합 현실이란 무엇일까?

4차 산업 혁명에 대한 기대와 함께 증강 현실(Augmented Reality, AR), 가상 현실(Virtual Reality, VR), 혼합 현실(Mixed Reality, MR)에 대한 관심이 높아지고 있다. 세계적인 글로벌 기업인 구글, 마이크로소프트, 애플, 페이스북, 소니 등도 차세대 제품 개발 연구에 몰두하고 있으며, 국내에서도 삼성전자와 LG전자가 합세했다. 몇 년 전 스마트폰에서 증강 현실 개념을 도입한 포켓몬 고 게임이 세계적으로 큰 인기를 끌었다. 우리 정부는 코로나19 이후의 사회에 대비하기 위해 대학의 가상 현실·증강 현실 비대면 현장 실습을 허용하기로 했다. 과연 증강 현실, 가상 현실, 혼합 현실은 무엇이며 어떤 차이가 있을까?

## ▮증강 현실(AR)

눈앞에 보이는 현실 세계에 가상의 사물이나 영상을 합성해 현실에 존재하는 사물처럼 보이도록 하는 컴퓨터 그래픽 기술이다. 증강 현실은 현실을 기반으로 가상의 사물을 합성해 사용자가 현재 보고 있는 현실에 가상 정보를 부가해 확장하는 형태다. 현실 세계를 가상 세계로 보완해 주는 개념으로 컴퓨터 그래픽으로 만들어진 가상 정보를 사용하지만, 현실 세계가 중심이다.

AR 내비게이션(좌)과 VR 내비게이션(우) 비교

출처: 『가상 현실 기술 휴먼 팩터 가이드라인 연구』(한국교육학술정보원)

## ▮가상 현실(VR)

컴퓨터 소프트웨어를 사용해 현실 세계와 매우 비슷한 가상 세계를 만들어 이 세계 안에서 시각, 청각, 촉각 등을 바탕으로 실제와 유사한 공간적·시간적 체험이 가능하다.

사용자는 현실과 가상의 경계를 자유롭게 드나들 수 있으며, 단순히 몰입할 뿐만 아니라 컨트롤러를 이용해 조작이나 명령 등 가상 현실 속 사물들과 상호 작용을 할 수 있다. 이 기술을 통해 공룡들이 존재하는 중생대를 재현해 공포에 찬 소리와 함께 공룡들을 보고 체험할 수 있게 하거나, 수많은 장기와 세포로 구성된 인체 내부를 보고 가상으로 재현해 관찰하고 학습하기도 한다.

영국 옥스퍼드대학교 연구진이 가상 현실 기술을 이용해 인간 유전체를 연구하고 있는 모습
출처: 옥스퍼드대학교

증강 현실과 가상 현실의 가장 큰 차이점은 가상 현실은 그저 가상의 세계만 보여 주지만, 증강 현실은 실제 세계를 기반으로 한 상태에서 다른 가상의 정보를 더해 보여 준다는 것이다.

### ▮혼합 현실(MR)

혼합 현실이란 증강 현실과 가상 현실을 통합하고, 사용자와의 상호 작용을 더욱 강화한 방식을 의미한다. 혼합 현실은 가상 현실과 증강 현실의 장점을 중심으로 구현되는데, 현실과 가상의 공간에서 실시간 상호 작용을 할 수 있다는 특징이 있다. 가상의 컵을 실제 테이블 위에 올려놓을 수 있고, 가상의 공을 던지면 실제 테이블에 튕겨서 바닥으로 떨어져 굴러가게 한다. 이러한 혼합 현실을 통해 현장감 있는 가상

현실 세계에서 3차원 이미지를 보여 주는 모습

세계를 체험할 수 있다.

## 02 증강 현실, 가상 현실, 혼합 현실을 구현하기 위해서는 어떤 장치와 기술이 필요할까?

가상 현실을 체험하고 즐기려면 헤드 마운트 디스플레이(Head Mounted Display, HMD) 장치, 감각 생성을 위한 인터페이스 장치와 컴퓨터가 필요하다. 헤드 마운트 디스플레이는 얼굴에 착용하고 3차원 영상을 볼 수 있는 장치로, 머리의 위치와 자세를 추적할 수 있는 센서를 포함하고 있다.

증강 현실이나 혼합 현실을 위한 헤드 마운트 디스플레이에는 현실 세계 사용자의 눈으로 직접 보고 가상 세계를 디스플레이해 주는 광학 시스루 HMD(Optical See-thru HMD)와 현실 세계와 가상 세계 모두 디스플레이를 통해 볼 수 있는 비디오 시스루 HMD(Video See-thru HMD)가 있다. 광학 시스루 HMD의 대표적인 예로 한눈에 정보를 제공하는 구글 글래스(Google Glass)와 마이크로소프트의 홀로렌즈(Hololens) 등이 있다.

헤드 마운트 디스플레이

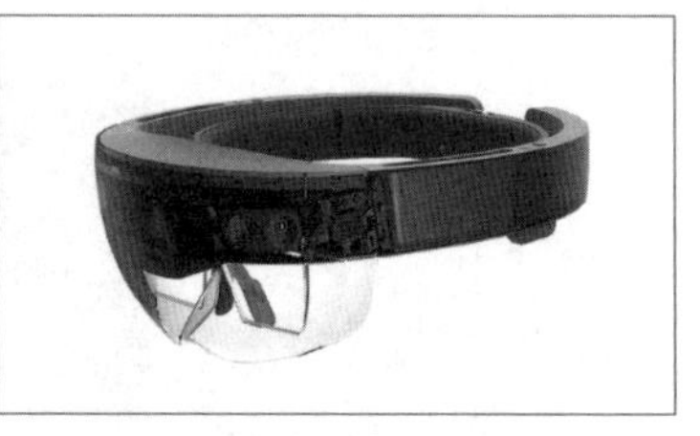
홀로렌즈

그 외에 증강 현실과 혼합 현실을 현실 세계에서 자유롭게 사용하려면 사용자의 위치와 자세의 실시간 추적 센서와 환경에 대한 3차원 모델을 고속으로 생성할 수 있는 센서들이 필요하다.

미국의 대표적 IT 시장 조사 및 컨설팅 기업인 '가드너'는 2020년 10대 전략 기술 중 하나로 실감 미디어(AR·VR)를 선정했다. 실감 미디어는 크게 디스플레이, 트래킹, 렌더링, 인터랙션 및 사용자 인터페이스 기술로 구현된다.

**증강 현실(AR)과 가상 현실(VR)을 구현하는 주요 기술**

| 구분 | 주요 내용 | 발전 방향 |
|---|---|---|
| 디스플레이 기술 | 가상 현실과 증강 현실 속 몰입 콘텐츠를 사용자가 감각적으로 경험할 수 있도록 제공하는 표시 장치 기술 | 청각 외에도 촉각, 후각 등 감각 정보를 유저에게 제공하는 표시 장치 기술 및 가상 멀미 등 부작용 해결 |
| 트래킹 기술 | 몰입 콘텐츠에서 사용자의 생체 데이터를 실시간으로 추적하는 기술 | 자유도(Degree of Freedom, DoF), 향상 및 생체 데이터 추적 기술 |
| 랜더링 기술 | 표시 장치에 보여지는 몰입 콘텐츠를 고해상도·고화질로 구현하는 데 필요한 하드웨어 및 소프트웨어 기술 | 실시간 제공을 위한 지연 시간 단축 및 고해상도·고화질 구현 연구 |
| 인터랙션 및 사용자 인터페이스 기술 | 몰입 콘텐츠를 지각, 인지, 조작, 입력할 수 있도록 돕는 상호 작용 및 인터페이스 기술 | 조작 환경 기술 연구 |

출처: 『실감 미디어(AR·VR) 활용의 현재와 미래』(경기도 경제과학진흥원)

증강 현실, 가상 현실, 혼합 현실은 서로 연관된 부분이 있지만, 각각 특성이 뚜렷하고 활용될 수 있는 산업 분야가 다양하다.

**증강 현실, 가상 현실, 혼합 현실 기술 비교**

| 구분 | 증강 현실 | 가상 현실 | 혼합 현실 |
|---|---|---|---|
| 구현 방식 | 현실 정보 위에 가상 정보를 입혀서 보여 주는 기술 | 현실 세계를 차단하고 디지털 환경만을 구축 | 현실 정보를 기반으로 가상 정보 융합(=하이브리드 현실) |
| 장점 | • 현실 세계에 그래픽을 구현하는 형태로 즉각적으로 필요한 정보들을 보여 줄 수 있음<br>• 현실과의 상호 작용이 가능함 | • 컴퓨터 그래픽으로 입체감이 있는 영상 구현 가능<br>• 몰입감이 뛰어남 | • 현실과 상호 작용이 우수함<br>• 사실감과 몰입감 극대화 |
| 단점 | • 시야와 정보가 분리됨<br>• 몰입감이 떨어짐 | • 현실 세계와 차단되어 있어 현실과의 상호 작용이 약함<br>• 컴퓨터 그래픽 세계를 별도로 구현해야 함 | • 처리할 데이터 용량이 커서 데이터를 다루기 어려움<br>• 장비 또는 기술적 제약이 있음 |

출처: 『혼합 현실: 선진국처럼 우리나라에서도 정보 지원 시급』(한국과학기술정보원)

## 03 증강 현실, 가상 현실, 혼합 현실은 어디에 활용할 수 있을까?

증강 현실, 가상 현실, 혼합 현실은 교육, 스포츠, 게임, 오락, 통신, 엔터테인먼트를 비롯해 제조, 국방, 건축, 의료 등 그 응용 분야가 점점 많아지고 있다.

증강 현실, 가상 현실, 혼합 현실이 가장 활발하게 적용되고 있는 분야는 VR 기술을 활용한 게임, 영화 등 엔터테인먼트 분야로, 2017년 기준 62억 달러의 시장을 형성하고 있다. 그 뒤를 이어서 제조업 분야(약 23억 달러), 쇼핑 및 전자 상거래 분야(약 10억 달러)의 순으로 높은 비중을 차지하고 있다.

## 용어 정의

- **포켓몬 고**(Pokemon GO): 게임 개발사인 나이언틱 랩스에서 호주와 뉴질랜드를 시작으로 출시한 위치 기반 증강 현실 모바일 게임이다.
- **엔터테인먼트**(entertainment): 영화, 음악, 드라마 등과 같은 예술로 많은 사람을 즐겁게 하는 문화 활동을 뜻한다.

## 참고 서적 및 자료


○ 『가상 현실 기술 휴먼 팩터 가이드라인 연구』/한국교육학술정보원/2018년

○ 『가상·증강·혼합 현실 기술의 발전과 동향』/정보통신기획평가원/2019년

○ 『실감 미디어(AR·VR) 활용의 현재와 미래』/경기도 경제과학진흥원/2020년

○ 『혼합 현실: 선진국처럼 우리나라에서도 정보 지원 시급』/임정선/한국과학기술정보원/2017년

○ 『과학이슈 11』/이은희 외/동아엠앤비/2017년

## 증강 현실, 가상 현실, 혼합 현실 개요서

**••• 토론 논제**

과학 기술이 발전함에 따라 증강 현실, 가상 현실, 혼합 현실 등 새로운 IT 기술들이 큰 관심을 받으며 성장하고 있다. 증강 현실, 가상 현실, 혼합 현실에 대해 조사하고, 앞에서 제시된 기술의 발전은 인간 사회에 어떤 영향을 미칠 것인지 과학적인 근거를 바탕으로 쓰시오.

〈2017년 경기 중산고 등〉

## 생각 적용하기

증강 현실, 가상 현실, 혼합 현실 등의 기술 발전이 인간 사회에 어떤 영향을 미칠지 생각해 보자.

| 구분 | 증강 현실 | 가상 현실 | 혼합 현실 |
|---|---|---|---|
| 내용 조사 | | | |
| 기술 발전이 인간 사회에 미칠 영향 | | | |
| 과학적 근거 | | | |

## 01 인공 지능 로봇이란 무엇일까?

로봇 기술과 인공 지능(AI) 기술의 융합으로 로봇의 스마트화가 빠르게 진행되고 있다. 4차 산업 혁명의 핵심으로 부상하고 있는 인공 지능 로봇에 대한 다양한 정의를 살펴보자.

| 개인·기관 | 인공 지능 로봇의 정의 |
| --- | --- |
| 유럽의회 결의문 | • 센서를 통하거나 주변 환경과의 자료 교환 및 분석을 통한 자율성 확보<br>• 경험이나 상호 작용을 통한 자가 학습 능력 보유<br>• 최소한의 물리적 형태<br>• 주변 환경에 대한 적응 행동 가능<br>• 생물학적 의미에서 무생물 |
| 국제표준화기구 | • 상당한 독립성을 가지고, 주어진 환경에서 움직이며, 의도된 작업을 수행할 수도 있는, 둘 이상의 축을 가진 프로그램 가능한 작동 기계 |
| 프랑스의 로봇 윤리 전문가 나탈리 네브장 | • 실체를 가진 기계<br>• 주변 환경 분석 가능<br>• 자가 학습 능력 보유<br>• 에너지에 의해 작동<br>• 독자적인 판단 및 결정 가능 |

| 우리나라 산업진흥원<br>로봇 개발 및 보급 촉진법 | • 외부 환경을 스스로 인식하고 상황을 판단해 자율적으로 동작하는 기계 장치 |
|---|---|

이런 정의에서 공통적인 요소를 찾아 인공 지능 로봇을 정의하면 '인공 지능에 기반해 충분한 자율성을 가지고, 상호 반응이 가능하며, 자가 학습 능력을 보유하고, 독자적인 판단과 결정을 내릴 수 있는 기계'라고 할 수 있다.

## 02 로봇은 언제 등장했을까?

'로봇(robot)'이라는 단어가 처음 등장한 것은 생각보다 얼마 되지 않았다. 로봇이라는 단어는 1921년 체코의 작가 카렐 차페크가 쓴 희곡 『R.U.R.(Rossum's Universal Robots, 로숨의 유니버설 로봇)』에서 처음 등장했다. 차페크는 제1차 세계 대전에서 사용된 기계화된 화학 무기들이 낳은 대학살의 결과에 큰 충격을 받고, 과학 기술 발전이 초래한 현대 사회의 비인간화를 비판하고자 자신이 쓴 희곡에 로봇을 등장시켰다. 이후 인류는 계속 자동 기계에 관심을 가졌다. 대공황 때 잡지와 신문에는 로봇이 전쟁을 수행하고, 범죄를 저지르며, 노동자를 대체하고, 심지어 권투 헤비급 챔피언 '잭 뎀프시'도 이길 것이라고 추정하는 기사들이 무수히 실렸다. 이렇게 인간에게 다가온 로봇은 인간의 삶 속으로 들어와서 현재 많은 일을 대신하고 있다.

## 03 로봇의 활용 범위는 어떻게 될까?

산업 현장에서 생산 공정에 참여하는 로봇을 제조 로봇이라고 하고, 사람의 일을 대신해 주는 로봇을 서비스 로봇이라고 한다. 로봇은 처음에는 공장과 같은 산업 현장에서 조립이나 기계 가공 등 여러 작업을 하는 자동 기계로 쓰였다. 이후 자동 센서를 기반으로 하는 능력이 추가되면서 종류와 기능이 다양해졌다. 현재 로봇은 제조업뿐 아니라 물류, 돌봄, 의료, 농업, 교육, 군사 등 우리 생활의 모든 분야에서 활용되고 있다.

**로봇의 분류**

| 분류 | 제조 로봇 | 서비스 로봇 | |
|---|---|---|---|
| | | 개인 서비스 로봇 | 전문 서비스 로봇 |
| 정의 | 제조업 제품 생산에서 출하를 위한 작업을 수행하는 로봇 | 인간에게 생활 서비스를 제공하는 인간 공생형 로봇 | 전문 지식이 필요하거나 인간이 하기 어렵거나 위험한 일을 하는 로봇 |
| 종류 | 공장 자동화 로봇, 협동 로봇 | 의료 로봇, 물류 로봇, 소셜 로봇, 안내 로봇, 청소 로봇, 군사 로봇, 자율 주행 로봇 | |

출처: 『The Next Big Thing, 서비스 로봇 동향과 시사점』(정보통신기술진흥센터)

## 04 로봇 시장이 커지는 이유는 무엇일까?

비대면 등 라이프 스타일의 변화와 고령화·저출산 등에 따른 인구 구조 및 노동 인구의 변화 등 사회 여러 문제들로 인해 인공 지능 로봇 시장이 빠르게 성장하고 있다. 빠른 성장을 거듭하는 제조업용·서비스업용 등 로봇 분야별 성장 요인을 구체적으로 알아보자.

### ▌제조업용 로봇

제조업용 로봇의 활성화 요인은 크게 제조 생산 방식의 변화, 스마트 팩토리 도입 확대, 제조업용 로봇의 적용 산업 분야의 확대 등으로 볼 수 있는데, 이러한 요인들이 복합적으로 작용하기도 한다.

### ▌서비스업용 로봇

최근 서비스 로봇 시장이 빠른 속도로 성장하는 이유는 기술적 요인과 사회적 요인으로 나누어 볼 수 있다.

#### ① 기술적 요인

인공 지능 기술과 초고속 통신의 발달로 로봇의 인지·학습 능력이 빠르게 성장하고 있다. 또한 반도체 기술 혁신 덕분으로 로봇에 탑재되는 프로세서와 센서의 성능은 향상되고, 가격은 빠른 속도로 하락하고 있다.

#### ② 사회적 요인

서비스 로봇 시장의 성장 배경은 기술적 요인뿐만 아니라 저출산·저성장 시대 도래, 생산성 향상 요구, 삶의 질 향상 추구와 같은 사회적 변화도 중요한 요인이다.

저출산과 고령화로 인해 이미 초고령 사회로 접어든 일본뿐만 아니라 우리나라도 빠른 속도로 고령화가 진전되고 있다. 이는 노동

인구 감소로 이어지며 저성장 시대로 진입하는 것이다. 이런 상황은 생산성 혁신에 대한 요구를 불러왔으며, 로봇 시장을 성장시키는 계기가 되고 있다. 또한 개인의 삶의 질을 향상시키고 행복을 추구하려는 가치관이 서비스 로봇의 도입을 가속화시키고 있다.

## 05 인공 지능 로봇의 편익과 부작용은 무엇일까?

인공 지능 로봇은 우리의 일상과 현장의 다양한 영역으로 빠르게 침투하고 있다. 이는 무엇보다도 효율성과 편리함을 제공하기 때문에 나타난 결과라고 할 수 있다. 인공 지능 로봇은 생산 현장에서 휴식을 요구하지도 않으며, 급여 인상과 복지 강화를 요구하지도 않는다. 그러나 기술의 발전은 여러 가지 부작용도 함께 가져온다. 인공 지능 로봇 기술을 기껏 개발해 놓고 인류가 불행해진다면 아무런 의미가 없다. 따라서 안전하게 로봇 기술을 사용하기 위해서는 로봇과 인간의 협업이 반드시 필요하다.

| 로봇으로 인한 편익 | 로봇으로 인한 부작용 |
| --- | --- |
| 생산성 향상<br>삶의 질 향상<br>노동력 부족 해결<br>안전 향상<br>의사 결정 지원<br>감정 교류 | 로봇 오작동<br>인간의 오남용<br>일자리 감소<br>윤리 의식 부재<br>사생활 침해 |

## 용어 정의

- **4차 산업 혁명:** 디지털 기술이 바이오산업, 물리학 등과 결합 및 융합되어 자율 주행, 사물 인터넷, 인공 지능 등으로 나타나는 기술이다.
- **로봇의 3원칙**: 미국의 작가 아이작 아시모프가 1950년에 발간한 소설인 『아이, 로봇(I, Robot)』에서 제안된 로봇의 행동에 관한 3가지 원칙이다. 오늘날까지 많은 국가의 로봇 정책의 기초가 되었다.
  ① 제1 법칙: 로봇은 인간에게 해를 끼쳐서는 안 되며, 위험에 처해 있는 인간을 방관해서도 안 된다.
  ② 제2 법칙: 로봇은 인간의 명령에 반드시 복종해야만 한다. 단, 제1 법칙을 거스를 경우에는 제외다.
  ③ 제3 법칙: 로봇은 자기 자신을 보호해야만 한다. 단, 제1 법칙과 제2 법칙을 거스를 경우는 예외다.
- **스마트 팩토리:** 전통 제조 산업에 정보 통신 기술을 활용해 전 제조 공정을 자동화·지능화해 제품을 생산하는 공장을 뜻한다.

## 참고 서적 및 자료

○ 『The Next Big Thing, 서비스 로봇 동향과 시사점』/정보통신기술진흥센터/2017년
○ 『글로벌 로봇 산업 시장 동향 및 진출 방안』/대한무역투자진흥공사/2018년
○ 『인공 지능, 로봇과 인간의 역할을 재정의하다』/김동영/2019년
○ 『지능형 IoT 기반 서비스 로봇 활용 사례와 시사점』/정은주/정보통신산업진흥원/2020년
○ 『주요국 로봇 기술 개발 동향과 시사점』/이상휘/정보통신산업진흥원/2008년

## 인공 지능 로봇 개요서

### ●●● 토론 논제

곧 다가올 차세대 4차 산업 혁명인 초지능화는 인공 지능이 빅 데이터와 연계 및 융합하는 기술이다. 데이터에 쌓은 경험을 바탕으로 인공 지능이 더욱 똑똑해지는 것을 말하는데, 이러한 인공 지능 로봇이 빠른 속도로 실생활에 들어오고 있다. 인간을 대신하는 인공 지능 로봇의 장·단점을 한 가지씩 말하고 개선 방법과 이를 효율적으로 활용하는 것에 대해 조사한 후 앞으로 인간과 인공 지능 로봇과의 공생 관계 개선에 도움이 될 수 있는 방안을 제시하시오.

〈2017년 경기 수원 명인중 등〉

## 생각 적용하기

| 인공 지능 로봇의 장·단점을 분석하고, 공생 관계 개선 방안에 대해 고민해 보자. | | |
|---|---|---|
| 구분 | 인공 지능 로봇의 장점 | 인공 지능 로봇의 단점 |
| 장·단점 | | |
| | 효율적인 활용법 | 단점 보완 방법 |
| 로봇 사용 | | |
| 로봇과의 공생 관계 개선 아이디어 | | |

논제 20

# 3D 프린터

## 01 3D 프린터란 무엇일까?

'3D 프린터'는 3D 프린팅 과정을 통해 실물로 출력해 주는 장치를 말한다. 간단히 정리하자면 '3차원 도면을 바탕으로 3차원 물체를 만들어 내는 기계'를 의미한다. 지금까지 우리가 알고 있었던 프린터는 2D 프린터로 디지털 파일을 전송하면 종이 위에 2차원 활자나 그림을 그려 내는 기계였다. 반면에 3D 프린터는 3차원 데이터를 넣으면 이를 바탕으로 3차원의 입체적인 물품을 출력하는 프린터다. 즉 2D 프린터가 어떤 물건을 찍은 사진을 인쇄할 때, 3D 프린터는 그 물건 자체를 만들 수 있다는 뜻이다.

3D 프린터 덕분에 작은 컴부터 엔진 부품, 맞춤옷이나 음식, 인공

장기에 이르기까지 세상의 모든 것을 만들 수 있게 되었다. 3D 프린터는 재료 면에서도 한계가 없다. 플라스틱을 사용했던 초창기의 3D 프린터는 발전에 발전을 거듭해 오늘날에는 종이, 목재, 금속, 콘크리트, 식재료, 심지어 세포에 이르기까지 우리가 생각할 수 있는 모든 재료를 소재로 사용할 수 있다.

## 02 3D 프린터의 원리는 무엇일까?

3D 프린터는 신속하게 조형을 한다고 해서 쾌속 제조라고 불린다. 일반적으로 많이 쓰이는 방법은 '적층 가공'으로 액체나 미세한 분말로 된 원재료를 노즐로 뿜어내는 방식이다. 만들고자 하는 물건을 컴퓨터로 마치 미분하듯이 가로로 1만 개 이상 잘라 내 분석한다. 컴퓨터는 그 데이터를 바탕으로 얇은 막 형태로 한 층씩 데이터를 보내 주고, 한 층씩 받은 데이터를 노즐을 통해 분사한다. 한 층이 끝나면 노즐이 살짝 위로 상승하고, 다시 다음 층에 해당하는 데이터를 받아 분사한다. 이런 식으로 마치 탑을 쌓듯 물건의 바닥부터 꼭대기까지 쌓아 올려 완성한다.

3D 프린터를 통한 제작 과정은 크게 모델링, 프린팅, 후처리로 나눌 수 있다.

첫째, 모델링은 만들고자 하는 물체의 설계도면을 3D로 만드는 단계다. 포토샵과 같이 평면 위에 컴퓨터용 2D 프로그램을 이용해 3차원 공간에서 물체의 형태를 만드는 과정이라고 할 수 있다.

둘째, 프린팅은 재료를 한 층씩 쌓아 올려 모형을 만드는 단계다.

셋째, 후처리는 사용된 재료에 따라 차이가 있지만, 조형이 완성되면 완성물 주변에 붙어 있는 찌꺼기나 부산물을 제거하는 마지막 단계다. 플라스틱의 경우에는 완전히 단단해질 때까지 기다려야 한다. 이렇게 경화 과정이 끝나면 표면 청소와 매끄럽게 만드는 작업, 코팅이나 페인팅 과정을 거쳐 최종 결과물이 완성된다.

## 03 3D 프린터로 무엇을 할 수 있을까?

소재와 디자인에 따라 어떤 것도 만들어 낼 수 있어 미래의 '연금술'로 불리는 3D 프린터 기술은 각종 기계 부품에서부터 우주 항공 분야까지 그 활용이 점점 넓어지고 있다. 리서치 기관 '스마테크마켓'은 3D 프린팅 시장이 2017년 62억 7,130만 달러(약 6조 8,100억 원)에서 2023년 193억 6,360만 달러(약 21조 원)까지 커질 것으로 전망하고 있다. 이렇게 시장이 확장되고 있는 3D 프린터는 제조, 의류, 식료 등 다양한 산업군에서 활용이 가능하다.

## 04 3D 프린터의 장점과 문제점은 무엇일까?

이미 1980년대에 존재했고, 실제 생산 현장에서 활용되어 왔던 3D 프린팅 기술은 고가의 3D 프린터 가격이 하락하면서 기존 산업의 패러다임을 변화시키고 있다. 현재 3D 프린팅 기술은 기업의 고부가 가치화, 제조업 혁신 및 신시장 창출을 이끌어 낼 수 있는 차세대 성장 동력으로 주목받고 있다. 그러나 이런 높은 기대감과는 달리 한편에서는 문제점도 제기되고 있다. 3D 프린터가 가져올 기회와 위협에 대해 알아보자.

**3D 프린터가 가져올 기회와 위협**

| 기회 | 위협 |
| --- | --- |
| 새로운 일자리를 창출함 | 저임금 노동자의 일자리를 위협함 |
| 아이디어 제품, 부품, 취미 활동용 장식품 등을 직접 제작할 수 있음 | 권총 같은 총기류를 만들 수 있음 |
| 전자, 항공, 자동차, 의료, 교육 등 전통 산업에 재도약 기회를 제공함 | 광경화성 수지, 금속 소재 일부만 활용 가능하며, 가공 소재에 한계가 있음 |
| 제조업과 정보 통신 기술의 융합 등 새로운 산업을 창출함 | 조형 속도가 매우 느리고, 규모가 큰 물체의 프린팅에 한계가 있음 |
| 기획, 유통, 생산 방식의 변화를 가져옴 | 높은 디자인 해상도로 인해 상당한 컴퓨팅 능력을 요구하며, 이런 능력을 가진 전문 인력이 부족함 |
| 누구나 설계와 디자인, 서비스를 활용해 개인 맞춤형 생산 및 거래가 확산되어 혁신에 기여함 | 특허의 경계가 모호하고, 이로 인한 지적 재산권 분쟁의 소지가 잠재되어 있음 |
| 단축된 제작 기간 내에 저렴한 비용으로 제품을 생산할 수 있음 | 적층 방식 제조로 단층 방향의 힘에 약하고, 조형물의 강도가 약함 |

출처: 정보통신기술진흥센터

## 용어 정의

- **3D 프린터의 공정 방식**
  ① 수지 압출법(FDM): 열에 녹는 고체 플라스틱과 같은 재료를 실타래처럼 뽑아 이것을 조금씩 녹여 가며 쌓는 방식이다.
  ② 디지털 광학 기술(DLP): 빛에 반응하는 액체 형태의 광경화성 플라스틱이 들어 있는 수조에 레이저를 쏘아 한 층씩 굳히는 방법이다.
  ③ 광경화 수지 조형(SLA): 광경화석 플라스틱을 판 위에 얇게 분사해 가며 결과물을 얻는 방식이다.
- **'적층 가공' 방식**: 3D 프린터의 원리로 얇은 층을 쌓아 올려 모형을 만드는 것을 말한다.

## 참고 서적 및 자료

○ 『글로벌 화두로 부상하고 있는 3D 프린터 산업, 그리고 충북의 대응 방안』/설영훈/2014년
○ 『3D 프린터의 이해 및 교육적 활용 방안』/한국교육학술정보원/2014년
○ 『공간 시각화 능력을 위한 3D 프린터 활용 수업 지도 방안 연구』/박희진/단국대학교 석사 논문/2017년
○ 『3D 프린터 활용 분야 및 발전 전망』/정보통신기술진흥센터/2014년
○ 『3D 프린터를 활용한 교구 창작 활동 중심의 메이커 교육 프로그램 개발』/김민성/광주 교육대학교 교육대학원 석사 논문/2020년

## 3D 프린터 개요서

### ●●● 토론 논제

3D 프린팅 산업은 기존 산업의 패러다임을 변화시켜 주력 산업의 고부가 가치화, 제조업 혁신 및 신시장 창출을 이끌어 낼 수 있는 차세대 동력으로 주목받고 있다. 3D 프린터가 제조업에 미치게 될 영향에 대해 조사하고, 그에 따른 문제점을 해결할 수 있는 방안을 창의적으로 제시하시오.

〈2017년 경기 청북고〉

## 생각 적용하기

| 3D 프린터가 제조업에 미치게 될 영향에 따른 문제점을 어떻게 해결할 수 있을지 생각해 보자. | | |
|---|---|---|
| 구분 | 긍정적 방향 | 부정적 방향 |
| 3D 프린터가 제조업에 미치게 될 영향 | | |
| | 효율화 방안 | 개선 방안 |
| 해결 방안 | | |
| 내가 생각한 아이디어 | | |

# 논제 21
# 자율 주행 자동차

## 01 자율 주행 자동차란 무엇일까?

자율 주행 자동차란 '컴퓨터로 통제되는 자동차로서 주행 정보 관련 각종 장치 등을 통해 스스로 상황을 판단해 주행함으로써 사람의 조작이 필요 없는 자동차'를 의미한다. 따라서 전통적인 기계로서의 자동차와 각종 기술이 융합된 자동차로 '사람이 운전하지 않고 자동차가 스스로 탑승자가 설정한 목적지까지 최적의 경로를 설정해 교통 상황과 물체를 인지하고 판단해 주행하는 자동차'를 뜻한다.

## 자율 주행 자동차의 자동화 단계는 어떻게 구분될까?

자율 주행 자동차의 자동 단계나 수준에 대해서는 몇 가지 정의가 존재한다. 그중 자율 주행 자동차를 0~5단계로 나눈 미국 자동차공학협회의 분류 기준에 관해 알아보자.

| 단계 | 내용 |
|---|---|
| 0 | 인간 운전자가 모든 것을 수행함 |
| 1 | 자동 감응식 순항 제어, 차선 유지 보조 장치, 충돌 피해 경감 브레이크 등에 의해 가속, 조타, 제동 중 특정한 조작을 하는 시스템이 행하는 상태(긴급 대응의 경우에는 운전자가 수행) |
| 2 | 차량의 자동 시스템이 실제로 운전의 일부를 수행할 수 있으나, 인간은 계속해서 운전 환경을 추적 확인하고 운전의 나머지를 수행함 |
| 3 | 자동 시스템이 일정한 경우에 실제로 운전의 일부를 수행하고 운전 환경을 추적 확인할 수 있으나, 인간 운전자는 자동 시스템이 요청 시 제어할 수 있도록 함 |
| 4 | 자동 시스템이 운전을 수행하고 운전 환경을 추적 확인할 수 있으며, 인간은 다시 제어할 필요가 없음. 그러나 자동 시스템은 오로지 일정한 환경이나 조건하에서만 운영할 수 있음 |
| 5 | 자동 시스템이 인간이 운전할 수 있는 모든 조건하에서 모든 운전을 수행할 수 있음 |

출처: 『자율 주행 자동차 활성화를 위한 법적 과제』

이 분류는 '누가 무엇을 언제' 수행했는가를 기준으로 설명할 수 있다.

0단계에서는 자동화가 되지 않아 인간 운전자가 모든 것을 수행한다.

1단계는 현재 대부분 상용차에서 구현되고 있으며 '특정 기능의 자동화 단계'다. 운전자는 특정 주행 조건 아래 스마트 크루즈 컨트롤, 차로 이탈 방지 보조 등 기술의 도움을 받을 수 있다.

2단계는 기존 자율 주행 기술들이 통합되어 작동하며, 운전자는 전방을 주시하지만 페달과 운전대를 사용하지 않는다. 스마트 크루즈 컨트롤과 차로 이탈 방지 보조 등의 결합으로 주행 시 차량과 차선을 인식해 앞 차량과의 간격을 유지하고 자동으로 방향을 조절하는 '고속 도로 주행 보조'가 이 단계에 속한다.

3단계는 운전자의 별도 조작 없이 목적지의 경로상 일정 부분에서 자율 주행을 하며, 특정 상황에서만 운전자가 개입하는 '제한적 자율 주행'이다. 도심에서는 교차로, 신호등, 건널목 등 교통 시설 및 환경을 인식해 차량을 자동 제어하고, 고속 도로에서는 차량 흐름을 고려해 차선 변경, 끼어들기 등을 자동으로 한다.

4단계는 '통합 자율 주행'으로 시동을 걸 때부터 목적지에 도착해 시동을 끌 때까지 자율 주행을 할 수 있는 수준이다. 이 단계에서는 차량과 차량, 차량과 인프라 사이의 통신을 통해 정보를 수집하고 최적의 경로를 파악해 주행할 수 있다.

5단계는 운전석에 사람이 없는 '완전 무인차'인 단계다. 운전자의 개입이 없어 운전석, 핸들, 페달 등이 필요 없다. 차량 내부는 탑승자의 편의를 높이는 디자인으로 바뀐다.

## 03 자율 주행 자동차의 장·단점은 무엇일까?

### ▎장점

**① 안전성과 편리성**

세계보건기구의 최근 통계에 따르면, 교통사고 사망자는 연간 124만 명이다. 수치로만 보자면 히로시마에 투하되었던 원자 폭탄이 해마다 10개씩 떨어지는 셈이다. 실제로 교통사고로 인해 매년 중국에서는 27만 명, 인도에서는 23만 명, 미국에서는 3만 명 이상이 숨지고 있다. 우리나라 또한 2021년 교통사고 사망자가 2,900명이다. 교통사고의 90%는 운전자의 실수에 따른 것이며, 도로나 기계 장치 결함 등으로 사고가 발생한 경우는 10% 수준이다. 세계적인 컨설팅 회사 맥킨지는 2015년 보고서를 통해 자율 주행차가 본격적으로 도입되면 미국에서 발생하는 교통사고의 90%가 줄어들 것이고, 이로 인한 경제적 효과가 매년 1,900억 달러(약 290조 4,000억 원)에 이를 것으로 예상했다.

자율 주행 자동차의 인공 지능 시스템은 데이터가 많이 축적되고 다양한 상황에 노출될수록 더욱 완전해진다. 이제 운전자는 자율 주행 자동차 덕분에 주행 중에도 다른 일을 할 수 있게 되었으며, 시각 장애인, 신체 장애인, 운전면허를 보유하지 않은 사람들도 자유롭게 이동할 수 있게 되었다.

**② 효율성**

인공 지능이 운전하는 자율 주행 자동차는 도로의 안내나 규제를 정확하게 지켜서 신호 위반이나 속도 위반이 거의 사라질 것이다. 또한 자동차의 차선 변경이나 진로 변경을 예측해 정확한 방법으로 운전을 하게 되어 사고가 줄어드는 것은 물론 도로의 공간이 늘어날 것이다. 이뿐만 아니라 경로 및 목적지 정보 공유를 통해 차량이 분산되어 차량 정체도 사라질 것이다.

**③ 친환경성**

현재 자동차 연료는 석유를 기반으로 하고 있으며, 이로 인해 온실가스의 25%는 자동차에서 나오고 있다. 미국 항공우주국과 구글이 공동으로 설립한 싱큘래리티대학교의 교수인 템플턴 박사는 미래의 자동차에 대해 "수천 개의 부품을 가지기보다는 수백 개 정도의 부품을 가지게 될 것이다. 또 크기가 작아지고 전기로 움직이게 되며, 통제 장치도 작아지고 대시 보드도 없어질 것이다."라고 말했다. 그는 또한 자동차 공정의 변화는 연료 사용과 온실가스 배출을 감축해 현재 비용의 절반 정도로 자동차를 운행할 수 있다고 밝혔다.

**▮단점**

**① 안전성 논란**

자율 주행 자동차가 상용화될 경우 교통사고가 90% 감소할 것으로 전망되고 있지만, 미시간대학교의 연구 결과를 보면 꼭 그렇지만은 않다. 미시간대학교의 연구 결과에 따르면 일반 도로에서 자율주행 자동차를 시험 운행한 결과, 운행 거리 100마일당 교통사고 및 부상자 발생률이 일반 차량의 경우보다 높게 나타났다. 또한 구글의 자율 주행 자동차 시험 운전 결과에 따르면, 공공 도로에서 자율 주행 시험 운전 중 자율 주행 해제 발생 횟수는 감소하는 추세지만, 주행 조건이 좋지 않은

도로에서는 아직 완전 자율 주행이 어려운 것으로 나타났다. 이와 더불어 해킹 등 제 3자에 의한 위험과 소프트웨어 오류로 인해 문제가 발생할 수 있다.

**② 기술적 한계**

현재 구글과 애플 같은 IT 기업은 물론 BMW·벤츠·도요타·현대 등 기존 자동차 제조 기업까지 완전 자율 주행 자동차를 목표로 기술 개발에 매진하고 있다. 현재 자율 주행 자동차를 개발 중인 기업들은 대부분 2030년 상용화를 목표로 하고 있다. 그러나 현재의 자율 주행 자동차는 아직 폭설, 폭우, 짙은 안갯길 같은 상황에서는 주행에 어려움이 있다. 또한 인공 지능이 사람의 수신호, 보행자의 손짓이나 끄덕임의 의미를 이해하기 어렵다.

**③ 윤리적 딜레마**

사고의 위험이 있는 순간 핸들 등의 선택권을 인공 지능에게 맡기는 것이 바람직한가에 대한 논란이 있다. 완벽한 의미의 자율 주

행 자동차는 인간의 직접적인 지시 없이도 원하는 목적지까지 운행되지만, 자율 주행 자동차가 모든 결정을 스스로 내리는 상황에서는 윤리적인 문제가 발생할 수 있다. 대표적인 것이 고전적인 윤리 문제인 '트롤리 딜레마'다. 이는 사고 실험으로 선로 변환기를 손에 쥔 사람이 선로를 변경하면 1명은 죽지만 5명을 살릴 수 있고, 선로를 변경하지 않으면 1명을 살릴 수 있지만 5명이 죽을 수밖에 없는 상황에서 하나를 선택해야 할 때 나타나는 윤리적 문제다. 이러한 트롤리 딜레마는 자율 주행 자동차에도 똑같이 적용된다. 만일 내 차에는 나만 탔지만, 오른쪽의 차 안에는 4명의 어린아이가 타고 있다면 어떻게 해야 할 것인가? 인간도 판단하기 어려운 문제에 종종 직면하는데, 운전을 인공 지능에게 맡긴다면 결정하기 어려운 문제가 한두 개가 아닐 것이다.

## 04 자율 주행 자동차를 탄생시킨 기술은 무엇일까?

### 무인 자동차의 눈과 귀, 인공 지각

무인 자동차의 눈에 해당하는 장비로는 카메라, 라이다, 레이더 등이 있다. 최근 카메라는 스마트폰에 내장될 정도로 가격이 저렴해지고 성능은 좋아졌다. 그러나 이 카메라의 약점은 평면이라 물체를 입체적으로 파악하거나 물체와 자동차 사이의 거리를 파악하기 힘들며, 먼지나 오물(흙, 눈, 비) 등에 취약하다. 그래서 필요한 장비가 라이다다. 라이다는 사방으로 레이저를 쏜 뒤 반사되는 것을 감지해 물체를 입체적으로 파악하고 물체와의 거리도 파악한다. 레이더는 먼지나 오물이 있어도 주변 사물을 파악하게 해 주며, 사물의 형태, 재질, 이동 방향과 속도까지 측정해 준다.

**자율 주행 자동차의 센서 기술 특징 비교**

| 센서 | 기능 | 특징 |
|---|---|---|
| 카메라 | 이미지 센서를 이용해 주변 환경을 이미지로 감지 및 처리 | • 인간의 눈과 같이 차선, 신호등, 표지판, 차량 및 보행자 등의 다양한 사물을 동시에 인지할 수 있다.<br>• 날씨와 시간대에 민감하다.<br>• 가장 수월하게 널리 적용된다. |
| 레이더 | 주변 물체의 거리나 속도 등을 측정하기 위해 전자기파 사용 | • 날씨와 시간대에 상관없이 사물을 인지할 수 있고, 장거리 인지가 가능하다.<br>• 형태 인식이 불가능하고, 다른 센서 대비 제품 단가가 비싸다는 단점이 있다. |
| 라이다 | 빛을 이용해 주변 물체 및 장애물 등을 감지 | • 정밀도가 높고, 3차원 영상 구현이 가능하다.<br>• 레이더에 비해 인식 거리가 짧고, 날씨 등 환경의 영향을 받는다는 단점이 있다. |

출처: 『유럽의 자율 주행 자동차 기술 및 정책 동향』(한국에너지기술평가원)

다음으로 자동차의 귀에 해당하는 장비로 소나가 있다. 레이더와 같은 방식으로 작동하지만, 전자파 대신 음파를 사용한다. 소나는 레이더보다 가까운 거리에서만 주변 사물을 파악할 수 있으며, 더 작은 물체도 파악할 수 있다. 이외에도 GPS가 있다.

이러한 센서 기술은 자동차가 느끼는 인공 지각이다. 인공 지능은 센서를 통해 보고 듣고 느낀 감각을 바탕으로 환경을 인식한다. 감각과 인식 사이에 빼놓을 수 없는 중요한 단계가 있다. 그것은 인공 지각이라고 불리는 과정이다. 즉, 감각>지각>인식인 것이다. 무인 자동차의 카메라가 도로의 사진을 찍으면, 인공 지각은 사진 속의 내용을 인공 지능이 받아들일 수 있는 정보로 변환시킨다.

### ▮딥 러닝

세계 최강의 바둑 기사 이세돌을 꺾은 알파고를 떠올려 보자. 알파고를 만든 프로그래머가 이세돌 9단보다 바둑을 잘 두었을까? 그렇지 않다. 그런데 어떻게 알파고가 이렇게 똑똑해질 수 있었을까? 기존의 인공 지능은 '길쭉하고 움직이지 않는 것은 나무'라는 식으로 프로그래머가 입력해 놓은 대로 인식했다. 반면 알파고와 같은 인공 지능은 딥 러닝 기술을 이용한다. 예를 들면 서로 다른 모양으로 찍힌 수많은 사진을 인공 지능에게 보여 주며 그 사진이 무엇인지 판단하도록 하고, 프로그래머는 인공 지능의 대답이 맞았는지 틀렸는지 알려 준다. 이런 과정을 수없이 반복한 무인 자동차는 눈앞의 물체가 무엇인지 파악하는 방법을 배운다.

## 용어 정의

- **스마트 크루즈 컨트롤**: 차량 전방에 장착된 레이더를 사용해 가속 페달을 밟지 않아도 앞차와의 간격을 유지하는 장치를 말한다.
- **라이다**(Lidar): 레이저 펄스를 발사해서 그 빛이 대상 물체에 반사되어 돌아오는 것을 받아 물체까지의 거리 등을 측정하고, 물체 형상까지 이미지화하는 기술이다. 대상 물체까지의 거리, 속도와 운동 방향, 온도, 주변의 대기 물질 분석 및 농도 측정 등 다방면에서 활용된다. 라이다가 가장 각광을 받는 분야는 자율 주행이다. 3차원 영상을 구현하기 위해 필요한 정보를 습득하는 센서의 핵심 기술로 라이다가 활용된다.

## 참고 서적 및 자료

○『월간 유레카』/유레카엠앤비/2017년 10월호
○『자율 주행 자동차 활성화를 위한 법적 과제』/이덕영/순천향대학교 석사 논문/2020년
○『유럽의 자율 주행 자동차 기술 및 정책 동향』/박천교/산업통상자원부 한국에너지기술평가원/2017년
○『자율 주행 자동차』/과학기술일자리진흥원/2018년

## 자율 주행 자동차 개요서

### ●●● 토론 논제

현재 개발되고 있는 자율 주행 자동차의 장점과 문제점을 최대한 다양한 방면에서 과학적으로 분석하고, 문제점을 극복하기 위한 방안과 자율 주행 기능을 포함한 스마트 카에 새롭게 적용하면 좋은 기술에는 어떤 것이 있는지 구체적으로 제시하시오.

〈2018년 서울 영동고 등〉

## 생각 적용하기

자율 주행 자동차의 장점과 문제점에 관해 살펴보자. 그리고 자율 주행 기능을 포함한 스마트 카에 어떤 기술을 적용할 수 있을까?

| 구분 | 장점 | 문제점 |
|---|---|---|
| 자율 주행 자동차의 장점과 문제점 | | |
| | 효율화 방안 | 개선 방안 |
| 방안 | | |
| 내가 생각한 아이디어 | | |

CHAPTER 03

# 온난화 / 에너지

탈원전 | 자연환경 활용 에너지

신재생 에너지 | 기후 변화의 원인

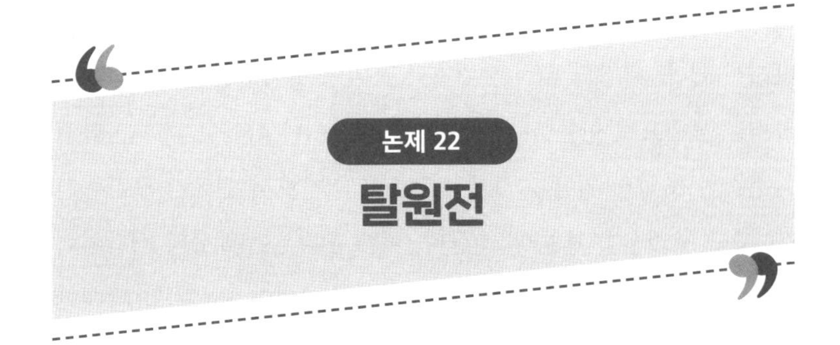


## 01 탈원전이란 무엇일까?

탈원전이란 원전의 위험성과 환경 문제를 이유로 전력 생산을 원자력 발전에 의존하지 않는 것을 뜻한다. 2011년에 발생한 후쿠시마 원전 사고 이후 원자력의 안전 문제가 대두되었다. 우리나라도 2013년 원자력안전위원회를 출범시켜 원자력 안전법을 개정하는 등 원전의 안정성을 위해 노력을 기울였다. 그러나 원전 밀집 지역인 경주와 포항 지역에서 잦은 지진이 발생하면서 탈원전 여론이 급속도로 확산되었다.

## 02 원자력 발전이란 무엇일까?

전기를 만들어 내는 발전의 원리는 동력을 이용해 터빈을 돌리면 터빈에 연결된 발전기가 돌아가면서 전기를 만드는 것이다. 이때 동력으로 어떤 에너지를 이용하는가에 따라 수력, 화력 또는 원자력 발전이 된다. 원자력 발전은 원자핵 분열에서 나오는 에너지, 즉 원자력을 동력으로 이용한다. 원자로는 석탄이나 석유를 태우는 화력 발전소의 보일러 역할을 하게 된다. 이 원자로의 연료가 우라늄인데, 보통 '우라늄을 태운다'고 한다. 이때 우라늄은 석유나 석탄처럼 불타는 것이 아니고 우라늄의 핵분열로 2~3개의 중성자와 막대한 에너지를 내는데, 이때 발생한 에너지를 활용해 증기를 발생시켜 터빈과 발전기를 돌려 전기를 생산한다.

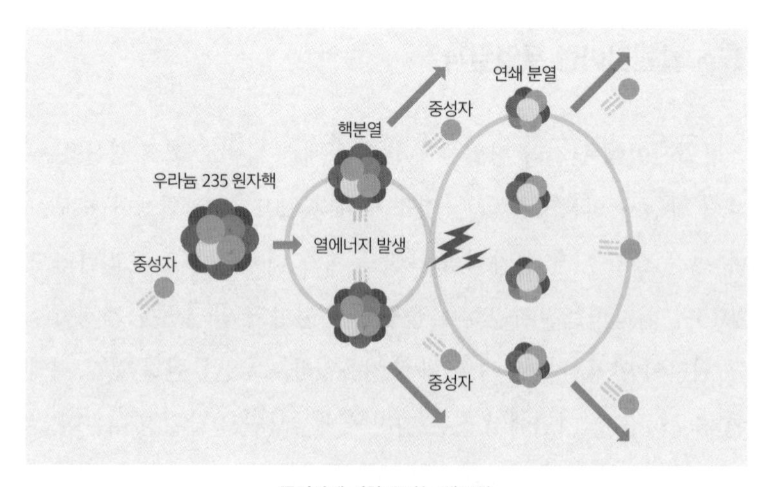


**중성자에 의한 우라늄 핵분열**

핵분열에서 에너지가 나오는 원리는 아인슈타인의 상대성 이론이다. 에너지 질량 등가 법칙인 $E=mc^2$으로 핵분열 전후에 발생한 핵 무게의 차이인 질량 결손만큼 에너지가 발생하는 것이다. (여기서 E는 에너지, m은 물체의 정지 질량, c는 빛의 속도를 의미한다.)

핵분열에 의해 생성된 열은 원자로 내의 물로 전달되고, 원자로 냉각재 펌프에 의해 강제 순환이 되면서 증기 발생기를 거쳐 재순환된다. 증기 발생기를 통해 증기가 생성되어 터빈을 회전시키고, 터빈과 연결된 발전기에서 전기가 생성되어 발전을 하게 되는 원리다.

## 03 원자력 발전소에는 어떤 유형이 있을까?

원자력 발전소는 경수, 흑연, 중수 등 감속재의 종류에 따라 아래와 같이 구분할 수 있다.

감속재란 핵분열 반응으로 생성된 높은 에너지의 중성자로부터 에너지를 흡수해 중성자의 속도를 늦추는 물질, 즉 고속 중성자를 열중성자로 바꾸는 물질을 말한다.

| 분류 | 감속재 | 예시 |
|---|---|---|
| 경수 감속로 | 경수 | • 비등수형 원자로 • 가압수형 원자로 |
| 흑연 감속로 | 흑연 | • 마그녹스 • 개량형 가스 냉각로 • 고온 가스 냉각로 • 흑연 감속 비등 경수 압력관형 원자로 • 페블베드 모듈형 원자로 |
| 중수 감속로 | 중수 | • 가스 냉각형 중수로 • 가압 중수로 |

핵분열 반응은 우라늄 235가 외부의 중성자와 부딪쳤을 때 2개의 새로운 원자핵으로 갈라지는 반응을 말한다. 이때 2~3개의 중성자도 함께 생성된다. 이 중성자가 다른 우라늄 235와 부딪쳐 핵분열이 계속 일어남으로써 원자력 발전을 할 수 있다. 그런데 중성자의 속

도가 너무 빠르면 우라늄 235와 반응하기 어려우므로 물이나 흑연 등과 같은 물질을 사용해 중성자의 속도를 떨어뜨려야 한다. 이때 사용하는 물질이 감속재다. 따라서 좋은 감속재일수록 중성자의 속도를 잘 떨어뜨린다.

### ▌경수 감속로의 종류

현재 세계 발전용 원자로의 대부분이 경수로로 되어 있다. 이는 미국에서 개발된 원자로로써 보통의 물(중수와 구별해 '경수'라 한다.)을 감속재와 냉각재로 사용한다.

경수로에는 원자로 내에서 직접 증기를 발생시키는 비등 경수로와 원자로에서 고온 고압으로 가열한 물을 이용해 증기 발생기에서 증기를 생성하는 가압 경수로가 있다. 가압 경수로는 최초에 원자력 잠수함용으로 개발된 후 여러 번 개량해 현재에 이르렀으며, 비등 경수로는 가압 경수로보다 늦게 개발되었다.

**비등 경수로와 가압 경수로의 차이**

| 구분 | 비등 경수로 | 가압 경수로 |
| --- | --- | --- |
| 공통점 | • 우라늄 235의 함유율이 2~4% 정도인 저농축 우라늄을 연료로 사용한다.<br>• 냉각재 겸 감속재로 일반 물(경수)을 사용한다.<br>• 고온 고압으로 가열한 물을 수증기로 만들어 전기를 생산한다. | |
| 차이점 | • 원자로 압력 용기 내에서 직접 냉각수를 가열한 후 발생한 증기를 터빈으로 내보낸다.<br>• 원자로 계통과 터빈 계통이 분리되어 있지 않다.<br>• 전 세계 원전 중 20% 정도가 채택하고 있다. | • 증기 발생기에서 증기를 생성해 터빈으로 내보낸다.<br>• 원자로 계통과 터빈 계통이 분리되어 있다.<br>• 전 세계 원전 중 60% 이상이 채택하고 있다. |

출처: 한국원자력안전기술원

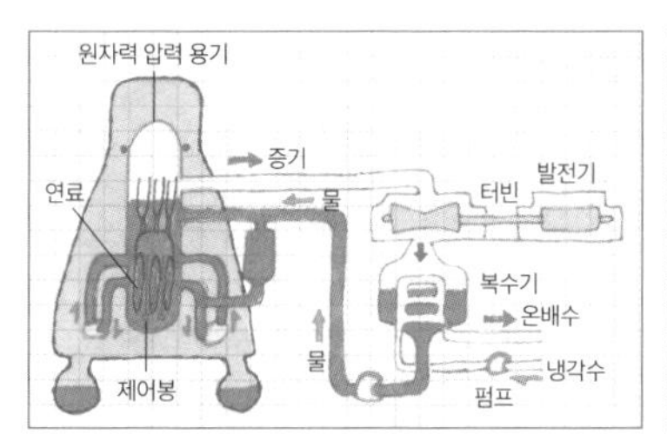


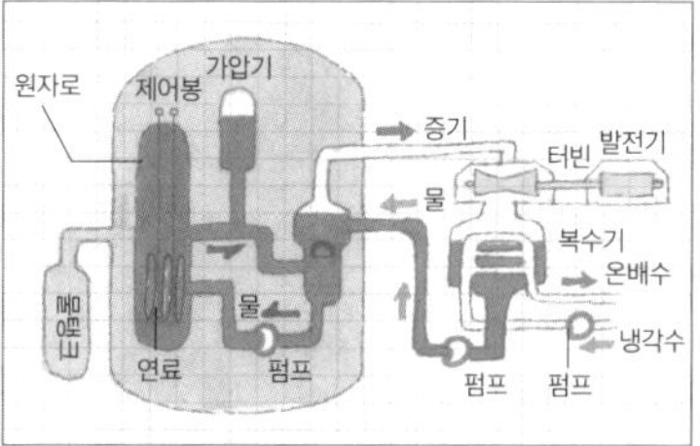


**일본의 비등 경수로(좌)와 한국의 가압 경수로(우)**

출처: 『두 얼굴의 에너지, 원자력』(길벗스쿨)

##  탈원전의 이유는 무엇일까?

### ▮원전 사고에 대한 불안감 증대

2011년에 발생한 후쿠시마 원전 사고와 2016년 경주 지진 이후 원전 사고에 대한 우려와 불안감이 확산되었다. 최악의 원전 사고로 기록된 1986년 체르노빌 원전 사고 이후 각국의 안전 노력에도 불구하고 예기치 못한 후쿠시마 원전 사고가 발생했다. 원전의 안전을 위한 다양한 노력을 하고 있지만, 사실상 100% 완벽한 안전 보장은 불가능하다.

**세계 3대 원전 사고의 피해 현황**

| 구분 | 스리마일(미국) | 체르노빌(구소련) | 후쿠시마(일본) |
|---|---|---|---|
| 발생 | 1979년 | 1986년 | 2011년 |
| 사고 등급 | 5등급 | 7등급(최고) | 7등급(최고) |
| 사고 원전 | 1기 | 1기 | 4기 |
| 복구 비용 | 2조 원 | 334조 원 | 230조 원 |

출처: 국제에너지기구(IEA)

후쿠시마 원전 사고 이후 국내에서도 원자력 안전 문제가 대두되는 가운데 2016년 경주에서 지진이 발생하면서 원전 사고에 대한 우려가 확산되었다. 특히 우리나라는 원전 대부분이 영남 해안 지역에 밀집해 있어 사고 시 막대한 피해가 예상된다. 한국지질자원은 영남 해안 지역에 양산 단층, 울산 단층, 일광 단층 등 17개 활성 단층과 수십 개의 단층이 존재한다고 밝혔다. 현재 운영 중인 대부분 원전이 해안가인 경주, 포항 지역에 있어 우리나라의 원전 밀집도도 매우 높다.

**핵폐기물 저장 문제**

원자력 발전은 핵연료로 우라늄을 사용하는데, 그 에너지가 엄청나다. 원자로 안에는 350개 정도의 핵 연료봉이 있고, 이 핵 연료봉 안에는 우라늄 펠렛이 존재한다. 이런 상태로 한번 들어간 핵연료는 그 에너지가 화석 연료보다 훨씬 커서 원자로 안에서 4년 6개월 동안 물을 끓인다. 그 후에도 약 30년 동안 '사용 후 핵연료' 저장 수조에서 수랭식으로 식혀야 한다. 이후에도 수랭식으로 수십 년을 더 식혀야 하고, 마지막으로 고준위 폐기장에서 10만 년에서 100만 년 동안 안전하게 보관되어야 한다. 현재 '사용 후 핵연료'는 원자력 발전소 격납고에 임시 보관 중이다.

**격납고에 보관 중인 사용 후 핵연료**(2015년 말 기준)

| 구분 | 저장 용량(다발) | 현 저장량(다발) | 포화율 | 예상 포화 연도 |
|---|---|---|---|---|
| 한빛 | 9,017 | 5,693 | 63.1% | 2024년 |
| 고리 | 6,494 | 5,612 | 86.4% | 2024년 |
| 한울 | 7,066 | 4,855 | 68.7% | 2037년 |
| 신월성 | 1,046 | 129 | 12.3% | 2038년 |
| 소계 | 2만 3,623 | 1만 6,289 | 68.9% | - |

출처: '화장실 없는 핵 발전소' 내 곁의 고준위

## 탈원전 시 어떤 문제가 발생할까?

### 전기료 인상 및 전력 안보 저해

일본은 2011년 동일본 대지진 이후 3년 동안 가정용 전력과 산업용 전력의 요금이 각각 25.2%, 38.2% 상승했다. 이로 인해 일본을 선택하려던 마이크로소프트와 아마존은 우리나라에 데이터 센터를 건설했다. 일본은 저유가 덕에 전력 안보를 지킬 수 있었지만, 만약 저유가 및 LNG 국제 가격이 폭등한다면 에너지 안보는 휘청거릴 수밖에 없다.

서울대학교 황일순 교수는 이는 일본의 사례로만 보기는 어렵다고 했다. 현재 우리나라는 원자력 발전 비율이 30%에 달한다. 동일본 대지진으로 인한 원전 사고 사례를 우리나라의 현 전기료에 반영해 예측하면 2030년 전기료는 3.3배 상승할 것으로 예상된다. 또 탈원전이 가시화되면 2030년 가스 발전은 2.2배로 증가해 전력 대란 위험이 증폭될 것으로 전망된다.

**에너지원별 발전량과 비율** (단위: GWh(기가와트아워), %)

| | 구분 | 수력 | 석탄 | 유류 | 가스 | 원자력 | 집단 | 대체 | 계 |
|---|---|---|---|---|---|---|---|---|---|
| 2011년 | 발전량 | 7,831 | 20만 124 | 1만 2,493 | 10만 1,702 | 15만 4,723 | 1만 2,429 | 7,592 | 49만 6,893 |
| | 비율 | 1.6 | 40.3 | 2.5 | 20.5 | 31.1 | 2.5 | 1.5 | 100 |
| 2012년 | 발전량 | 7,651 | 19만 8,831 | 1만 5,156 | 11만 3,984 | 15만 327 | 1만 3,061 | 1만 563 | 50만 9,574 |
| | 비율 | 1.5 | 39 | 3 | 22.4 | 29.5 | 2.6 | 2.1 | 100 |
| 2013년 | 발전량 | 8,543 | 20만 444 | 1만 5,752 | 12만 7,724 | 13만 8,784 | 1만 4,633 | 1만 1,267 | 51만 7,148 |
| | 비율 | 1.7 | 38.8 | 3 | 24.7 | 26.8 | 2.8 | 2.2 | 100 |
| 2014년 | 발전량 | 7,820 | 20만 3,446 | 2만 4,950 | 11만 4,654 | 15만 6,406 | - | 1만 4,695 | 52만 1,971 |
| | 비율 | 1.5 | 39 | 4.8 | 22 | 30 | | 2.8 | 100 |
| 2015년 | 발전량 | 5,796 | 20만 4,230 | 3만 1,616 | 10만 783 | 16만 4,771 | - | 2만 904 | 52만 2,351 |
| | 비율 | 1.1 | 38.7 | 6 | 19.1 | 31.2 | | 4 | 100 |
| 2016년 | 발전량 | 6,634 | 21만 3,803 | 1만 4,221 | 12만 852 | 16만 1,995 | - | 2만 2,936 | 54만 441 |
| | 비율 | 1.2 | 39.6 | 2.6 | 22.4 | 30 | | 4.2 | 100 |

출처: 한전 전력 통계 속보 제463호(2017년 5월)
※2014년부터 집단 에너지원별 발전량 분류·유류는 통합

### ▌기후 변화 악영향(온실가스 배출 증가)

에너지 패러다임 변화로 온실가스 배출 에너지원의 중요성이 대두되고 있다. 우리나라는 제21차 유엔 기후협약 당사국 총회에 따라 온실가스 배출 전망치 대비 2030년까지 37%를 감축해야 한다.

에너지원별 온실가스 배출량을 살펴보면 1kW당 석탄은 991g, 가스는 549g, 원자력은 10g이다. 실제로 2015년 석탄 화력 발전소에서 온실가스 1억 6,500만 톤을 배출했으며, 이를 원자력으로 대체하면 170만 톤에 불과하다. 현재 분야별 온실가스 배출 현황을 살펴보면 발전 분야가 45.3%를 차지하고 있다.

### ▎원전 산업 붕괴

2015년 원자력 산업 매출은 27조 6,000억 원이며, 이는 국내 총생산의 1.7%를 차지하고 있다. 원자력 업계 종사자 수는 3만 5,000명에 이른다. 탈원전이 진행된다면 원전 관련 기술과 관련 종사자 및 관련 분야 학과 상당수가 사라질 것이다. 또한 방사선을 이용한 연구 및 기술 개발이 어려워진다. 이뿐만 아니라 해외 신뢰도가 떨어져 원전 수출에 부정적으로 작용해 해외 원전 시장 진출 기회도 사라진다.

### 용어 정의

- **핵분열:** 질량수가 크고 무거운 원자핵이 중성자와 충돌해 둘 이상의 핵으로 분열하면서 다량의 에너지를 방출하는 현상을 말한다.
- **농축 우라늄:** 핵연료로 사용할 수 있도록 우라늄의 함유율을 인위적으로 높인 우라늄이다. 발전용 원자로에는 3~4%로 농축한 것을 쓰고, 핵폭탄으로는 93% 이상 농축한 것을 쓴다.
- **핵연료:** 원자로에서 핵분열 연쇄 반응을 일으켜 에너지를 발생시킬 수 있는 물질이다. 넓은 의미에서는 중수소와 삼중 수소 등도 핵연료에 포함되지만, 일반적으로 핵분열 반응을 이용하는 원자로에서 사용하는 것을 핵연료라 말한다. 구체적으로는 토륨(Th), 우라늄(U), 플루토늄(Pu) 등의 핵분열성 핵종을 함유한 물질을 뜻한다.
- **사용 후 핵연료:** 원자력 발전소에서 연료로 사용되고 난 후의 핵연료 물질을 말한다. 원자력 안전법 제2조 제18호에서는 사용 후 핵연료를 방사성 폐기물 일부로 정의하고 있다. 사용 후 핵연료는 핵분열 생성물을 포함하고 있어 원자로에서 꺼낸 이후에도 방사선과 열을 발생시킨다. 이 방사선과 열을 제거하기 위해 특정 설비를 갖춘 저장조에 일정 기간 동안 저장해야 한다.

### 참고 서적 및 자료


○ 『우리나라 원자력 발전의 현황 및 전망』/이태호/지식의지평/2012년

○ 『두 얼굴의 에너지, 원자력』/김성호/길벗스쿨/2016년

○ 『청소년이 꼭 알아야 할 과학 이슈 11(Season 1)』/이충환, 김윤미 외/동아사이언스/2014년

○ 『원자력은 안전한가?』/이은철/지식의지평/2012년

○ 『사회적 갈등 이슈에 대한 뉴스 프레임 연구: 문재인 정부의 탈원전 정책을 중심으로』/김지주/성균관대학교 대학원 석사 논문/2019년

○ 〈탈원전 정책 연속 토론회〉/탈핵 에너지 전환 국회의원 모임

## 탈원전 개요서

### ●●● 토론 논제

우리나라의 여건에서 탈원전이 현실화될 수 있는지에 대한 입장을 밝히고, 그때 나타날 수 있는 문제점을 3가지 이상 제시해 보시오. 또한 자신이 과학자나 행정가라면 그 문제점들을 기술적 또는 제도적 측면에서 어떻게 해결할 수 있는지 과학적이고 창의적인 해결책을 제안해 보시오.

〈2019년 경기 부천 정명고 등〉

## 생각 적용하기

탈원전은 현실화될 수 있는지 입장을 밝혀 보자. 그리고 자신의 입장에 따른 문제점을 해결할 수 있는 기술적·제도적 방안을 제안해 보자.

| 구분 | 있다 | 없다 |
| --- | --- | --- |
| 근거 | | |
| 문제점 | | |
| 내가 생각한 아이디어 | | |

논제 23

# 자연환경 활용 에너지

## 01 산업 혁명 이후 에너지 사용에는 어떤 문제가 있을까?

인류는 산업 혁명 이후 역사상 어느 때보다 편리하고 풍요로운 삶을 살아가고 있다. 이 같은 삶을 가능하게 만들어 준 것은 새로운 에너지였다. 사람의 힘이 아니라 화력 에너지를 이용하는 증기 기관의 발달로 기계가 보급되면서 대량 생산이 이루어졌고 물질적 풍요의 기반을 닦은 것이다.

편리해진 생활만큼 에너지 소비는 많이 증가했다. 산업 혁명 이후부터 오늘날까지 대부분 에너지는 석탄, 석유, 천연가스 같은 화석 연료로 충당

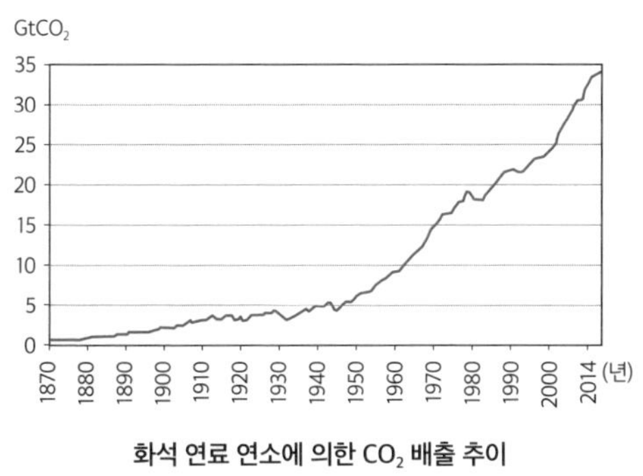


**화석 연료 연소에 의한 $CO_2$ 배출 추이**

출처: 국제에너지기구 세계 에너지 전망 보고서(2017년)

해 왔다. 화석 연료의 공급이 제대로 이루어지지 않으면 사회가 정상적으로 돌아갈 수 없다. 난방과 취사, 조명, 수송에서부터 산업 활동에 이르기까지 현대 사회의 주요한 에너지원이 되었기 때문이다.

하지만 화석 연료의 대량 사용은 여러 환경 문제를 일으켰다. 대기 오염과 산성비, 석유 유출 사고 등 화석 연료로 인해 발생하는 문제 중 가장 심각한 것은 지구 온난화다. 화석 연료를 연소할 때 생기는 이산화탄소와 같은 온실가스로 인해 발생한 지구 온난화는 지구의 생존을 위협하고 있다. 그래서 세계 각국은 에너지 효율을 높이고 화석 연료를 대체할 수 있는 에너지를 개발해 지구 온난화 문제를 해결하려고 노력하고 있다.

산업 혁명 이전에는 쓸 수 있는 에너지가 많지 않았기 때문에 자연환경을 최대한 이용해 에너지의 효율을 높이는 여러 가지 방법을 사용했다. 이러한 과거의 에너지 절약 방식을 통해 지구 온난화를 극복할 방법을 고민해 보자.

## 02 바람을 이용해 어떻게 에너지를 절약할까?

### ▍한옥의 대청마루

한옥의 앞마당에는 주로 백토를 깔고, 뒷마당에는 식물을 심었다. 여름날에 태양 빛을 받으면 백토를 깐

앞마당은 온도가 높이 올라가지만, 상대적으로 뒷마당은 식물 때문에 서늘해진다. 이렇게 앞마당과 뒷마당에 온도 차이가 생기면 더운 앞마당의 공기는 위로 올라가고 차가운 뒷마당의 공기가 앞마당으로 이동하는 대류 현상이 발생해 집 안에 시원한 바람이 불게 된다. 이때 대청마루는 방과 방 사이를 연결하는 통로이자 바람의 길목 역할을 했다. 대청마루에는 통째로 들어 올릴 수 있는 들문을 설치해 시원한 효과를 최대로 높였다.

### ▮사막 지역의 바람 탑

과거 페르시아 지역의 사막에는 연기가 나오지 않는 오래된 굴뚝들이 많이 서 있다. 바드기르라고 불리는 이 굴뚝들은 집 안을 시원하게 만드는 역할을 했다. 바람이 불어오는 방향으로 바람 탑의 입구를 내면, 외부의 바람이 집 안으로 들어오게 된다. 그러면 집 안의 뜨거운 공기는 위로 상승해 출구를 통해 외부로 배출된다. 내부와 외부 공기의 온도 차를 이용한 대류 현상으로 다른 에너지 소비 없이 냉방을 한 것이다. 굴뚝 밑에는 물을 담아 놓는 수조를 설치하기도 했다. 이로 인해 바람이 물을 통과하면서 더 시원해져서 집 안 온도를 더 낮출 수 있었다.

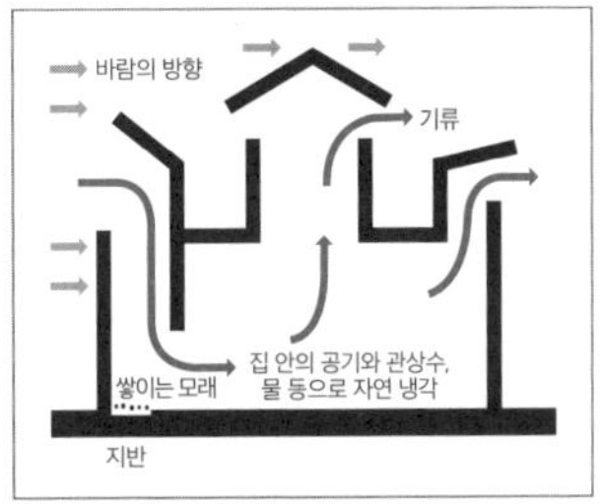


**바드기르의 원리**

사진 출처: wikimedia, Alireza Javaheri의 "Yazd - Badgir - Windcatcher"

## 03 태양을 이용해 어떻게 에너지를 절약할까?

### 햇빛을 조절하는 한옥의 처마

한옥의 처마는 우리나라 여름과 겨울에 태양의 남중 고도가 다른 점을 이용한 것이다. 처마 끝부분과 기둥 끝부분을 연결한 각은 30도 정도다. 처마가 있으면 남중 고도가 높은 여름철에는 태양 빛이 집 안까지 들어올 수 없지만, 겨울에는 남중 고도가 낮아 집 내부로 많은 태양 빛이 오랫동안 들어올 수 있다. 처마가 자동으로 빛을 조절하는 것이다. 보통 한옥 마당도 방 안을 밝히는 데 도움이 된다. 한옥의 마당에는 보통 백토를 까는데, 이 모래에서 반사된 햇빛이 방 안을 환하게 비춰 주었다.

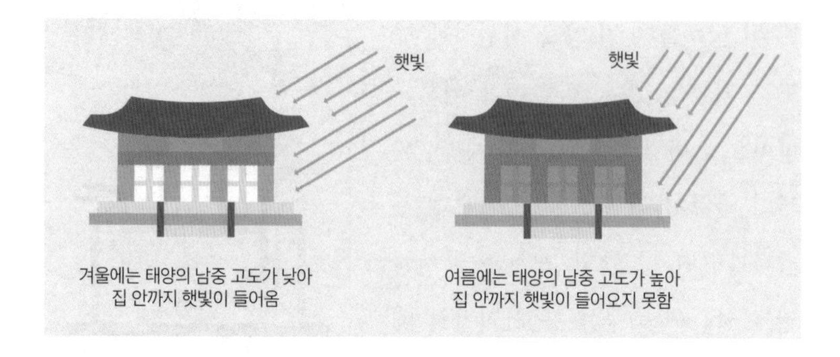


### 태양열을 이용해 과일을 재배한 과일 벽

오늘날에는 추운 겨울철에 작물을 재배할 때 비닐하우스나 온실을 이용한다. 하지만 중세 시대에는 벽을 세우고 낮 동안 벽이 흡수한 태양열로 농작물을 키우는 방법을 썼다. 낮에 햇빛을 받고 따뜻해진 벽이 밤에는 열을 방출해 식물 성장을 촉진하고, 냉해로부터 식물들을 보호했던 것이다. 과일 벽들을 밀집해 지으면 더 많은 열이 갇히고 바람이 차단되었다. 또 비와 우박, 조류 배설물 등으로부터 식물을 보호하기 위해 과일 벽에 지붕을 설치하기도 했다. 스위스의 수학자 니콜라스 파티오는 햇빛을 더 오래 받을 수 있도록 45도 경사가 있는 벽을 만들었다. 하지만 산업이 발전하면서 큰 유리판으로 온실을 제작하고, 화석 연료로 온도를 조절할 수 있게 되었다. 또한 유리판과 화석 연료의 가격이 하락하면서 과일 벽은 급속히 사라졌다.

## 04 단열을 이용해 어떻게 에너지를 절약할까?

### 눈과 얼음 속의 공기로 단열하는 이글루

이글루는 눈이나 얼음덩어리로 만든 이누이트의 집으로 돔 형태다. 눈이나 얼음으로 지은 집은 추울 것 같지만, 눈과 얼음 속에 들어 있는 공기가 단열재 역할을 해 바깥의 찬 공기를 차단해 준다. 이글루를 만들기 위해서는 먼저 눈을 뭉쳐 벽돌 모양으로 잘라 둥근 지붕 모양이 되게 쌓아 올리고 눈으로 틈새를 메꾼다. 집 모양이 완성되면 불을 피워 실내 온도를 높인다. 실내가 따뜻해지면 눈이 녹아내리는데, 둥근 원형 모양이기 때문에 녹은 눈은 벽을 타고 흐르면서 눈 벽돌 틈으

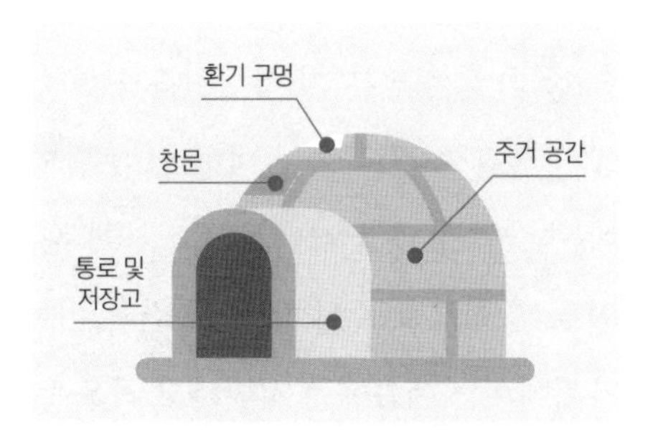

로 흡수되어 눈 사이의 간격을 빈틈없이 막는다. 이렇게 만든 이글루 안에 불을 피우고 짐승의 가죽으로 바닥과 벽의 냉기를 차단하면 실내 온도를 20~25도 정도로 유지할 수 있다.

추운 날이면 이글루에 물을 뿌려 오히려 실내 온도를 높인다. 얼음은 녹을 때 주위의 열을 흡수하고, 물이 얼 때는 자체의 열을 내보내는 발열 현상이 일어난다. 이 때문에 이글루 내에 물을 뿌리면 물이 얼면서 열을 발산해 주변이 더 따뜻해진다.

**❚ 볏짚과 흙으로 단열하는 초가집**

우리나라 전통 가옥의 대표적인 형태는 초가집이다. 여름에는 고온 다습하고 겨울에는 저온 저습한 우리나라 기후에는 집을 지을 때 열기와 냉기를 차단해 줄 수 있는 단열 효과가 큰 자재가 적합하다. 초가집의 주요 자재인 볏짚과 흙은 모두 보온 및 단열 효과가 높고, 수분 조절 능력도 뛰어나다. 단열재는 재료에 비어 있는 공간이 많아 열을 잘 전달하지 않아야 한다. 초가집은 잘 마른 볏짚을 썰어서 진흙과 반죽한 뒤 벽을 채웠는데, 흙 속에 썰어 넣은 볏짚은 속이 비어 있어 단열재 역할을 했다. 흙벽도 여름에는 단열 효과로 실내를 시원하게 해 주고, 겨울에는 낮 동안 모은 열로 집 안을 따뜻하게 해 주었다. 이런 흙과 볏짚의 역할 때문에 초가집에서는 여름에는 시원하고 겨울에는 따뜻하게 지낼 수 있었다.

## 용어 정의

- **증기 기관:** 석탄을 이용해 수증기의 열에너지를 기계적인 일로 바꾸는 장치다. 18세기 산업 혁명의 원동력이 되어 전통적인 농업 중심 사회를 대량 생산이 가능한 공업 중심 사회로 바꾸는 변혁을 가져왔다.
- **대류 현상:** 액체나 기체가 부분적으로 가열될 때 따뜻해진 것은 위로 올라가고 차가운 것이 아래로 내려오면서 열이 전달되는 현상을 말한다.
- **처마:** 한옥에서 외벽 경계선 바깥쪽으로 노출된 지붕의 일부다. 비바람과 햇볕을 막아 주는 역할을 한다.
- **남중 고도:** 지구의 자전축은 지구 공전 궤도면에 대해 66.5도 기울어져서 돈다. 그래서 계절에 따라 태양의 빛과 수평면이 이루는 각도가 달라진다. 남중 고도는 지평선을 기준으로 해 태양의 높이를 각도로 나타낸 것이다. 여름인 하지 때 남중 고도가 가장 높고, 겨울인 동지 때 남중 고도가 가장 낮다.
- **단열:** 대류, 전도, 복사에 의한 열의 이동을 막는 것을 말한다. 냉방이나 난방을 위해서는 단열을 잘해야만 에너지 효율을 높일 수 있다.
- **이누이트:** 북극해 연안에 사는 사람들을 말한다. 과거에는 '날고기를 먹는 사람'이라는 뜻에서 붙여진 에스키모라는 이름으로 불렸으나 비하의 뜻이 담겨 있어 사람이라는 뜻의 '이누이트'로 불리게 되었다.

## 참고 서적 및 자료

○ 『우리 한옥에 숨은 과학』/서지원/미래아이/2008년
○ 『미래를 여는 건축』/안젤라 로이스턴/다섯수레/2011년
○ 『지구에서 제일 멋진 집 에코하우스』/임태훈/위즈덤하우스/2014년
○ 〈EBS 원터풀 사이언스, 첨단 건축 '한옥의 비밀' 편〉

## 자연환경 활용 에너지 개요서

### ●●● 토론 논제

현대인은 화석 연료, 전기 등을 생활에 필요한 에너지로 이용하고 있다. 산업 혁명 이전 사람들은 주변의 자연환경을 활용해 생활 에너지를 어떻게 얻었는지 조사하고, 환경 문제 개선에 도움이 될 방안을 제시하시오.

〈2018년 울산 호계고 등〉

## 생각 적용하기

| 산업 혁명 이전 사람들이 주변의 자연환경을 활용해 에너지를 얻은 방법을 조사해 보자. 그 방법을 적용해서 환경 문제를 어떻게 개선할 수 있을까? | | |
|---|---|---|
| 에너지 발전에 따른 환경 문제 | | |
| 산업 혁명 이전 에너지 활용법 | | |
| 적용 대상 | | |
| 내가 생각한 개선 방안 | | |

## 01 신재생 에너지란 무엇일까?

신재생 에너지는 기존의 화석 연료를 변환시켜 이용하거나(신에너지) 햇빛·물·지열·강수·생물 유기체 등 자연에서 지속적으로 충전되는 에너지(재생 에너지)를 뜻한다. 우리나라에서는 연료 전지, 석탄 액화·가스화, 수소 에너지, 태양광, 태양열, 바이오 에너지, 풍력, 소수력, 지열, 해양 에너지, 폐기물 에너지, 수열 에너지 12개 분야를 신재생 에너지로 정의하고 있다.

세계적으로 에너지 소비량은 매년 증가하고 있으며, 이러한 추세는 가속화될 전망이다. 이로 인해 화석 연료 고갈 문제, 유가 상승 등 많은 문제가 제기되고 있다. 더불어 화석 연료가 지구 온난화를 일으키는 주원인으로 인식되면서 화석 연료의 사용을 줄이려는 움직임이 갈수록 커지고 있다.

## 신재생 에너지의 특징과 장·단점은 무엇일까?

### 신재생 에너지의 특징

| 구분 | 특징 |
|---|---|
| 비고갈성 | 화석 연료와 달리 태양, 바람 등을 활용해 무한 재생이 가능하다. |
| 친환경성 | 화석 연료 사용에 의한 $CO_2$ 배출이 적어 환경친화적이다. |
| 경제성 | 개발 초기에 투자 비용이 많이 들어 경제성이 낮은 편이다. |
| 지리적 환경 | 발전소를 건설할 때 자연환경의 영향을 많이 받아 발전소의 위치가 제한적이다. |

### 신재생 에너지의 부분별 장·단점 비교

신재생 에너지의 장점은 공해 발생과 온실가스 배출이 희박한 청정 에너지로 고갈될 염려가 없으며, 전 세계에 고루 분포되어 있다는 점이다.

반면 단점으로는 화석 연료에 비해 낮은 경제성, 초기 투자비 과다, 발전 시간과 발전량의 불안정이 있다.

에너지별 1kW당 설치 비용을 살펴보면 천연가스는 130만 원, 석탄 화력은 170만 원, 풍력은 200만 원, 원자력은 250만 원, 연료 전지는 500만 원, 태양광은 600만 원으로 설치 비용이 상대적으로 높다.

| 구분 | 분류 | 장점 | 단점 | 용도 |
|---|---|---|---|---|
| 재생 에너지 | 태양광 | • 에너지원 청정, 사용 무제한<br>• 필요한 장소에서 발전 가능<br>• 유지 보수 용이, 무인화 가능<br>• 긴 수명 | • 지역별 일사량에 전력 생산 의존<br>• 설치 면적 필요(에너지 밀도가 낮음)<br>• 고가의 시스템 비용<br>• 초기 투자비와 발전 단가 높음 | 전기 공급 |
| | 태양열 | • 무공해, 무한정<br>• 적은 설치비<br>• 높은 활용도, 규모의 유연성 | • 낮은 에너지 밀도로 넓은 설치 면적 필요<br>• 계절적 영향을 미침 | 열원 |
| | 바이오 | • 자원 풍부, 환경 오염 감소<br>• 다양한 형태의 에너지 생성 | • 산림·농작물 고갈, 수집·수송 불편<br>• 생물학적 공정 복잡, 높은 설비 투자비 | 전기 공급<br>수송 연료 |
| | 풍력 | • 무공해와 무한정, 효율적 국토 활용<br>• 저렴한 유지비와 설치비 | • 바람 불규칙, 발전 시설 수시 교체<br>• 소음 등으로 인한 민원 발생 | 전기 공급 |
| | 수력 | 발전 원가 저렴, 무공해 | 지역적 편재, 수몰 지역 보상비 부담 | 전기 공급 |
| | 지열 | 발전 원가 저렴, 무공해 | 지역적 제약 | 열원 |
| | 해양 | 무공해, 무한정 에너지 공급 | • 전력 소비자와 원격성<br>• 대규모 시설 투자 소요 | 전기 공급 |
| | 폐기물 | • 저렴한 완료비<br>• 폐기물 환경 오염 방지 | • 가공 과정에서 환경 오염 유발 가능<br>• 복잡한 처리 기술 | 전기 공급<br>열원 |
| 신에너지 | 연료 전지 | • 저공해, 고효율, 휴대 가능<br>• 타산업으로의 높은 연관성 | • 고가의 발전 비용<br>• 추가 기술 개발 필요 | 전기 공급<br>수송 연료 |
| | 석탄 가스화 | • 적은 불순물, 연소 조정 편리<br>• 석유와의 유사성 | • 공해 발생, 저장 및 해상 수송 제한<br>• 거액 투자 소요 | 전기 공급<br>열원 |
| | 수소 에너지 | • 저공해, 무한정<br>• 연료 전지 등 다양한 활용 | • 저장·수송 곤란, 안정성(폭발) 문제<br>• 수소 분리 비용 과다 | 전기 공급<br>수송 연료 |

출처: 『원자력 에너지와 신재생 에너지의 상생을 통한 삶의 질 향상 방안』

## 03 에너지 현황은 어떨까?

### ▮에너지원별 공급과 소비량

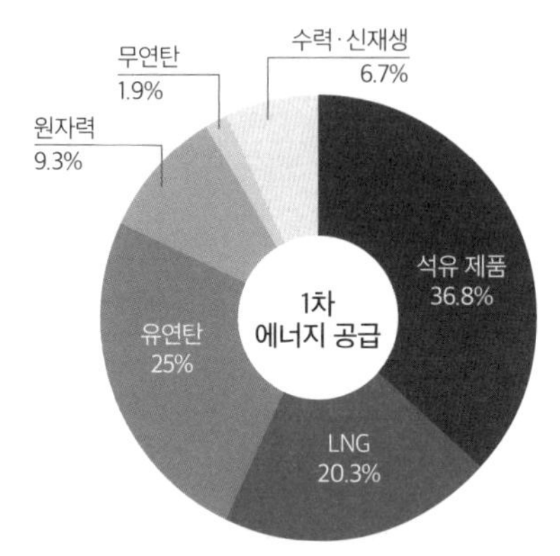

출처:『에너지통계월보』(현대경제연구원)

세계 여러 나라는 지구 온난화 등 지구 환경을 개선하기 위해 신재생 에너지 중심의 에너지 체계로 전환하고 있다.

그러나 현대경제연구원『에너지통계월보』에 나온 2019년 2월 우리나라 1차 에너지 공급 구성을 보면 화석 연료가 84%, 원자력이 9.3%, 수력과 신재생(국내 생산)이 6.7%다.

현재 우리나라는 에너지 의존도(93.3%)와 1인당 에너지 소비량이 매우 높다. 또 에너지 부분에서 이산화탄소를 배출하는 화석 연료의 비율이 84%를 차지하고 있다. 따라서 이산화탄소를 줄여 지구 환경 문제를 해결하기 위해서는 신재생 에너지의 발전 비율을 늘려야 한다.

### ▮2018~2019년 신재생 에너지의 발전 비중

21세기의 에너지 체제는 재생 가능 에너지 중심으로 전환하고 있으며, 이미 세계 176개국이 재생 가능 에너지 지원 정책을 보유하고 있다.

나라별로 재생 에너지 비중은 독일 40%, 베트남 38.1%, 중국 25.8%, 일본 18.4%, 미국 17.5%, 한국 9.77%다.

2019년 우리나라의 신재생 에너지 발전 비중은 9.77%로 OECD나 G20 국가 중 세계 최하위권이다.

| 구분 | | 2018년 | | 2019년 | |
|---|---|---|---|---|---|
| | | 발전량 | 비중(%) | 발전량 | 비중(%) |
| 총 발전량 | | 5억 9,363만 8,916 | 100 | 5억 8,809만 5,999 | 100 |
| 신재생 에너지 | | 5,271만 8,258 | 8.88 | 5,745만 6,635 | 9.77 |
| | 재생 에너지 | 4,925만 1,304 | 8.3 | 5,413만 8,302 | 9.21 |
| | 신에너지 | 346만 6,954 | 0.58 | 331만 8,333 | 0.56 |
| 재생 | 태양광 | 920만 8,099 | 17.5 | 1,310만 8,645 | 22.8 |
| | 풍력 | 246만 4,879 | 4.7 | 267만 9,177 | 4.7 |
| | 수력 | 337만 4,375 | 6.4 | 279만 1,076 | 4.9 |
| | 해양 | 48만 5,353 | 0.9 | 47만 4,321 | 0.8 |
| | 바이오 | 936만 3,229 | 17.8 | 1,041만 5,632 | 18.1 |
| | 폐기물 | 2,435만 5,370 | 46.2 | 2,466만 9,451 | 42.9 |
| 신 | 연료 전지 | 176만 4,948 | 3.3 | 228만 7,061 | 4 |
| | 석탄 가스화 복합 발전(IGCC) | 170만 2,006 | 3.2 | 103만 1,272 | 1.8 |

출처: 한국에너지공단 신재생 에너지

## 04 신재생 에너지의 종류에는 어떤 것이 있을까?

### 태양광 에너지

태양광 에너지는 태양광 발전 시스템을 이용해 빛 에너지를 모아 전기로 바꾸는 것이다. 몸에 나쁜 공해를 만들지 않고, 연료도 필요 없으며 소음도 내지 않는다. 또한 쉽게 설치할 수 있으며, 오랫동안 사용할 수 있다.

**태양광 발전 시스템의 구성 기기**

| | |
|---|---|
| 태양 전지 | 태양 에너지가 입사되어 전류를 생성시키는 곳 |
| 접속함 | 모듈에서 발생된 직류 전력을 모아 인버터로 전달하는 기기 |
| 인버터(inverter) | 태양 전지에서 생산된 직류 전기를 교류 전기로 바꾸는 기기 |
| 축전지(battery) | 낮에 생산된 전기를 밤에 사용할 수 있도록 전기를 저장하는 기기 |
| 모니터링 시스템 | 시스템의 상태를 파악하고 고장 및 이상을 진단하는 기기 |

출처: 한국에너지공단 신재생 에너지

## ▌태양열 에너지

태양에서 나오는 따뜻한 열을 바로 쓰거나 한꺼번에 모아 집을 따뜻하게 하고 물을 데우는 데 사용할 수 있다.

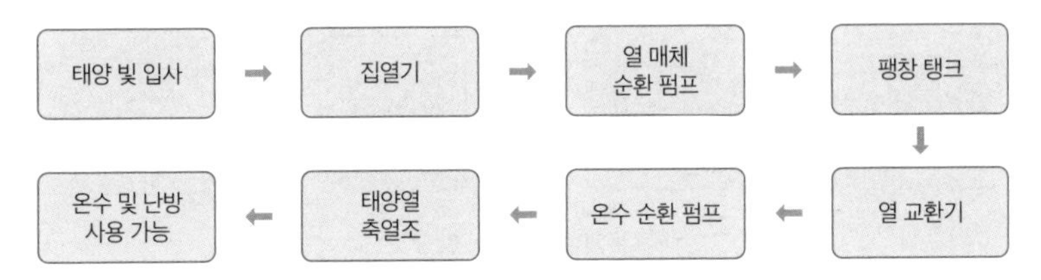


**태양열 발전 시스템의 원리 및 구조**

출처: 한국에너지공단 신재생 에너지

## ▌지열 에너지

겨울에는 땅속이 땅 위보다 따뜻하고, 여름에는 땅속이 땅 위보다 시원하다. 이러한 점을 이용해 여름에는 땅속으로부터 시원한 온도를 가져와 시원하게 해 주고, 겨울에는 따뜻한 온도를 가져와 따뜻하게 해 줄 수 있다.

**지열 시스템의 원리**
땅속에 100m 이상의 구멍을 뚫고 고밀도 폴리에틸렌 파이프를 삽입한다. 파이프 내부에는 유체를 삽입한다. 그리고 펌프를 순환시켜 땅속의 열과 열 교환을 한다.

## ▮해양 에너지

바다에서 발생하는 에너지로서 파도가 칠 때 사용할 수 있는 파력 에너지, 바닷속과 바다 표면의 온도 차를 이용해 만드는 온도 차 에너지, 밀물과 썰물 때 물의 깊이가 달라지는 현상인 조력 에너지 등이 해양 에너지에 속한다. 이러한 여러 에너지를 이용해 전기를 생산할 수 있다.

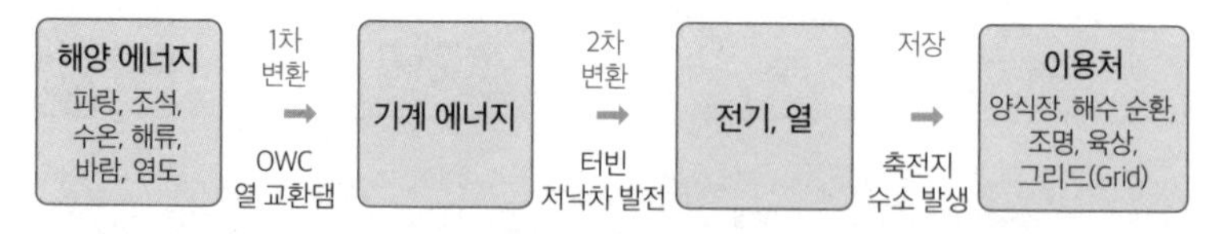


**해양 에너지의 원리 및 구조**

출처: 한국에너지공단 신재생 에너지

**해양 에너지의 종류**

| 조력 발전 | 조석의 힘을 동력원으로 해수면의 상승 하강 운동을 이용해 전기를 생산하는 발전 기술 |
|---|---|
| 파력 발전 | 파랑 에너지(물의 출렁임)를 이용해 터빈 등의 원동기 구동력으로 발전하는 기술 |
| 해수 온도 차 발전 | 해양 표면층 온수(예: 25~30도)와 심해층(500~100m) 냉수(예: 5~7도)의 온도 차를 이용해 열에너지를 기계적 에너지로 변환시켜 발전하는 기술 |

출처: 한국에너지공단 신재생 에너지

### ▌바이오 에너지

바이오 에너지는 생물체의 에너지를 이용하는 것이다. 나무를 땔감으로 사용하기도 하고, 식물에서 기름을 추출해 액체 연료로 만드는 등 동식물의 에너지를 이용해서 친환경적인 에너지를 만들 수 있다.

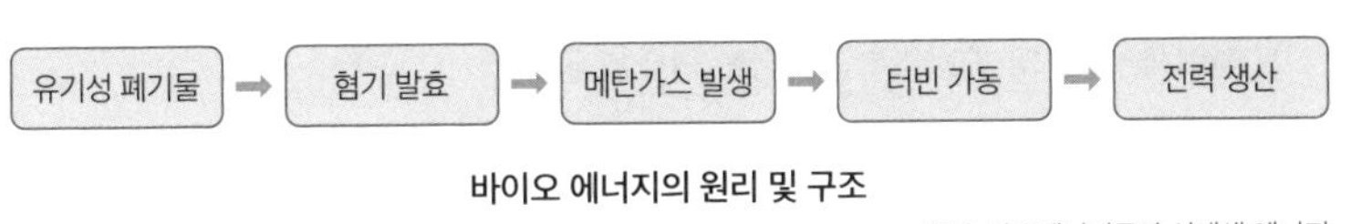


**바이오 에너지의 원리 및 구조**

출처: 한국에너지공단 신재생 에너지

### ▌폐기물 에너지

폐기물이나 쓰레기 등을 재활용하는 것으로 에너지 함량이 높은 폐기물들을 여러 가지 기술에 의해 연료로 만들거나 소각해 에너지로 이용한다. 못 쓰는 물건들을 다시 이용해 폐기물을 처리하고 에너지도 얻을 수 있다.

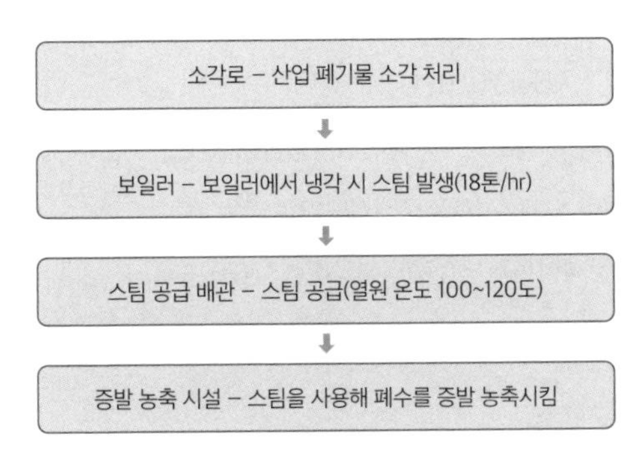


**폐기물 에너지의 원리 및 구조**

출처: 한국에너지공단 신재생 에너지

## 용어 정의

- **신재생 에너지 의무 할당제**(Renewable Portfolio Standards, RPS): 대한민국의 전력 발전 회사가 연간 전력 생산의 일정량을 의무적으로 신재생 에너지로 생산한 전력으로 공급하는 제도로, 2012년 1월 1일에 시행되었다.
- **화석 연료**: 석탄, 석유, 가스 등과 같이 지구 역사상 아주 오래전에 생물체들이 땅속에 묻혀서 변화(화석화)되어 만들어진 연료를 말한다.
- **1차 에너지**: 천연 상태에서 얻을 수 있는 에너지로 석탄, 석유, 목재, 지열, 태양열, 해열, 풍력 등이 이에 해당한다.
- **2차 에너지**: 변환·가공해서 얻은 전기, 도시가스, 코크스 등을 말한다.
- **발전 장치**: 발전소에서 전기를 생산하는 데 필요한 장치를 말한다. 일반적인 화력 발전의 경우, 고온·고압의 증기를 생산하는 보일러, 증기를 이용해 발전기 축을 돌리는 증기 터빈, 영구 자석으로 이루어진 발전기 등이 주요 발전 장치에 해당한다.

## 참고 서적 및 자료


○ 『원자력 에너지와 신재생 에너지의 상생을 통한 삶의 질 향상 방안』/정주용/2019년

○ 『2019년 신재생 에너지 보급 통계 잠정치(2020 공표) 결과 요약』/한국에너지공단 신재생 에너지 정책실/2020년

○ 『2020 에너지 통계 핸드북』/한국에너지공단/2020년

○ 『에너지통계월보』/현대경제연구원/2019년 2월

○ 『왜 에너지가 문제일까?』/신동한/생각비행/2017년

## 신재생 에너지 개요서

### ••• 토론 논제

현재 에너지 자원의 대부분을 얻고 있는 화석 연료는 환경 오염과 온난화 현상을 가속화시키고 있다. 이에 따라 신재생 에너지의 발전 비율을 높일 수 있는 방안에 대해 과학적으로 탐구하시오.

〈2018년 경기 정발중 등〉

## 생각 적용하기

| 화석 연료로 인한 환경 오염과 온난화 현상을 정리해 보자. 화석 연료를 대체할 수 있는 신재생 에너지의 발전 비율을 어떻게 높일 수 있을까? | | |
|---|---|---|
| 구분 | 환경 오염 피해 | 온난화 현상으로 인한 피해 |
| 화석 연료 사용으로 인한 문제 | | |
| 신재생 에너지의 종류 | | |
| 화석 연료 대체 방안 | | |
| 내가 생각한 아이디어 | | |

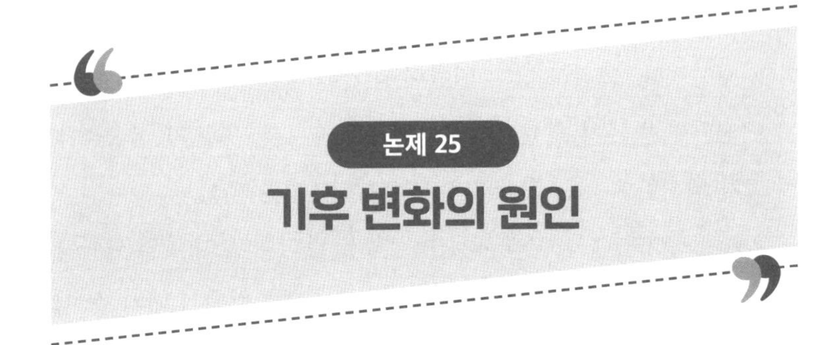


## 01 기후 변화란 무엇일까?

기후 변화를 알기 위해서는 먼저 기후에 대한 이해가 필요하다. 기후와 날씨를 혼동하는 경우가 종종 있는데, '날씨'는 매일 우리가 경험하는 기온, 바람, 비 등의 대기 상태를 말하며, '기후'는 수십 년 동안 한 지역의 날씨를 평균화한 것을 뜻한다. 따라서 '기후 변화'란 장기간(수십 년 또는 그 이상) 동안 지속된 기후의 평균 상태나 그 변동 속에서 통계적으로 의미 있는 변동을 일컫는 말이다.

## 02 기후 변화에 대한 인식은 언제부터 시작되었을까?

기후 변화에 대한 인식은 19세기 과학자들의 연구에서 시작되었다. 1896년 스웨덴의 화학자 스반테 아레니우스는 인간 활동으로 발생하는 이산화탄소 때문에 대기 중 이산화탄소의 농도가 증가할 수 있다는 논문을 발표하고, 이로 인해 지구의 기온이 상승할 수 있다고 주장했다. 그러나 당시 인간이 대기에 그 정도의 영향력을 주기 어렵다는 반론이 거셌고, 이를 입증할 수 있는 증거가 불충분해서 그가 제시한 이론은 빛을 발하지 못했다.

그런데 1900년대 중반에 새로운 상황을 맞이했다. 미국의 과학자 찰스 킬링이 1958년부터 하와이 마우나로아 관측소에서 대기 중 이산화탄소 농도를 측정한 결과 아래 그래프에서처럼 이산화탄소 농도가 증가하고 있었다. 이 실험의 결과로 1970년대 과학자들의 적극적인 논의를 거쳐 다수의 과학자가 지구 온난화가 실제로 발생하고 있다는 것에 동의하기 시작했다.

그리고 1979년 제1차 세계기후회의에서 인류 활동으로 인해 기후가 변하고 있을 가능성이 있으며, 이에 대한 대응책이 필요하다는 점이 강조되었다. 이후 지구 온난화에 동의하는 주장이 강화되었고, 1988년 국제연합 결의에 따라 세계기상기구는 기후 변화에 관한 정부 간 협의체(Inter Governmental Panel on Climate Change, IPCC)를 결성했다.

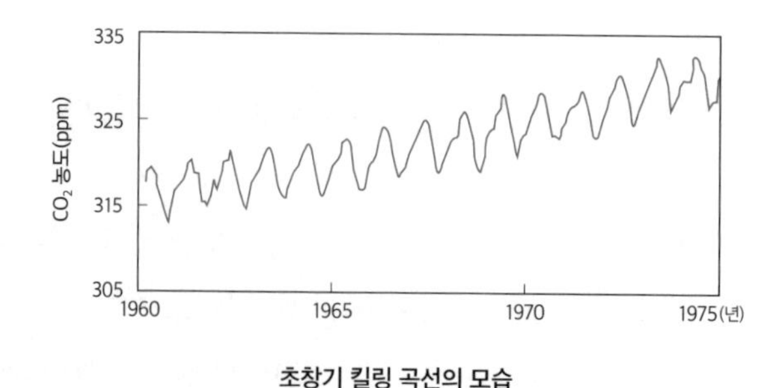


초창기 킬링 곡선의 모습

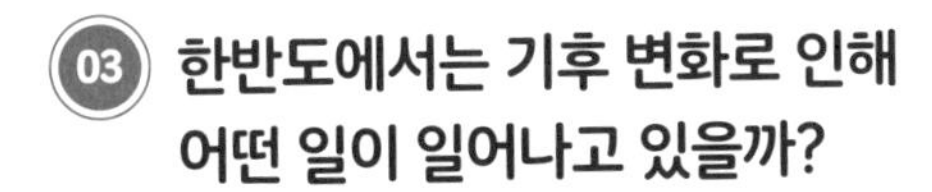

## 03 한반도에서는 기후 변화로 인해 어떤 일이 일어나고 있을까?

국립기상과학원에 따르면 지난 100년 동안 한반도의 연 강수량은 매년 평균 1.63㎜씩 증가했으며, 기온 역시 꾸준히 높아졌다. 기상청 빅 데이터를 보면 1910년대 10년 동안 서울의 여름은 평균 94일이었으나, 2010년대에 들어서는 평균 131일로 늘어 3분의 1가량 더 길어졌다. 현재 우리는 한 해의 3분의 1이 넘는 기간을 평균 기온 20도 이상인 여름으로 보내고 있다.

이렇게 기온이 오르는 경향은 대도시에서 더욱 두드러지게 나타난다. 전 지구적으로 100년간 기온이 0.75도 오르는 동안 서울 등 국내 6대 도시는 2배가 넘는 1.8도나 올랐다. 이에 따라 2050년이 되면 한 해 폭염 일수는 최대 50일까지 늘어나고, 폭염으로 인한 사망자 수도 250명을 넘길 것으로 전망되고 있다.

## 04 기후 변화는 인위적인 요인이 크게 작용할까, 자연적인 요인이 크게 작용할까?

### ▎인위적인 요인

기후 변화가 인간의 활동 때문에 발생했다는 가설에 과학자들의 97%가 동의한다. 18세기 중반 영국에서 시작된 산업 혁명의 불길은 유럽 대륙, 미국, 러시아 등으로 퍼져 나갔으며, 20세기 후반에는 동남아시아, 아프리카, 라틴 아메리카로 넓게 확산되었다. 이를 계기로 세계 여러 나라에서는 석유, 석탄 등의 화석 연료를 많이 사용했다. 그래서 대기 중에는 이산화탄소를 중심으로 한 온실가스가 증가했다. 화석 연료를 사용하면 배출되는 이산화탄소는 지표에서 방출하는 적외선을 흡수해 기온을 높이는 대표적인 온실가스다. 이산화탄소는 식물의 광합성 작용으로 분해되는데, 인간의 무분별한 개발로 인해 산림이 파괴되어 이러한 작용의 효과가 약해졌다. 그 결과 20세기에 들어와 다른 온실가스의 양은 별로 변화가 없었지만, 대기 중의 이산화탄소의 양이 많이 늘어났다. 이로 인해 과학자들은 이산화탄소에 의한 온실 효과가 훨씬 커져 지구의 기온이 높아지는 것이라고 주장하고 있다.

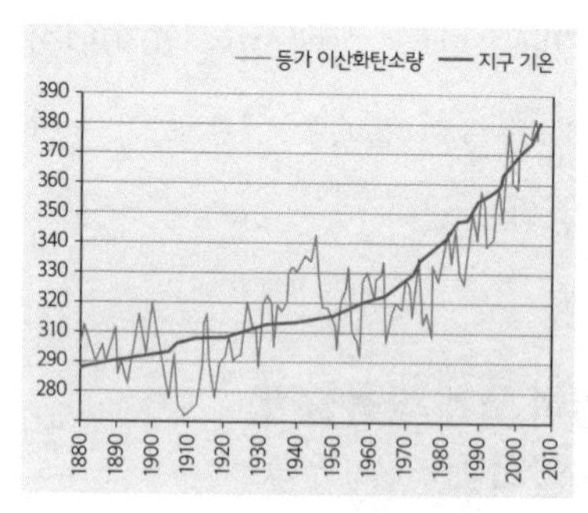


지구 평균 기온과 이산화탄소 농도

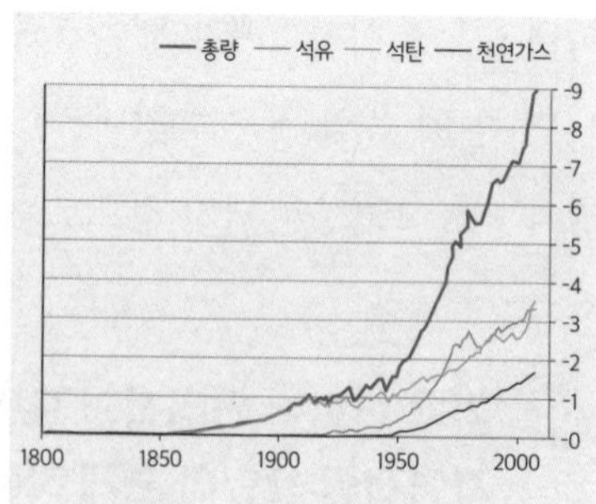


화석 연료가 방출하는 이산화탄소량

출처: 『정답을 넘어서는 토론학교』(우리학교)

1800년대 이후 화석 연료 사용으로 방출된 이산화탄소의 양을 나타내는 그래프를 보면, 서서히 증가하던 이산화탄소 방출량이 1950년대부터 급격하게 증가함을 볼 수 있다. 이렇게 증가하던 이산화탄소 배출량과 지구의 기온 관계를 나타낸 그래프를 보면 이 두 가지가 서로 비슷하게 증가하는 것이 보인다. 또 오른쪽 그래프처럼 석유의 사용으로 인한 이산화탄소 증가율이 가장 가파르게 증가하고 있다는 것을 알 수 있다. 이를 통해 이산화탄소 배출량이 증가하는 비율과 지구 기온이 올라가는 비율이 거의 비슷하다는 것을 알 수 있으며, 둘 사이의 상관 관계는 지구 온난화 현상의 원인이 무엇인지 말해 준다. 따라서 인간의 화석 연료 사용으로 인해 증가한 이산화탄소가 지구 온난화의 원인이다.

### 자연적인 요인

지구 온난화론의 핵심은 '이산화탄소 증가로 지구 온난화가 일어난다'는 가설이다. 그러나 뒤집어 생각해 보면 이산화탄소 농도 증가로 인해 기온이 상승한 것이 아니라 자연적 온난화로 인해 이산화탄소의 농도가 증가한 것일 수도 있다. 실제로 자연적 온난화는 해수의 온도를 상승시키고, 이로 인해 다량의 이산화탄소가 대기로 방출된다. 해수의 이산화탄소 흡수량은 대기의 50배나 되는데, 탄산음료를 따뜻한 곳에 두면 가스가 다 빠져나가듯 바닷물의 온도가 올라가면 엄청난 양의 이산화탄소가 방출된다.

자연적 온난화의 요인은 다양하고 복잡하다. 그중 천문학적인 요인을 내세운 밀란코비치의 주장을 들어 보자. 20세기 초 세르비아의 천문학자 밀란코비치는 지구의 기온을 변화시키는 여러 요인 중에서 특별히 천문학적인 요인에 주목했다. 그는 '밀란코비치 이론'을 통해 지구의 기온 및 기후를 변화시킬 수 있는 천문학적인 세 가지 요인을 제시했다.

첫째, 자전축의 경사 변화, 둘째, 돌고 있는 팽이가 원을 그리며 움직이듯 지구의 자전축이 한 바퀴 도는 세차 운동, 셋째, 태양 둘레를 도는 지구의 공전 궤도다. 이 세 가지는 모두 지구로 들어오는 태양 빛의 양을 달라지게 하는 요인이다.

**① 자전축의 경사**

지구의 자전축은 23.5도 기울어져 있는데, 약 4만 1,000년을 주기로 21.5도에서 24.5도 사이로 주기적으로 변화한다. 그런데 자전축의 기울기가 커지면 계절에 따른 기온 변화가 커져 지구에 기상 변화가 생긴다. 따라서 자전축의 경사각이 최소가 되는 21.5도일 경우 남반구와 북반구가 각각 여름과 겨울에 받는 태양 복사 에너지의 차이가 평균보다 감소하며, 반대로 최대가 되는 24.5도일 경우에는 그 차이가 평균보다 증가한다.

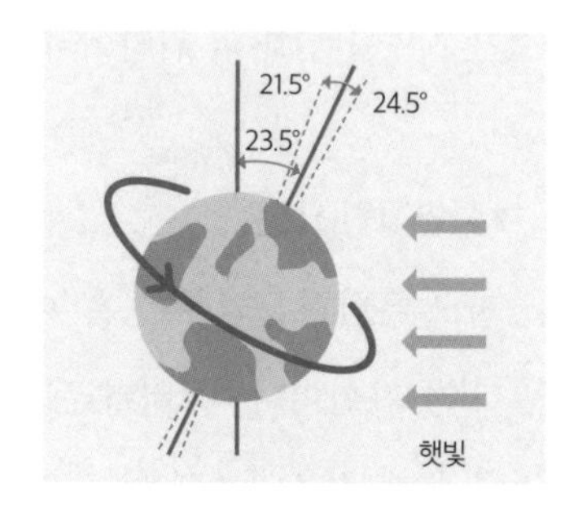


**② 세차 운동(지구 자전축의 방향 변화)**

세차 운동이란 지구 자전축이 황도와 수직인 축을 중심으로 회전하는 운동이다. 지구는 약 2만 6,000년을 주기로 세차 운동을 하는데, 자전축의 경사가 현재와 반대가 되면 북반구의 겨울은 여름이 되고 여름은 겨울이 되는 변화가 나타날 만큼 지구 기온에 큰 영향을 미친다.

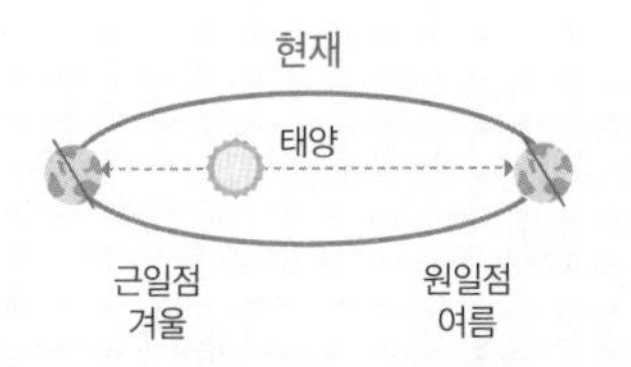


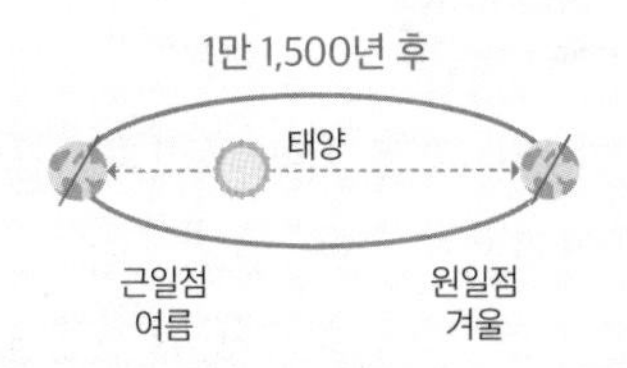


**③ 지구 공전 궤도 이심률 변화**

지구의 공전 궤도는 약 10만 년을 주기로 이심률이 변한다. 이심률이 커지면 겨울에는 태양에서 더 멀게, 여름에는 태양에 더 가깝게 공전하기 때문에 기온 차이가 커지게 된다.

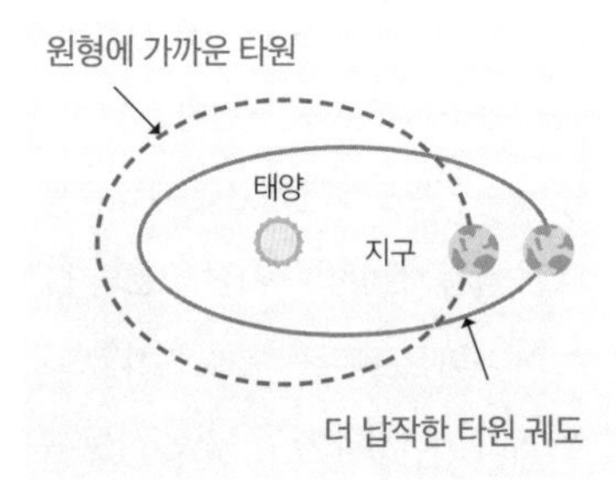


이처럼 지구의 기온 변화는 천문학적인 요인에 의해 차이가 커진다. 따라서 지구 온난화가 인간이 배출한 이산화탄소 때문이라는 주장은 지나친 가설이라고 해석할 수 있다.

## 용어 정의

- **밀란코비치 이론:** 기본적으로 지구 자체의 운동 효과로 발생하는 기후 변화를 설명한 것이다. 지구 공전 궤도의 형태, 자전축의 변화, 세차 운동 등 3가지 요소가 지구에 도달하는 태양 복사 에너지의 양과 도달 위치를 변화시키며, 이로 인해 기후 변화가 초래되었다는 이론이다.
- **자전축:** 남극과 북극을 직선으로 연결한 선을 말한다. 지구는 이 축을 중심으로 하루에 한 바퀴씩 자전한다. 자전축은 지구의 공전 궤도에 대해 약 23.5도 기울어져 있는데, 이 경사도는 4만 1,000년을 주기로 변화한다.
- **세차 운동:** 팽이처럼 회전하고 있는 물체가 이리저리 움찔거리며 흔들리는 현상을 뜻한다. 지구도 회전하므로 세차 운동으로 인해 조금씩 이동한다.
- **태양 복사 에너지:** 복사란 고온의 물체에서 저온의 물체로 직접 에너지가 전달되는 방식이다. 태양은 빛을 복사함으로써 지구에 에너지를 전달한다. 태양에서 받는 복사 에너지와 지구가 방출하는 복사 에너지의 양이 같을 때 복사 평형을 이루게 된다.
- **이심률:** 지구는 태양 주위를 타원형을 그리며 돌고 있는데, 이심률이란 이 타원이 얼마나 찌그러졌는지의 정도를 나타내는 것이다. 숫자가 커질수록 가로로 길쭉한 타원이 되고, 0에 가까워지면 원 모양이 된다.

## 참고 서적 및 자료

○ 『인위적 기후 변화론 VS 기후 변화 회의론』/임영섭/2012년
○ 『정답을 넘어서는 토론학교』/가치를 꿈꾸는 과학교사모임/우리학교/2017년
○ 『과학동아』/동아사이언스/2017년

## 기후 변화의 원인 개요서

### ●●● 토론 논제

지구촌에 나타나고 있는 기후 변화는 인위적인 요인이 크게 작용하는지 자연적인 요인이 크게 작용하는지 과학적 분석을 해 보고, 이를 해결할 수 있는 창의적인 방안을 제시하시오.

〈2018년 경기 세교고 등〉

## 생각 적용하기

기후 변화는 인위적인 요인과 자연적인 요인 중 어느 쪽이 크게 작용하는지 분석하고, 이를 해결하기 위한 아이디어를 내 보자.

| 구분 | 인위적인 요인 | 자연적인 요인 |
| --- | --- | --- |
| 기후 변화의 원인 분석 | | |
| 해결 방안 | | |
| 내가 생각한 아이디어 | | |

CHAPTER 04

# 생태 / 환경

비무장 지대 | 극지방 개발 | 산불

녹조와 적조 | 도시광산 | 라돈

화학 물질 | 미세 플라스틱

논제 26

# 비무장 지대

## 01 비무장 지대란 어디일까?

비무장 지대(Demilitarized Zone, DMZ)는 '국제 조약이나 협약으로 무장이 금지된 지역'을 말한다. 1950년 6월 25일에 시작된 6·25 전쟁을 일시적으로 중단하기 위해 1953년 7월 27일에 맺은 정전 협정 제1조 1항에 따르면 "한 개의 군사 분계선(Military Demarcation Line, MDL)을 확정하고 남북이 이 선으로부터 각각 2㎞씩 후퇴함으로써 비무장 지대를 설정한다."라고 규정되어 있다. 휴전 상태인 남북한의 군사적 충돌을 방지하기 위한 군사적 완

**군사 분계선 표지판**

출처: 위키미디어

충 지대를 설정한 것이 비무장 지대인 것이다.

서해의 임진강 하구에서부터 동해의 강원도 고성군 명호리에 이르기까지 약 248㎞에 이르는 군사 분계선에는 철책선이 없고 1,292개의 말뚝 표지물만 있다. 대신 군사 분계선에서 남북으로 각각 2㎞ 떨어져 설치된 비무장 지대의 남방과 북방의 끝에 철책선이 설치되어 있다. 군사 분계선에서 남쪽과 북쪽으로 각 2㎞씩, 총 4㎞ 폭의 공간이 비무장 지대로 전체는 서울시 면적의 1.5배에 해당한다. 임진강 하구에서 강화도 끝 섬까지 이르는 '한강 하구 중립 지역'은 정전 협정에 따라 남북이 공동 이용할 수 있는 지역이지만, 남북 간 군사적 대치 상황으로 정상적인 이용은 불가능한 상태다.

비무장 지대 인근 지역은 10㎞ 이내 지역이 민간인 통제 보호 구역이며, 25㎞ 이내의 접경 지역은 군사 시설 보호 구역으로 지정되어 있다.

| 명칭 | 내용 |
|---|---|
| 군사 분계선(휴전선) | 휴전 중인 남북의 영역을 군사적으로 나누는 경계선 |
| 비무장 지대 | 군사 분계선을 기준으로 남쪽과 북쪽으로 각각 2㎞ 이내 지역 |
| 민간인 통제 보호 구역 | 군사 작전을 원활히 수행하기 위해 민간인이 함부로 거주하거나 산업 활동을 할 수 없도록 만든 군사 분계선 10㎞ 이내 지역 |
| 접경 지역 | 민통선 이남 25㎞ 이내로 DMZ에 인접한 15개 시·군 |

## 02 비무장 지대의 지형적 특징은 무엇일까?

산림청 임업 연구원의 조사 자료에 따르면 비무장 지대의 총 토지

면적은 9만 703헥타르다. 산림 지역이 75.5%로 전체의 4분의 3을 차지하고 있으며, 초지 20.3%, 농경지 2.8%, 습지 1.1%, 나지 0.1%, 수역 0.2% 등이다. 농지의 경우 4분의 3 이상이 북측에 분포한다. 전체적으로 봤을 때는 산악 지형인 동부 지역부터 하구와 갯벌의 평탄 지형인 서부 지역에 걸쳐 동고서저를 이룬다.

| | 서부 임진강 하구 | 서부 평야 | 중부 산악 | 동부 산악 | 동부 해안 |
|---|---|---|---|---|---|
| 행정 구역 | 파주 | 연천, 철원 | 철원, 화천 | 양구, 인제 | 고성 |
| 지형 | 평지, 언덕 | 평지, 언덕 | 산악 | 산악 | 산악 |

## 03 비무장 지대의 생태적 특징은 무엇일까?

비무장 지대는 지난 70년 가까이 민간인의 출입이 금지되었기 때문에 천이 과정을 거쳐 생태계 복원이 이루어졌다. 그래서 산업화 이전 북반부 온대림의 원형을 보여 주는데, 이는 온대 기후 지역인 유럽과 아시아에서는 현재 찾기 힘든 모습이다.

이러한 자연 속에서 여러 동식물이 자연적으로 번성하면서 비무장 지대는 백두 대간, 도서 연안과 함께 한반도 3대 핵심 생태축 중 하나로 지정되었다.

2018년 환경부 조사에 따르면 남측 비무장 지대 지역에서 야생 생물 5,929종이 서식하고 있는 것으로 밝혀졌다. 특히 그 가운데 멸종 위기종은 101종으로 국내 총 267종 중 약 38%가 서식하고 있다.

그러나 비무장 지대의 75.5%가 산지임에도 불구하고 삼림이 울창한 정도를 나타내는 임목 축적량은 그리 높지 않다. 산림청에 따르면 비무장 지대 임목 축적량은 우리나라 평균의 48%에 그치는 것으로 조사되었다. 이는 군사 지역이어서 벌채를 하거나 산불을 내서 시야를 확보했기 때문이다.

## 04 비무장 지대를 어떻게 활용할 수 있을까?

비무장 지대 활용 방안은 먼저 통일을 이룬 독일의 사례를 참고할 수 있다. 독일의 '그뤼네스반트'는 1,400㎞에 달하는 옛 동서독 간의 접경 지대를 가리키는 말로, 우리나라의 비무장 지대에 해당한다. '녹색 띠'라는 뜻의 그뤼네스반트는 현재 생태 공원으로 복원되어 동서독 냉전 시대를 상징하는 공간으로 자리잡았다. 그뤼네스반트는 숲, 초지, 강, 호수, 덤불 등으로 이루어져 면적의 85%, 길이의 80% 이상이 자연 그대로의 모습을 유지하고 있으며, 다양한 동식물 5,300여 종과 109가지의 동물 서식지가 있다. 동물 서식지 중 48%는 독일 멸종 위기 동물의 서식지다.

우리나라에서도 여러 가지 비무장 지대 활용 방안 중 비무장 지대의 생태 자원을 보존해 세계적인 자연 유산으로 만들기 위한 노력이 진행 중이다. 세계 유산, 생물권 보전 지역, 세계 지질 공원은 유네스코가 지정하는 3대 자연환경 보전 제도다. 2019년 강원도 접경 지역(철원·화천·양구·인제·고성)과 경기도 연천군 전역 등 강원·연천 일대가 유네스코 생물권 보전 지역으로 지정되었다. 환경부는 비무장 지대 지역 자체를 접경 생물권 보전 지역으로 지정하는 방안도 추진할 예정이라고 밝혔다.

또 2020년 7월에는 비무장 지대 일원 및 접경 지역 한탄강 일대가 유네스코 세계 지질 공원에 등재되었으며, 세계 유산 등재도 추진 중이다. 2020년 경기도와 강원도는 문화재청과 함께 세계 유산 등재 추진을 위한 비무장 지대 문화·자연 유산 실태 조사를 진행했다.

**유네스코 지정 3대 자연환경 보전 제도**

| | |
|---|---|
| 세계 유산 | '과거로부터 물려받은 것 가운데 탁월한 보편적 가치를 지니고 있다고 인정된 것'으로 인류가 함께 지키고 전승해야 한다고 인정받은 것을 뜻한다. 세계 유산은 문화유산, 자연 유산, 그리고 이 두 가지 성격을 동시에 지닌 복합 유산으로 이루어져 있다. |
| 생물권 보전 지역 | 생물 다양성을 보전하고 자연 자원의 지속 가능한 이용을 위해 지정하는 우수 생태 지역을 뜻한다. 두 개 이상의 영토에 걸친 지역은 '접경 생물권 보전 지역'으로 지정하고 있다. |
| 세계 지질 공원 | 지질 유산의 보호와 관리를 위해 전 세계를 대상으로 선정하는 지역을 뜻한다. |

출처: 유네스코한국위원회

## 용어 정의

- **나지:** 나무나 풀이 없이 흙이 그대로 드러난 땅을 말한다.
- **천이:** 같은 장소에서 시간의 흐름에 따라 진행되는 식물 군집의 변화를 말한다. 예를 들어 산사태·홍수가 지나간 곳이나 벌목 등으로 생긴 맨땅은 초본류가 자라기 시작해 처음에 생긴 식물 군락과 다른 군락으로 바뀌게 된다.
- **온대림:** 4~11월의 평균 기온이 10~20도이며 사계절이 뚜렷한 온대 지방 삼림의 총칭을 말한다.
- **생태축:** 생물 다양성 증진 및 생태계 기능의 연속성을 위해 생태적으로 중요한 지역을 연결하는 생태적 서식 공간을 말한다. 우리나라에서는 비무장 지대, 백두 대간, 도서 연안 등 3대 핵심 생태권과 한강 수도권, 낙동강 영남권, 금강 충청권, 영산강 호남권, 태백 강원권 등 전국 5대 광역 생태권으로 나누어 관리하고 있다.
- **임목 축적량:** 산림의 나무 총량을 나타내는 것으로 산림의 울창한 정도다. 산림청 조사에 따르면 2018년 기준 우리나라의 임목 축적량은 9억 9,500만$m^3$다. 총 임목 축적량은 꾸준히 증가하고 있으며, 2050년에는 13억$m^3$를 넘어설 것으로 전망된다.
- **유네스코**(UNESCO): 세계 각국의 교육·과학·문화 활동을 통해 세계 평화와 인류 복지 증진을 목적으로 설립된 국제연합 전문 기구다. 국제적으로 인류가 보존하고 보호해야 할 문화·자연 유산을 지정해 보호한다.

## 참고 서적 및 자료

○ 『아하 DMZ』/최현진/굿플러스북/2014년
○ 『DMZ(비무장 지대) 일원 생물 다양성 보전을 위한 연구 및 관리 방향』/이영근/국립산림과학원/2014년
○ DMZ 통합 홈페이지 https://www.dmz.go.kr/
○ 한국환경공단 http://www.kecowebzine.kr/

## 비무장 지대 개요서

### ●●● 토론 논제

우리나라의 비무장 지대는 1951년 7월 휴전 회담이 시작되고 여러 차례 회의를 거쳐 1953년에 설정되었다. 만약 남북이 통일된다면 40년 이상 잘 보존되었던 비무장 지대를 어떻게 활용할 수 있을지 그 방안을 제시하시오.

〈2019년 경기 단대초 등〉

## 생각 적용하기

| 비무장 지대를 어떻게 활용할 수 있을지 적어 보자. | |
|---|---|
| 비무장 지대의 특징 | |
| 활용 분야 | |
| 활용 방법 | |
| 내가 생각한 아이디어 | |

## 01 극지방은 어떤 곳일까?

극지방이란 지구의 자전축이 지구의 표면과 교차하며 생기는 북극점과 남극점 주변 지역을 말한다.

북극은 일반적으로 북극점을 중심으로 7월 평균 기온이 10도인 등온선의 북쪽 지역을 말한다. 북극권 면적의 약 3분의 1은 육지, 3분의 1은 수심 500m 이내 대륙붕, 나머지 3분의 1은 심해로 구성되어 있다. 북극해는 전 세계 바다의 3.3% 정도이며, 겨울에는 바닷물이 얼어 빙하 지역이 넓지만 여름에는 줄어든다.

바다인 북극과 달리 남극은 대륙이다. 남극 대륙의 면적은 한반도의 62배, 중국의 1.3배에 달하며, 지구 육지 면적의 약 10%를 차지한다. 남극 전체 표면의 약 99.7%는 얼음으로 덮여 있으며, 이는 지구상 담수의 약 70%에 해당된다.

북극과 남극 가운데 더 추운 지역은 남극이다. 남극의 소련 보스

토크 기지에서 1983년에 측정한 영하 89.3도는 지구상 역대 최저 기온으로 기록되었다. 이렇게 기온 차이가 나는 것은 대륙을 뒤덮은 얼음이 태양열을 반사하는 남극과 달리 북극은 바닷물이 태양열을 흡수하며 저위도에서 흘러온 따뜻한 해류의 영향을 받기 때문이다. 이 같은 기온의 차이로 북극에는 원주민 이누이트가 있지만, 남극에는 원주민이 없다.

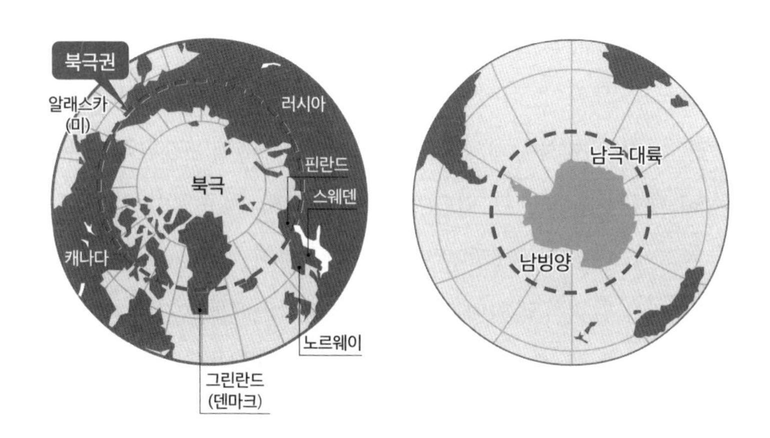


**북극과 남극 비교**

| | 북극 | 남극 |
|---|---|---|
| 면적 | 1,400만㎢(해양) | 1,380만㎢(대륙) |
| 평균 온도(최저 온도) | 영하 16~6도(영하 70도) | 영하 34도(영하 89.3도) |
| 대표 생물 | 북극곰, 여우, 순록, 고래 등 | 펭귄, 고래, 물개, 바다표범, 크릴 등 |
| 원주민 | 이누이트 | 없음 |

출처: 한국극지연구진흥회

## 북극과 남극의 영유권은 어느 나라에 있을까?

**북극이사회**

| 역할 | 북극의 환경 보호, 에너지 개발, 항로 연구 등 담당 |
|---|---|
| 회원국 | 캐나다·덴마크·핀란드·아이슬란드·노르웨이·러시아·스웨덴·미국 |
| 기존 옵서버 국가 | 독일·폴란드·네덜란드·영국·스페인·프랑스 |
| 신규 옵서버 국가 | 한국·중국·일본·인도·이탈리아·싱가포르 |

북극권 내에 영토가 있는 북극 국가는 캐나다·덴마크·핀란드·아이슬란드·노르웨이·러시아·스웨덴·미국 등 8개국이다. 바다가 대부분을 차지하는 북극해에 대한 영유권은 '유엔해양법협약'에 따라 북극해 해안선을 보유한 러시아·미국·캐나다·노르웨이·덴마크 등 5개 국가에 200해리(약 370㎞)의 배타적 경제 수역(Exclusive Economic Zone, EEZ)을 인정하고 있다. 1996년 9월 북극권 8개 국가가 북극이사회를 설립했다. 우리나라는 의결권은 없지만, 회의에서 의견을 낼 수 있는 옵서버(참관인) 국가로 참가하고 있다.

남극은 1959년 이전에 진출한 아르헨티나·호주·벨기에·칠레·프랑스·일본·뉴질랜드·노르웨이·남아프리카 연방·소련·영국·미국 등 12개 국가가 1988년 남극 조약을 체결했다. 이 조약으로 50년간 영유권 주장, 상업적 목적의 자원 채취, 군사 기지 설치, 군사 연습, 무기 실험, 핵 폐기물 처리 등은 금지되었다. 대신 남극의 평화적 이용, 연구의 자유 보장 등은 허용하고 있다. 2020년 3월 현재 남극 조약 가입국은 54개국이며, 우리나라는 1986년 세계에서 33번째로 가입했다.

현재 우리나라는 남극에 세종 과학 기지와 장보고 과학 기지, 북극에 다산 과학 기지를 두고 있으며, 극지방 탐사 및 연구 지원을 위해 쇄빙선 아라온호를 운영한다. 각 과학 기지에서는 기후 변화와 해양·대기·오존층·유용 생물 자원 연구, 기상과 지구 환경 변화 관측 등을 지속해서 진행하고 있다.

##  극지방 개발에 관심이 높아지고 있는 이유는 무엇일까?

### ▮막대한 자원

극지방이 주목받는 가장 큰 이유는 막대한 자원 때문이다. 남극 대륙과 주변 대륙붕에는 석유, 천연가스, 금, 은, 우라늄, 철, 구리, 석탄, 텅스텐, 가스 하이드레이트 등의 자원이 많이 매장되어 있는 것으로 알려져 있으며, 남극 조약에 따라 2048년까지 개발이 유보되었다. 북극해 연안 역시 원유 약 900억 배럴, 천연가스 약 470억 배럴의 매장량이 있는 것은 물론 망간, 니켈, 구리, 코발트 등 금속 광물도 세계 최대 규모로 매장되어 있다고 추정된다. 예전에는 광물 자원이 두꺼운 빙하 속에 있어 접근하기 어려웠지만, 지구 온난화로 얼음이 녹으면서 매장된 에너지 자원 개발이 예전보다 쉬워졌다.

### ▮항로 개척

얼음으로 뒤덮여 있던 북극해는 온난화로 얼음이 감소하면서 항해가 가능해졌다. 북극 항로에는 캐나다 수역을 통과하는 북서 항로와 시베리아 연안을 통과하는 북동 항로가 있는데, 우리나라는 지리적 특징에 따라 주로 북동 항로를 이용한다. 북동 항로를 이용할 경우 유럽과 아시아를 연결하는 기존 항로보다 거리는 32%, 운항 일수는 10일까지 단축할 수 있다. 2009년 독일

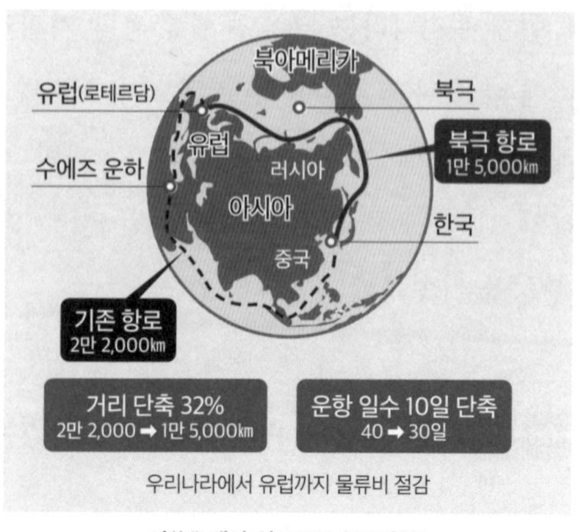

신(新) 해양 실크로드 북극 항로

벨루가쉬핑 선박 2척이 울산에서 북극해를 통과해 로테르담까지 운항했으며, 2015년 대한통운이 우리나라 배로는 최초로 북극 항로 상업적 운영에 성공했다. 최근 북동 항로에서는 각국의 유조선, 벌크선, 가스선 등 다양한 선박이 화물을 수송하고 있다.

이 밖에도 풍부한 수산 자원은 물론 극지방 생물을 이용한 생명 공학 연구, 빙하 조사를 통한 지구 환경 변화 연구, 대기 오염 및 변화 관측, 위성 통신, 반도체 등 초정밀 첨단 기술과 극궤도 위성 등 우주 개발까지 다양한 분야에서 극지방 개발의 필요성은 갈수록 높아지고 있다.

## 04 극지방 개발을 반대하는 이유는 무엇일까?

### ▮해빙으로 인한 온난화 가속화

현재 극지방은 다른 지역보다 기후 변화의 영향을 더 빠르게 받

고 있다. 세계기상기구에 따르면 현재 북극의 기온 상승 속도는 지구 평균 기온 상승 속도의 약 2배에 이른다. 미국 국립빙설자료센터(NSIDC)의 자료에 따르면 1979년 인공위성 관측 이래 북극 빙하 면적은 갈수록 줄어들고 있다. 지구 온도가 높아져 눈과 빙하가 녹아내리면 태양 에너지의 반사가 줄어든다. 또 해수면이나 지표면으로 흡수되는 태양 에너지의 양이 많아져 온난화가 더욱 빠르게 진행될 수 있다. 빙하의 면적이 줄어들고 있는 것은 남극도 마찬가지다. 게다가 극지방의 영구 동토가 녹으면 동토에 포함된 탄소가 미생물의 움직임에 의해 이산화탄소와 메탄가스로 변해 온실 효과가 더 심해질 수 있다.

### 원유 유출로 인한 극지 오염

항로 개척으로 극지방을 항해하는 선박이 많아지면서 오염 물질과 이산화탄소 배출 등이 늘어나 지구 온난화에 더 큰 영향을 미칠 수도 있다. 특히 극지방은 낮은 기온으로 생물학적 분해가 잘 안 되기 때문에 오염이 생태계에 미치는 타격이 더 크다. 현재 상업적 개발이 금지된 남극과 달리 북극해 연안 지역에서 개발된 석유와 가스는 북극 항로를 따라 전 세계로 운송되고 있는데, 원유나 가스의 채굴 과정에서부터 개발 후 운송, 저장 과정 곳곳에서 원유 유출 사고가 이어지고 있다.

1989년 알래스카 해역에서 일어난 세계적인 석유 회사 엑손모빌의 엑손발데스호 원유 유출 사고가 대표적인 예다. 이 사고로 기름 3만 8,800톤이 2,000㎞ 해역에 유출되어 수십억 마리의 물고기는 물론, 바다수달 2,800마리, 물개 300마리, 바닷새 25만 마리, 고래 22마리 등 수많은 바다 생물이 죽었다. 전문가들은 손상된 바다 생태계가 회복되는 데 30년 이상이 걸릴 것으로 추정하고 있다. 2020년 6월에도 발전소 연료 탱크가 붕괴해 북극해 근처 러시아 암바나야 강으로 약 2만 톤의 기름이 유출되었다. 이는 온난화로 영구 동토 지반이 붕괴해 지지대를 약화시켰기 때문으로 밝혀졌다.

이러한 기후 변화와 해양 오염 등으로 극지방에 서식하는 물개, 바다코끼리, 북극곰, 고래, 순록 등은 서식지 변화와 먹이 감소로 멸종 위기에 처했고, 이 동물들을 식량, 연료 등으로 사용하는 이누이트까지 큰 타격을 받고 있다. 이 때문에 세계자연기금, 국제자연보전연맹 등 국제 환경 단체는 무분별한 극지방의 개발에 반대하고 있다.

## 용어 정의

- **대륙붕:** 바닷물에 잠긴 대륙의 부분으로, 수심이 얕고 완만한 경사의 평탄한 해저 지형을 말한다. 광합성 작용을 하는 식물성 플랑크톤뿐만 아니라 많은 해양 생물이 서식하고 있다. 또한 천연자원이 많이 매장되어 있어 활발한 개발이 이루어지는 곳이다.
- **쇄빙선:** 극지방에서 얼음 위에 올라타 얼음을 깨뜨리면서 물길을 열어 항해하는 배를 말한다. 북극과 남극 탐사에 필수적인 선박이다. 전 세계적으로 40여 척이 활동하고 있으며, 우리나라는 아라온호를 운영 중이다.
- **가스 하이드레이트:** 천연가스가 낮은 온도 및 압력에 의해 얼음 형태로 고체화된 물질이다. 성분이 대부분 메탄가스이기 때문에 메탄 하이드레이트로도 잘 알려져 있다. 석유 연료보다 이산화탄소 등의 오염 물질을 적게 배출하는 미래의 환경친화적 에너지로 주목받고 있지만, 고체에서 가스를 분리하는 게 어렵고 비용이 많이 든다. 시베리아, 노르웨이, 알래스카, 인도 등의 대륙 주변 심해에 많이 매장되어 있으며, 우리나라에서는 독도 인근에서 발견된다.
- **벌크선:** 곡물이나 광석, 석탄, 원유 등의 화물을 수송하는 배를 말한다.
- **극궤도 위성:** 지구의 북극과 남극 상공을 통과하는 궤도를 비행하는 위성이다. 지구의 자전과 함께 지구 전체 표면을 관측할 수 있다.
- **영구 동토:** 여름에도 녹지 않고 일 년 내내 얼어 있는 퇴적물이나 토양 등을 말한다. 겨울에는 0도 이하가 되지만 여름에는 0도 이상이 되어 동결된 땅이 녹는 경우를 계절 동토라고 부른다.

## 참고 서적 및 자료

○ 『정답을 넘어서는 토론학교 과학』/가치를 꿈꾸는 과학교사모임/우리학교/2011년
○ 『북극권 석유 자원 현황 및 개발 전망』/김예동, 서원상/극지연구소/2013년
○ 극지연구소 https://www.kopri.re.kr/
○ 외교부 http://www.mofa.go.kr/

# 극지방 개발 개요서

**●●● 토론 논제**

극지방 개발, 이대로 좋은가?

〈2019년 경기 풍동중 등〉

## 생각 적용하기

| 극지방 개발에서 발생하는 문제들은 어떻게 해결해야 할지 생각해 보자. | |
|---|---|
| 극지방 개발에서 발생하는 문제 | |
| 세부 항목 | |
| 해결 방안 | |
| 내가 생각한 아이디어 | |

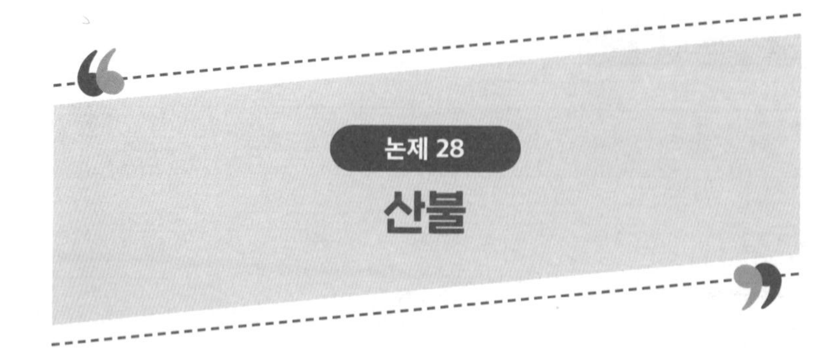


## 01 산불이란 무엇일까?

산불이란 산림 보호법에 따르면 '산림이나 산림에 잇닿은 지역의 나무, 풀, 낙엽 등이 인위적으로나 자연적으로 발생한 불에 타는 것'을 말한다. 신불은 진화 정도에 따라 계속 타고 있는 '주불', 주불이 진화되고 남은 '잔불', 진화 후 남아 있던 불씨가 다시 불붙은 '뒷불'로 나뉜다. 또 확산 형태에 따라서는 지표화, 수간화, 수관화, 지중화, 비산화 등으로 나눌 수 있다.

**확산 형태에 따른 산불 분류**

| | |
|---|---|
| 지표화(地表火) | 땅에 쌓인 낙엽과 작은 가지, 작은 수목 등에 생긴 산불로 가장 흔히 일어난다. 바람을 잘 타기 때문에 빠르게 이동할 수 있다. |
| 수간화(樹幹火) | 식물의 가지와 잎을 제외한 나무의 줄기(수간)가 타는 불로 주로 지표화로부터 번지며 번개로 인해 발생할 수도 있다. 낙엽이 쌓이고 죽은 가지가 많으면 지표화가 수간화로 이어지기 쉽다. |

| | |
|---|---|
| 수관화<br>(樹冠火) | 수간화로부터 불길이 세어지면 줄기의 윗부분(수관)까지 불이 번지게 된다. 불길이 강하고 진행 속도가 빨라 끄기 힘들며 피해도 가장 크다. |
| 지중화<br>(地中火) | 부패와 분해가 완전히 되지 않은 식물이 진흙과 함께 쌓여 있는 지층인 이탄층에 불이 붙은 것이다. 산소 공급이 막혀 연기도 적고 불꽃도 없이 서서히 타지만, 진화가 어렵고 다시 불붙기 쉽다. |
| 비산화<br>(飛散火) | 바람으로 인해 상승 기류가 발생해 불덩어리가 날아가는 불의 형태다. 방향을 예측하기 어려워 진화가 매우 어렵다. |

## 02 산불로 인한 피해는 얼마나 될까?

### 우리나라의 산불 피해

우리나라에서 발생하고 있는 산불 피해는 계속 늘어나고 있다. 산림청이 발표한 산불 피해 현황에 따르면 산불 발생 건수는 2015년 600건을 넘어섰고, 2017년부터 피해 면적과 피해액이 대폭 증가해 2019년에는 피해 면적 3,255헥타르, 피해액은 2,689억 원에 이르렀다.

### 세계 각지의 산불 피해

산불 피해는 우리나라뿐만 아니라 세계 각지에서도 대형화 추세를 보인다. 호주에서는 2019년 9월부터 2020년 2월까지 6개월 동안 계속된 산불로 인해 남한 면적인 10만 413㎢보다 넓은 12만 4,000㎢가 불에 탔다. 세계자연기금의 보고서에 따르면 이 산불로 인해 약 30억 마리에 달하는 호주 야생 동물이 죽거나 다친 것으로 조사되었다. 피해 규모는 포유류 약 1억 4,300만 마리, 파충류 약 24억 6,000만 마리, 조류 약 1억 8,000만 마리, 양서류 약 5,100만 마리에 이른다.

건조한 미국 캘리포니아 지역에서도 산불은 대형화 추세를 보인다. 산불 피해 규모를 측정한 1932년 이래로 발생한 가장 큰 산불 20개 중 19개가 2000년대에 발생했으며, 그중 5개가 2020년에 일어났다. 미국 캘리포니아주 소방국은 2020년 10월 기준으로 8,300건의 산불이 발생했다고 밝혔다. 산불로 인한 피해 면적은 모두 1만 6,187㎢로 집계되었으며, 한 해 피해 규모가 우리나라 면적인 10만 413㎢의 16.1%에 이른다.

이 밖에 아마존과 인도네시아의 열대림과 북극 시베리아의 침엽수림 등 '지구의 허파'로 불리는 세계 주요 삼림 지역에서도 산불 피해는 계속 증가하고 있다.

## 03 산불은 왜 일어날까?

### ▮자연적인 원인

자연적인 산불의 발생 원인은 벼락, 화산의 불씨, 건조한 시기에 낙엽끼리의 마찰열 등이다. 이외에 최근 잦은 대형 산불은 지구 온난화로 인한 기후 변화 때문에 일어난 것이다. 기온이 상승하면 산이 건조해지기 때문에 산불이 순식간에 퍼지는 경우가 많고, 불을 끄는 것도 어려워진다.

기록적인 호주 산불의 원인도 지구 온난화로 인한 기후 변화다. 초여름과 늦가을 사이에 인도양 동부에서는 수온이 낮아지고, 서부에서는 수온이 높아지는 쌍극자(dipole) 현상이 발생한다. 이 현상이 발생하면 인도양 서부 해안은 강수량이 증가하고, 인도양 동부 해안은 상대적으로 건조해진다. 지구 온난화가 심해지면서 쌍극자 현상의 온도 차는 더 커지고 있는데, 2020년에는 60년 만에 최대 수치를 나타냈다. 쌍극자 현상이 커지면서 인도양 서쪽의 동아프리카에서는 홍수 피해가 심해지고, 동쪽의 동남아시아와 호주에서는 극도로 건조해지는 기상 양극화가 나타났다. 과학자들은 이로 인해 호주에서 대형 산불이 발생한 것으로 보고 있다.

기후 변화로 인해 가뭄과 병충해 등으로 죽은 나무가 증가하는 것도 산불의 원인이 된다. 바짝 마른 죽은 나무는 산불을 더욱 키우는 역할을 한다. 그래서 작은 산불이 나도 순식간에 대형 산불로 커지는 경우가 잦다. 미국 산림청에 따르면 대형 산불이 자주 발생하는 캘리포니아주의 경우 2018년 기준 죽은 나무는 무려 1억 2,900만 그루에 달하는 것으로 조사되었다. 우리나라에서도 과거보다 산불 예방 체계가 강화되고 있음에도 산불 발생량이 줄어들지 않는 이유 중 하나는 죽은 나무가 많이 늘어났기 때문이다. 2018년 산림청이 발간한 보고서에 따르면 강원 동북부 주요 고산 지역의 고사목 발생률이 18.2%인 것으로 나타났다. 이는 이상 고온, 가뭄 등의 기후 변화와 병충해에 의한 피해가 심해진 탓이다.

**▮ 인위적인 요인**

대부분의 산불은 인간의 부주의에서 비롯된다. 산림청은 국내 화재의 주요 원인으로 입산자 실화, 논·밭두렁 및 쓰레기 소각, 담뱃불 실화 등을 꼽았다. 우리나라 산불의 비율은 등산 인구 증가로 인해 입산자 실화가 가장 높다.

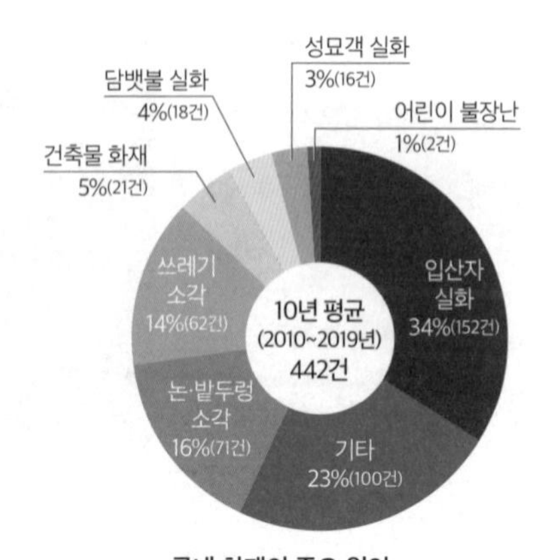

국내 화재의 주요 원인

출처: 산림청

산불은 입산자가 많고 예방 감시가 어려운 공휴일에 많이 발생한다. 바람이 많이 부는 계절에는 논·밭두렁이나 쓰레기를 태우면서 불씨가 산림으로 번지는 경우도 많다.

해외의 경우 인도네시아, 아마존, 시베리아 등지에서 발생한 산불은 더 많은 경작지를 확보하기 위해 불을 지르는 화전 개간이 주원인이다.

## 04 효과적인 산불 예방 방법은 무엇일까?

산불이 대형화되면서 산불로 인한 온실가스 배출 증가로 지구 온난화가 심해지는 '되먹임 효과'가 나타나고 있다. 국제연합환경계획이 2020년에 발표한 '배출 격차 보고서 2020'에 따르면 2019년 지구 온실가스 배출량은 591억$tCO_2eq$(일산화탄소 상당량 톤)로 전년보다 2.6% 증가했다. 이는 2010년 이후 온실가스 배출량 평균 증가율인

1.4%의 약 2배다. 온실가스 배출량을 급증시킨 주원인으로는 산불이 지목되었다. 따라서 상호 작용하는 산불과 온난화의 피해를 막기 위해서는 지구 온난화에 대한 해결책과 효과적인 산불 예방 대책이 함께 진행되어야 한다.

한편 우리나라 산림청에서는 산불이 발생했을 때 피해가 우려되는 건축물 주변에 이격 공간을 조성하고 있다. 소나무의 송진에는 70% 이상 휘발성 물질이 포함되어 있어서 특히 산불에 취약하다. 따라서 산불 예방을 위해 건물 주변 20~25m 내에 있는 침엽수림은 베어 내고 벌채한 자리에는 산불에 강한 차나무·동백나무·식나무·사철나무·사스레피나무·회양목 등을 심는다. 그리고 그 뒤 완충 지대의 숲에는 산불의 연료가 될 수 있는 작은 식물 및 낙엽을 없애고, 가지치기를 통해 산불 확산을 차단한다.

이외에도 산림청은 산불 예방을 위해 야간에도 이용 가능한 적외선 스마트 CCTV, 열화상 카메라 장착 드론 등을 이용하고 있다.

## 용어 정의

- **이탄층:** 부패와 분해가 완전히 되지 않은 식물의 유해가 진흙과 함께 쌓여 있는 지층이다.
- **실화:** 화기를 부주의하게 다루어 실수로 예상치 못하게 불이 나는 경우를 말한다.
- **되먹임 효과:** 최초 과정의 결과가 두 번째 과정에 변화를 가져오고, 다시 최초의 과정에 번갈아 영향을 미치는 것을 말한다. 예를 들면 지구 온난화로 인해 발생한 대형 산불로 온실가스가 대량으로 배출되면서 지구 온난화가 더욱 가속화되는 현상이 있다.
- **일산화탄소 상당량 톤**(t$CO_2$eq): 여러 종류의 온실가스를 이산화탄소 성분으로 등가 계산한 것을 말한다. 여러 온실가스가 지구 온난화에 끼치는 영향을 이산화탄소 1톤에 상당하는 양으로 바꿔 계산한 것이다.
- **이격 공간:** 산불이 옮겨붙지 못하도록 목조 문화재 근처에 나무 없이 확보한 공간을 말한다.

## 참고 서적 및 자료

○ 『황박사의 우리나라 산불 이야기』/황정석/바른북스/2018년
○ 『호주의 산불 관리 현황』/국립산림과학원/2020년
○ 『과학이 그린』/국립산림과학원/2018년 12월
○ 국가산불위험예보시스템 http://forestfire.nifos.go.kr/
○ 산림청 https://www.forest.go.kr/

## 산불 개요서

### ●●● 토론 논제

세계 각지에서 일어나는 산불의 원인을 분석해 자연 발화와 인위 발화에 대한 의견 및 사회에 끼치는 영향을 작성하고, 산불 예방 방법을 창의적인 방법으로 쓰시오.

〈2020년 경북 구미여고 등〉

## 생각 적용하기

| 산불의 원인을 분석하고, 이에 따른 피해를 막으려면 어떤 방법이 좋을지 적어 보자. | | |
|---|---|---|
| 원인 | 자연 발화 | 인위 발화 |
| 해결해야 할 문제 | | |
| 대응 방법 | | |
| 내가 생각한 해결 방안 | | |

## 01 녹조와 적조란 무엇일까?

### ▌조류의 이해

강이나 호수, 연못과 같은 물속에서 광합성을 하면서 사는 작은 생물을 조류라고 한다. 조류는 서식 방법에 따라 물속 암석 등에 붙어서 사는 부착 조류와 물 위에 떠서 사는 부유 조류로 나뉜다. 우리가 흔히 먹는 김, 미역, 다시마 등이 대표적인 부착 조류다. 부유 조류에는 규조류, 녹조류, 남조류 등이 있는데, 이를 식물 플랑크톤이라고도 한다.

조류는 광합성을 통해 스스로 영양분을 만들어 물속의 다른 생물들에게 에너지를 공급한다. 조류는 물벼룩과 같은 작은 동물 플랑크톤의 먹이가 되고, 동물 플랑크톤은 물고기의 먹이가 된다. 또 광합성을 할 때 이산화탄소를 흡수하고 산소를 내뿜는 조류는 물속 생태계에서 육지의 식물과 같은 역할을 한다.

### ▮녹조와 적조의 정의

조류가 대량으로 이상 번식하게 되면 물의 색깔이 조류와 같은 색을 띠게 된다. 녹색을 띠는 녹조류나 남조류가 많이 번식하면 녹조가 되고, 붉은색을 띠는 규조류와 편모조류가 많이 번식하면 적조가 된다. 우리나라에서 발생하는 녹조는 남조류, 적조는 편모조류가 주요 원인이다. 적조는 주로 해안에서 발생하기 때문에 양식장에 영향을 미쳐 재산상 손해를 끼친다. 녹조는 상수원으로 이용되는 강이나 호수에서 발생해 먹는 물에 영향을 준다.

## 02 녹조와 적조는 왜 생길까?

### ▮오염 물질의 과다한 유입

식물 플랑크톤인 조류의 경우 세포 내 인, 질소, 탄소 비율이 1:16:106으로 이루어져 있다. 그중 탄소는 물속에 녹아 있는 이산화탄소 및 탄산염으로부터 공급받을 수 있지만, 인과 질소는 그렇지 않다. 그래서 조류가 성장하기 위해서는 질소와 인 등의 영양 물질 공급이 필수적이다.

가정에서 배출되는 생활 하수와 공장에서 배출되는 산업 폐수, 각종 쓰레기와 농경지의 비료·퇴비 등 오염 물질이 강이나 호수로 많이 흘러 들어가면 물속에 질소와 인 등의 영양 물질이 풍부해져 '부영양화'가 일어난다. 조류가 이런 영양 물질을 이용해 대량으로 증식하면 녹조나 적조 현상이 발생하게 된다.

## ▍수온 상승 및 일사량 증가

광합성을 하는 조류는 일반적으로 수온이 상승하고 일사량이 증가하는 여름철에 많이 증식한다. 게다가 최근 지구 온난화로 인해 일조량과 수온이 상승하면서 증식하기 더 좋은 조건이 만들어졌다. 2018년 기상청 자료에 따르면 2010년부터 우리나라 7월 평균 수온은 연 0.34도씩 상승하고 있는 것으로 나타났다. 바다 표면층의 수온이 같은 지점을 연결한 등수온선도 해마다 북상하고 있는 것으로 조사되었다.

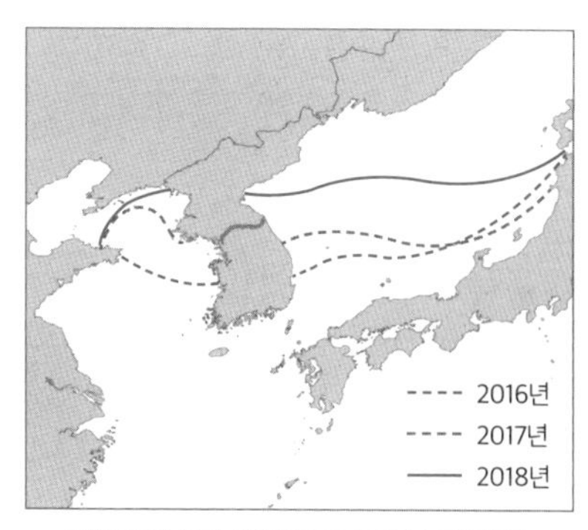

**25도 등수온선 변화**(2016~2018년, 7월 평균)

## ▍유속의 변화

물의 흐름이 빠르면 조류가 대량 증식하기 어렵다. 하지만 물의 흐름이 약하거나 정체되었을 때 질소와 인과 같은 영양 물질이 많이 유입되고 수온이 올라가면 조류가 많이 늘어나게 된다. 우리나라에서는 4대강 사업 이후 낙동강과 금강에서 녹조가 해마다 발생하고 있다. 보의 건설과 강바닥을 긁어 내는 준설로 인해 느려진 유속도 원인 중 하나다. 2015년 환경부는 4대강 사업 이후 낙동강의 유속은 5배 이상, 한강과 금강, 영산강은 최대 1.28배까지 유속이 느려졌다고 밝혔다.

### ▮갯벌 감소

해양수산부가 2016년 7월에 발표한 자료에 따르면, 우리나라의 갯벌은 간척 사업 등으로 지난 26년간 총 716㎢가 사라졌다. 이는 여의도 면적의 247배에 해당한다. 갯벌에 사는 여러 생물이 물속의 미생물이나 플랑크톤을 먹어 치워 수질을 자연스럽게 정화하는 역할을 담당하고 있었는데, 간척 사업 등으로 갯벌이 줄어들면서 부영양화가 가속되어 녹조와 적조가 더욱 심해졌다.

## 03 녹조와 적조로 인해 어떤 피해가 발생할까?

### ▮산소 부족으로 인한 생태계 피해

바다와 강에 조류가 많이 늘어나면 조류의 호흡과 분해 과정에서 산소가 급격히 소모된다. 번식한 조류들이 물 위를 덮으면 공기 중의 산소가 물속으로 유입되지 못한다. 게다가 수중 식물들이 광합성을 하지 못해 호흡만 하게 되면, 그만큼 산소 소비량은 더 많아지고 산소가 부족해져 집단 폐사하기도 한다. 죽은 조류와 동식물들의 사체가 부패하면서 더 많은 산소가 사용되어 생태계의 균형이 깨질 수 있다.

### ▮독소 및 악취 유발

일부 조류가 생산하는 독소나 분비물도 문제다. 녹조의 원인이 되는 남조류 중에서는 냄새와 독소를 생성하는 종류가 있다. 이 종류들은 악취를 유발하며, 마셨을 때 간세포나 신경계에 나쁜 영향을 미친다. 하지만 우리나라에서는 상수 원수에서 냄새와 독소가 발생해도 정수 처리 단계에서 99% 이상 제거되어 지금까지 수돗물에서 독성 물질이 검출된 사례는 없다.

적조 생물 가운데서도 독소를 가지고 있는 종들이 있지만, 우리나라에서 대규모 적조를 일으키는 편모류인 코클로디니움은 독성이 없어 피해를 주지는 않는다. 하지만 분비하는 점액질이 물고기의 아가미에 붙어 호흡을 방해하기 때문에 대량으로 번식하면 어류가 질식사할 수 있어 양식장 등에 피해가 발생할 수 있다.

## 04 녹조와 적조 문제에 어떻게 대응해야 할까?

### 발생 전 대응 방안

부영양화가 생기는 가장 근본적인 원인은 질소와 인과 같은 영양 물질의 증가다. 따라서 조류 증식을 막기 위해서는 오염 물질을 막는 것이 가장 근본적인 해결 방법이다. 이를 위해서는 가정 하수와 공장 폐수를 깨끗하게 처리하고, 각종 오염 물질이 빗물과 함께 강으로 흘러드는 것을 줄여야 한다.

특히 도시화로 물이 통과하지 못하는 불투수 면이 늘어나 오염된 빗물이 한꺼번에 강으로 흘러드는 것도 수질 오염의 원인이 된다. 환경부에서 우리나라 국토의 불투수 면적률을 조사한 결과, 1970년에는 3%에 달하던 것이 2013년에는 2.63배 증가한 7.9%로 나타났다. 특히 부천시 61.7%, 서울시 54.4% 등으로 대도시의 비중이 매우 높은 것으로 조사되었다.

이런 문제를 해결하기 위해서는 도시 개발 단계에서부터 빗물 정원, 옥상 녹화, 침투 도랑, 식생 체류지 등 다양한 기법의 저영향 개발 기법을 적용하는 것이 필요하다.

**저영향 개발의 종류**

| | |
|---|---|
| 빗물 정원 | 빗물을 담아 두거나 천천히 땅에 흡수되도록 조성한 공원 |
| 옥상 녹화 | 건물 옥상에 식물을 심어 빗물의 유출량과 속도를 줄이는 것 |
| 침투 도랑 | 도로나 고속도로 옆에 돌과 식물 등이 채워진 도랑을 설치해 유출된 빗물을 토양으로 스며들게 하는 것 |
| 투수 포장 | 도로 전체를 막는 포장이나 블럭 대신 빗물이 땅으로 스며들 수 있는 포장재를 이용하는 것 |
| 나무 여과 상자 | 가로수 밑으로 자갈 등 여과층이 포함된 상자를 매립해 오염 물질을 걸러내고 식물에 수분 제공 |
| 식생 체류지 | 물이 스며들 수 있는 얕고 완만한 웅덩이를 조성해 식물과 모래, 흙 등을 이용해 오염 물질 정화 역할 |
| 침투 통 | 건물의 빗물 통 아래에 물이 스며들 수 있는 여과층을 조성해 토양에 빗물이 스며들 수 있도록 만든 것 |
| 식물 재배 화분 | 보도, 주차장, 건축물 인접 화단 등 도심 내 다양한 공간에 식물을 통해 빗물을 천천히 스며들도록 하는 것 |

출처: 환경부

### ▮발생 후 대응 방안

녹조나 적조 현상이 발생한 후 제거하기 위해 가장 많이 사용하는 방법은 황토를 뿌리는 것이다. 황토가 수면에 떠서 햇빛을 차단해 조류가 번식하는 것을 막고, 조류와 황토가 뒤엉켜 바닥으로 가라앉게 하기 때문이다. 이 방법은 빠르게 녹조와 적조를 제거할 수 있다는 장점이 있지만, 강이나 바다 밑바닥에 쌓인 황토로 인해 생태계를 교란시킬 수 있다는 단점이 있다.

이 밖에도 물속에 산소량이 줄어드는 것을 막기 위한 물 순환용 수차, 조류를 흡입-여과-회수하는 선박 등이 사용된다. 녹조의 경우에는 물을 흐르게 하는 것이 가장 간단하고 쉬운 해결 방법이다. 녹조는 물의 양이 줄어 유속이 느려졌을 때도 발생하기 때문이다. 또 조류를 이용해 농업용 비료나 바이오 에너지를 만들거나 포식성 동물 플랑크톤(천적 생물)을 이용한 조절 장치 등도 연구되고 있다.

## 용어 정의

- **규조류:** 규소(Si, 실리콘)로 된 껍데기를 가지고 있는 조류를 말한다. 남조류나 녹조류는 죽으면 물속에서 분해되지만, 규조류는 단단한 규소 껍데기가 세포를 둘러싸고 있기 때문에 세포액을 간직한 채로 가라앉게 된다. 이런 규조류가 대량으로 바다 밑바닥에 묻힌 뒤 지열을 받아 화학 변화를 일으킨 것이 석유다. 세포벽을 이루던 규조 성분은 규조토가 되는데, 이것은 연마재, 필터 원료, 전기 절연제 등으로 사용된다.
- **플랑크톤:** '방랑하다'라는 뜻의 그리스어 '플랑크토스(planktos)'에서 온 말로 물에 떠다니는 생물을 통틀어서 일컫는다. 동물성 플랑크톤은 스스로 헤엄치기도 하지만, 운동 능력이 워낙 약해서 물의 흐름을 거슬러 이동할 수는 없다. 박테리아에서부터 해파리에 이르기까지 크기가 다양하다.
- **유속:** 물이 흐르는 속도를 말한다. 단위 시간에 물이 통과하는 속도를 나타낸다.
- **불투수 면:** 물이 통과하지 못하는 면을 말한다. 대부분 도로와 건물이 불투수 면에 해당된다.
- **저영향 개발**(Low Impact Development, LID)**:** 빗물의 체류 시간을 확보해 홍수를 예방하고, 오염 물질이 하천으로 흘러드는 것을 줄이는 방식을 말한다. 불투수 면에서 발생하는 빗물 유출과 오염을 효과적으로 관리하기 위한 개발 방식이다.
- **용존 산소:** 물 또는 용액 속에 녹아 있는 산소를 말한다. 용존 산소량은 물속에 녹아 있는 산소량을 나타내며, 수질 오염의 지표로 사용된다. 물속의 산소는 식물이나 조류의 광합성 작용과 대기로부터의 유입으로 공급되며, 오염 물질 분해나 생물의 호흡으로 소비된다.

## 참고 서적 및 자료

○ 『플랑크톤의 비밀』/김종문/예림당/2015년
○ 『녹조, 녹조 현상은 무엇인가?』/환경부/2016년

○ 『적조 바로 알기』/국립수산과학원/2015년

○ 『저영향 개발 기법 활용 매뉴얼』/환경부/2013년

○ 물환경정보시스템 http://water.nier.go.kr/

## 녹조와 적조 개요서

●●● 토론 논제

우리나라에서 녹조와 적조가 나타나는 원인과 우리 생활에 미치는 영향을 과학적으로 분석하고, 피해를 줄일 수 있는 창의적인 해결 방안을 제시하시오.

〈2018년 한국과학창의재단 전국 고등학교 본선, 2020년 강원 과학고 등〉

## 생각 적용하기

녹조와 적조의 원인과 생활에 미치는 영향을 분석하고, 이에 따른 피해를 줄이기 위해 어떤 아이디어가 좋을지 생각해 보자.

| | | |
|---|---|---|
| 적조와 녹조의 원인 | | |
| 생활에 미치는 영향 | | |
| 피해를 줄이는 방법 | | |
| 내가 생각한 아이디어 | | |

## 01 도시광산이란 무엇일까?

도시광산은 사용하고 버린 전기·전자 제품, 자동차 등 각종 폐기물에서 산업 원료인 금속을 얻는 것을 말한다. 이에 따라 도시광석이란 금속을 얻을 수 있는 폐기된 제품을, 도시광산 산업이란 폐기물 등에서 금속 자원을 추출해 재공급하는 산업으로 정의할 수 있다.

도시광산이라는 개념은 1986년 일본 도호쿠대학교 선광제련연구소의 난조 미치오 교수가 천연자원에 대비되는 의미로 처음 사용했다. 지하자원인 석유나 석탄은 사용하면 사라지지만, 금속은 사용 후에도 폐기물 속에 그대로 남아 있어 재활용할 수 있다는 점에 착안한 것이다.

**도시광산 자원 함유 제품**

| | |
|---|---|
| 이동 수단 | 자동차, 전동차, 선박, 항공기 |
| 전기·전자 | PC, 전자레인지, 복사기, 휴대폰, 의료 기기 |
| 전동기·공구류 | 모터류, 절삭 공구 |
| 전지 | 1·2차 배터리, 수소 연료 전지, 태양 연료 전지 |
| 촉매 | 촉매 스크랩, 자동차 및 석유 화학 폐촉매 |
| 설비·구조물 | 건물·교량·철로·공장 등 구조물 송전선 통신 케이블 |
| 기타 | 도금 슬러지, 제련 슬러그, 연소재, 자동차 폐차 잔재 |

출처: 국가청정생산지원센터

자동차, 전기·전자 제품, 전지 등 금속 자원을 주요 소재로 사용한 생산 제품은 모두 도시광산에 속한다. 철, 범용 비철, 귀금속, 희토류를 포함한 희유금속은 도시광산 자원 대상 품목이다.

**금속 소재의 종류**

| 금속 소재의 분류 | | 원소 |
|---|---|---|
| 철계 금속 | | 철(Fe) |
| 비철 금속 | 범용 비철 금속 | 구리(Cu), 알루미늄(Al), 납(Pb), 아연(Zn) |
| | 귀금속 | 금(Au), 은(Ag) |
| | 희유금속 | 리튬(Li), 마그네슘(Mg), 세슘(Cs) 등 |

## 02 도시광산의 과정은 무엇일까?

광석에서 광물 자원을 제련·정련해 내는 것이 일반 광산이라면, 도시광산은 폐제품이 광산의 광석 역할을 대신한다. 도시 광석을 회수-분리-선별-제·정련하는 과정을 거쳐 산업 원료로 재공급하게 된다는 점에서 자원 순환 방식의 3R 개념 중 재활용에 해당한다.

도시광산 관련 기술은 도시 광석인 폐기물에 함유된 납, 수은, 카드뮴 등의 유해 물질을 제거하는 기술, 폐기물 중 금속을 효율적으로 분리·선별하기 위해 필요한 선행 처리 기술, 금속을 회수하기 위한 건식·습식 추출 기술, 회수한 금속을 이용한 소재화 기술까지 포함된다. 현재 우리나라에서 회수 가능한 금속 자원의 종류는 기술 발전으로 2009년 14개에서 2016년 28개로 2배 증가했다.

## 03 왜 도시광산이 필요할까?

### ▌금속 자원의 수요 증가

산업이 발달하면서 금속 수요는 갈수록 늘어나고 있다. 하지만 금속 자원은 매장량이 정해져 있으므로 국가와 기업에서는 산업 경쟁력을 높이기 위해 자원을 확보하려는 노력이 필요하다. 특히 우리나라는 금속 광물을 대부분 수입에 의존하고 있어 자원 확보에 투자해야 한다. 산업통상자원부의 2020년 광업 기본 계획에 따르면 국내 광물 수요는 2018년 기준 연간 36조 원 규모이며, 이 중 금속 광물은 99%를 수입에 의존하고 있다.

특히 4차 산업 혁명의 주요 산업 분야인 3D 프린터의 금속 분말, 로봇, 자율 주행차 등의 기능성 부품에 함유되는 희유금속의 수요가 급증하면서 도시광산의 수요는 더욱 커질 것으로 예상된다. 현재 희유금속의 경우 세계적으로 자원의 지역적 편재가 심하고 매장량이 적어 공급에 어려움을 겪고 있는 현실이다. 이런 상황에서 도시광산은 금속 회수를 통해 광물 공급의 자립도를 높이는 데 도움이 된다.

**첨단 제품에 사용하는 희소 금속의 종류**

| 미래 첨단 제품군 | 주로 사용하는 희소 금속 |
|---|---|
| 3D 프린터 | 크롬(Cr), 타이타늄(Ti), 알루미늄(Al) 등 |
| 로봇(드론 포함) | 마그네슘(Mg), 주석(Sn), 인듐(In), 갈륨(Ga), 니켈(Ni) 등 |
| 신재생 에너지 | 실리콘(Si), 갈륨(Ga), 인듐(In), 셀레늄(Se), 네오디뮴(Nd) 등 |
| 그린카(전기차 등) | 리튬(Li), 니켈(Ni), 백금(Pt), 루테늄(Ru), 인듐(In), 텅스텐(W) 등 |
| 유비쿼터스 | 실리콘(Si), 갈륨(Ga), 인듐(In), 셀레늄(Se) 등 |

출처: 『2018 자원 순환 이노베이션 로드맵』(한국에너지기술평가원)

### ▮천연자원의 고갈

도시광산이 등장한 다른 이유는 천연자원이 급속도로 고갈되고 있기 때문이다. 미국 지질조사국이 해마다 발간하는 '2016 광물 자원 개요'에 따르면 각 광물의 가채 연수는 100년이 채 안 된다. 금은 18.7년, 은은 20.9년, 철은 57.2년, 구리는 38.5년, 코발트는 57.3년 등으로 그 이상은 사용하기 힘들다.

### ▮환경 보호

광물을 채굴하는 과정에서 생기는 산림 파괴와 천연 광산에서 광물을 추출한 뒤 나오는 엄청난 양의 광물 쓰레기로 인한 환경 오염을 막을 수 있다. 금광석 1톤을 채굴하면 금 5g가량을 얻을 수 있다. 하지만 휴대 전화 1톤에는 금 400g, PC 1톤에는 금 52g이 들어 있으므로 버리는 대신 회수해 재활용하면 경제적일 뿐만 아니라 광물 쓰레기의 양도 줄일 수 있다.

**폐전자 제품의 유기 금속 함량**

| 냉장고 | 세탁기 | 오디오 | 휴대 전화 |
|---|---|---|---|
| 고철 55%<br>플라스틱 19%<br>비철 금속 7%<br>기타 19% | 고철 50%<br>플라스틱 37%<br>비철 금속 12%<br>기타 1% | 고철 28%<br>플라스틱 9%<br>비철 금속 12%<br>기타 51% | 구리 140g/kg<br>코발트 25g/kg<br>팔라듐 0.29g/kg<br>금 0.28~0.47g/kg<br>은 1.1~2g/kg |

출처: 한국전자산업환경협회

그뿐만 아니라 화석 에너지 사용도 절감할 수 있다. 도시광산을 통해 추출한 철은 철광석 대비 3분의 1, 구리는 구리 광석 대비 7분의 1, 알루미늄은 원광석 대비 20분의 1의 에너지 사용으로 얻을 수 있다.

## 04 도시광산의 외국 사례에는 어떤 것이 있을까?

도시광산의 여러 장점 때문에 세계 각국에서는 폐기물을 자원화하는 도시광산의 시장 규모가 갈수록 커지고 있다. 가장 대표적인 국가가 일본이다. 도시광산이라는 개념도 일본에서 나왔다. 천연자원이 부족하기 때문에 일찍부터 도시광산 기술 개발에 투자한 결과 자원 공급의 자립도를 높일 수 있었다. 일본은 2014년에만 금 143kg, 은 1,566kg, 구리 700kg을 도시광산에서 얻었으며, 현재 세계 6위의 희소 금속 보유국이다.

유럽연합, 중국 등도 폐기물을 자원 공급원으로 활용하기 위해 노력하고 있다. 중국은 50개의 도시광산 시범 기지를 건설해 폐금속, 폐가전 제품 등의 자원을 재활용하고 있다. 유럽연합의 경우 폐자원 회수 및 처리를 오염자 부담 원칙에 따라 제품 생산자에게 부과하는 폐전기 전자 제품 처리 지침과 폐자동차 처리 지침을 시행해 폐가전 제품과 폐자동차의 재활용률을 높이고 있다.

## 05 도시광산의 문제점은 무엇일까?

### 폐자원 원료 확보의 어려움

우리나라의 도시광산 산업은 체계적이지 못한 수거 체제로 인해 폐자원 원료 확보에 어려움을 겪고 있다. 한국전자제품자원순환공제조합의 조사에 따르면 가장 대표적인 도시 광석인 휴대 전화의 경우 세계 수거율과 재활용률은 20%에 이르지만, 우리나라는 2016년 기준 4.2%에 불과한 것으로 조사되었다. 가전 제품도 대형 가전 제품의 경우에는 전국 재활용 센터와 자치 기관에서 수집하고 있지만, 소형 폐가전 제품의 경우에는 따로 수집 체제가 없어 회수가 제대로 되지 않고 있다.

### 재활용 기술 부족

현재 도시광산 산업은 기술 부족으로 재활용이 쉬운 종류에 한정적으로 이루어지며, 나머지는 폐기되고 있다. 2018년 한국수출입은

행에서 발표한 '4차 산업 혁명과 광물 자원' 보고서에 따르면 리튬, 텅스텐, 코발트, 니켈, 희토류 등 희유금속의 경우 기술 및 산업화 부족으로 마그네슘과 인듐 등을 제외하고 재활용은 거의 이루어지지 않고 있다. 그래서 추출이 어려운 금속은 일본 등에 추출을 맡긴 뒤 다시 재수입하거나 폐기물은 수출하는 경우가 대부분이다. 이와 함께 분리 및 금속 추출 과정에서 부가적으로 발생하는 각종 폐기물 처리 등도 해결해야 할 과제다.

## 용어 정의

- **희토류:** 원소 기호 57번부터 71번까지의 란타넘(란탄)계 원소 15개와 21번인 스칸듐(Sc), 그리고 39번인 이트륨(Y) 등 총 17개 원소를 말한다. 존재하는 수가 매우 적어 '자연계에 매우 드물게 존재하는 금속 원소'라는 의미의 희토류라는 이름이 붙었다. 전기 및 하이브리드 자동차의 배터리, 풍력 발전, 태양열 발전, 삼파장 전구, 광학 렌즈 등에 필수적인 물질이다.
- **희유금속**(희소 금속)**:** 철, 구리, 알루미늄 등과 같이 산업적으로 대량 생산되는 보통 금속과 반대 개념이다. 일부 국가에 편중되어 매장되어 있어 원활하게 공급하기 어려운 금속 중 산업적 수요의 증가가 예상되는 금속 원소를 말한다.
- **비철 금속:** 철 및 철을 주성분으로 한 합금 이외의 모든 금속을 말한다.
- **제련:** 열이나 화학적·전기적 방법을 통해 광석에 함유된 금속을 뽑아 내는 작업을 말한다.
- **정련:** 불순물을 제거해 화합물의 순도를 높이는 과정을 말한다.
- **3R 운동:** 절약, 재사용, 재활용을 통한 환경 운동이다.

| 절약(reduce) | 자원과 물자를 절약해 오염 물질의 배출량을 줄이자는 의미 |
|---|---|
| 재사용(reuse) | 물품을 그대로 또는 고쳐서 오래 사용하자는 의미 |
| 재활용(recycle) | 쓰레기를 가공해 다른 물건의 원료로 사용하는 자원 순환의 의미 |

- **가채 연수:** 자원의 확인된 매장량을 연간 생산량으로 나눈 것으로, 앞으로 얼마나 오랫동안 자원을 채굴할 수 있는가를 보여 주는 지표다.

## 참고 서적 및 자료


○『생활과 도시광산』/고재철, 류경원 외/GS인터비전/2018년

○『4차 산업 혁명과 광물 자원』/성동환/한국수출입은행 해외경제연구소/2018년

○『2018 자원 순환 이노베이션 로드맵』/한국에너지기술평가원/2018년

○『도시광산 산업 현황과 향후 과제』/박연수/국회입법조사처/2020년

## 도시광산 개요서

### ••• 토론 논제

일반 폐기물, 산업 폐기물로부터 유용한 자원을 회수하는 것을 도시광산이라고 하며, 폐냉장고나 폐PC 등과 같은 것을 도시 광석이라고 한다. 다양한 도시 광석 중에서 한 제품을 골라 재활용 현황과 문제점을 조사하고, 그 문제점을 개선할 수 있는 과학적 방안을 제시하시오.

〈2017년 경기 분당고, 2018년 전남 순천고 등〉

## 생각 적용하기

도시 광석 중 한 제품을 골라 재활용 현황과 문제점을 조사하고, 문제점 개선을 위한 아이디어를 내 보자.

| | | |
|---|---|---|
| 도시 광석의 종류 | | |
| 재활용 현황 | | |
| 문제점 | | |
| 내가 생각한 아이디어 | | |

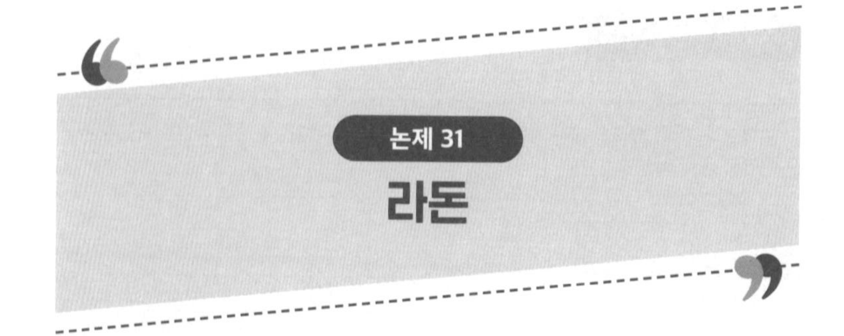


## 01 라돈이란 무엇일까?

### ▮방사선의 이해

물질을 구성하는 가장 작은 입자 단위를 '원자'라고 한다. 원자는 '양성자'와 '중성자'로 이루어진 '핵', 그리고 핵 주변을 돌고 있는 '전자'로 구성된다. 일반적으로 원자핵은 양성자와 중성자가 단단하게 결합해 있어 안정된 상태로 존재하지만, 서로 밀어내는 힘이 강해 불안정한 상태의 원자핵도 있다. 불안정한 원소들은 내부의 양성자, 중성자, 전자, 전자기파를 밖으로 내보내며 붕괴한다. 이렇게 원자가 붕괴할 때 방출되는 매우 강한 에너지를 '방사선'이라 한다. 그리고 이 방사선을 방출하는 능력을 '방사능', 방사능을 가진 물질은 '방사성 물질'이라 부른다. 방사선은 우주, 지표, 공기, 물속, 인체 등에서부터 의료 활동, 원자력 발전 시설 및 산업 시설, 원폭 실험 등 다양한 곳에서 방출된다.

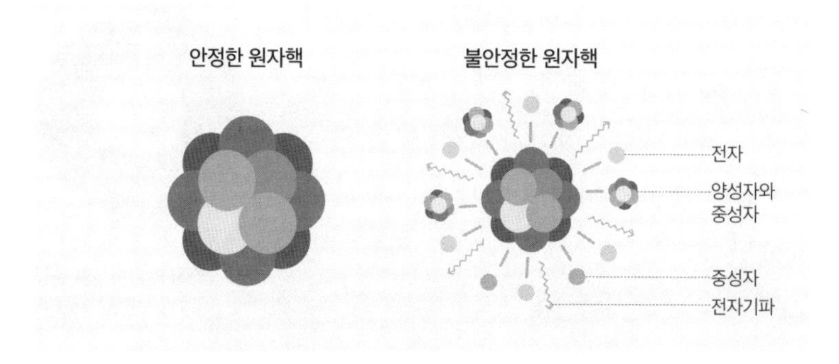


원자핵의 종류

출처: 환경부

**▮라돈의 정의**

라돈은 토양이나 암석 등에 함유된 우라늄과 토륨이 방사능 붕괴를 하면서 만들어진 라듐이 다시 붕괴하는 과정에서 생성되는 기체 상태의 자연 방사성 물질이다. '라듐(radium)'은 퀴리 부인으로 잘 알려진 프랑스의 과학자 마리 퀴리에 의해 발견되었다. 명칭은 어두운 곳에서 푸른 빛을 발하기 때문에 '빛을 발산한다'라는 뜻의 라틴어 '라디우스(radius)'에서 유래되었다. '라돈(radon)'은 라듐에 비활성 기체를 나타내는 'on'을 합쳐 이름 붙여졌다.

라돈은 색깔과 냄새, 맛이 없는 기체로 존재를 직접 느낄 수 없지

만, 매우 불안정해 강한 방사선을 방출하며 반감기는 3.8일로 짧다. 특히 라돈은 생활 속에서 노출되는 방사선 중 가장 많은 양을 차지하기 때문에 피해를 입지 않도록 유의해야 한다.

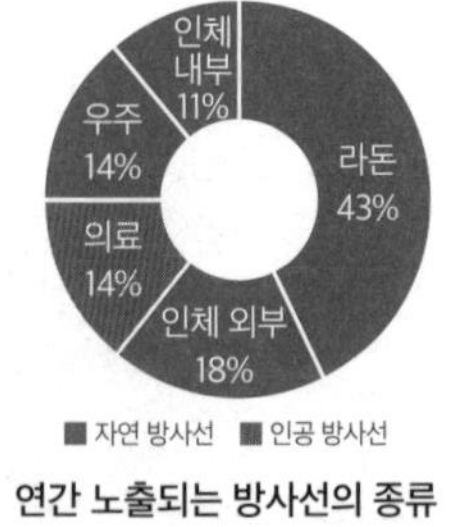


**연간 노출되는 방사선의 종류**

출처: 생활환경정보센터

## 02 라돈은 인체에 어떤 피해를 줄까?

라돈이 방사능 붕괴를 하면 폴로늄, 비스무트, 납으로 변하는데, 이 물질들을 라돈 자손이라고 부른다. 라돈은 비활성 기체 상태이기 때문에 다른 물질과 화학 반응을 잘 일으키지 않지만, 라돈 자손은 입자 형태로 되어 있으며 화학적 반응이 잘 일어나기 때문에 미세한 먼지에 잘 달라붙는다.

기체인 라돈과 미세 먼지 등에 붙은 라돈 자손은 숨을 쉴 때 몸속으로 들어와 계속 붕괴하며 방사선을 방출해 폐포나 기관지 등을 손상시킨다. 특히 라돈 자손인 폴로늄에서 방출되는 알파선의 피해가 가장 크다. 알파선은 투과력이 약해 몸 밖에 있을 때는 인체에 영향을 크게 미치지 않지만, 몸 안에 들어가면 큰 피해를 준다.

방사선에 노출된 세포들은 유전자가 손상되어 암이나 백혈병 등을 일으킬 수 있다. 라듐을 발견한 마리 퀴리도 연구 과정에서 라듐과 라돈에 많이 노출되어 1934년 백혈병으로 사망했다.

이 같은 위험성 때문에 국제암연구소는 라돈을 석면, 담배 등과 함께 1군 발암 물질로 지정했으며, 세계보건기구도 라돈이 담배에 이어 폐암 발병 원인의 3~14%를 차지한다고 보고했다. 우리나라에서도 2014년 한국환경정책평가연구원에서 폐암 발생 위험도를 연구한 결과 전체 폐암 환자 중 라돈이 원인인 경우가 12.6%로 나타났다.

**국제암연구소 발암 물질 구분**

| 구분 | 내용 | 종류 |
|---|---|---|
| 1군<br>(발암 물질) | 인체, 동물 실험에서 암을 일으키는 물질이라는 충분한 결과가 나온 경우 | 담배, 석면, 라듐,<br>라돈 |
| 2A군<br>(발암 추정 물질) | 인체 연구에서는 일부 나타나지만, 동물 실험에서 충분한 증거가 인정되어 암을 일으킬 수 있다고 인정하는 경우 | 석유 정제,<br>야간 근무 교대 |
| 2B군<br>(발암 가능 물질) | 인체에 관한 연구에서는 일부 나타나지만, 동물 실험에서 충분히 나타나지 않는 경우 | 무선 주파수 전자기장,<br>절인 야채, 납 등 |
| 3군<br>(발암성 비분류 물질) | 인체에 관한 연구와 동물 실험에서 모두 충분히 나타나지 않는 경우 | 차, 잉크, 페놀,<br>카페인 |
| 4군<br>(비발암성 추정 물질) | 사람에게 암을 일으킬 가능성이 없는 경우 | 나일론 원료 |

## 03 라돈은 어디에서 발생할까?

라돈은 암석이나 토양, 건축 자재 등에서 주로 나오며, 방사성 물질이 많이 함유된 암반 주변에 흐르는 지하수에 포함되어 있는 경우도 있다.

일반적으로 실외에서는 공기 중에 퍼져 라돈 농도가 높지 않지만, 공기보다 9배나 무거워 실내에 한번 들어오면 쉽게 빠져나가지 않고 계속 축적된다. 2015년 안전보건공단의 조사에 따르면 실내 라돈의 85~97%는 토양으로부터 건물 바닥이나 벽의 갈라진 틈을 통해 유입된다. 그 밖에 건축 자재에서 발생하는 경우가 2~5%, 지하수에 녹아 있던 라돈이 유입되는 경우가 1% 정도 된다. 단독 주택이 아파트에 비해 라돈 농도가 높은데, 이는 지표면에서 발생한 라돈이 고층으로 갈수록 희석되기 때문이다. 특히 환기를 잘 하지 않는 겨울에 실내 라돈 농도가 높다.

이외에도 침대, 생리대, 마스크 팩 등 생활용품에서도 라돈이 검출되어 최근 문제가 되기도 했다. 이런 생활용품에서 발생한 라돈의 원인은 '음이온 효과'를 높이기 위해 넣은 '모나자이트'였다. 모나자이트는 바닷가에서 주로 발견되는 광물의 일종으로, 4~8%의 토륨과 소량의 우라늄도 일부 포함되어 있다. 생활용품 속 모나자이트에 함유된 토륨과 우라늄이 붕괴하며 라돈이 발생해 사람들에게 피해를 입히는 것이다.

## 04 라돈의 관리 기준은 어떻게 될까?

세계보건기구에서 유럽, 북미, 중국의 일반 가정에 대한 연구 결과를 분석해 보니, 200Bq(베크렐)/$m^3$ 이하의 라돈 농도에서도 폐암 발생에 영향을 미치는 것으로 나타났다. 이에 따라 라돈에 의한 피해 방지를 위해 실내 라돈을 100Bq/$m^3$로 관리하도록 권고하고 있다.

우리나라에서는 '실내 공기질 관리법'에 따라 어린이집, 지하철 역사 등 여러 사람이 이용하는 시설(다중 이용 시설)에서는 실내 라돈 농도를 148Bq/$m^3$ 이하로, 연립 주택 등 공동 주택에서는 200Bq/$m^3$ 이하로 관리하도록 권고하고 있다.

##  라돈의 피해를 줄이는 방안은 무엇일까?

### ▮기존 건물

실내로 유입된 라돈을 제거하는 가장 쉽고 효과적인 방법은 환기다. 환기만으로는 부족할 경우 실내 라돈의 대부분은 건물 바닥이나 벽의 갈라진 틈을 통해 실내로 들어오기 때문에 보강재 등으로 틈새를 막으면 차단할 수 있다. 이와 함께 건물 아래 토양에 라돈 가스를 모아서 실내를 거치지 않고 바로 건물 외부로 배출할 수 있는 라돈 배출관을 설치하거나 공기 유입 장치를 이용해 실내 공기의 압력을 건물 아래에 있는 토양의 압력보다 높게 유지하면 실내로 라돈이 들어오는 것을 막을 수 있다.

### ▮신축 건물

신축 건물은 처음부터 라돈 저감 시공법을 활용한다. 건물을 짓기 전 먼저 자갈을 깔고 라돈 배출관을 설치한다. 그 뒤 플라스틱 시트를 깔고 틈새가 없도록 밀봉한 뒤 라돈 배출관을 연결해 건물 지붕 위로 올라가게 설비하면 토양에서 발생한 라돈이 바로 외부로 나갈 수 있게 된다.

## 용어 정의

• **방사선의 종류**

| 분류 | 종류 | 특징 |
|---|---|---|
| 입자형 방사선 | 알파선 | 종이도 못 뚫을 정도로 투과력은 약하지만, 위력이 강하다. |
| | 베타선 | 알파선보다 투과력이 강하지만, 금속은 못 뚫는다. |
| | 중성자선 | 위력은 약하지만 투과력이 강해서 막으려면 납이나 콘크리트가 필요하다. |
| 파장형 방사선 | 감마선 | 가장 높은 에너지 레벨을 가진 방사선으로 투과력과 위력이 강하다. |
| | X선 | 투과력이 좋아 의료 분야에 많이 사용된다. |

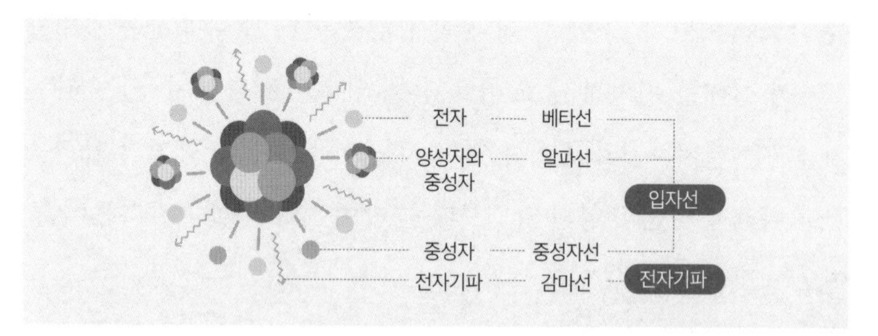


• **방사능 붕괴:** 불안정한 원자핵이 방사선을 방출하며 붕괴하면서 방사능 강도가 약해지는 것을 말한다.

• **반감기:** 원자핵이 방사능 붕괴가 이루어질 때 방사능의 양이 절반으로 줄어드는 데까지 걸리는 시간을 말한다. 반감기가 짧을수록 방사성 물질이 사라지는 기간이 짧다는 것을 의미한다.

• **석면:** 길고 가느다란 섬유형 결정의 천연 규산염 광물이다. 흡입이나 접촉으로 독성을 일으킬 수 있어 대부분의 선진국에서는 사용이 금지 또는 제한되고 있다.

• **베크렐**(Bq/㎥)**:** 방사능 활동의 양을 나타내는 국제 표준 단위다. 1초에 방사성 붕괴가 1번 일어나는 것이 1베크렐이다.

## 참고 서적 및 자료

○『라돈, 불편한 진실』/조승연/동화기술/2019년

○『라돈 저감 이렇게 하세요(라돈으로부터 안전한 실내 환경 조성 가이드북)』/환경부 국립환경과학원/2019년

○『생활 속 자연 방사성 물질, 라돈의 이해』/환경부/2016년

○ 국립환경과학원 https://www.nier.go.kr/

## 라돈 개요서

### ••• 토론 논제

라돈의 특징(정의 및 생성 과정, 유입 경로, 반감기 등)을 과학적으로 분석한 후, 라돈과 관련된 실생활의 문제점을 줄일 수 있는 창의적인 해결 방안을 제시하시오.

〈2019년 충북 충주고 등〉

## 생각 적용하기

라돈의 특징(정의 및 생성 과정, 유입 경로, 반감기 등)을 과학적으로 분석해 보자. 이와 관련된 실생활의 문제점을 줄이기 위해 어떤 아이디어를 낼 수 있을까?

| 분류 | 생성 과정 | 유입 경로 |
|---|---|---|
| 라돈의 특징 | | |
| 문제점 | | |
| 해결 방안 | | |
| 내가 생각한 아이디어 | | |

## 01 화학 물질이란 무엇일까?

화학 물질이란 '원소, 화합물 및 그에 인위적인 반응을 일으켜 얻어진 물질과 자연 상태에서 존재하는 물질을 화학적으로 변형시키거나 추출 또는 정제하는 것'을 말한다. 현재 전 세계에서 상업적으로 이용 가능한 화학 물질은 약 1억 종이며, 유통되고 있는 화학 물질의 수는 10만여 종에 이른다. 또 매년 2,000여 종의 신규 화학 물질이 개발되어 상품화되고 있다. 우리나라에서도 화학 산업의 성장 및 국제 교역의 증가로 유통되고 있는 화학 물질의 수가 약 4만 5,000종 이상이며, 매년 약 300~400여 종의 새로운 화학 물질이 개발되어 시장에 진입하는 등 사용이 꾸준히 증가하고 있다.

그러나 안정성이 제대로 검증된 화학 물질은 극히 일부이며, 대부분의 화학 물질은 유해성, 용도, 취급 요령 등에 대한 정보가 부족한 상태로 사용되고 있다. 연간 1,000톤 이상 되는 대량 생산 화학 물질의 경우도 65%가량은 정보가 부족하고, 21%가량은 위해성 정보마저 부족한 상황이다. 이렇게 화학 물질에 대한 인식이 부족한 상황에서 현대인들은 매일 200여 종 이상의 화학 물질에 노출되고 있다.

## 02 가습기 살균제, 살충제 달걀, 휘발성 유기 화합물이란 무엇일까?

### 가습기 살균제

#### ① 가습기 살균제란 무엇일까?

가습기 살균제는 가습기 내의 물에 첨가해 미생물 번식과 물때 발생을 예방할 목적으로 사용하는 화학 제품이다. 1994년에 최초로 출시되어 약 20여 종의 제품이 연간 60여만 개 판매되었다. 처음에 카펫 항균제 등의 용도로 출시된 화학 물질(PGH, PHMG 등)이 가습기 살균제 원료 물질로 사용되었다. 2009년부터 2011년까지 가습기 살균제 소비 증가로 폐 질환, 천식 질환 등 많은 인명 피해가 발생했다.

#### ② 가습기 살균제에 사용된 화학 물질은 무엇일까?

가습기 살균제의 살균 성분은 폴리헥사메틸렌 구아니딘(polyhexamethylene guanidine, PHMG)과 염화 에톡시에틸 구아니딘(ethoxyethyl guanidine chloride, PGH), 이소싸이아졸리논(Isothiazolinone) 계통의 클로로메틸아이소싸이아졸리논(Chloromethylisothiazolinone, CMIT), 메틸아이소싸이아졸리논(Methylisothiazolinone, MIT)이었다.

이 화학 물질들의 독성은 다른 살균제의 5분의 1에서 10분의 1 정도에 불과하지만, 항균 및 방부 기능을 가지고 있어서 가습기 살균제뿐 아니라 샴푸, 물티슈, 포장재, 화장품 등 여러 가지 제품에 사용되어 왔다. 하지만 이들 성분이 호흡기로 흡입될 때 발생하는 독성에 대해서는 연구가 되지 않았기 때문에 피해자가 발생할 때까지 아무런 제재가 이루어지지 않았다. 특히 가습기 살균제는 공산품으로 분류되었기 때문에 식품 위생법이나 약사법이 아닌 '품질경영 및 공산품안전관리법'에 따른 일반적인 안전 기준만이 적용되어 피해를 예방하지 못했다.

환경부에서는 2012년 9월 동물 흡입 실험 결과 이상 소견이 발견(PHMG, PGH, CMIT/MIT)된 원료를 사용한 가습기 살균제 6종을 강제 수거하고, 이 화학 물질들을 유독물로 지정했다.

**가습기 살균제에 사용된 화학 물질**

| 구분 | PHMG | PGH | CMIT/MIT |
| --- | --- | --- | --- |
| 사용 형태 | 회색분말수용액 25% | 회색분말/수용액(25%) | 호박색 액체 |
| 물질 분류 | 고분자 물질 | 고분자 물질 | 고분자 아님<br>(CMT:MIT=3:1) |
| 사용 용도 | 카펫·플라스틱 항균제,<br>수처리제, 섬유 유연제 등 | 섬유 제품·음식물 포장재<br>항균제 등 | 목재·화장품 항균제,<br>페인트 방부제 등 |

출처: 『환경 용어 사전』(환경부)

### ③ 가습기 살균제로 인한 피해 상황

가습기 살균제로 인해 2020년 8월 21일 기준 5,285명이 고통을 호소하고 있고, 1,559명(환경 노출 피해자 연합)이 목숨을 잃었다. 현재 피해자들의 피해는 폐 질환뿐만 아니라 코·피부·내분비계·신경계 등 사실상 전신으로 확대되었다. 특히 성인 2명 중 1명은 극단적인 생각을 했을 만큼 위험한 상태이며, 10명 중 7명은 심각한 우울증을 앓고 있다. 특히 심각한 점은 대부분 만성적 울분 상태를 겪고 있다는 것이다.

## ▮살충제 달걀

### ① 살충제 달걀이란 무엇일까?

살충제 달걀은 피프로닐과 비펜트린 등 살충제 성분이 검출된 달걀을 뜻한다. 산란계(알 낳는 닭)를 기르는 농장에서는 사육 단가를 낮추기 위해 좁은 공간에 많은 가축을 키우는 '밀집 사육'을 한다. 일반적으로 야생 상태의 닭은 땅에 몸을 문지르는 흙 목욕이나 발로 모래를 뿌리는 등의 동작으로 몸에 붙은 해충을 없앤다. 하지만 밀집 사육 농장의 경우 99%는 A4 용지 한 장 크기에도 못 미치는 철제 우리에서 닭을 사육하기 때문에 진드기가 널리 퍼지기 쉬운 환경이다. 이에 산란계 농가에서는 살충제를 뿌려 닭에 기생하는 해충을 없애 왔다. 그런데 이 과정에서 뿌린 살충제가 사료에 묻어서 닭의 체내로 들어가거나 이미 뿌려진 것이 닭의 몸으로 흡수되어 피를 통해서 달걀에까지 영향을 미친 것이다. 살충제 달걀 사태는 벨기에와 네덜란드를 시작으로 전 세계 45개국에 확산되었다.

### ② 살충제 달걀에 사용된 화학 물질은 무엇일까?

• 피프로닐

피프로닐은 살충 효과가 강력하고 살충 유지 기간이 길어 많은 나라에서 사용하고 있지만, 독성이 매우 강해 위험성 살충제로 지정되어 있다. 동물의 피부에 분사하면 모낭을 통해 24시간 이내에 체내에 유입되어 온몸에 퍼지고, 체내에 오랫동안 머물러 위험성이 높은 성분으로 분류되고 있다. 그래서 소나 돼지, 닭 등 식용으로 길러지는 동물에는 사용이 금지되어 있다.

• **비펜트린**

불개미에 사용하는 합성 피레스로이계 및 닭 진드기 살충제로, 피프로닐만큼 독성이 많지는 않다. 하지만 미국 환경보호청(EPA)은 발암 물질로 분류하고 있다.

### ③ 살충제 달걀에 사용된 화학 물질은 인체에 얼마나 위험할까?

피프로닐은 동물뿐만이 아니라 인체에도 유해한 물질이다. 피프로닐이 인체에 흡수되면 구토, 복통, 메스꺼움 등을 유발하고, 장시간 노출되면 간, 신장 등 인체 내 장기를 손상시킬 수 있다. 미국 환경보호청에서는 피프로닐을 발암 물질로 분류하고 있고, 세계보건기구는 인체에 위험을 초래할 수 있는 독성 물질이라고 경고했다.

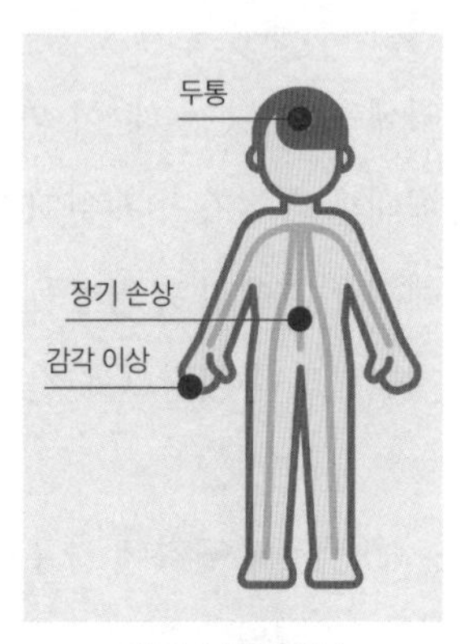

**피프로닐의 유해성**

한 연구에서 피프로닐이 함유된 사료를 쥐에게 먹인 결과 갑상선암이 발현되었으며, 실험 쥐의 95.4%에서 독성 증상·체중 감소·발육 장애 등이 나타났다. 세계보건기구는 피프로닐을 제2급 중증도 위험성 살충제로 지정했다.

### ▮휘발성 유기 화합물

#### ① 휘발성 유기 화합물이란 무엇일까?

휘발성 유기 화합물(Volatile Organic Compounds, VOCs)은 대기 중에 쉽게 증발하는 액체나 기체 상태의 유기 화합물을 통틀어 칭하는 말이다. 대기 중에서 질소 산화물과 공존하면 햇빛의 작용으로 광화학 반응을 일으켜 오존 및 팬(PAN, 퍼옥시아세틸 나이트레이트) 등 광화학 산화성 물질을 만들어 광화학 스모그를 유발하는 물질이다.

주로 석유 화학 정유·도료·도장 공장에서의 제조와 저장 과정, 자동차 배기가스, 페인트나 접착제 등 건축 자재, 주유소의 저장 탱크 등에서 발생한다. 많은 소비자를 분노하게 만든 '휘발성 유기 화합물 생리대 파동'도 생리대를 만드는 기업이 생리대를 속옷에 고정하는 접착제 부분에 발암성 물질로 인체에 유해를 끼치는 휘발성 유기 화합물을 사용했기 때문에 일어났다.

#### ② 휘발성 유기 화합물의 종류와 위해성

현재 환경 보전법 제2조 10호에 의해 규제 대상으로 고시하고 있는 휘발성 유기 화합물은 총 37종이다. 휘발성 유기 화합물은 대기 내에서 광범위하게 장기간 체류하면서 화학 반응에 의해 오존을 생성하고, 독성 및 발암성으로 인체에 위해를 끼치며, 오존층 파괴와 지구 온난화 등 지구 환경을 해치는 유해 물질이다.

## 휘발성 유기 화합물의 종류와 주요 위해성

| 번호 | 물질명 | 주요 위해성 | 비고 |
|---|---|---|---|
| 1 | 아세트알데히드 | 졸음, 의식 불명, 통증, 설사, 현기증, 구토 | 특정 대기 유해 물질 |
| 2 | 아세틸렌 | 현기증, 무기력증 및 액체 상태로 접촉 시 동상 | 오존 전구물질 |
| 3 | 아세틸렌 디클로라이드 | 현기증, 무기력증 및 액체 상태로 접촉 시 동상 | - |
| 4 | 아세틸렌 | 화상, 숨참, 통증, 수포, 복부 경련 | - |
| 5 | 아크릴로니트릴 | 두통, 구토, 설사, 질식, 발암성 | 특정 대기 유해 물질 |
| 6 | 벤젠 | 졸음, 의식 불명, 통증, 설사, 현기증, 경련, 구토,<br>발암성 특히 백혈병 유발 | 특정 대기 유해 물질<br>오존 전구물질 |
| 7 | 1,3 - 부타디엔 | 졸음, 구토, 의식 불명, 액체 상태로 접촉 시 동상,<br>발암성(B2) | 특정 대기 유해 물질 |
| 8 | 부탄 | 졸음, 액체 상태로 접촉 시 동상 | 오존 전구물질 |
| 9 | 1-부텐, 2-부텐 | 현기증, 의식 불명, 액체 상태로 접촉 시 동상 | 오존 전구물질 |
| 10 | 사염화탄소 | 현기증, 졸음, 두통, 구토, 복통, 설사, 발암성(B2) | 특정 대기 유해 물질 |
| 11 | 클로로포름 | 졸음, 두통, 통증, 설사, 현기증, 복통, 구토, 의식 불명,<br>발암성(B2) | 특정 대기 유해 물질 |
| 12 | 사이클로헥산 | 현기증, 두통, 메스꺼움, 구토 | 오존 전구물질 |
| 13 | 1,2-디클로로에탄 | 졸음, 의식 불명, 통증, 설사, 현기증, 구토, 시야가 흐려짐,<br>복부 경련 | 특정 대기 유해 물질 |
| 14 | 디에틸아민 | 호흡 곤란, 수포, 고통, 화상, 설사, 구토, 시력 상실 | - |
| 15 | 디에틸아민 | 복부 통증, 설사, 호흡 곤란, 고통, 화상, 시야가 흐려짐 | - |
| 16 | 에틸렌 | 졸음, 의식 불명 | 오존 전구물질 |
| 17 | 포름알데히드 | 호흡 곤란, 심각한 화상, 통증, 수포, 복부 경련, 발암성(B1) | 특정 대기 유해 물질 |
| 18 | n-헥산 | 현기증, 졸음, 무기력증, 두통, 호흡 곤란, 구토, 의식 불명,<br>복통 | - |
| 19 | 이소프로필 알콜 | 현기증, 졸음, 두통, 구토, 시야가 흐려짐 | - |
| 20 | 메탄올 | 현기증, 구토, 복통, 호흡 곤란, 의식 불명 | - |
| 21 | 메틸에틸케톤 | 현기증, 졸음, 무기력증, 두통, 구토, 호흡 곤란, 의식 불명,<br>복부 경련 | - |
| 22 | 메틸렌클로라이드 | 현기증, 졸음, 두통, 구토, 의식 불명, 화상, 복통, 발암성 | - |
| 23 | 엠티비이(MTBE) | 현기증, 졸음, 두통 | - |

| 24 | 프로필렌 | 졸음, 질식, 액체 상태로 접촉 시 동상 | 오존 전구물질 |
|---|---|---|---|
| 25 | 프로필렌옥사이드 | 졸음, 질식, 두통, 메스꺼움, 구토, 화상, 발암성(B2) | 특정 대기 유해 물질 |
| 26 | 1,1,1,-트리클로로에탄 | 졸음, 두통, 구토, 숨참, 의식 불명, 설사 | - |
| 27 | 트리클로로에탄 | 현기증, 졸음, 두통, 의식 불명, 통증, 복통 | 특정 대기 유해 물질 |
| 28 | 휘발유 | 졸음, 두통, 구토, 의식 불명 | - |
| 29 | 납사 | 졸음, 두통, 구토, 경련 | - |
| 30 | 원유 | 두통, 구토 | - |
| 31 | 아세트산(초산) | 두통, 현기증, 호흡 곤란, 수포, 화상, 시력 상실, 복통, 설사 | - |
| 32 | 에틸벤젠 | 현기증, 두통, 졸음, 통증, 시야가 흐려짐 | 특정 대기 유해 물질<br>오존 전구물질 |
| 33 | 니트로벤젠 | 두통, 청색증(푸른 입술 및 손톱), 현기증, 구토, 의식 불명 | - |
| 34 | 톨루엔 | 현기증, 졸음, 두통, 구토, 의식 불명, 복통 | 오존 전구물질 |
| 35 | 테트라클로로에틸렌 | 현기증, 졸음, 두통, 구토, 의식 불명, 수포, 화상, 복통 | 특정 대기 유해 물질 |
| 36 | 자일렌(o-,m-,p-포함) | 현기증, 졸음, 두통, 의식 불명, 복통 | 오존 전구물질 |
| 37 | 스틸렌 | 현기증, 졸음, 두통, 구토, 복통 | 특정 대기 유해 물질 |

출처: 휘발성 유기 화합물 지정 고시, 위해성(환경부)

## 용어 정의

- **유독물:** 인체에 중독을 일으키는 독성이 있는 물질을 말한다.
- **발암 물질:** 실험 동물에 투여하거나 인간이 섭취했을 때 높은 비율로 암을 발생시키는 물질을 말한다. 대표적인 종류로는 벤조[α]피렌, 2-나프틸아민, 벤지딘, 쿠마린, 방사성 동위 원소 등이 있다. 발암 물질은 외인성 발암 물질과 내인성 발암 물질로 나눌 수 있다. 외인성 발암 물질의 90% 이상이 자연환경의 화학 물질로 밝혀져 있다.
- **독성 물질:** 생명체에 대해 악영향을 나타내는 능력 또는 잠재력을 지닌 물질을 말한다.

## 참고 서적 및 자료

○ 『살충제 달걀 파동과 동물 복지 농장 도입의 필요성』/ 생태환경연구실 / 2017년
○ 『환경 용어 사전』/ 환경부
○ 『미용 제품의 휘발성 유기 화합물 분석 및 세포 독성 연구』/ 김정원 / 영산대학교 미용예술대학원 박사 논문 / 2020년
○ 〈가습기 살균제 참사 '소외된 자들의 절규'〉 / YTN
○ 〈살충제 달걀 파문〉 / 연합뉴스
○ 〈연구 결과로 살펴본 '피프로닐' 위해성〉 / JTBC

## 화학 물질 개요서

### •••토론 논제

가습기 살균제, 살충제 달걀, 휘발성 유기 화합물에 오염된 생리대 파동으로 화학 물질에 대한 공포심이 사회 전반에 퍼져 있다. 일반인들은 화학 물질에 대해 위험, 발암과 같은 부정적인 단어와 함께 생각하는 경향이 많다. 특히 화학 물질의 부정적인 면을 경험한 사람들은 화학 물질은 무조건 피해야 한다고 주장하며, 화학 성분이 첨가된 제품을 무조건 거부하기도 한다. 이렇게 화학 물질에 공포심을 가지고 거부하는 것이 과연 타당한 것인가에 대한 생각을 과학적 근거를 들어 설명하고, 이러한 문제를 해결하기 위해 우리가 노력할 수 있는 방법을 제시하시오.

〈2018년 경기 운정고 등〉

## 생각 적용하기

| 화학 물질을 거부하는 것이 타당한지에 대한 자신의 생각을 정리하고, 이에 따른 문제를 해결할 수 있는 방법을 제시해 보자. | | |
|---|---|---|
| 타당성 | 타당하다 | 타당하지 않다 |
| 근거 | | |
| 해결 방안 | | |
| 내가 생각한 아이디어 | | |

# 논제 33
# 미세 플라스틱

## 01 미세 플라스틱이란 무엇일까?

미세 플라스틱은 5㎜ 이하의 작은 플라스틱으로, 원천적으로 미세한 크기로 제조된 마이크로비즈뿐만 아니라 각종 플라스틱 제품이 부서지면서 미세화된 합성 고분자 화합물을 말한다. 미세 플라스틱은 조각, 파편, 알갱이, 섬유 등 그 형태가 다양하며, 1차 미세 플라스틱과 2차 미세 플라스틱으로 구분된다. 1차 미세 플라스틱은 제조 당시부터 작게 만들어진 미세 플라스틱이며, 2차 미세 플라스틱은 제조 당시 1차 미세 플라스틱보다 크기가 컸지만, 이후에 인위적 또는 자연적으로 마모되어 크기가 5㎜ 이하가 된 미세 플라스틱을 말한다.

## 02 미세 플라스틱의 생산과 배출 현황은 어떨까?

### ▌1950~2015년 전 세계 용도별 플라스틱 생산량

1960년 이후 전 세계적으로 플라스틱 사용량이 급증했다. 1950년부터 2015년까지 전 세계 플라스틱 생산 및 폐기량을 추정한 결과, 1950년 200만 톤에서 2015년 4억 700만 톤으로 65년 동안 83억 톤이 생산되어 약 200배 이상 증가한 것으로 확인되었다. 2015년 기준으로 약 3억 200만 톤의 플라스틱 폐기물이 발생한 것으로 추정된다.

### ▌국내의 플라스틱 쓰레기 배출량 추이

2017년 1월 유럽플라스틱제조자협회(EUROMAP)가 세계 63개국을 대상으로 조사해 발표한 플라스틱 사용량 자료를 보면, 2015년 우리나라의 1인당 연간 포장용 플라스틱 사용량은 61.97kg으로 세계 2위다. 자원순환정보시스템은 2011년 하루 평균 전국 플라스틱 폐기물 발생량이 3,949톤이었으나, 2016년 5,445톤으로 1.5배 가까이 늘었다고 밝혔다. 또 자원순환사회연대는 2015년 기준 우리나라에서 약 216억 개의 비닐봉지가 사용되어 독일의 6배, 아일랜드의 20배에 달했고, 핀란드와 비교하면 100배에 달한다고 분석했다.

### ▌미세 플라스틱으로 인한 해양 오염 상태

지금 바다는 플라스틱으로 뒤덮여 있다. 이미 과거에 버려진 플라스틱이 바닷속에 누적되어 있다. 여기에 매년 약 800만 톤에 이르는 플라스틱 쓰레기가 바다로 유입되고 있는 것으로 추산된다. 플라스틱은 썩지 않기 때문에 시간이 지나면 해류에 의해 깨지고 마모되어 점점 입자가 작아진다. 그동안 널리 사용되었던 화장품, 치약, 연마제 등의 마이크로비즈가 해양 오염을 심화시킨다. 국제연합 보고서에 따르면 화장품에 사용된 마이크로비즈가 매년 최대 8,762톤씩 유럽의 바다로 유입된다고 한다. 또 약 51조 개의 미세 플라스틱이 해수면을 떠다니고 있으며, 해수층과 해저 퇴적물뿐만 아니라 북극의 해빙에서도 발견되고 있는 것으로 조사되었다.

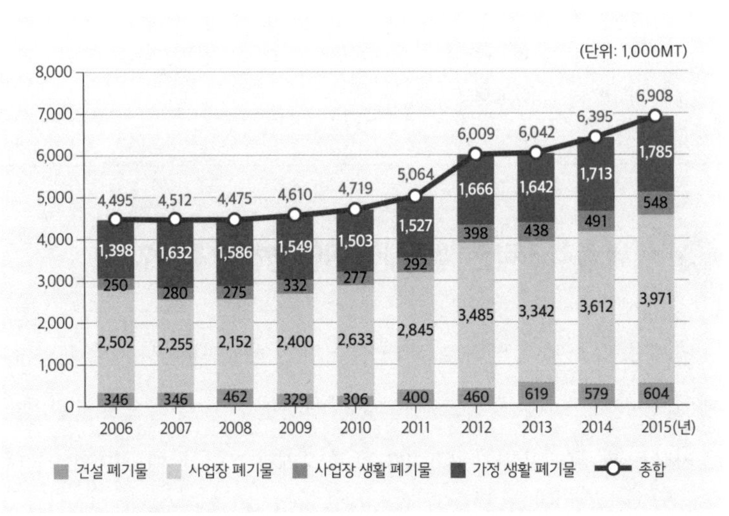

출처: 환경부

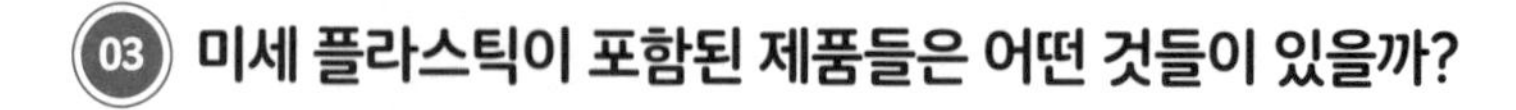

## 03 미세 플라스틱이 포함된 제품들은 어떤 것들이 있을까?

| 구분 | 제품군 |
| --- | --- |
| 화장품 | 스크럽(신체, 얼굴, 손), 모발 케어(컨디셔너, 무스), 메이크업 리무버, 치약, 치약 미백젤, 매니큐어링 제품, 아이 크림, 바디 로션, 색조 화장품(립스틱, 마스카라, 아이섀도, 메이크업 파우더, 컨실러), 선크림, 미백제 |
| 개인 케어용품 | 생리대, 기저귀 |
| 세정제 | 세정제품, 세탁 세제 |
| 코팅, 잉크 | 레이저 프린터 잉크, 프린터 토너 |
| 페인트 | 바닥 마감재, 연마재 |
| 의약품 | 약물 제형의 첨가제, 발포정 |
| 치과 의약품 | 치아 광택제 |
| 건설 | 단열재 |

## 04 미세 플라스틱은 생태계에 어떤 영향을 줄까?

미세 플라스틱이 바다로 흘러 들어가면 해양 내에서 생물체와 함께 활동한다. 미세 플라스틱은 폴리에틸렌(PE), 폴리프로필렌(PP), 폴리에틸렌 테레프타레이트(PET), 폴리메타크릴산 메틸(PMMA), 나일론과 같은 석유 화학 물질로 만들어지기 때문에 주변의 유해 화학 물질 및 중금속, 비스페놀 등을 흡수·축적하는 특징이 있다.

### ▮ 인체에 미치는 영향

잔류성 유기 오염 물질이나 중금속, 비스페놀 등 내분비계 교란 물질인 미세 플라스틱은 해양 생물에 쉽게 흡착되어 우리가 생선을 먹을 때 몸속에 축적된다. 이후 암, 섬유종, 소화기계 장애, 생식 독성 등 심각한 질환을 일으킨다.

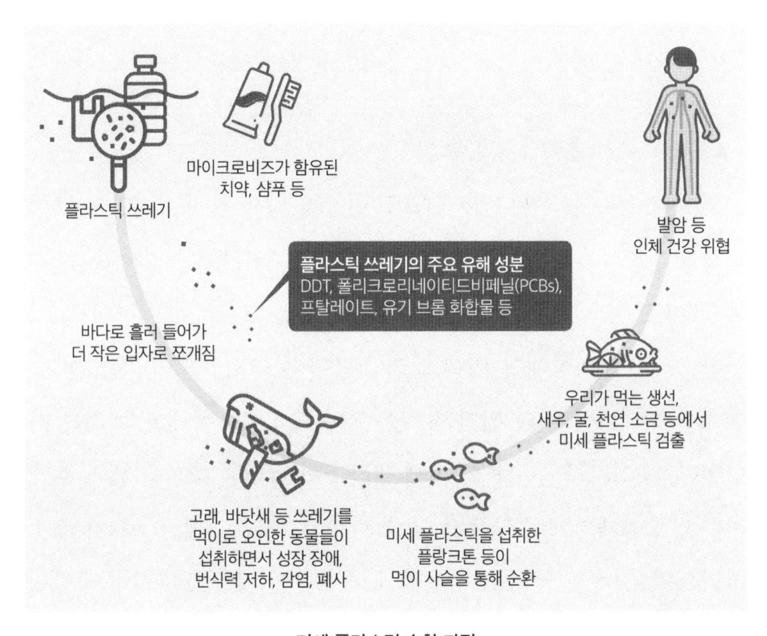


**미세 플라스틱 순환 과정**

출처: 동아사이언스

### ▮ 바다 생물에게 미치는 영향

미세 플라스틱의 원료나 첨가제 등의 화학 물질이 바다로 흘러 들어가면, 이것들은 독성을 유발한다. 바다 생물들은 독성이 함유된 미세 플라스틱을 먹이로 오해하고 먹거나 미세 플라스틱을 먹은 생물을 직접 섭취함으로써 화학 물질을 체내에 축적한다.

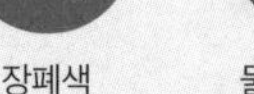


출처: 그린피스 '바다의 숨통을 조이는 미세 플라스틱'

### ▌물에서 미세 플라스틱 검출

영국의 일간지 〈가디언〉은 2017년 9월 미세 플라스틱이 14개국 수돗물의 83%에서 검출되었다고 발표했다. 또 미국의 연구진이 9개국 11개 브랜드 생수를 검사한 결과 에비앙, 네슬레 퓨어라이프, 아쿠아 등 90% 이상에서 미세 플라스틱이 검출되었으며, 생수병 한 통에서 최대 1만 개의 입자가 나온 경우도 있다. 국내도 예외는 아니었다. 우리나라 수돗물의 미세 플라스틱 실태를 조사한 결과 24개 정수장 중 3개의 정수장에서 1L당 각각 0.2개, 0.4개, 0.6개가 검출되었으며, 전체 평균은 1L당 0.05개의 수준인 것으로 나타나 국민의 건강을 직접적으로 위협하고 있다.

### ▌미세 플라스틱의 독성

석유 제품으로 만들어지는 미세 플라스틱은 섭취 시 유해 화학 물질 및 중금속, 비스페놀 등을 흡수·축적하는 특징이 있다. 최근 호주 뉴캐슬대학교 연구에 따르면 인간은 일주일에 평균적으로 5g의 플라스틱을 섭취한다는 결과가 나왔다. 이는 신용 카드 한 장의 분량과 같다. 많은 화학 물질을 배출하는 플라스틱 오염으로부터 인간이 더 이상 안전하지 않다는 것은 이미 현실이 되었다.

**미세 플라스틱의 기능 및 영향**

| 화학 물질 | 기능 | 잠재적 영향 |
|---|---|---|
| 비스페놀 A | • 폴리카보네이트 플라스틱 및 에폭시 수지 생산의 원료로 사용함 | • 내분비계 교란 가능성이 있는 물질임<br>• 특히 태아 및 영유아의 성장과 발달에 유해함 |
| 프탈산에스테르(프탈레이트)-디에틸헥실프탈레이트(DEHP), 디부틸프탈레이트(DBP), 디에틸프탈레이트(DEP) | • 가소제 및 연화제로 사용되어 플라스틱, 특히 폴리염화비닐(PVC)을 유연하게 만듦<br>• 향수와 화장품의 용매 및 향을 지속시키기 위해 사용함 | • 일부 프탈레이트는 생식 능력을 저해하며, 과다 섭취 시 간에 지장을 초래함 |
| 노닐페놀(NP) | • 플라스틱 제조 시 산화 방지제, 가소제, 안정제 등으로 사용함<br>• 공업용 세제로 사용되는 노닐페놀 에톡시레이트(NPEs)를 일부 분해해 만들어짐 | • 수중 생물에게 극도로 유해함<br>• 특히 어류의 내분비계 교란을 일으키며 여성화를 초래함<br>• 기타 동물 및 인간의 생식과 성장에도 유해할 수 있음 |
| 폴리브롬화 디페닐에테르(PBDEs) | • 플라스틱, 발포 고무, 섬유 등의 발화 지연제로 사용함<br>• 플라스틱 제품에 첨가제로 사용되거나 환경에 잔류하다가 플라스틱 제품 표면으로 흡착될 수 있음 | • 내분비계 교란 가능 물질로 특히 갑상선 기능에 문제를 유발할 수 있음<br>• 신경 발달 및 행동, 면역 체계, 간 등에 유해할 수 있음 |
| 폴리염화비페닐(PCBs) | • 일부 플라스틱의 난연제, 가소제 및 변압기의 절연체로 사용함 | • 여러 동물의 면역 체계, 생식 능력, 신경계에 독성을 초래함<br>• 간에 손상을 줄 수 있으며, 암을 유발할 수 있음 |
| 다환방향족 탄화수소(PAHs) | • 화석 연료의 불완전 연소 시 발생하는 물질임. 석유 및 콜타르에도 존재함 | • 한번 흡수되면 체내에 축적됨<br>• 일부는 암과 돌연변이를 유발하고 생식 능력을 저해함 |
| 살충제: 디클로로 디페닐 트리클로로에탄(DDT), 헥사클로로시클로헥산(HCHs) | • 과거 농업 및 도시 지역의 살충제로 사용되었으나, 지금은 말라리아 벡터 제어용으로 사용이 제한됨 | • DDT는 수중 생물에게 매우 치명적이며, 내분비계 교란 및 생식 능력을 저해함<br>• HCHs는 간과 신장에 치명적이며, 일부는 내분비계 교란 물질 및 인체 발암 가능 물질로 추정함 |

출처: 우리가 먹는 해산물 속 플라스틱(그린피스 과학연구팀)

## 용어 정의

- **우리나라 미세 플라스틱 퇴치를 위한 대책**
  - -2017년 7월부터 마이크로비즈가 함유된 제품의 생산과 수입 금지
  - -2018년 8월 플라스틱 컵 사용 금지
  - -2019년 해양 미세 플라스틱 종합 관리 대책 수립
  - -2027년까지 일회용품과 플라스틱 빨대 제로화 공표
- **플라스틱 공해:** 플라스틱 폐기물이 증가하면서 생겨난 인위적인 공해를 말한다. 플라스틱 물품의 생산과 소비가 빠르게 증가함으로써 빚어진 부산물로 대기 오염·수질 오염과 함께 제3의 산업 공해(산업 오염)라고 한다.
- **마이크로비즈**(microbeads): 최대 직경이 5㎜ 이하인 고체 가공 플라스틱 입자다. 주로 폴리에틸렌으로 만들어지나, 폴리프로필렌이나 폴리스타이렌과 같은 석유 화학 성분으로 만들어지기도 한다. 각질제, 치약 그리고 생명 의학이나 보건 의학 연구에 주로 사용된다.
- **비스페놀**(bisphenol): 비스페놀 A가 가장 널리 쓰이며, 가소제로 많이 활용된다. 여성 호르몬의 기능을 흉내 내는 환경 호르몬이어서 어린이에게 유해하다.

## 참고 서적 및 자료

○『미세 플라스틱 관리 동향 및 정책 제언』/한국환경정책평가연구원/2018년

○『환경 용어 사전』/환경부

○ 〈미세 먼지는 알아도 미세 플라스틱은 모르지?〉/환경 교육 포털 사이트

○ 〈해양 생태계 위협, 미세 플라스틱의 습격〉/KNN

# 미세 플라스틱 개요서

**●●● 토론 논제**

미세 플라스틱의 원인 및 피해 상황을 과학적으로 분석하고, 미세 플라스틱의 피해를 줄이기 위한 창의적인 방안을 제시하시오.

〈2019년 경기 동패고, 2020년 충북 충주고〉

## 생각 적용하기

미세 플라스틱의 원인 및 피해 상황을 과학적으로 분석하고, 미세 플라스틱의 피해를 줄이기 위해 어떤 아이디어를 낼 수 있을지 적어 보자.

| 구분 | 원인 | 피해 상황 |
|---|---|---|
| 미세 플라스틱의 원인과 피해 상황 | | |
| 해결 방안 | | |
| 내가 생각한 아이디어 | | |

CHAPTER 05

# 지구 과학 / 과학 기술

우주 개발 | 지진 | 지진 해일

적정 기술 | 소음 공해 | 빛과 광기술

## 01 우주와 우주 개발이란 무엇일까?

### 우주의 정의

우주에 대한 정의는 여러 가지가 있지만, 일반적으로 카르만 라인(karman line)이라고 부르는 고도 100㎞ 바깥을 말한다. 미국의 물리학자 테오도르 폰 카르만은 대기가 희박해 양력의 도움 없이 물체의 관성만으로 비행이 가능한 지상에서 100㎞ 부근을 지구와 우주의 경계로 잡았다. 국제항공연맹(FAI)도 이 정의를 기준으로 우주와 지구의 경계선을 정하고 있다.

| | |
|---|---|
| 스페이스 (space) | 천문학·항공 우주학적 의미다. 보통 일반적으로 공기가 거의 없는 카르만 라인(100㎞) 바깥을 말한다. |
| 유니버스 (universe) | 물리학적 의미다. 138억 년이라는 우주의 나이까지 포함해 빅뱅 이후 발생한 우주 전체의 모든 것을 말한다. |
| 코스모스 (cosmos) | 철학적 의미까지 포함한다. 혼돈(chaos)에 대비되는 개념으로 조화롭고 질서정연한 우주를 말한다. |

### ▍우주 개발의 정의

2005년에 제정된 우주 개발 진흥법 제2조에 따르면 우주 개발이란 첫째, 로켓, 인공위성, 우주선 등과 같은 인공 우주 물체의 설계·제작·발사·운용 등에 관한 연구 및 기술 개발 활동과 둘째, 우주 공간의 이용·탐사 및 이를 촉진하기 위한 활동이라고 정의하고 있다. 그리고 이에 따른 우주 개발 산업은 우주 개발은 물론 관련 교육·기술·정보화·산업 등의 발전을 추진하기 위한 사업까지 모두 포함하고 있다. 우주 개발 준비와 탐사 과정은 물론 그 과정에서 생활과 관련되는 기술을 개발하는 일까지 모두 우주 개발에 포함되는 것이다.

## 02 우주 개발은 어떻게 발전되었을까?

경제협력개발기구에서는 우주 기술 발전 과정을 5단계로 나누고 있다. 1단계는 미국과 구소련에서 정부 주도로 진행된 우주 개발 경쟁 시대로 1957년 소련의 첫 번째 인공위성 스푸트니크 1호 발사에 성공하면서부터 1972년 미국이 아폴로 달 탐사에 성공할 때까지를 말한다. 2단계는 군사용이 아닌 민간·상업 분야의 기술 개발 시작 단계로 최초로 우주 정거장과 우주 왕복선이 등장했다. 3단계는 민간·상업 분야의 우주 기술이 확대되는 시기다. 위성 통신으로 지구를 관측한 정보가 농업, 해양, 환경 등 다양한 분야에서 활용되었으며, 2세대 우주 정거장이 건립되었다. 4단계부터는 디지털 기술이 우주 기술에 활용되기 시작했다. 위성TV 서비스, 차량용 내비게이션, 위치 정보 활용 앱 등 일반 소비자의 우주 기술 활용이 많이 증

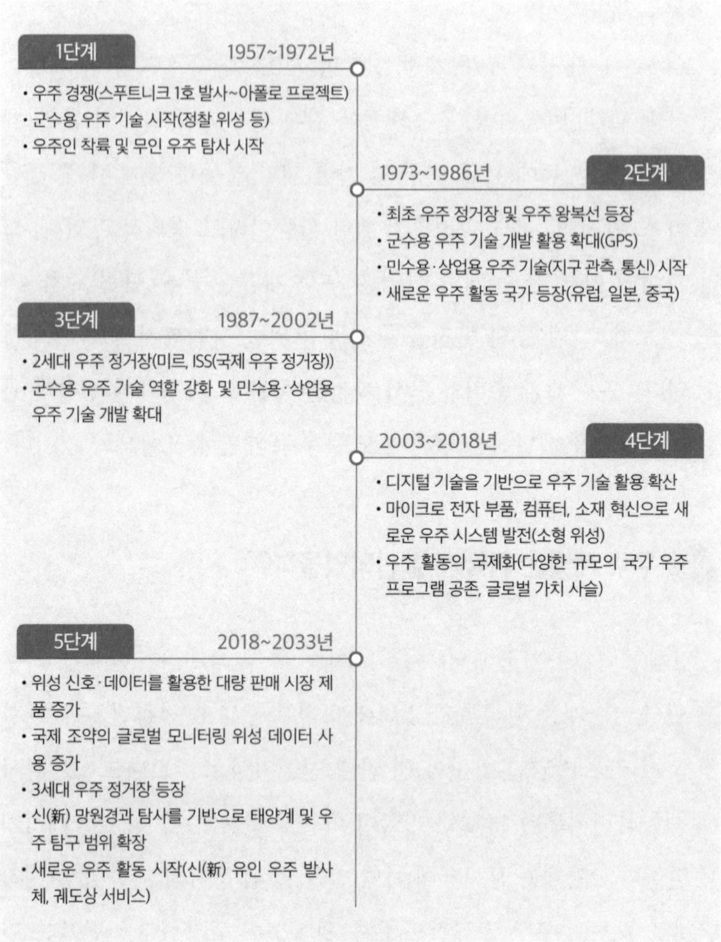

1단계 1957~1972년

- 우주 경쟁(스푸트니크 1호 발사~아폴로 프로젝트)
- 군수용 우주 기술 시작(정찰 위성 등)
- 우주인 착륙 및 무인 우주 탐사 시작

2단계 1973~1986년

- 최초 우주 정거장 및 우주 왕복선 등장
- 군수용 우주 기술 개발 활용 확대(GPS)
- 민수용·상업용 우주 기술(지구 관측, 통신) 시작
- 새로운 우주 활동 국가 등장(유럽, 일본, 중국)

3단계 1987~2002년

- 2세대 우주 정거장(미르, ISS(국제 우주 정거장))
- 군수용 우주 기술 역할 강화 및 민수용·상업용 우주 기술 개발 확대

4단계 2003~2018년

- 디지털 기술을 기반으로 우주 기술 활용 확산
- 마이크로 전자 부품, 컴퓨터, 소재 혁신으로 새로운 우주 시스템 발전(소형 위성)
- 우주 활동의 국제화(다양한 규모의 국가 우주 프로그램 공존, 글로벌 가치 사슬)

5단계 2018~2033년

- 위성 신호·데이터를 활용한 대량 판매 시장 제품 증가
- 국제 조약의 글로벌 모니터링 위성 데이터 사용 증가
- 3세대 우주 정거장 등장
- 신(新) 망원경과 탐사를 기반으로 태양계 및 우주 탐구 범위 확장
- 새로운 우주 활동 시작(신(新) 유인 우주 발사체, 궤도상 서비스)

**우주 개발의 발전 단계**

출처: 『우주 경제 시대를 대비한 전략적 우주 개발의 필요성』(한국연구재단)

가했다. 5단계는 인공위성이 수집한 정보가 인공 지능 기술과 접목되는 시기다. 4차 산업 혁명 시대를 주도하는 인공 지능 기술은 우주 개발에 적용되고 있으며, 반대로 인공위성에서 얻어진 대규모 데

이터들은 인공 지능을 통해 빠르게 분석되어 다양한 산업에 활용되고 있다.

우리나라는 1989년 정부에서 항공우주연구원을 설립해 관측 위성과 우주 발사체 개발에 착수했다. 1992년 첫 인공위성인 우리별 1호 발사 후 각종 실용 위성 발사에 성공했다. 또 2020년 독자 기술로 개발된 해양 관측 정지 궤도 위성 천리안 2B호가 남미 프랑스령 기아나 우주 센터에서 성공적으로 발사되었다. 이와 함께 2013년 러시아 1단 로켓을 장착한 나로호 발사에 성공한 뒤 2021년 10월 21일 독자적으로 개발한 한국형 발사체 누리호를 발사했다. 누리호는 성공적으로 고도 700㎞에 진입했으나 3단 엔진이 조기 종료되어 우주 궤도 진입에는 실패했으며, 2022년 5월 2번째 발사를 준비 중이다.

## 03 우주 개발은 왜 하는 것일까?

### ▌자원 및 에너지 확보

우주 개발의 원래 목적인 과학적 탐사에 더해져 이제는 우주 자원 개발의 경제적 이익에 관심이 집중되고 있다. 인구 증가와 자원 고갈 문제가 갈수록 심각해지는 상황에서 지구에서 부족한 에너지와 자원을 우주 개발을 통해 확보할 수 있으리라는 기대 때문이다.

달과 화성, 그리고 수많은 소행성에는 많은 광물 자원을 비롯해 로켓 연료와 생활용수로 쓸 수 있는 물 등의 자원이 존재하는 것으로 확인되고 있다. 세계 각국은 이를 확보하기 위해 우주에서 유용한 자원을 채취하는 '우주 광산' 사업을 추진하고 있다. 실제로 일본의 소행성 탐사선 하야부사는 최초로 2010년 소행성의 토양을 채취한 데 이어 2020년 소행성 암석을 채취해 지구로 보내는 데 성공했다.

태양광 발전으로 최고의 효율을 얻을 수 있는 장소도 우주다. 태양광 에너지는 우주에서 1㎡당 1,360W(와트)/㎡에 이르지만, 구름과 먼지, 날씨와 낮밤의 영향을 받아 지표면에 도달하는 에너지는 300W/㎡를 넘지 못한다. 하지만 우주 공간에서는 24시간 태양광을 이용해 발전할 수 있으며, 태양광의 전달을 방해하는 존재도 없어 발전 효율이 매우 높다.

### ❙ 첨단 과학 기술 개발

우주 개발 과정에서 연구된 첨단 과학 기술은 인류의 삶을 더욱 편리하게 만들어 준다. 실시간 통신과 인터넷은 통신 위성 덕분에 가능한 것이다. 사용자의 현재 위치를 추적할 수 있는 '위성 위치 추적 시스템(GPS)'을 이용한 내비게이션, ABS 브레이크, 에어백도 항공 우주 기술의 산물이다. 우주에서 사용하기 위해 개발된 전자레인지, 정수기, 진공청소기, 메모리폼 베개 등은 오늘날 일반 가정에서 사용하고 있다. 그 밖에 병원에서 사용되는 엑시머 레이저 기술, 영상 진단 장치 등 우주 기술에서 파생된 상품들은 주위에서 쉽게 찾아볼 수 있다.

### ❙ 국가 안보 및 군사력 확보

우주 개발은 실용적인 면뿐만 아니라 국가 안보를 위해서도 중요하다. 위성 영상으로부터 얻는 정보와 통신 위성을 활용한 신속한

정보 전달, 항법 위성의 위치 정보 제공은 군사력 강화에 필수적이다. 또 인공위성을 발사하는 우주 발사체 제작 능력은 대륙 간 탄도탄에 그대로 적용될 수 있다. 갈수록 늘어나는 지역, 종교, 민족, 국가 간 분쟁과 각종 테러 위협에서 국가 안보를 지키기 위해 우주 기술의 활용은 더욱 활발하게 이루어질 것으로 예상된다.

**❙ 기후 변화에 적극적 대응**

지구 온난화로 인해 심각한 기후 변화를 겪고 있는 지구 환경을 정확하게 관측하기 위해서도 우주 개발 기술이 필요하다. 인공위성을 이용한 정확한 관측으로 기후 변화로 인해 발생하는 재난을 방지하고, 보다 적극적으로 대응할 수 있다. 또 앞으로 일어날 수 있는 지구의 환경 변화나 행성 충돌 등으로 인한 재난 발생 시 새로운 주거지로서의 해결책이 될 수도 있다.

## 04 우주 개발로 인해 생길 수 있는 문제점은 무엇일까?

우주 개발로 인한 부작용 가운데 가장 심각한 문제가 우주 쓰레기다. 우주 쓰레기는 지구 궤도를 돌고 있는 인공 물질 중에 쓸모없이 버려진 것들을 의미한다. 연료 고갈, 사고, 고장 등으로 인해 조종할 수 없는 인공위성, 위성 발사에 사용된 로켓 잔해, 군사 무기 개발을 위해 파괴한 위성 파편 등으로 인해 우주 쓰레기의 양은 점점 늘고 있다. 유럽우주기구(ESA)가 2020년에 발표한 '우주 환경 연간 분석 보고서'에 따르면 지름 10㎝는 3만 4,000개, 지름 1㎝~10㎝는 90만 개, 지름 1㎜~1㎝ 사이의 파편은 1억 2,800만 개에 달하는 우주 쓰레기가 존재한다.

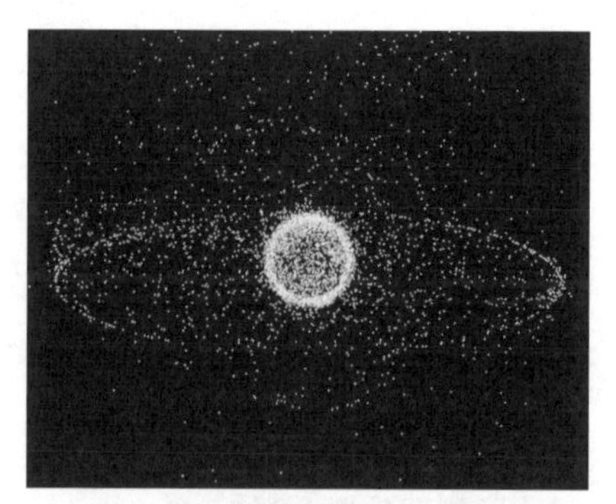

반지 모양인 지구 정지 궤도의 쓰레기들과
지구 근처를 덮고 있는 지구 저궤도의 쓰레기들

우주 쓰레기는 고속으로 비행하고 있으므로 우주선이나 인공위성에 큰 위협이 될 수 있다. 미국 항공우주국의 과학자 도널드 케슬러는 우주 쓰레기의 밀도가 한계치에 이르면 우주 쓰레기의 파편들이 연쇄적인 충돌로 기하급수적으로 늘어나 지구 궤도 전체를 뒤덮을 수 있다는 '케슬러 증후군'을 주장했다. 이런 케슬러 증후군이 발생하면 우주선이나 인공위성이 다니는 항로를 막을 뿐만 아니라 우주선 발사 자체가 어려워질 수 있다.

이 밖에 위성을 통해 얻은 정보를 군사적인 용도로 이용하거나 우주에 무기를 설치하는 우주의 군사적 이용 문제, 특정 정보를 위성을 이용해 얻을 수 있는 사생활 침해 문제, 막대한 투자 비용 문제, 유인 우주선의 안전성 문제 등이 해결해야 할 과제로 꼽힌다.

## 용어 정의

- **카르만 라인**(karman line): 미국의 항공 기술 발전과 장거리 로켓 계획에 이바지했던 물리학자 테오도르 폰 카르만의 이름에서 유래했다. 대기가 희박해 양력을 만들 수 없어 항공기가 날 수 없고, 궤도를 일정 높이로 유지할 수 있는 위치인 지상에서 100㎞ 부근을 일컫는다.
- **로켓**: 외부의 도움 없이 고온 고압의 가스를 분출시켜 그 반동력으로 날아가는 엔진을 말한다. 인공위성이나 탐사선을 우주로 보낼 때는 로켓에 실어 보낸다. 우주까지 갈 수 있는 로켓은 우주 발사체라고 한다.
- **인공위성**: 지구와 같은 행성 주위를 도는 인공적인 천체를 말한다. 통신 위성, 날씨 위성, 방송 위성, 과학 위성 등으로 분류되며, 우주 정거장도 인공위성의 일종이다.
- **우주 정거장**: 사람이 우주 공간에 장기간 머물면서 실험 및 관측을 할 수 있도록 지구 궤도에 만들어진 구조물을 말한다. 최초의 우주 정거장은 1971년에 러시아가 쏘아 올린 살류트(Salyut)다. 1986년에는 2세대 우주 정거장인 러시아의 우주 정거장 미르가 발사되었다. 현재는 국제 우주 정거장 ISS만 운영되고 있다.
- **글로벌 가치 사슬**(Global Value Chain): 기업 활동에서 가치 창출이 이루어지는 과정이 여러 국가에서 연결되어 일어나는 것을 말한다.
- **탐사선**: 지구를 벗어나 다른 별이나 우주 공간을 탐사하는 용도로 쓰이는 우주선을 말한다. 인공위성은 대부분 실용 목적으로 쓰이지만, 탐사선은 과학 탐사용으로 사용된다.
- **항법 위성**: 함선, 항공기 등이 자기 위치를 측정할 수 있게 하는 위성을 말한다. 인공위성을 이용해 지상에 있는 목표물의 위치를 정확히 추적해 내는 시스템은 위성 항법 시스템이라고 한다.

## 참고 서적 및 자료

○ 『나도 우주 시대의 주인공이 될 수 있을까?』/ 심창섭 / 을파소 / 2019년

○ 『20세기 기술의 문화사』/ 김명진 / 궁리 / 2018년

○ 『우주 경제 시대를 대비한 전략적 우주 개발의 필요성』/ 한국연구재단 / 2018년

○ 한국항공우주연구원 https://www.kari.re.kr/

## 우주 개발 개요서

**●●● 토론 논제**

막대한 비용이 소모되는 우주 개발에 국가적 지원이 필요한가?

〈2020년 경남 남해 해성고 등〉

## 생각 적용하기

| 막대한 비용이 소모되는 우주 개발에 국가적 지원이 필요할지 적어 보자. | | |
|---|---|---|
| 입장 | 우주 개발의 필요성 | |
| 논거 | | |
| | 국가적 지원의 장점 | 국가적 지원의 단점 |
| 논거 | | |
| 국가적 지원에 대한 의견 | 찬성 | 반대 |
| 논거 | | |

## 01 지진이란 무엇일까?

지진이란 한자어로 땅 지(地)와 흔들릴 진(震)이 합쳐진 말로서 집중된 지구 내부의 에너지가 한순간 밖으로 나오면서 땅이 흔들리는 현상을 말한다. 지구 내부에서 급격한 지각 변동이 생겨 그 충격으로 생긴 파동, 즉 지진파가 지표면으로 이동하면서 진동이 일어나는 것이다. 지진이 가장 먼저 시작되어 에너지가 처음 방출된 지점을 진원이라고 하고, 그 바로 위 지표면을 진앙이라고 한다. 일반적으로 지진이 일어나면 가장 피해가 큰 지역이

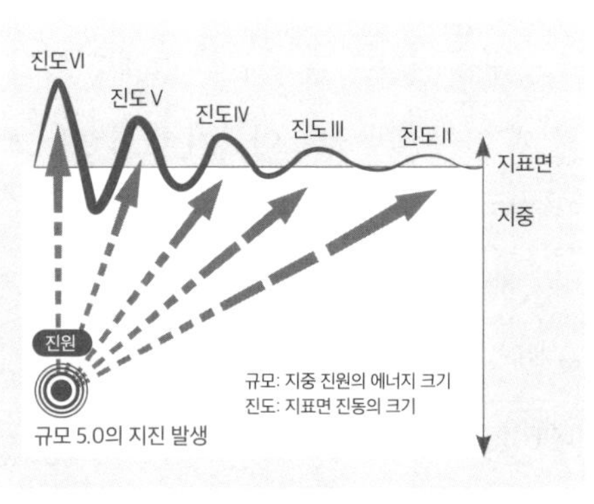


출처: 기상청

바로 진앙이다.

지진의 크기는 규모와 진도로 표시한다. 규모는 지진이 가진 절대적인 에너지의 크기를 나타낸 것이다. 방출된 진동 에너지를 나타내는 것이므로 지역에 상관없이 똑같다. 반면 진도는 지진이 전파되는 지역별 흔들린 정도를 나타낸다. 따라서 같은 지진이라도 지역에 따라 수치가 다르게 나타난다.

## 02 지진은 왜 일어날까?

지구는 표면에서 중심으로 가면서 지각, 맨틀, 핵으로 나뉜다. 지구 표면의 지각과 그 바로 아래 맨틀 윗부분의 딱딱한 층을 암석권, 혹은 판이라고 부른다.

지구 표면은 13개에서 15개 정도의 판들이 맞물려 있다. 판은 조금씩 움직이면서 서로 부딪치고 그 경계에 압력이 쌓인다. 지구를 둘러싼 암석들이 그 힘을 버티지 못해 깨지고 갈라지면서 지진이 발생하게 된다.

그래서 지진은 판과 판의 경계 지역인 지진대에서 많이 발생한다. 전 세계 지진의 80% 이상이 태평양을 에워싼 형태로 펼쳐진 환태평양 지진대에서 발생하는데, 태평양을 둘러싸고 있는 모양이 고리와 비슷해 '불의 고리'라고 불린다. 일본에서 지진이 자주 발생하는 이유는 일본이 유라시아판, 태평양판, 필리핀판, 북아메리카판까지 총 4개의 판이 만나는 곳에 있기 때문이다.

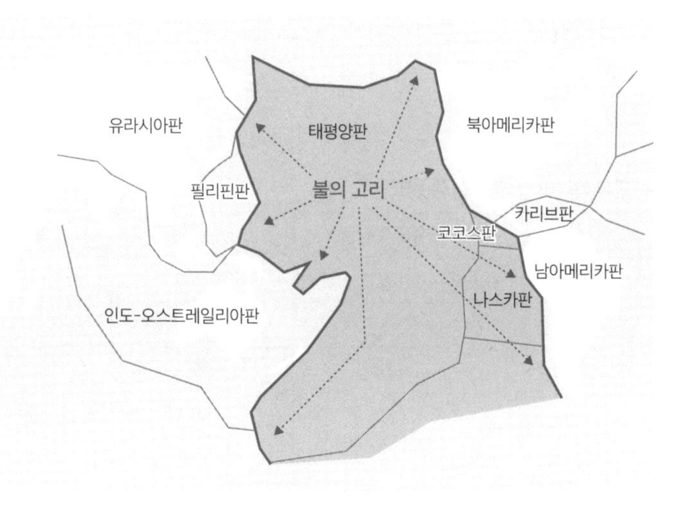


환태평양 지진대 - 불의 고리

## 03 왜 우리나라에서는 큰 지진이 거의 일어나지 않았을까?

몇 년 전까지만 해도 지진은 우리나라와는 상관없는 현상으로 여겨졌다. 왜냐하면 우리나라에서 일어난 지진은 사람들이 느끼지 못할 정도로 규모가 작은 경우가 대부분이었기 때문이다. 그러나 2016년 9월 12일 경주에서 규모 5.1과 5.8의 지진이 잇따라 발생했다. 규모 5.8의 지진은 국내 관측 이래 가장 강력한 지진이었다. 게다가 2016년 7월 5일에는 울산 해역에서 규모 5.0의 지진이 발생했다. 한 해에 5.0 이상의 지진이 세 번이나 발생한 것은 이제까지 관측되지 않았던 일이었다. 다음 해인 2017년 11월 15일에는 포항에서 규모 5.4의 지진이 관측되었다. 잇따른 대형 지진은 더 이상 한반도도 지진 안전 지대가 아니라는 불안감을 심어 주었다. 2016년 이후 전체적인 지진 발생 횟수는 감소하는 추세지만, 여전히 평균보다 많은 수준이 유지되고 있어 안심할 수는 없는 상황이다.

**최근 우리나라의 지진 발생 빈도**

| 연도 | 규모 3 이상 | 유감 횟수 | 총 횟수 |
|---|---|---|---|
| 2014년 | 8 | 11 | 49 |
| 2015년 | 5 | 7 | 44 |
| 2016년 | 34 | 55 | 252 |
| 2017년 | 19 | 98 | 223 |
| 2018년 | 5 | 33 | 115 |
| 2019년 | 14 | 16 | 88 |

출처: 기상청

## 04 우리나라에서 지진이 발생한 이유는 무엇일까?

우리나라는 판 내부에 위치해 판 경계부와 비교하면 지진이 자주 발생하지는 않지만, 지진이 전혀 일어나지 않는 것은 아니다.

판 내부에서 발생하는 강한 지진은 주로 활성 단층의 운동에서 비롯된다. 1만 년 이내에 운동을 한 단층을 활성 단층이라고 하는데, 경주 지진의 경우 양산 단층대에서 발생했다. 양산 단층은 영덕-양산-부산을 잇는 단층으로 이제까지 활성 여부에 대해서 많은 논쟁이 있었다. 하지만 경주 지진으로 인해 양산 단층이 활성 단층이라는 의견이 힘을 얻게 되었다.

따라서 활성 단층에 대한 자세한 조사를 통해 활성 단층 근처에

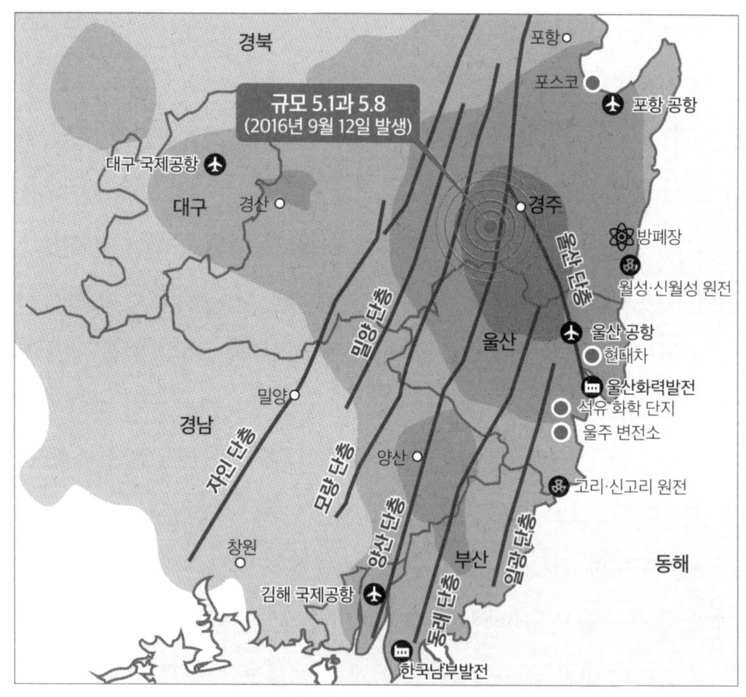


경주 인근의 주요 단층과 시설 현황

원자력 발전소나 공항 등 지진 발생 시 피해가 큰 국가의 주요 시설이 세워지는 것을 막고, 이미 세워진 시설에 대해서는 지진의 피해를 최소화할 수 있는 방안이 마련되어야 할 것이다.

## 05 지진 피해를 줄이려면 어떻게 해야 할까?

지진으로 인한 피해는 대부분 건물이 무너지면서 발생한다. 지진의 발생을 막을 수는 없으므로 지진 발생 시 피해를 막기 위해서는 지진이 발생해도 무너지지 않는 방법을 이용해 건물을 튼튼하게 지어야 한다.

지진에 대비해 건물을 짓는 방법은 내진, 제진, 면진 설계로 나뉜다.

내진은 견딜 내(耐)와 지진 진(震)이 합쳐진 말로 지진에 견딜 수 있도록 건물을 짓는 것을 말한다. 기둥이나 철근으로 건물의 구조물을 보강해 진동에 쉽게 붕괴하지 않는 튼튼한 건물을 짓는 것이다.

제진은 만들 제(制)와 지진 진(震)이 합쳐진 말로 지진을 만들어 지진의 피해를 막는 방법을 말한다. 진짜 지진이 아니라 건물 내부에 지진의 진동과 반대로 진동을 일으킬 수 있는 추나 공기 조절판과 같은 장치를 설치해 흔들림을 막는다. 그네를 흔들리는 방향과 반대 방향으로 밀면 그네가 멈추는 원리다.

면진은 피할 면(免)과 지진 진(震)이 합쳐진 말로 지진이 직접 건물에 전달되지 않도록 피하는 방법을 말한다. 건물의 지하와 지반 사이에 스프링이나 고무와 같이 진동을 흡수하는 물질을 넣어 지진 발생 시 충격을 줄인다. 우리나라 전통 가옥인 한옥도 면진 설계가 되어 있다. 기둥이 주춧돌 위에 올려져 있어 지진이 나면 주춧돌은 흔들려도 기둥과 지붕은 많이 흔들리지 않는다.

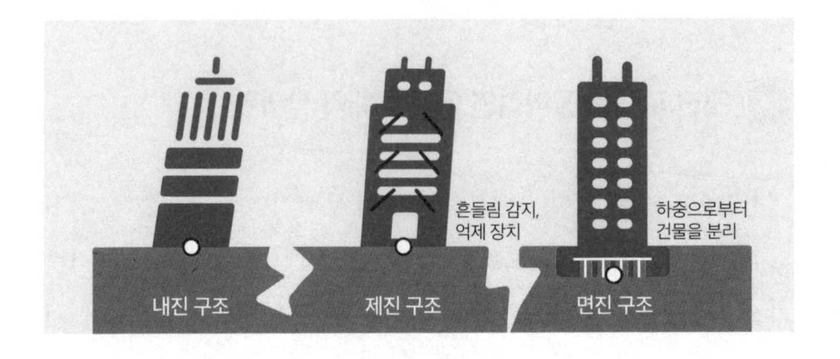

## 용어 정의

- **지진파:** 지진에 의해 발생한 진동이 사방으로 전달되는 것으로 P파와 S파가 있다. P파(primary wave)는 속도는 빠르지만 진동이 작아 피해가 크지 않다. 반면 S파(secondary wave)는 속도는 느리지만 진동이 크기 때문에 큰 피해를 줄 수 있다. 그래서 각국에서는 속도가 빠른 P파를 감지해 큰 피해를 주는 S파가 오기 전에 지진 발생 사실을 알리는 지진 조기 경보를 통해 지진의 피해를 줄이기 위해 노력하고 있다.
- **판 경계부 지진:** 판과 판이 만나는 지역에서 발생하는 지진을 말한다.
- **판 내부 지진:** 판 경계에서 멀리 떨어진 곳에서 발생하는 지진을 말한다. 우리나라는 판 내부에 해당한다.
- **단층:** 외부의 힘을 받은 지각이 두 개의 조각으로 끊어져 어긋난 지질 구조를 말한다. 단층의 종류로는 수평 방향으로 끌어당기는 힘으로 상반이 아래로 내려간 정단층, 미는 힘으로 상반이 위로 올라간 역단층 등이 있다.

## 참고 서적 및 자료

○ 『지구를 깨우는 화산과 지진』/최원석/ 아이앤북/2014년
○ 『미래를 읽다 과학이슈 11 시즌 5』/이은희 외/동아엠앤비/2017년
○ 『리히터가 들려주는 지진 이야기』/좌용주/자음과모음/2010년
○ 〈지진, 흔들리는 한반도〉/EBS 다큐
○ 기상청 날씨누리 https://www.weather.go.kr/

# 지진 개요서

### ••• 토론 논제

한반도는 지진 안전 지대인지 아니면 대지진 가능성을 안고 있는지 3가지 이상의 근거를 들어 과학적으로 분석하고, 원자력 발전소의 존폐 문제와 우리나라가 노력해야 할 해결 대안을 창의적으로 제시하시오.

〈2017년 인천 청람중·경기 죽전고, 2019년 충북 음성고 등〉

## 생각 적용하기

한반도가 지진 안전 지대인지 아닌지, 이에 따라 원자력 발전소를 유지해야 하는지 폐지해야 하는지 분석해 보자. 그리고 지진의 피해를 줄이기 위한 아이디어를 내 보자.

| 한반도의 지진 안전성 | 안전하다 | 대지진 가능성이 있다 |
|---|---|---|
| 근거 | | |
| 원전 유지 및 폐지 | 원전 유지 | 원전 폐지 |
| 근거 | | |
| 지진의 피해를 줄이기 위한 아이디어 | | |

논제 36

# 지진 해일

## 01 지진 해일이란 무엇일까?

지진 해일은 말 그대로 지진에 의해서 생기는 해일로 '쓰나미'라는 이름으로 더 잘 알려져 있다. 쓰나미는 '지진 해일'을 뜻하는 일본어로 해안을 뜻하는 일본어 '쓰(tsu)'와 파도의 '나미(nami)'가 합쳐져 '항구의 파도'라는 의미다.

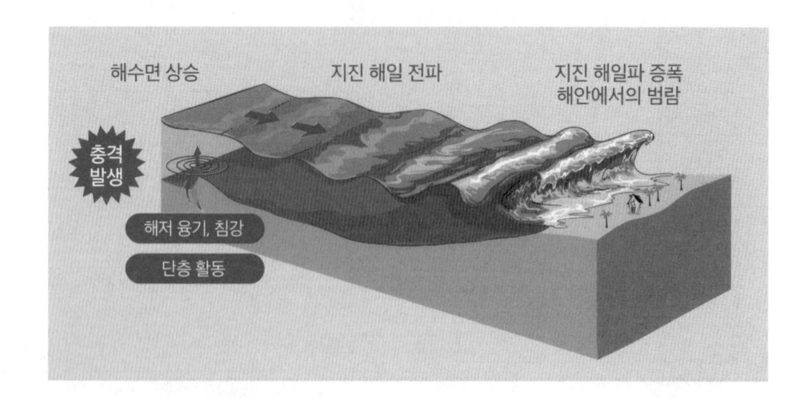

바다 깊은 곳에서 지진, 해저 화산 폭발 등으로 인한 지각 변동이 생기면 바닷물이 갑자기 상승하거나 하강하게 된다. 이때 생긴 파도의 높이는 깊은 바다에서는 수십 ㎝에 불과하지만, 해안 근처의 얕은 곳으로 올수록 급격하게 높아지게 된다. 수심이 얕아지면 마찰이 심해져서 점점 속도는 감소하지만, 총 에너지는 줄어들지 않아 파도의 높이가 수십 m에 달하는 해일로 변해 육지에 도착하는 것이다.

지진 해일은 주로 지진, 해저 화산 폭발, 단층 운동 같은 급격한 지각 변동으로 발생하지만, 빙하의 붕괴, 핵 실험, 운석 충돌 등도 원인이 된다.

## 02 지진 해일의 피해는 얼마나 클까?

2011년 3월 11일 오후 2시 46분, 일본 도호쿠 지방 인근 해역에서 리히터 규모 9.0의 지진이 일어났다. 9분 후 인근 지역 연안에는 최대 20m 높이의 지진 해일이 밀려왔다. 이 지진 해일로 해안 지역은 물에 잠겼고, 집들과 건물들이 떠내려갔다. 이로 인해 후쿠시마 원자력 발전소의 폭발 사고까지 발생했다. 지진 해일로 인해 원자력 발전소에 전기가 끊어져 냉각수 물 유입 펌프가 꺼졌기 때문이었다. 냉각수가 공급되지 않아 원자로의 내부 온도와 압력이 급상승해 원자로가 녹아내리면서 엄청난 양의 방사성 물질이 유출되었다. 2016년 일본 경찰청 집계 자료에 따르면 동일본 대지진의 사망자 수는 총 1만 5,894명, 실종자는 2,562명에 달한다. 이 중 90%는 지진 해일로 인한 익사자로 조사되었다.

이 밖에도 세계적으로 피해가 가장 컸던 지진 해일은 2004년 12월 26일 인도네시아의 수마트라섬 부근 인도양에서 규모 9.0의 강진에 의해 발생한 남아시아 지진 해일이다. 인도네시아 국가개발청 자료에 따르면 그 지진 해일로 인해 주변국 해안 지역에서 약 15만 7,000명이 사망한 것으로 조사되었다.

우리나라에서도 1900년대 이후 일본 해역에서 발생한 해저 지진의 영향으로 동해안에서 총 4차례 지진 해일이 발생했으며, 그중 1983년과 1993년에는 상당한 손해를 입기도 했다.

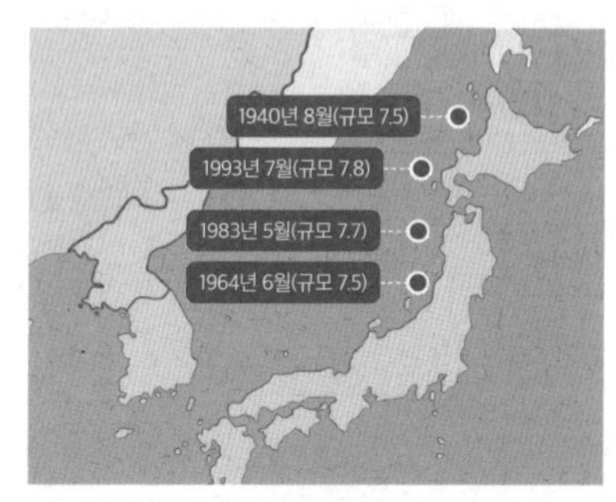


**일본 서쪽 바다에서 발생한 지진 해일이 우리나라에 영향을 끼친 사례**

출처: 기상청

**동해 지진 해일**

| 발생 시기 | 1983년 5월 26일 | 1993년 7월 12일 |
| --- | --- | --- |
| 규모 | 7.7 | 7.8 |
| 진앙 | 일본 혼슈 | 일본 홋카이도 |
| 최대 파고 | 묵호 200cm 이상 | 속초 276cm |
| 인명 피해 | 사망 1, 실종 2, 부상 2 | 없음 |
| 재산 피해(당시 금액) | 약 3억 7,000만 원 | 약 4억 원 |

출처: 기상청

## 03 지진 해일은 어디에서 많이 발생할까?

일반적으로 지진 해일은 규모 6.3 이상, 진원 깊이 80㎞ 이하의 얕은 바다에서 지진이 발생했을 때 주로 생긴다. 그렇다 보니 전 세계 지진의 80%가 발생하는 환태평양 지진대 인근에서 지진 해일도 주로 발생한다. 그 때문에 미국, 일본, 필리핀, 인도네시아, 칠레 등 태평양 주변국들이 지진 해일의 피해를 많이 입었다.

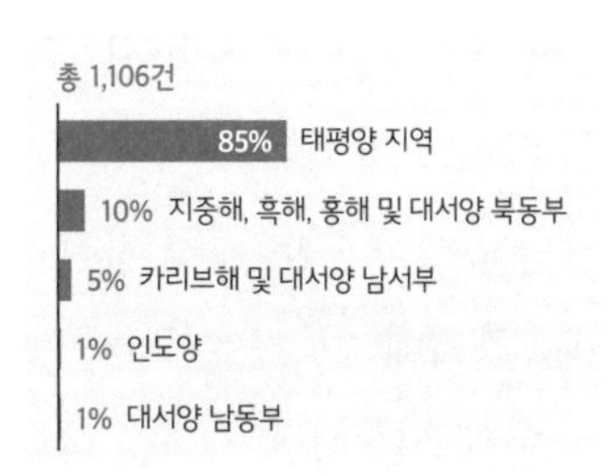

지진 해일 발생 지역

여러 태평양 국가 중 가장 발생 빈도가 높은 나라는 일본이다. 2011년 동일본 지진의 경우 발생 지진 규모가 9.0인 데다 진원 깊이가 24㎞에 불과해 지각 변동으로 방출된 힘이 바로 바닷물로 전달되어 해일의 크기가 컸던 것이다.

우리나라는 일본이 가로막고 있어서 먼 태평양에서 밀려오는 지진 해일로부터 비교적 안전한 편이다. 하지만 우리나라 삼면 가운데서는 동해가 수심이 깊고 지진이 자주 발생하는 일본에 인접해 있으므로 지진 해일의 발생 가능성이 전혀 없다고는 할 수 없다. 일반적으로 일본 서해안의 지진대에서 규모 7.0 이상인 지진이 보고되면 약 1시간에서 2시간 사이에 우리나라 동해안에도 지진 해일이 도달할 가능성이 있다. 1983년 5월 일본 아키타현 서쪽 해역에서 규모 7.7의 지진이 발생하자 울릉도에는 77분 후, 포항에는 112분 후에 지진 해일이 도착했다.

## 04 효과적인 지진 해일 대처 방법은 무엇일까?

현재 기술로는 지진이나 지진 해일을 막을 수 없으므로 가장 최선의 대처 방법은 정확하고 빠른 관측이다. 지진으로 인해 지진 해일이 발생하지만, 해저 지진이 모두 해일을 일으키는 것은 아니므로 예측하기에 어려움이 있다. 그래서 정확한 지진 해일 관측을 위해 지진 관측과 함께 가까운 바닷물의 높이 변화를 측정하는 검조기와 먼바다에서 바닷물의 부피가 증가하는 것을 조사하는 심해 지진 해일 감지 시스템(DART)을 함께 운영하고 있다.

기상청에 따르면 한반도는 주변 지역 등에서 규모 7.0 이상의 해저 지진으로 해일 발생이 우려될 때는 지진 해일 주의보가, 규모 7.5 이상의 해저 지진이 발생했을 때는 지진 해일 경보가 발령된다.

지진 해일이 발생하기 직전에는 물 빠짐 현상이 종종 발생하므로 급작스러운 물 빠짐 현상이 발생하면 빨리 대피해야 한다. 2004년 남아시아 지진 당시 태국 푸껫 해변에서 놀고 있었던 10살의 탈리 스미스는 갑작스러운 물 빠짐 현상을 보고 학교에서 배운 지진 해일 동영상을 떠올린 후 부모에게 알려 근처 사람들을 대피시켰다. 덕분에 탈리가 놀던 해변에서는 사망자나 중상자가 나오지 않았다.

지진이 발생하면 신속하게 높은 지대로 대피하고, 피할 시간이 없다면 주변에 있는 튼튼한 건물의 3층 이상으로 대피한다. 선박의 경우 바다에서 지진 해일 경보가 발효되었을 때 수심 400m 이상이면 배에 있는 것이 더 안전하므로 항구로 돌아와서는 안 된다.

## 용어 정의

- **융기:** 자연적인 원인으로 일정 지역의 땅이 주변 땅보다 높아지는 현상을 말한다. 지각의 융기 현상이 있었다는 증거 중 하나는 높은 산 위에서 해저에서 생성된 퇴적암과 바다 생물 화석 등이 발견된다는 것이다. 히말라야·알프스·로키·안데스 산맥은 모두 융기로 생긴 것으로 알려져 있다.
- **침강:** 외부의 자연적인 힘으로 일정 지역의 땅이 주변보다 낮아지는 현상을 말한다. 침강 현상이 있었다는 증거 중 하나는 과거 삼림이었던 곳이 가라앉아 해저 삼림이 되는 것이다. 우리나라 서해안의 복잡한 해안선도 산이 침강 현상을 통해 이루어진 것이다. 그리고 산은 가라앉아 섬이 되었다.
- **파고:** 물결의 높이를 말한다. 동일본 대지진 당시 후쿠시마 원전의 방파제를 넘어온 쓰나미의 파고는 18m였다.
- **검조기:** 밀물과 썰물에 의한 바닷물의 높낮이를 관측하는 장치를 말한다. 해안에 우물을 파고 바닷물을 끌어들여 부표(浮標)를 띄우고, 부표가 위아래로 움직이는 것을 관찰해 파도의 움직임을 기록하도록 한 것이다.

## 참고 서적 및 자료


○ 『지진 해일의 이해』/국립기상연구소/2009년

○ 『그것이 알고 싶다 '지진 해일'』/기상청/2010년

○ 기상청 날씨누리 https://www.weather.go.kr/

○ 국립재난안전연구원 https://www.ndmi.go.kr/

# 지진 해일 개요서

**●●● 토론 논제**

최근 지진과 지진 해일로 인해 전 세계적으로 많은 피해가 발생하고 있다. 우리나라에서도 5.0 이상의 지진이 발생하고 있어 더 이상 지진의 안전 지대로 볼 수 없다. 지진·지진 해일과 관련한 국내외 대비 현황을 조사하고, 이에 효과적으로 대응할 수 있는 대책을 탐구하시오.

〈2017년 거제 중앙중, 2018년 강원 북원여고 등〉

## 생각 적용하기

| 지진 해일과 관련한 국내외 대비 현황을 조사하고, 효과적인 대응 방안을 고민해 보자. | | |
|---|---|---|
| 국내외 대비 현황 | | |
| 장·단점 | | |
| 대응 방안 | | |
| 내가 생각한 아이디어 | | |

# 논제 37
# 적정 기술

## 01 적정 기술이란 무엇일까?

국제 투자 은행 크레디트 스위스(Credit Suisse)가 발간한 '2019년 글로벌 자산 보고서'에 따르면 전체의 0.9%가 전 세계 부의 44%를 보유하고 있으며, 하위 90%가 보유한 자산은 전체의 18%에 불과했다.

하위 90%는 부를 소유한 10%의 사람들과 구분해서 소외된 90%라고 부른다. 이 중에서도 연간 3,000달러(1일 8달러) 미만으로 생활하는 경제적 빈곤층은 경제-인구 피라미드의 하부에 해당하는 계층이

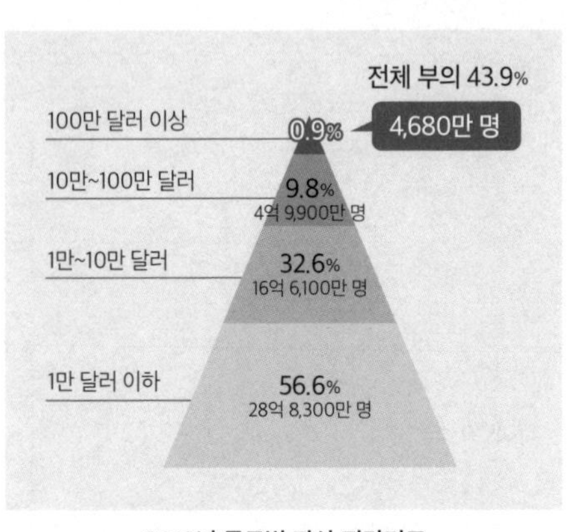


**2019년 글로벌 자산 피라미드**
출처: 2019년 글로벌 자산 보고서(크레디트 스위스)

라서 BOP(Bottom Of Pyramid)라 부르기도 한다.

인간에게 편리함과 유익함을 주기 위해 만들어진 과학 기술과 산업은 경제력을 가진 10%를 위해서 주로 작용하고, 나머지 90%는 과학 기술의 혜택으로부터 소외되고 있다. 적정 기술은 이러한 소외 계층의 삶을 개선하기 위한 기술을 말한다.

적정 기술이라는 개념은 1960년대 영국의 경제학자 슈마허가 만들어 낸 '중간 기술(intermediate technology)'이라는 용어에서 시작되었다. 당시 슈마허는 선진국과 제3세계의 빈부 양극화 문제에 대해 고민하던 중 첨단 기술보다 그 나라, 그 지역의 문제를 해결할 수 있는 중간 규모의 기술이 필요하다고 주장했다. 그 뒤 '중간'이라는 용어가 첨단 기술보다 열등하다는 느낌을 줄 수 있다는 이유로 적정 기술로 이름을 바꿔 정의하고 있다. 적정 기술의 종류도 간단한 원조 중심의 기술에서 사업화까지 가능한 다양한 분야로 확대되고 있다.

| | 적정 기술 1.0(1960년대 슈마허) | 적정 기술 2.0 |
|---|---|---|
| 기술 수준 | 현지 공급 가능한 재료 중심의 간단한 기술 | 중·고급 기술 및 신기술 적용 |
| 가격 | 무료(원조) 혹은 매우 저렴 | 지급 능력에 따라 다양화 |
| 수요자와 공급자의 관계 | 일방적, 수직적 | 수평적(현지 공동 개발) |
| 유지 및 관리 | 현지인 중심 | 현지 대학, 연구소 및 외부인도 가능 |
| 사업화 | 단기적 원조 중심 | 지속 가능한 현지 비즈니스 모델 개발 |

출처: 국경 없는 과학기술자회

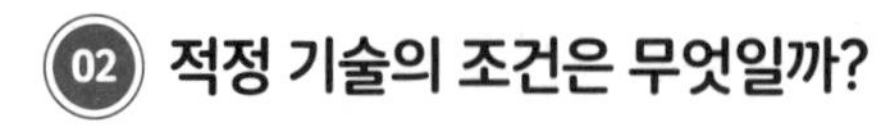

## 02 적정 기술의 조건은 무엇일까?

적정 기술이 되기 위해서는 다양한 조건들이 필요하다. 적정 기술이 성공하기 위한 기준으로 꼽는 여러 가지 요인 중에 대표적인 6가지의 조건을 살펴보자.

| 조건 | 내용 |
|---|---|
| 지속 가능성 | 지역 문화와 환경, 경제 상황 등에 적합해 오랜 시간 동안 꾸준히 그 지역에서 사용될 수 있어야 한다. |
| 접근성 | 그 지역에서 쉽게 구할 수 있는 재료와 생산 가능한 기술을 사용하고, 지역 사회에서 제작, 판매, 유통이 이루어져야 한다. |
| 효율성 | 에너지가 적게 들도록 필요 없는 기능을 없애고 꼭 필요한 역할만 수행해 가격을 낮출 수 있어야 한다. |
| 편의성 | 간단한 구조로 사용과 유지 보수 방법이 단순하며 이해하기 쉽고 오래 쓸 수 있어야 한다. |
| 가격 적정성 | 값은 싸고 투자 비용보다 수익이 커야 한다. |
| 필요성 | 현지에서 필요로 하는 제품인지 살펴야 한다. |

출처: 『청소년과 함께하는 나눔과 배려의 적정 기술』(허원북스)

## 03 성공한 적정 기술은 무엇일까?

적정 기술의 대표적인 성공 사례로 꼽히는 것은 리터 오브 라이트(Liter of light)다. 브라질의 자동차 정비 회사에서 일하던 알프레드 모서는 전기 부족으로 정전이 자주 발생하자 천장에 구멍을 뚫어 햇빛이 작업실로 들어오게 했다. 빛의 직진하는 성질 때문에 구멍 아래만 밝아지자 플라스틱 페트병에 물을 채워 천장의 구멍에 끼웠다.

직진하던 햇빛이 물 분자에 부딪히면서 사방으로 분산되어 전구 역할을 하도록 만든 것이다. 페트병에서 나온 빛은 40~60W 정도로 가정에서 사용하는 일반 백열전구 수준(60W)과 비슷한 밝기다.

페트병에 몇 방울의 표백제를 함께 넣는 것은 장시간 사용했을 때 물에 이끼가 발생해 햇빛이 분산되는 것을 방해하는 것을 막기 위해서다. 또 흰색 가루 형태의 표백제 입자가 햇빛의 산란이 더욱 활발하게 일어나도록 만든다. 이렇게 만든 리터 오브 라이트는 전기 요금이 발생하지 않아 보급이 쉽고 누구나 쉽게 따라 할 수 있으며, 한 번 설치하면 2년 정도 사용할 수 있는 장점 때문에 전기의 혜택을 누리기 힘든 지역에서 많이 사용하고 있다.

최근에는 태양광 패널을 페트병 위에 설치해서 낮에 생산된 전기를 배터리에 저장한 뒤 낮에는 햇빛을 이용하고 어두워지면 LED 램프에 불을 들어오게 만드는 2세대 리터 오브 라이트로 발전했다.

출처: 위키미디어

## 04 실패한 적정 기술은 무엇일까?

적정 기술의 대표적인 실패 사례로 꼽히는 것이 플레이 펌프(Play Pump)다. 플레이 펌프는 바퀴 놀이기구와 수동식 펌프를 결합한 장치로 놀이기구를 돌려 지하의 물을 끌어 올린 뒤 물탱크에 저장하는 기구다.

출처: http://www.pbs.org

초반에는 획기적인 아이디어로 꼽혔지만, 효율성이 떨어져 갈수록 사람들에게 외면을 받게 되었다. 처음에는 플레이 펌프에서 노는 아이들이 많았지만, 흥미가 사라진 아이들이 이용하지 않으면서 물이 필요한 사람들이 직접 돌려야 했다. 기존에 사용하던 손 펌프로는 20L의 물을 끌어 올리는 데 28초가 걸리지만, 플레이 펌프는 3분 7초가 걸린다. 손 펌프는 플레이 펌프보다 효율은 6배 높지만, 가격은 4분의 1에 불과했다. 플레이 펌프는 외부 원조로 설치되었지만, 지역 주민들의 기술로 만들 수 없고 유지보수도 할 수 없었다. 그래서 고장 난 플레이 펌프는 방치되었고, 결국은 보급이 중단되었다.

## 05 적정 기술의 종류에는 어떤 것이 있을까?

| | |
|---|---|
| 라이프 스트로 | 정수 기능이 있는 빨대다. 한 사람이 1년간 먹기 충분한 용량인 700L의 물을 정수할 수 있으며, 세균과 바이러스 및 오염 물질을 제거할 수 있다. |
| 와카 워터 | 낮과 밤의 기온 차가 커지면 이슬이 맺히는 것과 같은 원리다. 식물의 줄기를 엮어 틀을 만들고, 이슬이 잘 달라붙도록 촘촘한 나일론 소재의 그물을 달아 물이 맺히게 해 하루 95L 정도의 물을 얻을 수 있다. |
| 소켓 볼 | 축구공 형태로 공을 차고 놀면 충격 에너지를 전기로 변환해 내부에 축적한다. 30분만 가지고 놀아도 3시간 동안 LED 램프의 불을 켤 수 있는 전기 에너지를 생성한다. |
| 팟인팟 쿨러 | 큰 항아리 속에 작은 항아리를 넣고, 그 사이를 계속 젖은 모래로 분리하는 것이다. 모래에 있는 수증기가 증발하면서 안에 있는 항아리의 냉각 효과가 발생해 음식을 신선하게 보관할 수 있다. |
| 지세이버 | 대한민국 적정 기술 1호다. 추위와 공기 오염으로 어려움을 겪는 몽골에서 천막 주택 난로의 효율을 높이는 장치로 온돌과 같이 난로 중간에 돌을 집어넣으면 돌이 열을 흡수하기 때문에 오랫동안 보온이 된다. |
| 머니 메이커 펌프 | 발로 페달을 밟아서 그 힘으로 지하의 물을 지상으로 끌어 올린 뒤 밭 여기저기로 물을 뿌려 주는 펌프다. 식수보다는 농업 용수를 확보하기 위해 사용된다. |
| 큐드럼 | 가운데 구멍에 끈을 끼워 운반하기 편하게 만든 원통형 물통이다. 한번에 50L의 물을 운반할 수 있고, 물을 흘릴 염려가 없어 힘이 약한 아이들도 쉽게 굴려 운반할 수 있다. |
| 액체 안경 | 안경테 옆에 주사기를 달고, 주사기 안에 밀도가 일정한 실리콘 오일을 넣어 시력을 맞추는 안경이다. 시야가 선명해질 때까지 실리콘 오일의 투입량을 조절하면 누구나 본인 시력에 맞는 안경을 쓸 수 있다. |

## 용어 정의

- **BOP**(Bottom Of Pyramid): 소득 피라미드의 최하위 계층을 지칭하는 경제 용어다. 소득 계층의 최하위에 있는 연간 소득 3,000달러 미만의 저소득층을 뜻한다. 미국 루스벨트 대통령이 1932년 4월 7일 라디오 연설에서 처음 사용했다.
- **제3세계**: 냉전 시대에 미국을 중심으로 하는 서구 선진국을 제1세계, 소련을 중심으로 하는 동구 공산권을 제2세계, 어느 쪽에도 가담하지 않은 국가들을 제3세계라고 부른다. 여기에 속한 국가들이 대부분 개발 도상국이었기 때문에 냉전 체제가 사라진 현재에는 개발 도상국의 의미로 사용된다.
- **빛의 직진**: 같은 물질이나 진공 속을 진행할 때 햇빛이 직선으로 곧게 나아가는 현상을 말한다.
- **빛의 산란**: 빛이 작은 입자와 충돌해 여러 방향으로 흩어지는 현상을 말한다.

## 참고 서적 및 자료

○ 『청소년과 함께하는 나눔과 배려의 적정 기술』/김찬중/허원북스/2017년
○ 『적정 기술, 모두를 위해 지속 가능해질까?(세상에 대하여 우리가 더 잘 알아야 할 교양 25)』/섬광/내인생의책/2013년
○ 『세상을 바꾸는 생각들 – 적정 기술』/한국산업기술진흥원/2013년
○ 사단법인 국경 없는 과학기술자회 http://www.sewb.org/
○ 사단법인 나눔과 기술 http://www.stiweb.org/

## 적정 기술 개요서

**●●● 토론 논제**

후진국에서는 많은 사람이 삶에 어려움을 느낀다. 이에 인간의 삶을 궁극적으로 향상시킬 수 있는 '적정 기술'을 적용한 많은 발명과 과학 지원이 이루어지고 있다. 후진국에서 인간으로서 고통받고 있는 부분을 찾아보고, 적정 기술을 활용한 기구(도구)를 제안하시오.

〈2017년 경기 운정고 등〉

## 생각 적용하기

| 후진국의 어려움을 덜어 줄 수 있는 적정 기술 아이디어로는 무엇이 있을까? | | |
|---|---|---|
| 후진국의 어려움 | | |
| 구체적인 상황 | | |
| 해결 방안 | | |
| 내가 생각한 아이디어 | | |

## 01 소음이란 무엇일까?

소리는 파동이다. 여러 가지 물질을 통해서 전달된 파동이 최종적으로 공기를 통해 우리 귓속으로 들어와 소리를 듣는 기관을 자극하면 소리를 듣게 된다. 소리가 시끄럽거나 불쾌감을 주는 정도를 넘어섰을 때 소음이라고 정의할 수 있다. 소리의 세기를 나타내는 단위는 데시벨(dB)이다. 정상적인 귀로 들을 수 있는 최소한의 소리인 0dB을 기준으로 수치가 낮을수록 조용하다. 국가소음정보시스템이 제공한 사례별 소음의 크기를 살펴보자.

| 소리의 종류 | 데시벨(dB) | 사람들의 반응 |
|---|---|---|
| 숲속의 소리 | 10 | 잘 들리지 않는다. |
| 일상 대화 | 50 | 평소처럼 느낀다. |
| 쉬는 시간 교실 | 70 | 시끄럽게 느낀다. |
| 차가 많이 다니는 도로 | 80 | 귀가 아프다고 느낀다. |
| 공사장 소리, 기차 소리 | 100 | 참기 힘들어 고통을 호소한다. |

보통 주간은 43~48dB, 야간은 38~40dB까지 소음으로 분류되는데, 1분에서 5분 사이 평균 소음을 뜻한다. 하지만 보통 생활 소음은 50~60dB까지 존재한다. 그런데 60dB을 넘어서 70dB이 되면 굉장한 스트레스와 심각한 사고의 원인이 될 수 있다.

## 02 소음은 생태계에 어떤 영향을 미칠까?

환경 관련 민원의 60%를 차지하고 있는 소음이 생태계에 어떤 영향을 미치는지 알아보자.

### ▮ 인체에 미치는 영향

보이지 않는 살인마라고 불리는 소음은 일상생활에서 가장 많이 느끼는 공해 문제다. 소음의 세기, 소음에 노출된 시간과 횟수, 소음의 주파수, 개인의 감수성 등에 따라 차이가 있지만, 불안, 초조, 신경 장애, 불면증, 식욕 감퇴, 정서 불안, 아이들의 독해 능력 및 인지 기억 발달 장애, 고혈압, 허혈성 심장 질환, 이명, 청각 손실 등의 건강 장애를 초래한다.

출처: 한국산업안전공단

### ▮ 동물에게 미치는 영향

소음 공해는 소리에 민감한 동물들에게 더 심각한 영향을 끼친다. 경남의 한 애견 훈련원에서 훈련견들이 이상 행동을 보이기 시작했다. 불안한 듯 같은 장소를 맴돌고, 심지어는 새끼를 물어 죽이기까지 했다. 인근 철도 공사장 소음이 그 원인이었다. 또 한우 농가에서는 소음 때문에 스트레스를 받아 걷지 못하는 기형 소가 태어났으며, 심지어 송아지를 낳지 못하는 어미 소가 생기기도 했다. 이렇게 건강을 잃은 소들이 생활하는 현장의 소음을 측정해 보니 일반적인 가축 사육장의 기준치보다 훨씬 높은 70dB을 웃돌았다. 이뿐만이 아니다. 소음으로 인해 관상어인 구피가 대량으로 폐사한 사건이 발생했다. 당시 구피가 들어 있던 물속 수조의 소음도는 140dB 이상으로 최대 180dB까지 측정되었다. 심지어 겨울잠을 자야 이듬해 알도 잘 낳고 벌꿀도 많이 만들 수 있는 꿀벌은 공사판에서 들리는 소음과 진동으로 인해 떼죽음을 당하기도 했다. 이렇게 우리 주변의 동물들은 소음으로 인해 건강과 생명을 잃어 가고 있다.

### ▮ 식물에게 미치는 영향

동물과 달리 귀가 따로 없는 식물은 온몸으로 소리를 듣는다. 소리가 식물의 가장 바깥에 있는 세포벽에 전달되면 그 진동이 세포벽 안쪽에 있는 세포질에 전해져 소리를 느낀다. 시끄러운 소리에 노출된 과일나무는 스트레스를 받아 열매를 맺지 못한다. 예민한 춘란의 경우도 철도 공사장의 진동 때문에 무더기로 죽었다.

## 03 소음의 종류에는 어떤 것이 있을까?

소음은 발생 장소에 따라 크게 생활 소음과 교통 소음으로 나눌 수 있는데, 가장 큰 비중을 차지하는 것이 생활 소음이다.

### ▮생활 소음

#### ① 층간 소음

경제 개발로 도시화 및 핵가족화 등이 급속하게 진행됨에 따라 1980년대 말부터 공동 주택이 본격적으로 보급되었고, 현재는 국민 3명 중 2명이 공동 주택에서 거주하고 있다. 그러나 공동 주택의 특성상 다수의 세대가 한 겹의 콘크리트 벽과 바닥을 사이에 두고 생활하고 있어 층간 소음은 불가피하다. 특히 콘크리트 바닥에 가해지는 충격으로 발생하는 바닥 충격음은 이웃과의 다툼을 유발하고 있다. 환경부 조사에 따르면 층간 소음은 공동 주택 중 아파트(79%)에서 주로 발생했다.

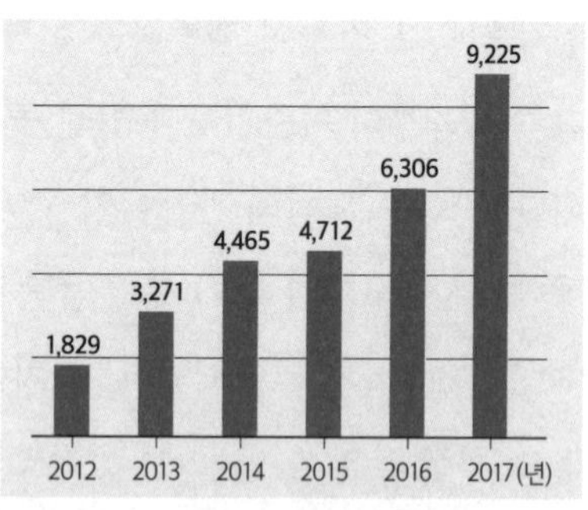


**공동 주택 층간 소음 발생 현황**(단위: 건)

출처: 국가소음정보시스템 이웃사이센터

층간 소음 발생의 주요 유형은 아이들이 뛰는 소리 73%, 망치질 소리 4.7% 등 주민 생활 소음과 화장실 배수음, 문소리 등 기타 구조적 문제로 발생하는 소음으로 조사되었다.

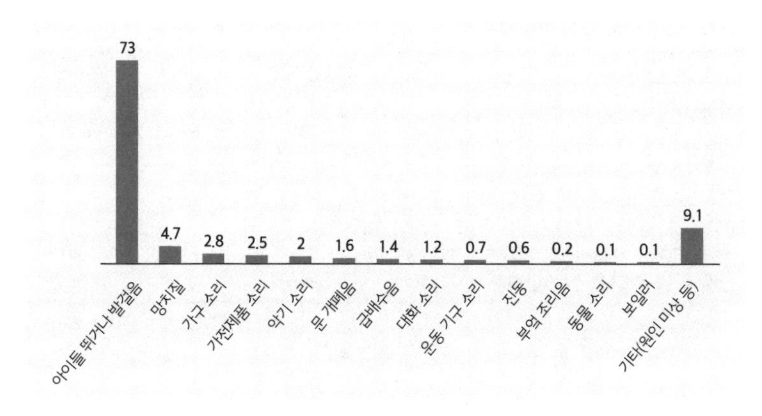


**층간 소음 발생 유형**(단위: %)

출처:『공동 주택 층간 소음 갈등 해결 지원 제도』(환경부)

### ② 공사장 소음

서울시와 25개 자치구에 따르면 2018년에 접수된 소음 분야 생활 민원은 5만 1,288건으로 집계되었다. 이 중 공사장 소음 민원 건수는 4만 2,407건으로 전체의 82.7%를 차지했다. 서울시의 경우 재개발·재건축이 줄어들고 연면적 600㎡(5층) 이하의 소규모 다가구 주택 신축이 늘어남에 따라 주거 지역과 인접한 곳에서 공사를 진행해 소음 등을 발생시키고 있다. 또 인구의 도시 집중화 현상으로 교통 시설을 확충하기 위한 지하 터널 공사도 소음에 한몫하고 있다. 이로 인해 공사 현장 가까이에 사는 사람들은 밤에 숙면을 취하지 못해 불만을 토로하고 있다. 현행 소음·진동 관리법상 공사장의 소음 규제 기준은 주거 지역의 경우 주간(오전 7시~오후 6시) 65dB, 야간(오후 10시~오전 5시) 50dB을 넘으면 안 된다. 하지만 이 규제 기준을 지키기는 쉽지 않다.

**공사장 소음 배상 결정 현황**(단위: 건)

| 구분 | 계 | 2015년 | 2016년 | 2017년 | 2018년 | 2019년 |
|---|---|---|---|---|---|---|
| 개최 건수 | 277 | 59 | 45 | 31 | 62 | 80 |
| 배상 결정 | 156 | 34 | 27 | 24 | 33 | 41 |
| 배상 금액 | 10억 1,192만 2,000원 | 1억 2,407만 5,000원 | 1억 7,330만 2,000원 | 2억 3,389만 1,000원 | 3억 5,262만 1,000원 | 1억 2,803만 3,000원 |

출처: 『기후환경본부 환경정책과 보도자료』

서울시의 경우 공사장 소음으로 인한 다툼을 조정하는 건수가 꾸준히 늘어 2019년도에는 총 80회의 위원회가 개최되었다.

### ❙ 교통 소음

교통 소음은 자동차, 기차 등이 배출원이고, 발생 소음도가 매우 클 뿐만 아니라 그 피해 지역도 광범위하다. 특히 자동차 도로망이 확장되고 차량 보유 대수가 급격히 증가하고 있어 대도시 소음원으로써 가장 중요한 위치를 차지하고 있다.

## 04 소음을 줄이기 위한 과학 기술에는 어떤 것이 있을까?

### ❙ 층간 소음 능동 제어 기술

한국기계연구원이 공작 기계 정밀 가공 시 적용하는 진동 저감 기술을 층간 소음에 접목시켜 소음을 줄일 수 있는 능동 제어 기술을 개발했다. 이 기술은 유체의 흐름을 제어해서 진동의 크기에 따라 스프링 역할을 해 주는 원리다. 저주파 진동이 발생하면 센서가 진동 크기를 감지해 자기력을 이용한 유연 진동 저감 장치를 작동하도록 하는 것이다. 또 공작 기계 절삭 가공 시 발생하는 진동을 가공 속도를 낮추지 않고도 자율 보정하는 기술을 적용해 층간 소음을 최대 30% 줄였다. 이를 이용하면 10% 선에 불과했던 기존 층간 소음 저감 기술보다 3배 이상의 효과를 볼 수 있다.

### ▮메타 물질 흡차음재

이웃 간의 갈등을 유발하는 층간 소음의 원인은 70%가 저주파로 인한 것이다. 저주파 소음이란 아이들이 바닥에서 쿵쿵 뛰는 소리, 남자 발소리, 변압기 소리 등으로 진동수가 50~100Hz(헤르츠)인 소리다. 저주파의 경우 흡음재나 차음재를 설치해도 소음 저감에 큰 효과가 없다. 이런 저주파 소음을 막기 위해 새로운 기술이 개발되었다. 바로 '메타 물질 흡차음재'다. 다가구 주택의 위층과 아래층 사이에는 약간의 공간이 있다. 이 공간에 메타 물질 흡차음재를 사용하면 소음을 효과적으로 줄여 방음할 수 있다.

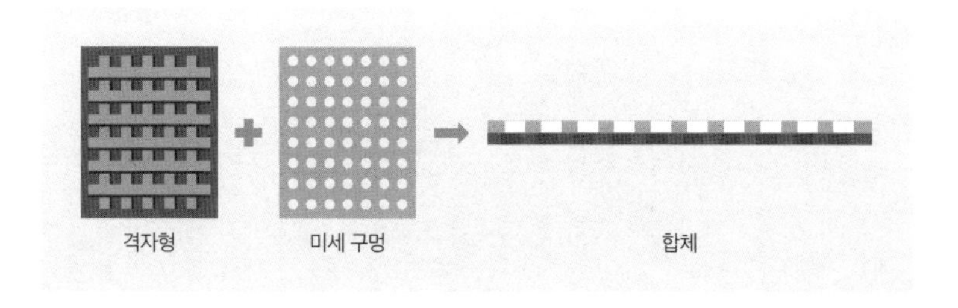

**Ⅰ소음 제거기 소노(Sono)**

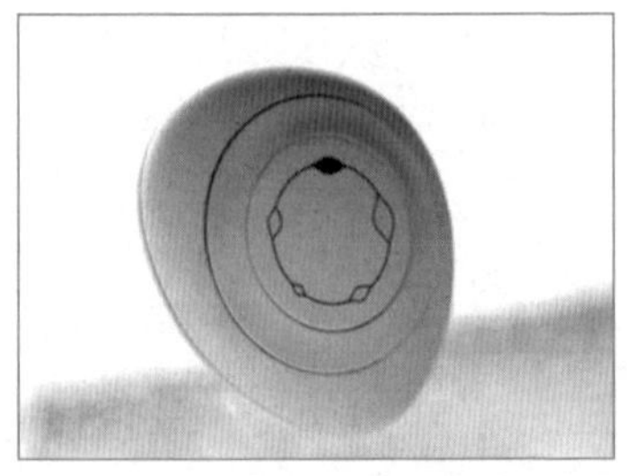
출처: 유튜브, 소음 제거기(소노)

'소노'라는 장치를 창문에 붙이면 밖에서 들어오는 시끄러운 소리를 좋은 소리로 바꿀 수 있다. 창문에 붙인 소노는 밖에서 들어오는 소리를 수집해서 종류별로 나누어 분석한다. 그런 다음 소리와 파동의 형태는 똑같지만 반대로 진행되는 파장을 내보내 듣기 싫은 소리는 없애고 원하는 소리만 듣게 해 준다. 만약 이웃집의 개 짖는 소리가 귀에 거슬린다면 소노를 창문에 붙여 아름다운 새소리로 바꿀 수 있다.

## 용어 정의

- **데시벨**(dB): 소리의 세기를 나타내는 단위다. 소리의 크기는 기준 음을 정하고, 그에 비해 얼마나 큰지에 따라 정한다. 정상적인 귀로 들을 수 있는 가장 작은 소리를 0dB로 정하고, 소리의 세기가 10배씩 세질 때마다 10dB씩 증가한다.
- **도시 소음**: 도시 주민을 괴롭히는 소음을 말한다. 자동차 소음, 공장 소음, 건설 공사 소음, 확성기 소음 외에 피아노, 에어컨, 오토바이 발진음 등이 이에 해당된다.
- **방음**: 소음 방지를 목적으로 소음을 유발하는 기기나 장치 등을 에워싸서 소리를 흡수해 음의 전파를 차단하거나 약하게 하는 것을 말한다.

## 참고 서적 및 자료

○ 『공동 주택 층간 소음 갈등 해결 지원 제도』/ 환경부

○ 『기후환경본부 환경정책과 보도자료』/ 2020년 2월 27일

○ 『환경 용어 사전』/ 환경부

○ 〈층간 소음 과학 기술 개발한 김동훈 박사〉/ YTN 사이언스

○ 국가소음정보시스템 www.noiseinfo.or.kr/

## 소음 공해 개요서

●●● 토론 논제

현대인의 건강에 악영향을 끼치는 소음 공해는 '배려'와 '이해' 등 도덕성 결여가 원인인지 아니면 기술 발달의 불가피한 결과인지 소음 공해의 주요 원인을 분석하고, 이러한 소음 공해를 해결할 수 있는 방안을 과학적이고 창의적으로 제시하시오.

〈2018년 경기 오금초 등〉

## 생각 적용하기

소음 공해는 도덕성 결여가 원인인지 아니면 기술 발달의 불가피한 결과인지 분석하고, 소음 공해 해결을 위한 아이디어를 내 보자.

| 구분 | 도덕성 결여/기술 발달의 불가피한 결과 | |
|---|---|---|
| 소음 공해의 주요 원인 | | |
| 해결 방안 | | |
| 내가 생각한 아이디어 | | |

# 논제 39
# 빛과 광기술

## 01 ‘세계 빛의 해’는 왜 만들어졌을까?

국제연합과 유네스코는 ‘빛이 인류의 삶에 미친 영향과 광학 및 광응용 기술의 중요성을 알리기 위해 2015년을 ‘세계 빛의 해’로 지정했다. ‘세계 빛의 해(IYL)’는 ‘세계 빛과 광기술의 해(International Year of Light and Light-based Technologies)’의 줄임말이다.

특히 2015년은 이슬람의 과학자 이븐 알하이삼이 ‘빛은 물체로부터 나온다’는 주장을 담은 『광학의 서』를 펴낸 지 1,000년, 프랑스의 물리학자 오귀스탱 장 프레넬이 ‘빛이 파동’임을 발견한 지 200년, 미국의 물리학자 알베르트 아인슈타인이 일반 상대성 이론을 발표한 지 100년이 되는 해여서 빛과 관련해 의미가 있다.

## 02 빛이 중요한 이유는 무엇일까?

빛은 우리 생활에서 매우 중요하다. 우리는 태양 빛으로부터 많은 양의 에너지를 얻는다. 식물도 빛을 통해 광합성을 하며 생명을 유지한다. 우리가 경치를 보는 것도 결국 빛을 보는 것이다. 사람은 오감을 가지고 있지만, 시각으로 들어오는 정보가 대략 70~80% 정도 된다. 우리는 많은 정보를 빛을 통해 얻고 있다. 그러나 빛이 중요한 이유는 이뿐만이 아니다. 인간의 활동 시간을 늘려 준 각종 조명 기술, 정보 획득의 주된 수단이 된 각종 3D 디스플레이, 정보 전달의 핵심 수단인 광통신 등 현대 문명 사회를 받쳐 주고 있는 많은 기술이 모두 빛을 매개로 구현되고 있다.

## 03 빛이란 무엇일까?

빛은 간단히 말하면 전자기파의 한 종류이며, 서로 직각을 이루고 있는 전기장과 자기장의 방향에 따라 이동한다. 영국의 물리학자 패러데이의 법칙에 의하면 자기장이 변하면 그 주위에 전기장이 생긴다. 그러나 영국의 물리학자 맥스웰은 그 반대로 전기장이 변하면 자기장이 생긴다는 것을 밝혀냈다. 즉 공기 중이나 진공에서 전기장과 자기장의 변화 패턴이 생기면 전기장의 변화는 자기장을 만들고 자기장의 변화는 전기장을 만든다. 이것이 물리고 물려서 전파되어 나가는 것이 전자기파다. 전자기파의 속력은 결국 빛의 속력인 것이다.

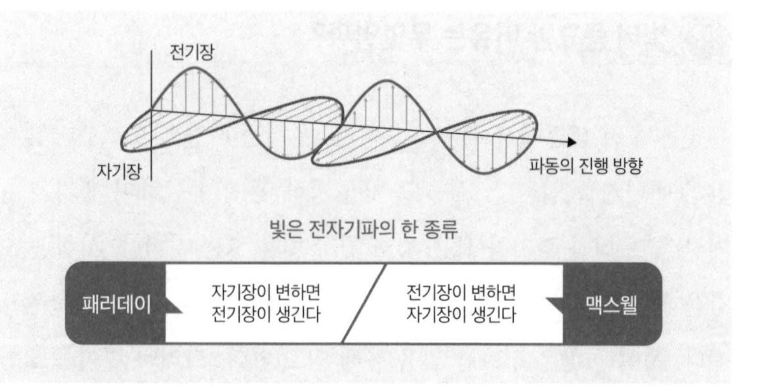

빛은 전자기파의 한 종류

전자기파의 파동이 움직일 때 파동의 산에서 산까지의 거리를 파장이라고 한다. 1초 동안 몇 개의 파동이 지나갔는지를 나타내는 것이 주파수다. 그래서 빛은 전자기파의 한 종류인 것이다. 하지만 빛은 입자의 성질도 가지고 있다. 입자의 성질을 광자라고 한다. 광자란 전자기파의 형태로 방출되는 에너지를 뜻하며, 운동량을 가지고 있어 마치 구슬이 날아가는 것처럼 에너지 덩어리로 날아간다. 그래서 전자기파는 파장이나 주파수에 따라서 종류가 아주 다양하다. 방송에 사용되는 전자기파도 있고 엑스레이(X-ray)도 있다. 독일의 물리학자 빌헬름 뢴트겐이 처음 엑스레이를 발견했을 때는 그것이 뭔지 몰라서 수학에서 미지의 수를 뜻하는 X를 붙여서 엑스레이라고 불렀다. 빛은 이런 전자파(전자기파) 중에서 사람의 눈이 반응하는 전자기파다. 이것의 파장은 약 400~700nm(나노미터) 정도의 범위에 속한다. 400~700nm의 파장을 가지는

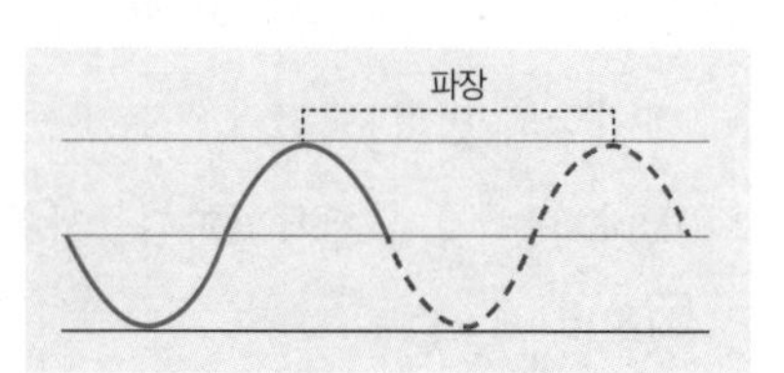

전자파가 사람의 눈에 빨주노초파남보로 보이는 것이다. 그것이 가시광선이다.

사람 눈에는 안 보여도 가시광선보다 파장이 긴 적외선이나 가시광선보다 파장이 짧은 자외선도 다 빛이라고 부른다. 빛의 대표적인 성질은 한 초점에 모으기가 어렵다는 것이다. 자기장이 진동하면 전기장이 생기고, 전기장이 진동하면 자기장이 생긴다. 그래서 한 점에서 빛이 모이면 그곳에서 전기장이나 자기장이 진동하기 때문에 그 주변에 파동이 생겨서 한 점에 모을 수는 없다.

그렇다면 빛은 얼마나 작게 모을 수 있을까? 대략적으로 파장의 반 정도가 물리적인 한계다. 그런데 빛을 작게 모으는 것이 왜 중요할까? 그것은 광정보 저장 장치, 예를 들어 CD나 DVD, 블루레이 등을 만들 때 얼마나 작게 빛을 모을 수 있느냐가 얼마나 좁은 간격으로 정보를 저장할 수 있느냐를 결정하기 때문이다. 또 광학 현미경을 볼 때 현미경의 해상도가 얼마나 빛을 작게 모을 수 있느냐로 결정된다.

## 04 빛은 어떻게 활용되고 있을까?

### ▌광산업의 정의

광산업은 빛을 생성·제어해 조명·통신·의료, 소재 가공에 활용하는 부품·소재·장비·시스템 산업을 뜻한다.

광산업은 1960년대 빛 생성 기술(LED, 레이저)에서 시작해서 1980년대 이후 빛의 제어·활용 기술 개발로 광산업화의 성장을 이끌었으며, 1990년대에는 광섬유 기반의 광통신 산업을 본격화시켰다. 2000년대에 들어와 LED, 태양광 산업 등으로 확대 중이고, 최근에는 레이저 응용, 적외선 광학 렌즈, 광센서 등 새로운 유망 분야로 부각되고 있다.

**▮광산업 분야**

2013년 국내 광산업 시장 규모는 555억 2,000달러로 세계 시장 대비 10.8% 성장했다. 인류와 문명의 발전에 중추적인 역할을 해 온 광학과 광학 기술은 기초 과학부터 모든 산업 분야에서 필수적이며, 특히 차세대 기술 혁신을 주도하고 있다.

## 용어 정의

- **광통신**: 빛 에너지를 이용한 첨단 통신 시스템으로 빛을 이용해 정보를 먼 거리로 전달하는 방법이다. 일반 구리선 대신 광섬유로 제작된 광케이블을 사용해 신호간 간섭이 없는 디지털 신호를 빠른 속도로 보낼 수 있다.
- **전기장**: 전하로 인한 전기력이 미치는 공간을 말한다.
- **자기장**: 자석이나 전류에 의해 자기력이 작용하는 공간을 말한다.

## 참고 서적 및 자료

○ 『세계 빛의 해 선포식 및 기념 세미나 자료집』/국회의원 민병주 주최, 한국광학회 주관/2015년

○ 『세계 빛의 해 2015를 맞이하여 '디스플레이' 집중 조명: 빛을 이용한 디스플레이의 혁신은 계속된다』/이병호/한국산업기술평가관리원/2015년

○ 〈사과나무, 나노 공학의 미래〉/YTN

○ 사단법인 한국광학회 http://osk.or.kr/

## 빛과 광기술 개요서

### ●●● 토론 논제

국제연합은 광학 연구 시작 1,000년을 기념해 2015년을 '세계 빛의 해'로 지정했다. 빛은 과학과 기술, 문화 그리고 산업을 통해 인간에게 풍요로운 삶을 제공하고 있다. 빛이 현대 사회에 활용되는 사례를 조사하고, 이를 발전·개선시킬 수 있는 방안을 탐구하시오.

〈2017년 대전 과학고 등〉

## 생각 적용하기

빛이 현대 사회에 활용되는 사례를 조사해 보자. 그리고 이를 발전·개선시키기 위해 어떤 아이디어를 낼 수 있을까?

| 구분 | 빛이 활용되는 사례(과학, 기술, 문화, 산업) | |
|---|---|---|
| 분야별 정리 | | |
| 구분 | 발전 | 개선 |
| 해결 방안 | | |
| 내가 생각한 아이디어 | | |

PART 03
과학 토론 대회
준비,
어떻게
해야 할까?

## 01 과학 토론 대회란?

### ▎대회 정의

과학 토론 대회는 해마다 과학의 달인 4월에 열리는 청소년 과학 탐구 대회의 한 종목으로 전국 대부분의 초등학교, 중학교, 고등학교에서 공통으로 개최되는 유일한 토론 대회다. 일반적으로 학교 대회에서 대표 한 팀씩을 선발해 지역 교육청에서 주관하는 예선을 거쳐 한국과학창의재단에서 주최하는 전국 본선 대회에 참가하게 된다.

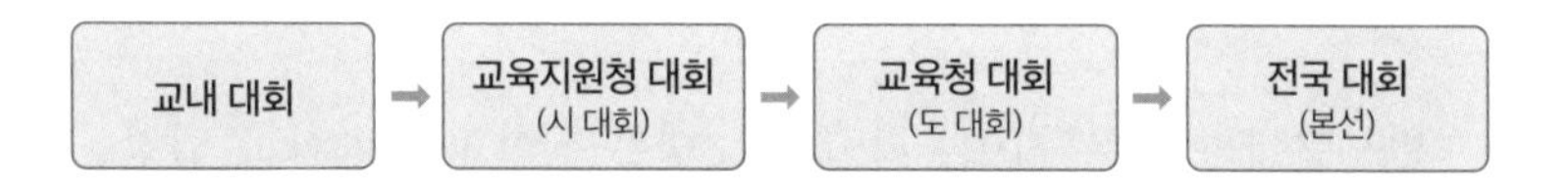


2016년까지는 과학 탐구 토론 대회로 진행되었으나 2017년부터 과학 토론 대회로 변경되었다. 과학 탐구 토론 대회의 경우 미리 제시된 주제에 대해 3인 1팀으로 실험 탐구 과정을 정리한 수십 장의 탐구 보고서를 사전 작성해 토론이 진행되었다. 하지만 참가자들이 사전 작성하는 보고서 준비가 사교육을 조장한다는 비판에 따라 과학 토론 대회로 변경되었다.

이에 따라 바뀐 과학 토론 대회에서는 미리 주제를 제시하지 않는다(단 교내 대회의 경우에는 주제가 미리 공지되는 학교도 있다). 2인 1팀으로 대회에 출전하며, 대회 당일 현장에서 제시된 주제에 대해 주어진 참고 자료를 분석해 토론 개요서를 작성하는 것으로 방법이 변경되었다. 어떤 주제가 나올지 알 수 없으므로 기본적인 토론 실력은 물론 다양한 과학 분야에 관한 관심과 지식, 자료를 주제에 맞게 정리할 수 있는 논리력, 주어진 정보를 바탕으로 아이디어를 구체화할 수 있는 창의력 등이 요구된다.

**청소년 과학 탐구 대회 토론 분야 비교**

| 연도 | ~2016년 | 2017년~ |
| --- | --- | --- |
| 대회명 | 과학 탐구 토론 대회 | 과학 토론 대회 |
| 참여 인원 | 3인 1팀 | 2인 1팀 |
| 주제 | 사전 제시 | 현장 제시 |
| 제출 서류 | 실험 보고서 | 토론 개요서 |

2020년에는 코로나19의 확산으로 대부분 학교에서 학사 일정을 제대로 진행하지 못해 학교 및 지역 예선은 치르지 못하고 온라인으로 개별 접수한 개요서와 동영상으로 예선을 거친 뒤 실시간 동영상으로 본선 대회가 열렸다. 2021년에는 다시 대회 진행은 이루어졌지만, 코로나19의 영향으로 2인 1팀으로 진행되던 기존 방식과 달리 1인 단독으로 대회가 진행되는 경우가 많았다.

### ▌대회 진행 방식

일반적인 토론 대회는 찬성과 반대 입장으로 나누어 토론이 진행된다. 하지만 과학 토론 대회는 제시된 논제에 따라 각자 팀의 아이디어를 정리해 발표하고 질의응답 시간을 갖는다. 각 학교 및 지역마다 대회 방식이 조금씩 차이는 있지만, 대부분 '토론 논제 발표 – 개요서 작성 – 주장 발표 – 질의응답' 순으로 진행된다.

### ① 전국 대회 방식(2019년 한국과학창의재단 대회 요강 참조)

| 단계 | 시간 | 유의 사항 |
| --- | --- | --- |
| 토론 논제 발표 및 안내 | 20분 | • 토론 논제 발표<br>• 요강 및 주의 사항 안내 |
| 순서 추첨 | 20분 | 토론, 발표 순서 추첨 |
| 토론 준비 | 240분 | 팀별로 제공하는 노트북을 활용해 주어진 자료를 정리한 후 토론 논제에 대한 개요서 작성 |
| 주장 발표 | 팀당 5분 | A팀, B팀, C팀… 순서로 발표 |
| 질의응답 | 팀당 20분 이내(100분) | 각 팀의 발표에 대해 논리적·과학적 허점을 찾아 간략하고 예리하게 질문하고, 자기 팀이 받을 질문을 예상해 팀원과 협력적으로 방어할 수 있는 답변 전략 준비 |
| 주장 다지기 | 팀당 2분 | E팀, D팀, C팀… 순서로 발표 |

### ② 시 대회 방식(2019년 성남시 대회 요강 참조)

| 단계명 | 사전 단계 | 1단계 | 2단계 | 3단계 |
| --- | --- | --- | --- | --- |
| | 활동 전 | 토론 논제 발표 | 토론 개요서 작성 | 토론 개요 발표 및 질의응답 |
| 소요시간 | 10분 | 10분 | 90분 | 60분 |
| 활동 내용 | 일정 및 유의점 안내 | 토론 논제 발표 및 관련 자료 제시 | 토론 개요서 준비 및 작성 (A4 2장 이내) – 제출 | 토론 개요 발표 (팀당 3분 이내) 질의응답 (팀당 2분 이내) |

#### ▮평가 기준

과학 토론 대회에서 가장 먼저 평가하는 것은 개요서 작성 능력이다. 논제를 과학적으로 탐구해 원인을 분석하고, 과학적이고 창의적인 해결 방안을 모색해 개요서를 작성했는지를 가장 먼저 평가받는 것이다. 대회마다 차이는 있지만, 학교 대회의 경우 시간 여건상 참여 팀 전부 토론하기는 힘들어 먼저 개요서 평가로 예선을 치른 뒤 통과한 팀만 토론하는 경우가 많다. 따라서 개요서를 제대로 쓰지 못하면 토론도 해 보지 못하고 탈락할 수도 있으므로 과학 토론 대회에 참가하려면 개요서 작성 능력부터 키워야 한다.

일단 개요서가 통과되면 토론 과정에서 주장 발표, 질의응답, 참여 태도 등을 평가한다.

**2019년 한국과학창의재단 전국 본선 심사 기준**

| 심사 영역 | 심사 기준 | 합계 |
|---|---|---|
| 토론 개요서 | 정보 수집·처리 능력을 바탕으로 논제의 쟁점을 과학적으로 탐구해 원인을 분석하고, 문제 해결 방안을 과학적이고 창의적으로 다양하게 관점을 모색해 토론 자료를 작성했는가? | 10 |
| 주장 발표 | 토론 개요서를 바탕으로 논제에 대한 원인 분석과 해결 방안을 과학적·창의적으로 제시했는가? | 20 |
| 질의응답 | (질의) 상대방의 주장 허점을 찾아 간략하고 예리한 질의를 효율적으로 하며, 과학적·논리적 응답을 이끌어 내는가? | 30 |
| | (응답) 질의의 요지를 파악하고 논리적으로 답변해 자기 팀의 주장을 확실하게 하는가? | |
| 주장 다지기 | 교차 조사에 드러난 자신의 허점을 개선해 자기 입장의 최종적인 정당성을 밝히는가? | 20 |
| 역할 분담 (참여 및 태도) | 팀워크를 발휘해 공동 사고로 협력적 문제 해결 태도를 지니고 올바른 태도를 보이며 임했는가? | 20 |
| 총점 | | 100 |

## 02 어떤 논제가 출제될까?

과학 토론 논제는 환경, 지구 과학, 과학 기술, 생명 공학 등 다양한 과학 분야에서 제시된다. 2017년 과학 토론 대회로 변경된 이후 지금까지 각 학교와 교육청, 한국과학창의재단 등에서 출제된 주제를 살펴봤을 때 가장 많이 나온 내용은 온난화, 미세 먼지, 바이러스 등 실생활과 관련된 환경 분야와 4차 산업 혁명 시대를 맞아 빠르게 발전하고 있는 인공 지능 분야였다.

지금까지 출제된 논제들을 형태별로 분류하면 다음과 같다.

### 해결 방안 제시형

과학 토론 대회의 논제 중 가장 많이 출제되는 대표적인 유형이다. 과학 토론의 논제는 실생활과 연결된 환경 문제가 많이 출제된다. 그렇다 보니 그 문제들로 인해 어떤 피해가 발생하는지 살펴보고 원인을 분석한 뒤 창의적인 해결 방안을 요구하는 문제 유형이 많이 출제된다.

우리의 건강을 위협하는 미세 먼지의 주요 원인은 주변 국가에서 유입된 결과인지 아니면 국내에서 발생된 것이 주요 원인인지를 과학적으로 분석하고, 이를 해결할 수 있는 방안을 과학적이고 창의적으로 제시하시오.

〈2017년 한국과학창의재단 청소년 과학 탐구 대회 과학 토론 예시 문제, 2019년 대전 괴정고 문제 등〉

물 부족 문제를 물의 순환과 재이용에 의한 물 보존 관점에서 다음 제시하는 조건을 충족하며 내가 사는 지역에 적용 가능한 과학적이고 창의적인 해결 방안을 제시하시오.

〈2018년 한국과학창의재단 청소년 과학 탐구 대회 과학 토론 중등 전국 본선 문제〉

### 입장 정리형

쟁점에 대해 찬반 입장이나 우선순위를 나누고 그 근거를 제시하는 문제 유형이다. 상대방을 설득하기 위해 얼마나 합리적이고 타당한 근거를 과학적으로 제시할 수 있는지가 중요하다. 이때 사회적 근거를 제시하는 경우도 있는데, 과학 토론인 만큼 사회적 근거보다는 과학적 근거를 제시해야 한다.

교통사고, 플라스틱 쓰레기, 온실가스, 휴대 전화, 미세 먼지 중 해결해야 하는 시급한 순위를 정하고 그 이유를 설명하시오.

〈2018년 청소년 과학 탐구 대회 서울시 초등부 본선 문제〉

과학자들이 주장하는 지구 온난화의 세 가지 원인 중 가장 타당하다고 생각하는 한 가지를 선택하고, 그 주장을 뒷받침할 수 있는 과학적 근거를 제시하시오. 자신이 선택한 주장 이외에 나머지 두 주장의 허점이나 부적절성을 과학적으로 밝혀내어 상대편 과학자를 설득하시오.

〈2020년 한국과학창의재단 전국 청소년 과학 탐구 대회 초등부 본선 문제〉

### 융합 설계형

해결 방안 제시형에서 좀 더 확장된 문제 유형이다. 문제를 파악하고 원인을 분석한 후에 나온 문제 해결 방안을 다양하게 활용해 학교나 집, 공원, 도시 등을 설계하는 것이다. 논리력과 문제 해결력은 물론 창의력이 필요한 문제 유형이다.

에너지 문제 해결을 위한 에코 스쿨 설계하기

〈2018년 경기 파주시 한빛초 문제 등〉

미세 먼지 해결을 위한 생태 공원 설계하기

〈2018년 청소년 과학 탐구 대회 고양시 대회 중등부 문제〉

## 03 개요서는 어떻게 작성하면 좋을까?

### ▮논제 분석 및 개요 짜기

가장 먼저 논제를 읽고 논제에서 요구하는 대로 '서론 - 본론 - 결론'의 개요를 짜야 한다. 이때 서론, 본론, 결론은 논리적으로 연결되어야 한다. 가장 많이 나오는 해결 방안 제시형 논제의 경우 일반적으로 사용할 수 있는 전개 방식은 '문제 상황 - 원인 분석 - 해결 방안'이다. "어떤 문제로 인해 각종 피해가 발생하고 있는데, 이러한 원인으로 인해 발생하므로 이러한 방법으로 해결할 수 있다."라는 전체적인 흐름을 생각하면서 거기에서 벗어나지 않도록 개요를 짜야 한다.

'문제 상황'에서는 제시된 논제로 인해 발생하는 피해나 현재 상황을 정리한다. '원인 분석'은 문제 상황에서 제시된 각종 상황이 발생하는 원인을 과학적으로 분석하는 것이다. 마지막으로 '해결 방안'은 분석한 원인을 바탕으로 문제 해결을 위한 과학적이고 창의적인 방법을 도출해 내는 것이다.

이러한 전개 방식이 모든 논제에 적용되는 것은 아니므로 최대한 논제를 자세히 읽고 분석해 논제에서 요구하는 내용이 모두 개요서에 포함될 수 있도록 개요를 짜야 한다.

**point**

1. 논제에서 요구하는 내용이 모두 포함되도록 개요를 짠다.
2. '서론 – 본론 – 결론'은 서로 논리적으로 연결되도록 작성한다.

## ▌개요서 작성법

### ① 개조식 작성

개조식은 서술형으로 내용을 길게 풀어서 쓰는 것이 아니라 중요하고 핵심적인 요소만 간추려 번호를 붙여 목록형으로 작성하는 글쓰기 방법을 말한다. 개조식으로 글을 쓸 때는 최대한 내용을 요약 정리해 써야 한다.

국제인구행동연구소(PAI)에서는 '물 부족'을 각 개인의 물 사용량이 공급량을 초과해 발생하는 현상으로 정의하고, 각 국가를 물 기근·물 스트레스·물 풍요 국가로 구분했다. 물 기근 국가는 국민 1인당 활용 가능한 물의 양이 매년 1,000㎥ 이하인 경우로 항상 만성적으로 물이 부족한 쿠웨이트, 이스라엘, 케냐 등 중동과 아프리카 지역이 이에 속한다. 물 부족 국가는 주기적으로 물 부족 현상이 나타나는 국가로서 국민 1인당 활용 가능한 물의 양이 매년 1,000~1,700㎥인 경우로 리비아, 폴란드 등과 함께 우리나라도 여기에 해당한다. 물 풍요 국가는 국민 1인당 활용 가능한 물의 양이 매년 1,700㎥ 이상인 국가로 노르웨이, 캐나다 등 약 120개국이 해당한다.

**물 사용량에 따른 국가 분류**

| 분류 | 정의 | 연간 1인당 물 사용량 | 해당 국가 |
|---|---|---|---|
| 물 풍요 국가 | 물 걱정이 없는 국가 | 1,700㎥ 이상 | 노르웨이, 캐나다, 브라질 등 |
| 물 스트레스 국가 | 정기적으로 물이 부족한 국가 | 1,000~1,700㎥ | 리비아, 폴란드, 한국 등 |
| 물 기근 국가 | 만성적으로 물이 부족한 국가 | 1,000㎥ 이하 | 쿠웨이트, 사우디아라비아 등 |

출처: 국제인구행동연구소

⇨ 우리나라는 정기적으로 물 부족 현상을 겪는 물 스트레스 국가에 해당함

또 표나 그래프, 통계 등을 활용해 쉽게 내용을 파악할 수 있도록 돕는다. 특히 자료를 활용할 때는 자료 출처와 연도를 밝혀 객관성을 높이도록 한다.

분류 숫자는 통일시켜 정리하는 것이 좋다. 예를 들어 대분류는 로마 숫자, 중분류는 괄호 숫자, 소분류는 원 숫자로 정리하면 보기 편하다.

**분류 숫자 예시**

Ⅰ. ○○○(으)로 인한 문제 상황

1)

①

②

2)

①

②

**point**

1. 내용을 최대한 요약 정리해 개조식으로 정리한다.
2. 표, 그래프, 통계 등을 적극적으로 활용하고 출처와 연도를 밝힌다.
3. 대분류, 중분류, 소분류로 분류 숫자를 나누어 정리한다.

### ② 해결 방안 작성

과학 토론은 제시된 논제에 대해 해결 방안을 얼마나 논리적으로 찾아가는지 그 과정을 중요하게 평가한다. 따라서 문제의 원인을 찾았다면 그 원인에 대한 해결 방안을 찾아야 한다. 과학 토론 논제로 나오는 주제들이 실생활과 밀접한 내용이 많다 보니 흔히 하는 실수가 원인 분석과 상관없이 해결 방안을 생각이 떠오르는 대로 정리하는 것이다. 하지만 원인과 관계없는 해결 방안을 제시하면 설득력이 떨어질 수밖에 없다.

예를 들어 지구 온난화의 가장 대표적인 원인은 온실가스이며, 그 중에서 가장 큰 문제가 되는 것은 이산화탄소다. 따라서 지구 온난화의 원인이 온실가스라고 분석했다면, 지구 온난화의 해결 방안을 찾을 때는 온실가스 중 가장 비중이 큰 이산화탄소나 메탄 등을 줄일 방법을 찾아야 한다. 이 가운데 이산화탄소 배출량을 줄이기 위해서는 주요 배출 원인인 화석 연료 사용 감소 방안에 대한 아이디어를 내야 한다. 화석 연료를 줄이기 위해서는 화석 연료를 사용하지 않는 에너지를 생산하거나 에너지 절약 방법이 해결 방안이 될 수 있다. 이렇게 해결 방안의 방향을 먼저 잡고, 그에 따른 구체적인 방안을 제시하면 된다. 해결 방안은 제안 목적과 구체적인 실행 방안, 과학 원리, 기대 효과 등의 순으로 정리한다.

예시

**지구 온난화 해결 방안 도출 방법**

| 해결해야 할 문제 | 이산화탄소 | |
|---|---|---|
| 해결책 | 이산화탄소가 나오지 않는 에너지 만들기 | 에너지 적게 사용하기 |
| 실천 사항 | 재생 에너지 생산 | 에너지 절감 방안 |
| 내가 생각한 해결 방안 | 압전 타이어 자동차 | 패시브 하우스 |

point

1. 분석한 원인에 대한 해결 방안을 제시해야 한다.
2. 사회적 해결 방안이 아니라 과학적이고 창의적인 방안을 제시해야 한다.

## 04 발표 및 질의응답은 어떻게 해야 좋을까?

개요서 작성이 끝나면 팀별로 돌아가며 발표하는 시간을 갖는다. 이때 작성한 자료를 시간 내에 명확하게 발표해야 한다. 발표하는 팀을 제외한 나머지 팀들은 발표를 들으면서 상대 팀의 주장을 메모해 어떤 질문을 할지 생각해 두어야 원활한 토론이 이루어질 수 있다. 발표 방법이나 질의응답 방법은 대회마다 차이가 있으니 대회 참여 전에 반드시 미리 확인해야 한다.

질문할 때는 상대 팀의 발표 내용을 잘 듣고, 주제에서 벗어난 질문을 하지 않도록 주의해야 한다. 먼저 상대의 발표 내용을 구체적으로 짚어 주는 것이 필요하다. 상대방의 발표 내용 중에서 어떤 부분에 대해 질문할 것인지 확인한 뒤 핵심만 짧게 질문해야 한다. 또 팀을 이루어 대회를 진행하기 때문에 발표와 질의응답 과정에서는 한 사람이 집중적으로 참여하기보다는 번갈아 가면서 참여하는 것이 좋다.

주장 발표 예시

안녕하십니까. ________팀의 발표자 ________, ________입니다.
오늘 토론 주제인 ____________에 대해 저희 팀의 의견을 발표하겠습니다.
먼저 ____________(으)로 인해 발생하고 있는 문제 상황에 대해 분석하겠습니다.

문제 상황 분석으로
첫째, ________________________________________에 대해 말씀드리겠습니다.
둘째, ________________________________________에 대해 말씀드리겠습니다.

이러한 문제가 발생하는 원인은 다음과 같습니다.
첫째, ________________________________________ 때문에 발생합니다.
둘째, ________________________________________ 때문에 발생합니다.

저희 팀은 이 같은 문제를 해결하기 위해 ________________ 을(를) 제안합니다.
먼저 이 해결 방안을 제안한 목적은

________________________________________입니다.

구체적인 실행 방안은
첫째, ________________________________________
둘째, ________________________________________
셋째, ________________________________________

마지막으로 이 문제 해결 방안에 적용된 과학적 원리에 대해 말씀드리겠습니다.

________________________________________

________________________________________

이상 발표를 마치겠습니다. 경청해 주셔서 감사합니다.

질의응답 예시

⋯→ 질문 예시

1. ________팀의 의견 잘 들었습니다. ________ 부분에서 ________의견을 제시하셨는데, 실현 가능성이 얼마나 높은지 질문드리고 싶습니다.

2. ________팀에서 제안한 해결 방안에 대한 과학적 근거는 무엇입니까?

3. ________팀에서 제시한 해결 방안은 ________한 문제가 발생할 것으로 예상되는데, 그에 대한 해결책은 무엇입니까?

4. 원인이 ________에 있다고 하셨는데, 보다 근본적인 원인은 ________에 있는 것이 아닌지 설명해 주시기 바랍니다.

5. 상대 팀에서 제안한 ________방안은 기존에 시행하던 것과 구체적으로 어떤 차이가 있습니까?

⋯→ 응답 예시

1. 좋은 질문 감사합니다. 저희 팀에서 제시한 ________방안은 ________ 요소만 해결된다면 충분히 실현 가능하다고 봅니다.

2. 상대 팀에서 지적한 ________ 문제점은 충분히 고려해야 할 부분이라고 생각합니다. 하지만 저희 팀에서 제안한 해결 방안에 ________ 부분을 추가적으로 실행한다면, 문제 해결에 직접적인 도움이 될 수 있습니다.

3. ________방안은 ________을(를) 할 수 있기 때문에 ________ 효과를 기대할 수 있습니다.

4. ________원인은 ________ 이유 때문에 ________ 방안을 통해 줄여 나가는 것이 가능합니다.

5. ________ 방안에 적용된 과학적 원리에 대해 설명해 드리겠습니다.

# 파워풀한 실전 과학 토론



초판 1쇄 발행일 | 2022년 3월 21일
초판 6쇄 발행일 | 2024년 4월 15일

지은이 | 남숙경, 이승경
펴낸이 | 사태희
편 집 | 최민혜, 안주영
디자인 | 권수정
마케팅 | 장민영
제 작 | 이승욱, 이대성

펴낸곳 | (주)특별한서재
출판등록 | 제2018-000085호
주 소 | 08505 서울특별시 금천구 가산디지털2로 101 한라원앤원타워 B동 1503호
전 화 | 02-3273-7878
팩 스 | 0505-832-0042
e-mail | specialbooks@naver.com
ISBN | 979-11-6703-046-7 (44080)
979-11-88912-13-1 (세트)